2024

MARCOS CATALAN

A MORTE DA CULPA
NA RESPONSABILIDADE CONTRATUAL

TERCEIRA EDIÇÃO

2024 © Editora Foco
Autor: Marcos Catalan
Diretor Acadêmico: Leonardo Pereira
Editor: Roberta Densa
Assistente Editorial: Paula Morishita
Revisora Sênior: Georgia Renata Dias
Capa Criação: Leonardo Hermano
Diagramação: Ladislau Lima
Impressão miolo e capa: GRÁFICA DOCUPRINT

Dados Internacionais de Catalogação na Publicação (CIP) de acordo com ISBD

C357m

Catalan, Marcos
A morte da culpa na responsabilidade contratual / Marcos Catalan. - 3. ed. - Indaiatuba, SP : Editora Foco, 2024.
224 p. : 17cm x 24cm.

Inclui índice.
ISBN: 978-65-6120-016-5

1. Direito. 2. Direito Civil. 3. Responsabilidade contratual. I. Título.

2024-107   CDD 347   CDU 347

Elaborado por Vagner Rodolfo da Silva - CRB-8/9410
Índices para Catálogo Sistemático:
1. Direito Civil 347
2. Direito Civil 347

DIREITOS AUTORAIS: É proibida a reprodução parcial ou total desta publicação, por qualquer forma ou meio, sem a prévia autorização da Editora FOCO, com exceção do teor das questões de concursos públicos que, por serem atos oficiais, não são protegidas como Direitos Autorais, na forma do Artigo 8º, IV, da Lei 9.610/1998. Referida vedação se estende às características gráficas da obra e sua editoração. A punição para a violação dos Direitos Autorais é crime previsto no Artigo 184 do Código Penal e as sanções civis às violações dos Direitos Autorais estão previstas nos Artigos 101 a 110 da Lei 9.610/1998. Os comentários das questões são de responsabilidade dos autores.

NOTAS DA EDITORA:

Atualizações e erratas: A presente obra é vendida como está, atualizada até a data do seu fechamento, informação que consta na página II do livro. Havendo a publicação de legislação de suma relevância, a editora, de forma discricionária, se empenhará em disponibilizar atualização futura.

Erratas: A Editora se compromete a disponibilizar no site www.editorafoco.com.br, na seção Atualizações, eventuais erratas por razões de erros técnicos ou de conteúdo. Solicitamos, outrossim, que o leitor faça a gentileza de colaborar com a perfeição da obra, comunicando eventual erro encontrado por meio de mensagem para contato@editorafoco.com.br. O acesso será disponibilizado durante a vigência da edição da obra.

Impresso no Brasil (01.2024) – Data de Fechamento (01.2024)

2024
Todos os direitos reservados à
Editora Foco Jurídico Ltda.
Rua Antonio Brunetti, 593 – Jd. Morada do Sol
CEP 13348-533 – Indaiatuba – SP

E-mail: contato@editorafoco.com.br
www.editorafoco.com.br

Por me ensinar, a cada dia, que a felicidade se constrói na soma de cada momento vivido. Por me fazer entender que, em cada nascer do sol, há um lindo a nossa espera. Por me apresentar a cada um dos mistérios da paixão. Por me permitir conhecer – e viver - o verdadeiro amor. A ti, cuja doçura angelical, sorriso sincero e abraço terno são fontes de energia, inspiração e serenidade. A ti, Eliza, doce Eliza, mulher que tanto admiro e que tenho como esposa amada, dedico, das entranhas do meu ser, cada linha desse trabalho.

Estas linhas não são fruto de trabalho solitário. Longe disso e, ao contrário do que muitos podem pensar, nasceram na experimentação de um processo, essencialmente, dialógico. Antecipe-se que, por confiar plenamente que a memória nos trairá nesse instante, fica aqui nosso agradecimento – e o pedido de perdão, por conta do lapso de memória – a todos que de algum modo colaboraram para a realização desse sonho.

Em especial, minha eterna gratidão a meus pais, Margarida e Valter Catalan, pelo amor incondicional e constante apoio. Agradeço também. Ao professor Carlos Alberto Dabus Maluf pelas valiosas lições acadêmicas e pelas muitas portas que ajudou a abrir. À professora Giselda Hironaka, pela oportunidade de convívio e por me fazer entender, que para transformar sonhos em realidade, era preciso antes acreditar em mim. Registro aqui, uma vez mais, minha gratidão a ambos e, ainda, aos professores Cláudia Lima Marques, Rui Geraldo Camargo Viana e Rogério Ferraz Donnini, pela presença em nossa banca de doutoramento e por apontarem parte das imprecisões contidas nesse trabalho. Agradeço, também, aos professores Nestor Duarte e Cristiano de Souza Zanetti, pelas observações e conselhos valiosos na qualificação dessa tese.

A Lucas Barroso pela amizade e pelo precioso auxílio com a revisão dos originais. A Pablo Malheiros, pelo apoio incondicional em todos os momentos desse trabalho. A Flávio Tartuce e Mário Delgado, pelas oportunidades, pelas incomensuráveis provas de carinho e pela amizade, sempre fiel. A Alexandre Gomide, André Borges de Carvalho Barros, André Franco, Antonio Babeto Spinelli, Bruno Miragem, *Chiquinho*, Christiano Cassetari, Cristiano Heineck Schmitt, Daniel Achutti, Daniel Ustárroz, Darci Guimarães Ribeiro, Eduardo Bussatta, Eroulths Cortiano Junior, Fernanda Tartuce, Fernando Sartori, Gabriele Tusa, Germano Schwartz, Giselle Groeninga, Inácio Carvalho Neto, Inez Vedovatto, Isabel Cristina Porto Borjes, José Fernando Simão, José Maria Trepat Cases, Manuel David Masseno, Marcos Ehrhardt Júnior, Maurício Bunazar, Pablo Stolze, Paulo Dorón Araújo, Paulo Nalin, Rodolfo Pamplona, Rodrigo Mazzei, Rodrigo Toscano de Brito, Rodrigo Xavier Leonardo, Romualdo Baptista dos Santos, Roxana Cardoso Brasileiro Borges, Sérgio Staut e Wladimir Alcibíades Marinho Falcão Cunha, pela amizade, companheirismo, diálogo constante e por cada momento de convívio.

Externo também minha gratidão aos amigos e amigas que nos acolheram tão bem quando de nossa travessia de uma ponta a outra do Sul do Brasil, bem como, a cada *padawan* que me permite a alegria de aprender cotidianamente.

Enfim, a Zeno Veloso, fonte perene de inspiração e cuja ausência deixa mais que saudades.

SUMÁRIO

A culpa está morta? 1

A proteção patrimonial como fundamento da responsabilidade civil 5

A personalização do dever de reparar 15

A incontrolabilidade dos danos na contemporaneidade 23

As fronteiras da responsabilidade contratual 29

A arquitetura jurídica da responsabilidade contratual 39

Ascensão e declínio da culpa na responsabilidade contratual 57

A violação de deveres de prestação na responsabilidade contratual 73

A responsabilidade contratual frente a violação de deveres gerais de conduta 85

A insustentável defesa dogmática da violação positiva do contrato 93

A responsabilidade contratual na perspectiva da relação obrigacional como processo . 97

A equiparação entre as obrigações de meio, de resultado e de garantia 105

Da culpa ao dano: a objetivação da imputação da responsabilidade contratual 119

Críticas à dogmática codificada em matéria de responsabilidade contratual 131

A confiança como fator de imputação do dever de reparar os danos contratuais ... 143

O dever de reparar e a efetivação da justiça contratual 153

Referências 165

A CULPA ESTÁ MORTA?

O inconstante fluir do tempo acorrenta ao passado tudo aquilo que é vivenciado. Essa eterna travessia fomenta a captura de memórias e seu depósito em metafóricas estantes que serão encobertas pela poeira do esquecimento. É verdade que Mnemósine guardará todas elas. Ocorre que nem todos tem acesso a ela, mesmo face o advento de um mundo cada vez mais digital. Enquanto isso, o labor de *Chronos* faz com que o desenvolvimento tecnológico aproxime a humanidade daquilo que se convencionou, outrora, a ser descrito como ficcional ou, simplesmente, inimaginável. E não se olvide que os paradoxos são algo constante na Contemporaneidade.

O terceiro milênio e seus encantos! Ao lado de incontáveis benesses que habitam o tempo presente, pululam inumeráveis efeitos deletérios que até recentemente não poderiam ser antevistos e, também por isso, não poderiam ser evitados, preocupações que, no limite, remetem o pensamento ao *Angelus Novus* de Paul Klee.

> Há um quadro de Klee que se chama *Angelus Novus*. Representa um anjo que parece querer afastar-se de algo que ele encara fixamente. Seus olhos estão escancarados, sua boca dilatada, suas asas abertas. O anjo da história deve ter esse aspecto. Seu rosto está dirigido para o passado. Onde nós vemos uma cadeia de acontecimentos, ele vê uma catástrofe única, que acumula incansavelmente ruína sobre ruína e as dispersa a nossos pés. Ele gostaria de deter-se para acordar os mortos e juntar os fragmentos. Mas uma tempestade sopra do paraíso e prende-se em suas asas com tanta força que ele não pode mais fechá-las. Essa tempestade o impele irresistivelmente para o futuro, ao qual ele vira as costas, enquanto o amontoado de ruínas cresce até o céu. Essa tempestade é o que chamamos progresso[1].

Deleitando-se com prazeres carreados pelo progresso, a humanidade – em verdade, uma pequena parcela dela – parece mais preocupada com a experimentação hedonística que com seu próprio futuro. De outro lado, literalmente, a voz de bilhões de excluídos ecoa como se tivessem sido projetadas no vazio do espaço sideral.

Ocorre que boa parte da literatura jurídica, no que toca a muitos dos conflitos albergados no interior das fronteiras deste livro, segue buscando respostas para perguntas formuladas em contextos temporais deveras distantes daqueles que moldam e legitimam o pensamento contemporâneo e, é evidente, toda a complexidade a ele fundida, afinal, contingência e incerteza são herdeiras legítimas do avanço da técnica; descentes fortes o suficiente para afastarem as espúrias pretensões de certeza

---

1. BENJAMIN, Walter. *Obras escolhidas*. Trad. Sérgio Paulo Rouanet. São Paulo: Brasiliense, 1987. p. 226.

esboçadas pelos artífices da Modernidade também no interior das fronteiras que delineiam o Direito privado.

Hodiernamente, o cumprimento das promessas de domínio do conhecimento ou, ainda, do controle da técnica enquanto corolário da solução dos problemas da humanidade não é mais uma questão de tempo. Em verdade, muitas delas, provavelmente, jamais serão realizadas. A Modernidade foi envolvida pelo passado, devorada pela crueldade do tempo. Suas estruturas arcaicas, suas carcaças enferrujadas e carcomidas, seus edifícios em ruínas são incapazes de albergar alicerces teóricos que possam tutelar, adequadamente, a pessoa humana. Os modelos por ela gerados não compõe o estado da arte. No melhor cenário, são apenas memórias; memórias que sequer podem ser tratadas como saudosas a depender do prisma usado para avivá-las.

Aceitar que a compreensão dos fenômenos que pululam no *Admirável Mundo Novo* não pode mais ser promovida com base em fórmulas concebidas em um passado filosófica e tecnologicamente longínquo e que tantas vezes impõe que o interprete retorne ao tempo das *Pandectas* é premissa que permite melhor entender porque molduras consumidas pelo tempo não dão conta de tratar contextos fenomênicos muito maiores – e mais complexos – que elas. Também por isso a ruptura paradigmática identificada ao longo desse livro permite identificar e compreender a importância do *direito de danos*.

É verdade que ainda há muitos juristas que seguem a estruturar as suas reflexões teóricas e sugestões práticas com base em modelos dogmáticos consumidos por, pelo menos, dois séculos de História, isso, não obstante o domínio de técnicas como as que permitem: (a) dar diversos usos à energia nuclear, (b) manipular e produzir, em escala industrial, organismos geneticamente modificados, (c) viabilizar a reprodução de pessoas que acreditavam, até recentemente, jamais poderem experimentar o projeto parental, (d) trabalhar com materiais cada vez menores a ponto de permitir que telefones sirvam como computadores, bússolas e geolocalizadores, como televisores de bolso, (e) manejar partículas em escala nanométrica (10^{-9}m), (f) criar robôs e outras tantas inteligências artificiais, (g) realizar cirurgias envolvendo pacientes e médicos situados a milhares de quilômetros, (h) clonar animais considerados extintos ou o *pet* que não resistiu a um acidente ou ao peso da idade. E esses são apenas alguns exemplos dentre as situações cotidianas.

Aqui começa a ser delineado o objeto a ser explorado, a ser dissecado e analisado ao longo das aproximadamente duas centenas de páginas que dão vida a este livro. A inspiração que conduziu à realização do trabalho nasceu junto à percepção de que não incumbe ao Direito perseguir ou punir pecadores. A energia que impulsionou a pesquisa, a reflexão e a cuidadosa escrita foi encontrada, também, na indignação alimentada pela leitura de páginas e mais páginas prenhes do mais retumbante silêncio acerca da morte da culpa na responsabilidade contratual e no fato de que são muitos[2] os seguem a afirmar a importância da culpa na solução de problemas

---

2. As referências serão detalhadas, pontualmente, ao longo do texto.

havidos em cenários nos quais, consoante esclarece Rodotà, estamos todos cada vez mais expostos à *"ditatura dell'algoritimo"*[3].

Referida hipótese impulsionou a escrita de cada linha redigida, pensada e repensada ao longo dos 20 anos havidos entres as primeiras inquietudes sobre o assunto e essa novíssima edição que insiste em afirmar que os fundamentos que conduziram à mitificação da culpa não têm mais sentido algum na contemporaneidade jurídica jusprivatista ocidental.

Ao menos na seara dos contratos, a culpa morreu e esta obra se limita a relatar o fato. O livro explora, também, além de importantes aspectos afetos à responsabilidade contratual como distintas patologias que o afligem e qual fator de imputação do dever de reparar teria ocupado o lugar reservado, por longa data, à culpa, afinal, de pouco adiantaria rasgar os mapas existentes se não fosse possível apontar o caminho a ser seguido.

É preciso antecipar, ademais, que as reflexões doravante formuladas foram lastreadas nas correntes pós-positivistas do pensamento jurídico, ancoradas em bases teóricas nacionais e estrangeiras e, especialmente, que elas têm por lastro o pensamento crítico que não aceita o Direito como algo dado e, tampouco, o confunde com textos legais.

Antecipe-se, por fim, que livro aborda aspectos ligados (a) a travessia da responsabilidade civil ao direito de danos, (b) a ruptura do paradigma Moderno e, ainda, como esse fenômeno impactou a compreensão da responsabilidade contratual, (c) os pressupostos conformadores do dever de reparar os danos contratuais, (d) a falácia que informa a dicotomia *obrigações de meio* e *obrigações de resultado*, (e) a natureza jurídica tanto da responsabilidades pré-contratual, como da pós-contratual e, finalmente, como antecipado pelo título, (f) a ascensão e morte da culpa no âmbito do contrato.

Este trabalho chega a sua terceira edição como um convite à renovada reflexão sobre uma afirmação: o lastro que sustentou a culpa, ao longo do tempo, jaz sob toneladas de areia soprada por *Éolo* sob as ordens implacáveis de *Chronos*. Cabe informar, ainda que essa edição, comparada com a última, busca avançar, especialmente, na comprovação de que a dicotomia que cinde as obrigações de meios e de resultado não se sustenta e, ainda, na coleta de novos argumentos que legitimam afirmar que o regime jurídico da responsabilidade contratual alcança situações anteriores e ulteriores ao contato.

Ainda há tempo para registrar que diversos ajustes feitos nesta nova edição decorrem da leitura apurada feita por um amigo fraterno, o professor Pedro Marcos Nunes Barbosa e, ainda, da cuidadosa revisão feita pela jovem Mariana Niederauer, pesquisadora no Rio Grande do Sul.

---

3. RODOTÀ, Stefano. *Il mondo nella rete*: quali i diritti, quali i vincoli. Roma: Laterza, 2014. p. 37.

O livro, como muitos o sabem contou com o apoio incomensurável do povo brasileiro. Sua escrita começou a ser feita nos contexto do projeto de pesquisa desenvolvido ao largo dos cinco anos dedicados a nosso doutoramento realizado na Faculdade de Direito do Largo do São Francisco, Universidade de São Paulo. Desde então o tema segue sendo pensado. Foram centenas de seminários, congressos, aulas. Foram milhares de horas dedicadas a um assunto que insiste em seguir deveras atual.

A culpa morreu, reafirme-se, embora, continuem a negá-lo.

E não se trata da objetivação da culpa ...

Aqui tem início o nosso réquiem ...

A PROTEÇÃO PATRIMONIAL COMO FUNDAMENTO DA RESPONSABILIDADE CIVIL

Há algum tempo se repete que a tutela patrimonial atraiu as preocupações do direito civil clássico. O presente revela que muitas são as soluções que seguem a gravitar em torno do patrimonialismo, constatação que torna oportuno buscar entender um pouco melhor a gênese das codificações decimonônicas, obras monumentais despidas de qualquer relação com o acaso, construções intencionalmente forjadas na transição do século XVIII para o século XIX.

Além da referida característica, os códigos civis decimonônicos foram informados (a) pela necessidade de afastar os desmandos do príncipe[1], (b) pela pretensão de unificar o Direito vigente dentro de cada Estado e, ainda, é factível aceitar, (c) pela necessidade de disseminação da crença de que seria possível, a qualquer pessoa ter o controle das rédeas de sua vida, especialmente, porque a ciência – seria apenas uma questão de tempo – comandaria a vida, ocupando o lugar até então reservado, com exclusividade, a Deus. Outras premissas veladas também os influenciaram, sendo preciso compreender, sem qualquer romantismo, que os códigos foram produzidos pela burguesia revolucionária triunfante em 1789 "*tras subvertir el orden feudal del Antiguo Régimen*". A burguesia, movida por "*su creencia ilimitada en la razón, su afán de lucro y su propósito de dominar la economía y las energías productoras, es el artífice señero de los códigos, que los cincela a su medida*"[2].

O *Code* de 1804, grafado com tons patrimonialistas, liberais e individualistas[3], atendeu também os interesses da monarquia e da nobreza depostas. Estes, por razões óbvias, tentavam obstar a espoliação de seus bens de raiz. A lei, sem pudor, permitiu tanto que os reais artífices do projeto liberal protegessem sua incipiente riqueza – fruto, especialmente, do comércio – como, de algum modo, pudessem ter acesso aos bens que por longa data foram reservados aos detentores de títulos

---

1. Nada obsta, entretanto, que, sob prisma distinto, se vislumbre o surgimento de outra espécie de principado, até porque a existência de dominante(s) e dominado(s) se mostra uma realidade bastante plausível na contemporaneidade.
2. ALONSO PEREZ, Mariano. Ideal codificador mentalidade bucólica y orden burgues en el codigo civil de 1889. In: *Centenário del Código*. Madrid: Centro de Estudios Ramon Areces, 1990, t. I. p. 22.
3. ROBERTO, Giordano Bruno Soares. *Introdução à história do direito privado e da codificação*: uma análise do novo código civil. Belo Horizonte: Del Rey, 2008. p. 37-43.

nobiliárquicos. E sem pudor porque sabia da existência de outros estratos sociais não alcançados por ela.

No campo discursivo, entretanto, propagava-se "a ideia de que ser livre era ser proprietário e ser proprietário era ser livre". Entre as ruas ecoava "o grande grito da Revolução" de 1789 e a "ruptura com as estruturas estamentais de sociedade". No fundo, encoberto por narrativas retóricas, procurava-se acabar com os ônus outrora exigidos dos vassalos pelos donos de gleba[4] que dominaram o medievo. A igualdade prometida a todos, autêntica farsa, jamais foi algo que se quis promover.

O contrato não só outorgou à burguesia a possibilidade de adquirir os bens de uma aristocracia em decadência – em especial, a propriedade imobiliária – como lhe atribuiu poderes quase ilimitados para negociar, redundando em um processo de acumulação de riqueza[5] que alcançou a contemporaneidade[6]. O que é mais interessante perceber, neste contexto, é que esse mesmo contrato tranquilizou a nobreza e a aristocracia[7], pois, ao emanar da *livre* manifestação de vontade, garantiria que os bens do acervo patrimonial de quem quer que fosse não viriam a ser expropriados[8], ao menos, não sem a justa compensação.

A propriedade privada foi a espinha dorsal do direito civil decimonônico, em boa medida, porque os conflitos havidos, quase sempre, gravitavam em torno da disputa sobre bens[9] tendencialmente perpétuos[10]. O senso comum acreditava – melhor, como visto, foi levado a crer – que ela "era sinônimo de realização e felicidade" e que "a mais alta exteriorização da personalidade do indivíduo [consistiria no] o gozo pacífico, seguro e absoluto da propriedade"[11].

É preciso, portanto, ler com parcimônia afirmações frisando que os códigos civis[12] nasceram como um "grito de modernidade a favor das energias individuais", pois, na verdade, procuravam estabelecer a ordem minimamente necessária à experimentação das liberdades[13] burguesas, liberdades que foram pensadas em sua dimensão formal ou meramente negativa[14].

---

4. PENTEADO, Luciano de Camargo. *Direito das coisas*. 3. ed. São Paulo: RT, 2014. p. 144.
5. HOBSBAWM, Eric. *A era do capital*: 1848-1875. 15. ed. Trad. Luciano Costa Neto. São Paulo: Paz e Terra, 2011. p. 59-85.
6. PIKETTY, Thomas. *O capital no século XXI*. São Paulo: Intrínseca, 2014.
7. GERCHMANN, Suzana; CATALAN, Marcos. Duzentos anos de historicidade na ressignificação da ideia de contrato. In: EHRHARDT JR, Marcos (Org.). *Os 10 anos do código civil*: evolução e perspectivas. Belo Horizonte: Fórum, 2012.
8. ROPPO, Enzo. *O contrato*. Coimbra: Almedina, 2009. p. 45-46.
9. RODRIGUES, Silvio. *Direito civil*: direito das coisas. São Paulo: Saraiva, 2002, v. 5. p. 76.
10. PENTEADO, Luciano de Camargo. *Direito das coisas*. 3. ed. São Paulo: RT, 2014.
11. ARONNE, Ricardo. *Propriedade e domínio*: a teoria da autonomia. 2. ed. Porto Alegre: LAEL, 2014. p. 43
12. ZIMMERMANN, Reinhard. O código civil alemão e o desenvolvimento do direito privado na Alemanha. *Revista de Direito Civil Contemporâneo*, São Paulo, a. 4, v. 12, p. 317-358, jul.-set. 2017. p. 320-321.
13. CANOTILHO, José Joaquim Gomes. *Estudos sobre direitos fundamentais*. Coimbra: Coimbra, 2004. p. 30.
14. RUZYK, Carlos Eduardo Pianovski. *Institutos fundamentais do direito civil e liberdade(s)*: repensando a dimensão funcional do contrato, da propriedade e da família. Rio de Janeiro: GZ, 2011.

A construção da ideia de *homo economicus* e a sua alocação no lugar da pessoa humana, enquanto modelo que alude a uma espécie de estátua inanimada de sentidos, uma escultura em estado bruto, insensível a emoções e, ao mesmo tempo, capaz de obter satisfação plena com o mínimo dispêndio de recursos[15] colaborou no processo de difusão e ampliação da proteção patrimonial durante o Estado Liberal.

O *homo economicus*, aliás, é uma abstração absurdamente racional. Uma pessoa que jamais pactuaria quaisquer negócios que não lhe interessasse ou lhe fosse vantajoso; um ser a quem a razão outorgou o poder de antecipar o futuro, logo, de paralisar o tempo[16], um ser capaz de contratar e de não contratar, de eleger sempre aquele que será seu melhor parceiro negocial, bem como, de ditar as melhores condições negociais para si.

Essa personagem, como se observa, é um ser irreal que pode pensar como Albert Einstein, tem a memória de Mnemósine e a força de vontade de Mahatma Gandhi. Ocorre que as pessoas que conhecemos não são assim. As pessoas, no *mundo real*, têm dificuldades para dividir por mais de uma cifra sem usarem uma calculadora, esquecem o aniversário de seus parceiros de vida e têm "*resaca el día de Año Nuevo*". O ser que negocia, que contrata, que testa etc., portanto, não é o *homo economicus*, mas o *homo sapiens*[17].

O projeto liberal, ademais, foi impulsionado pelo fato de as codificações civis decimonônicas – e aquelas que as sucederam – terem atribuído aos proprietários poderes quase ilimitados e, em paralelo, assegurado a intangibilidade dos pactos a partir do acoplamento da autonomia da vontade com a *pacta sunt servanda*. A aura de importância dada ao *Code*, capturada pelos modelos que ele inspirou na Europa e na América Latina, foi tamanha que ainda hoje influencia o destino da civilização ocidental[18].

Esse Direito estava profundamente enraizado na lei, fundido à literalidade de textos abstratamente espalhados na legislação. As regras deveriam ser claras, precisas em suas hipóteses de incidência, abstratas e universais[19]. Justa seria a decisão pautada na letra da lei, conhecendo-a, ou não, seu destinatário. Lei e Direito estavam conectados de tal maneira[20] que sua separação ecoava socialmente como algo inconcebível, uma tarefa digna dos esforços de *Sísifo*.

---

15. MARTÍNEZ, Pedro Soares. O homem e a economia, *Revista da Faculdade de Direito da Universidade de Lisboa*, Coimbra, v. 38, n. 1, p. 101-111, 1997. p. 103.
16. OST, François. Tempo e contrato: crítica ao pacto fáustico, *Revista Eletrônica Direito e Sociedade*, Canoas, v. 6, n. 1, 93-115, maio 2018.
17. THALER, Richard; SUNSTEIN, Cass. *Un pequeño empujón*: el impulse necesario para tomar mejores decisiones sobre salud, dinero y felicidad. Buenos Aires: Taurus, 2018. p. 21.
18. FACCHINI NETO, Eugênio. O bicentenário da morte de Napoleão Bonaparte e seu principal legado jurídico: o código civil francês e a proteção dos direitos da burguesia. *RJLB*, Lisboa, a. 7, n. 5, p. 757-816, 2021.
19. JUNQUEIRA DE AZEVEDO, Antônio. O direito pós-moderno e a codificação, *Revista de Direito do Consumidor*, São Paulo, v. 9, n. 33, p. 123-129, jan./mar. 2000. p. 125.
20. BOBBIO, Norberto. *O positivismo jurídico*: lições de filosofia do direito. Trad. Márcio Pugliesi; Edson Bini; Carlos Rodrigues. São Paulo: Ícone, 1995. p. 83-89.

A legalidade, sem dúvida, foi uma ferramenta utilizada pelo Estado Liberal para a consolidação do projeto burguês. Todo o Direito emanava do Estado e todos, no Estado, estavam sujeitos à incidência da lei, sem quaisquer distinções ou privilégios[21]. Em um mundo, até então, marcado pelos desmandos do Príncipe – e dos juízes – no qual se costumava ouvir *l'Etat c'est mói*, as promessas colhidas dentre as lições da Exegese seriam facilmente absorvidas pelo senso comum e, talvez, até mesmo pelo pensamento crítico. Prova-o o fato de que a atividade judicial e, muitas vezes, a própria doutrina propagarem a necessidade de obediência à metodologia que impunha o encaixe, a subsunção dos fatos nas molduras previamente codificadas[22]; molduras que antecipavam, é preciso dizê-lo, respostas para perguntas que sequer haviam sido formuladas, afinal, a criação de suportes fáticos abstratos é técnica que ignora tanto aspectos imanentes à intersubjetividade das relações sociais como a impossibilidade de aprisionar o futuro.

Como se intui, a Escola da Exegese[23] e, pouco tempo mais tarde, a Jurisprudência dos Conceitos[24], orientaram a aplicação do direito privado, tendo sido usadas pela classe burguesa[25], em especial, por conta da crença existente acerca de sua capacidade de disseminar a segurança jurídica e de controlar a discricionariedade judicial.

> Os grandes códigos civis do século XIX serão operacionalizados – no caso da Escola da Exegese – e pensados – no caso da Jurisprudência dos Conceitos – tendo a decisão judicial como resultado desse procedimento estritamente subsuntivo de acomodação do caso judicial ao suporte fático previsto na legislação. [...]
>
> A realidade está dada. Está contida na lei ou no conceito (na *pandecta*). [...]
>
> [Eis] o Direito feito pelo legislador, na França; o Direito feito por professores, na Alemanha; o Direito feito por precedentes – tão duros e herméticos, quanto a lei no exegetismo e as *pandectas* na jurisprudência dos conceitos – na Inglaterra[26].

Curiosamente, a segurança, no positivismo, sempre foi a segurança do mais forte[27].

A abstração e a igualdade perante a lei foram outros dois instrumentos utilizados pela burguesia na busca da consolidação do seu poder: ferramentas empregadas em

---

21. SILVA, José Afonso da. O estado democrático de direito, *Revista dos Tribunais*, São Paulo, v. 77, n. 635, p. 7-13, set. 1988. p. 7-8.
22. ROCHA, Leonel Severo. Interpretação jurídica e racionalidade, *Revista da Faculdade de Direito de Cruz Alta*, Cruz Alta, v. 4, n. 4, p. 43-54, jan./jul. 1999. p. 44-45.
23. CAENEGEM, Raoul C. van. *Uma introdução histórica ao direito privado*. Trad. Carlos Eduardo Lima Machado. São Paulo: Martins Fontes, 2000. p. 211.
24. WIEACKER, Franz. *História do direito privado moderno*. 3 ed. Trad. António Manuel Botelho Hespanha. Lisboa: Fundação Calouste Gulbenkian, 2004.
25. FLACH, Norberto. O formalismo jurídico oitocentista: doença infantil do positivismo, *Revista da Faculdade de Direito Ritter dos Reis*, Porto Alegre, v. 3, p. 131-180, mar./jul. 2000. p. 171.
26. STRECK, Lenio. *Dicionário de hermenêutica*. São Paulo: Casa do Direito, 2017. p. 108.
27. OST, François. Tiempo y contrato: crítica del pacto fáustico, *Doxa*, Alicante, n. 25, p. 597-626, 2002. p. 625.

benefício de todos somente em aparência[28], mas que, sem dúvida, colaboraram para a proteção patrimonial arquitetada nas codificações civis.

No desvelar desse projeto e ao buscar, estrategicamente, conquistar o apoio popular, a burguesia disseminou a promessa de igualdade de direitos e, como antecipado, a garantia da propriedade privada[29]. O *Code* é farto em regras claramente voltadas à tutela dos direitos proprietários[30] ao lado de outras tantas afirmando a liberdade negocial[31]. Regras que não garantiriam o acesso à propriedade – apenas a sua manutenção –, como mais tarde seria comprovado.

No modelo instaurado após a Revolução Francesa não haveria, em tese, suseranos e vassalos. No plano formal, qualquer pessoa poderia ter acesso aos bens que desejasse, afinal, todos eram *iguais* ... O dado é incontestável. O que parece, entretanto, estar escondido neste discurso, é que quem estivesse interessado deveria pagar – e, muitas vezes, um preço bastante caro – para que pudesse experimentar, concretamente, os direitos formalmente consagrados na lei civil.

O que não foi percebido ou o que talvez tenha sido, propositalmente, desprezado – é mais razoável supor, até porque, o projeto Liberal longe de exigir a bondade dos homens, pede apenas o respeito a regras que permitam agir consoante interesses particulares[32] – é que com a disseminação da igualdade formal, o abismo existente entre os seres humanos foi ampliado. A igualdade normativamente prometida[33], não foi capaz de tratar as diferenças que permeiam os mais distintos momentos da vida[34] tampouco os efeitos patológicos atados à acumulação de riqueza.

É interessante notar, entretanto, que passando ao largo de tais preocupações, o discurso vigente à época levava a aceitar que se todos são iguais e racionais, portanto, igualmente racionais, não haveria sentido algum na edificação de regras buscando limitar a vontade, melhor, limitar manifestações ou declarações de vontade. As exceções seriam pontuais[35], como se observa na teoria das invalidades legada ao presente pela Modernidade, uma teoria que, em síntese, deixa de valorar, positiva-

---

28. GROSSI, Paolo. *Mitologia jurídica de la modernidad*. Trad. Manuel Martínez Neira. Madrid: Trotta, 2003. p. 82.
29. DIFINI, Luiz Felipe Silveira. Princípio do estado constitucional democrático de direito, *Revista da Ajuris*, Porto Alegre, v. 31, n. 95, p. 161-184, set. 2004. p. 162-163.
30. ALPA, Guido. Las tareas actuales del derecho privado. *Revista de Derecho Privado*, Madrid, n. 1, p. 03-12, ene./feb. 2008. p. 06.
31. GERCHMANN, Suzana; CATALAN, Marcos. Duzentos anos de historicidade na ressignificação da ideia de contrato. In: EHRHARDT JR, Marcos (Org.). *Os 10 anos do código civil*: evolução e perspectivas. Belo Horizonte: Fórum, 2012.
32. JAPPE, Anselm. *Crédito à morte*: a decomposição do capitalismo e de suas críticas. Trad. Robson de Oliveira. São Paulo: Hedra, 2013. p. 167.
33. RUZYK, Carlos Eduardo Pianovski. *Institutos fundamentais do direito civil e liberdade(s)*: repensando a dimensão funcional do contrato, da propriedade e da família. Rio de Janeiro: GZ, 2011.
34. LIMA, Alvino. Da influência, no direito civil, do movimento socializador do direito, *Revista Forense*, Rio de Janeiro, v. 36, n. 80, p. 19-27, out./dez. 1939. p. 26.
35. NERY, Rosa Maria Barreto Borriello de Andrade. *Vínculo obrigacional*: relação jurídica de razão (técnica e ciência de proporção). Tese (Livre-Docência) – Faculdade de Direito da PUC/SP, São Paulo, 2004. p. 133.

mente, quaisquer manifestações de vontade diante da incapacidade do declaratário de compreender o mundo dos negócios em razão de sua pouca idade ou da falsa percepção da realidade.

No limite, a "liberdade de contratar significava livre possibilidade, para a burguesia empreendedora, de adquirir os bens das classes antigas, detentoras improdutivas da riqueza e livre possibilidade de fazê-los frutificar com o comércio e a indústria"[36]. O capital, desde então, ocupa o lugar outrora reservado à nobreza enquanto mecanismo de biopoder.

A lógica é sedutora: se todos são iguais, portanto, igualmente livres, que cada pessoa decida que destino deseja dar a sua vida, até porque, como ser *absurdamente* racional, cada ser humano haverá, sempre, de buscar aquilo que é melhor para si.

Como se as pessoas fossem todas "átomos sociais idênticos"[37], sob a égide da igualdade formal o ser humano foi tratado como *sujeito de direitos*. Essa abstração opera seccionando as subjetividades imanentes ao ser. Transforma a todos tornando-os pariformes, idênticos a qualquer outra pessoa que ocupe uma das posições ou situações jurídicas delineadas na lei. Credor, devedor, contratante, terceiro, causador do dano, lesado ou vítima, proprietário, não proprietário, possuidor e *invasor*, chefe de família, filho, esposa ou concubina, testador ou legatário. Observado por esta lente, cada ser humano foi reduzido a um estereótipo sem cor, sem história, sem forças ... sem vida.

Com os olhos ainda no passado é possível imaginar porque, uma vez no poder, a burguesia socorreu-se do Direito por ela criado[38]. O direito civil da Modernidade foi forjado de modo a atender os anseios da classe econômica em ascensão. Os burgueses conseguiram encobrir a ausência de legitimidade[39] ou, no mínimo, foram bastante hábeis em afastar, da ordem do dia, a discussão dos problemas apontados nos parágrafos precedentes.

As imagens sopradas ao presente por *Éolo* permitem, ademais e por tudo que foi visto até o momento, ratificar a percepção de que o direito civil criado pela classe burguesa ao assumir o poder político[40] e, por consequência, o poder de legislar e

---

36. ROPPO, Enzo. *O contrato*. Trad. Ana Coimbra; M. Januário C. Gomes. Coimbra: Almedina, 2009. p. 45-46.
37. CASTRO, Torquato. Causalidade jurídica no direito romano: o título na linguagem jurídica dos romanos, *Revista de Direito Civil, Imobiliário, Agrário e Empresarial*, São Paulo, v. 8, n. 27, p. 7-47, jan./mar. 1984. p. 21.
38. FREIRE, Ricardo Maurício. *Tendências do pensamento jurídico contemporâneo*. Salvador: JusPodivm, 2007. p. 21.
39. ALVES, Alaôr Caffé. A função ideológica do direito, *Revista da Faculdade de Direito de São Bernardo do Campo*, São Bernardo do Campo, v. 6, n. 8, p. 1-11, 2002. p. 1-6.
40. BORGES, Roxana Cardoso Brasileiro. Contrato: do clássico ao contemporâneo – a reconstrução do conceito, *Revista do Programa de Pós-Graduação em Direito da Universidade Federal da Bahia*, Salvador, v. 13, p. 29-50, 2006. p. 30-31.

de julgar, gravitou em torno de seus principais interesses: o fomento à liberdade negativa e a proteção da propriedade privada[41].

E, apesar da utilização de modelos formalmente distintos na elaboração das principais codificações do passado – em especial, o *Code* e o *BGB* –, parece não haver dúvida acerca do fato de que em cada uma delas, o contrato, a propriedade e a família são temas pensados a partir de uma lógica estritamente patrimonial que *prefere o ter ao ser*, ainda que, paradoxalmente, a liberdade permeie tão somente os dois primeiros institutos, cedendo lugar a um conservadorismo deveras sombrio nas telas sobre as quais a história da última é esboçada[42].

Naquilo que interessa mais de perto a este livro, há de se perceber que o dever de reparar também é um mecanismo, ainda que reflexo, de preservação da propriedade privada[43]. O individualismo, ao alocar a culpa como figura central no universo do dever de reparar[44], dá vazão aos anseios da classe econômica alçada ao poder[45]. O recurso à culpa legitima e, ao mesmo tempo, obnubila problemas que redundam na acumulação de riqueza, atuando como um filtro[46] das pretensões que merecerão proteção estatal[47]. A culpa, nesse contexto, notadamente inibe a possibilidade de difusão da justiça social.

Ao focar a intelecção do dever de reparar na aferição da culpa do devedor – como é possível pinçar na literalidade de um sem-número de regras semeadas entre as páginas de muitas das codificações civis da Europa e da América do Sul –, essa mesma personagem acaba sendo, injustificadamente, protegida, ainda que isso, raramente, seja apreendido pela dogmática jurídica.

Ainda nessa toada, o enaltecimento de um indivíduo responsável[48] – comunicado no uso do código binário responsável *versus* irresponsável ou mediante o

---

41. ALVIM, Arruda. A função social dos contratos no novo código civil, *Revista dos Tribunais*, São Paulo, v. 92, n. 815, p. 11-31, set. 2003. p. 19-21.
42. RUZYK, Carlos Eduardo Pianovski. *Institutos fundamentais do direito civil e liberdade(s)*: repensando a dimensão funcional do contrato, da propriedade e da família. Rio de Janeiro: GZ, 2011.
43. HIRONAKA, Giselda Maria Fernandes Novaes. *Responsabilidade pressuposta*. Belo Horizonte: Del Rey, 2005.
44. GHERSI, Carlos Alberto. *Teoría general de la reparación de daños*. Buenos Aires: Astrea, 1997. p. 4-5.
45. SCAVONE JUNIOR, Luiz Antonio. *Do descumprimento das obrigações*: conseqüências à luz do princípio da restituição integral: interpretação sistemática e teleológica. São Paulo: Juarez de Oliveira, 2007. p. 44.
46. LORENZETTI, Ricardo Luis. *Teoria da decisão judicial*: fundamentos do direito. Trad. Bruno Miragem. São Paulo: RT, 2009. p. 239.
47. Perceba-se que, em um grupo de uma centena de pessoas lesadas pela prática de um ilícito qualquer, nem todos têm uma prova sequer da culpa do devedor. Outros tantos não conseguiriam produzi-la. Existe ainda a possibilidade de que outros, mesmo provando a culpa do causador do dano, terão sua pretensão afastada porque o Judiciário entende que aquele comportamento não é uma conduta informada pela culpa.
48. GHERSI, Carlos Alberto. *Teoría general de la reparación de daños*. Buenos Aires: Astrea, 1997. p. 4-5. GHERSI, Carlos Alberto. De Velez a Borda un cambio ideológico transcendente, que no se complementó en el rápido acceso a la justicia. In: GHERSI, Carlos Alberto (Dir.). *Responsabilidad*: problemática moderna. Mendoza: Ediciones Jurídicas Cuyo, 1996. p. 22.

recurso à dualidade que impregna a dicotomia crime e castigo[49] – legitimou discursos que não só convencem, como apaixonam, afinal, quantos não são aqueles que se deliciam com o escárnio alheio[50]. Ocorre que por trás dessa homilia cativante, ao mesmo tempo em que se estimula o empreendedorismo e se permite a acumulação de riqueza, o dano é qualificado como um custo social[51] atado ao progresso; um custo a ser suportado por um ser humano, por um ser de carne e osso, prenhe de paixões e de dor, não parece excessivo lembrar.

Enfim, qualquer análise meticulosa das codificações civis decimonônicas permite, em maior ou menor medida, afirmar que elas, com "retumbante silêncio sobre a vida e sobre o mundo", nada mais fizeram que especular "sobre os que têm"[52]. Ao protegerem o patrimônio, desprezando um oceano de despossuídos, cooperaram com a estigmatização da pobreza, estimulando, acelerando e potencializando "a desintegração da condição humana" e o "esvaziamento ético" das relações sociais[53].

Ainda assim, e apesar dos incomensuráveis problemas apontados, "no centro de tantas mudanças e transformações, *a nau encantada do direito civil* [segue a cruzar] tranquilamente um tempestuoso oceano de moribundos e cadáveres, parecendo não ressentir quaisquer influências dos novos tempos"[54]. Enquanto isso, salvo rara exceção, ao longo dos últimos dois séculos, anseios e valores burgueses foram difundidos, ignorando não apenas os interesses, mas a própria existência das demais parcelas da sociedade[55] e, obviamente, da infinidade de seres humanos que permite a sua compreensão.

Quantas vidas mais serão sacrificadas nessa história de culto ao poder e ao capital enquanto imagens e crenças seguem sendo difundidas como se fossem valores universais. Crenças que como a *culpa* parecem ter sido canonizadas com o intuito de pulverizar a compreensão de que a evolução do Direito está atada aos anseios das estruturas do poder[56].

---

49. SCHIPANI, Sándro. Análisis de La culpa en Justiniano 4,3. In: BUERES, Alberto Jesús; DE CARLUCCI, Aída Kemelmajer (Dir.). *Responsabilidad por daños en el tercer milenio*. Buenos Aires: Abeledo-Perrot, 1997. p. 127 e 136.
50. HUGO, Vitor. *O último dia de um condenado à morte*. Trad. Annie Paulette Marie Cambe. Curitiba: Polo Editorial do Paraná, 1997.
51. LORENZETTI, Ricardo Luis. El sistema de la responsabilidad civil ¿una deuda de responsabilidad, un crédito de indemnización o una relación jurídica?, *Revista da Ajuris*, Porto Alegre, n. 63, p. 166-198, mar. 1995. p. 171.
52. FACHIN, Luiz Edson. Limites e possibilidades da nova teoria geral do direito civil, *Revista da Faculdade de Direito*, Curitiba, v. 27, n. 27, p. 49-60, 1992-1993. p. 53.
53. FREIRE, Ricardo Maurício. *Tendências do pensamento jurídico contemporâneo*. Salvador: Podivm, 2007. p. 28.
54. CIMBALI, Enrico. *La nuova fase del diritto civile*: nei rapporti economici e sociali. 4 ed. Torino: UTET, 1907. p. 3. Os grifos são nossos.
55. FACCHINI NETO, Eugênio. Reflexões histórico-evolutivas sobre a constitucionalização do direito privado. In: SARLET, Ingo Wolfgang (Org.). *Constituição, direitos fundamentais e direito privado*. 2 ed. Porto Alegre: LAEL, 2006. p. 19-20.
56. WARAT, Luis Alberto. *Introdução geral ao direito*: interpretação da lei: temas para uma reformulação. Porto Alegre: SAFE, 1994, v. 1. p. 15.

Basta!

Uma nova ética se impõe[57].

Uma ética cujo vértice está na constante busca pela promoção e respeito da pessoa humana, de toda pessoa humana. É evidente que o patrimônio é merecedor de tutela. Em momento algum, tal premissa foi negada. Isso não justifica, entretanto, que ele seja considerado tão importante quanto – e muito menos, mais valioso que – a pessoa humana.

O Direito deve servir ao ser humano, não o contrário.

Simples assim ...

---

57. FAGÚNDEZ, Paulo Roney Ávila. O significado da modernidade. In: LEITE, José Rubens Morato; BELLO FILHO, Ney de Barros (Coord.). *Direito ambiental contemporâneo*. Barueri: Manole, 2004. p. 238.

A PERSONALIZAÇÃO DO DEVER DE REPARAR

A relação jurídica pensada sob a perspectiva clássica possui, dentre os seus elementos estruturantes, um sujeito abstratamente moldado em razão da necessidade de se atribuir a alguém, uma titularidade patrimonial[1]. A ideia está pertence ao contexto em que foi lapidada, o Estado Liberal, emergindo como "uma ordenação conceitual" que deveria "dar conta de *um modo de ver a vida* e sua circunstância" e, nesse contexto, é "menos o Direito em movimento" e "mais um Direito que se afirma no confronto e na negação do outro"[2], ignorando a existência de diferenças[3] e desprezando que sob as pesadas vestes criadas para os sujeitos de direito estão "entes morfologicamente diversos"[4], seres únicos, singulares, especiais por serem demasiadamente humanos e que em razão dessa característica, dessa extraordinária condição, não são passíveis de reprodução ou cópias.

Vê-se assim que os códigos civis da Modernidade criaram personagens sem quaisquer espaços para improvisos criativos em seus movimentos nos palcos sociais. Contratante, testador, proprietário, possuidor e chefe de família[5] são apenas alguns dos papéis com roteiros minutentemente redigidos, representados por figurinos que dificultam, quando não impedem a apreensão de subjetividades atadas, indelevelmente, à condição humana; roteiros e máscaras que incorporam a promessa abstrata de que se todos são iguais perante a lei, todos terão as mesmas condições, por meio de seus esforços, de contratar e acumular riqueza[6].

O Direito, aliás, ao incorporar referida ficção[7] ao seu dicionário metalinguístico, ignorou ou, propositalmente, desprezou – seja permitido o recurso intencional à

---

1. CORTIANO JUNIOR, Eroulths; MEIRELLES, Jussara Maria Leal de; PAULINI, Umberto. Um estudo sobre o ofuscamento jurídico da realidade: a impossibilidade de proteção de novos valores e fatos a partir de velhos institutos. In: CORTIANO JUNIOR, Eroulths; MEIRELLES, Jussara Maria Leal de; FACHIN, Luiz Edson; NALIN, Paulo (Coord.). *Apontamentos críticos para o direito civil brasileiro contemporâneo*. Curitiba: Juruá, 2007. p. 25-36.
2. FACHIN, Luiz Edson. *Teoria crítica do direito civil*. Rio de Janeiro: Renovar, 2000. p. 26.
3. WARAT, Luis Alberto. *Introdução geral ao direito*: a epistemologia jurídica da modernidade. Porto Alegre: SAFE, 2002, v. 2. p. 97.
4. RIBEIRO, Joaquim de Souza. *Direito dos contratos*: estudos. Coimbra: Coimbra, 2007. p. 41.
5. ALTHEIM, Roberto. *Direito de danos*: pressupostos contemporâneos do dever de indenizar. Curitiba: Juruá, 2008. p. 68.
6. CORTIANO JUNIOR, Eroulths. *O discurso jurídico da propriedade e suas rupturas*: uma análise do ensino do direito de propriedade. Rio de Janeiro: Renovar, 2002. p. 55.
7. RODRIGUES, Rafael Garcia. A pessoa e o ser humano no novo código civil. In: TEPEDINO, Gustavo (Coord.). *A parte geral do novo código civil*: estudos na perspectiva civil-constitucional. Rio de Janeiro: Renovar, 2002. p. 29.

tautologia – que "conceitos são só conceitos"[8] e que, cada ser é moldado enquanto trilha o caminho que marca sua existência individual.

O sujeito codificado, como se pode perceber, é uma personagem anônima[9], abstrata e sem vida[10] e, em alguma medida, um ente atemporal[11]. Sem forças para resistir às ondas provocadas no encontro do *racionalismo* com o *liberalismo*, o ser humano foi encoberto pelo conceitualismo que deriva na hipervalorização de papéis a serem representados consoante os termos, prévia e irrealisticamente, descritos na codificação[12] ou em um negócio jurídico. A pessoa humana foi esmagada pela pressão dogmática e tecnicista[13]. Mais que a sua "submissão ou proletarização", tais fenômenos produziram o genocídio das subjetividades[14].

A visão patrimonialista reinante no Estado Liberal – e que ainda informa muitos dos discursos que moldam o direito privado contemporâneo – é recheada de achaques[15], em especial, o de ignorar aqueles que nada têm[16]. Como visto outrora, o direito construído pela burguesia – e que alcançou o século XXI – não reservou qualquer "espaço à cidadania concreta"[17], tampouco, para preocupações com os efeitos deletérios atados à exclusão social[18].

Curiosamente, a abstração introjetada nos códigos civis gestados na Modernidade[19] e as limitações fenomênicas de distintas ordens então identificadas não foram um problema para o Capital, pois, ao menos em regra, a burguesia não precisava

---

8. HESPANHA, António Manuel. *O caleidoscópio do direito*: o direito e a justiça nos dias e no mundo de hoje. Coimbra: Almedina, 2007. p. 369.
9. ALVES, Alaôr Caffé. A função ideológica do direito, *Revista da Faculdade de Direito de São Bernardo do Campo*, São Bernardo do Campo, v. 6, n. 8, p. 1-11, 2002. p. 5.
10. MEIRELLES, Jussara Maria Leal de. Repersonalização, transindividualidade, relativização: a subjetividade revista em prol de um desenvolvimento juridicamente sustentável. In: CONRADO, Marcelo; PINHEIRO, Rosalice Fidalgo (Coord.). *Direito privado e constituição*: ensaios para uma recomposição valorativa da pessoa e do patrimônio. Curitiba: Juruá, 2009. p. 50.
11. CORTIANO JUNIOR, Eroulths. *O discurso jurídico da propriedade e suas rupturas*: uma análise do ensino do direito de propriedade. Rio de Janeiro: Renovar, 2002. p. 168-170.
12. FACHIN, Luiz Edson; RUZYK, Carlos Eduardo Pianovski. Direitos fundamentais, dignidade da pessoa humana e o novo código civil: uma análise crítica. In: SARLET, Ingo Wolfgang (Org.). *Constituição, direitos fundamentais e direito privado*. 2 ed. Porto Alegre: LAEL, 2006. p. 97.
13. CUNHA, Alexandre dos Santos. A teoria das pessoas de Teixeira de Freitas: entre individualismo e humanismo, *Revista da Faculdade de Direito da UFRGS*, Porto Alegre, v. 18, p. 15-23, 2000. p. 17.
14. WARAT, Luis Alberto. *A rua grita dionísio*: direitos humanos da alteridade, surrealismo e cartografia. Trad. e Org. Vivian Alves de Assis; Júlio Cesar Marcellino Junior; Alexandre Morais da Rosa. Rio de Janeiro: Lumen Juris, 2010. p. 46.
15. SESSAREGO, Carlos Fernández. Protección a la persona humana, *Ajuris*, Porto Alegre, v. 56, n. 19, p. 87-142, nov. 1992. p. 91.
16. FLAH, Lily; SMAYEVSKY, Miriam. El llamado valor de la vida humana. In: GESUALDI, Dora Mariana (Coord.). *Derecho privado*. Buenos Aires: Hammurabi, 2001. p. 1196.
17. AGUIAR, Roberto. O imaginário dos juristas, *Revista de Direito Alternativo*, São Paulo, n. 2, p. 18-27, 1993. p. 20-21.
18. LOPES, Mônica Sette. Os sujeitos jurídicos: concepções tangenciadoras do novo código civil, *Revista da Faculdade de Direito*, Belo Horizonte, v. 42, p. 191-217, 2002/2003. p. 194.
19. GROSSI, Paolo. *El novecientos jurídico*: un siglo posmoderno. Trad. Clara Àlvarez. Madrid: Marcial Ponz, 2011. p. 18.

empenhar seus casacos para ter o que comer ou para poder visitar a Biblioteca do Museu Britânico[20].

Outra grave problema que deságua no presente está ligado à percepção da vontade como fonte única de efeitos jurídicos na seara negocial e à correlata *falsa* afirmação de que basta que ela seja externada sem defeitos e preencha os moldes formais delineados na lei para que vincule o declaratário e o libere somente após o desempenho da prestação, pouco importando, dentre outras questões, eventuais vulnerabilidades ou, ainda, a situação econômica daquele que se obrigou.

Fato é que o uso das mesmas lentes para a compreensão da pessoa humana e daquele ser abstrato esboçado como sujeito de direitos, quando não impede, em muito dificulta a apreensão hermenêutica de aspectos existenciais e condicionamentos individuais deveras importantes, dentre os quais estão aqueles que foram fundidos à historicidade que marca cada ser humano, sua condição social ou etnográfica, seu poder econômico, questões de gênero, aspectos etários etc.

É fato que parte dos problemas denunciados foram mapeados pelo Estado Social e, posteriormente, pelo Estado Democrático de Direito que de algum modo tenta sobreviver ao *tsunami* neoliberal. No desvelar destes, buscou-se enfrentar o liberalismo, também, por meio do reconhecimento do fato de que as pessoas não são iguais[21], dando vazão à "tentativa de enfrentar as mazelas que uma solução geral e abstrata não foi capaz de remediar"[22].

E apesar do eco provocado por discursos impregnados com notas humanistas que remetem à personalização do direito[23], o ser humano segue sendo tratado como mercadoria[24], pois,

> [em] uma sociedade em que os indivíduos vivem, exclusivamente, para lograr o êxito de se venderem e serem aceitos pelo deus mercado, e onde todo o conteúdo possível da vida está sacrificado em nome exclusivo das leis da economia, uma verdadeira 'pulsão de morte' se desencadeia, pondo a nu o nada que está no fundo de uma sociedade cujo único objetivo proclamado é a acumulação do capital[25],

---

20. STALLYBRASS, Peter. *O casaco de Marx*: roupas, memória, dor. 3. ed. Trad. Tomaz Tadeu. Belo Horizonte: Autentica, 2008. p. 39-86.
21. ALBUQUERQUE, Fabíola Santos. O princípio da informação à luz do código civil e do código de defesa do consumidor. In: BARROSO, Lucas Abreu (Org.). *Introdução crítica ao código civil*. Rio de Janeiro: Forense, 2006. p. 100-102.
22. NEVARES, Ana Luiza Maia; SCHREIBER, Anderson. Do sujeito à pessoa: uma análise da incapacidade civil. In: TEPEDINO, Gustavo; TEIXEIRA, Ana Carolina Brochado; ALMEIDA, Vitor. *O direito civil*: entre o sujeito e a pessoa. Belo Horizonte: Forum, 2016. p. 40.
23. AFONSO, Elza Maria Miranda. Prefácio. In: MATA-MACHADO, Edgar de Godoi. *Contribuição ao personalismo jurídico*. Belo Horizonte: Del Rey, 2000. p. 17.
24. MOREIRA, Lenice Silveira. Ciência jurídica e complexidade: reflexões sobre as mudanças epistemiológicas [sic] necessárias à compreensão do direito no século XXI, *Revista da FARN*, Natal, v. 5, n. 1/2, p. 27-50, 2006. p. 34.
25. JAPPE, Anselm. *Crédito à morte*: a decomposição do capitalismo e de suas críticas. Trad. Robson de Oliveira. São Paulo: Hedra, 2013. p. 117.

e isso mesmo quando, paradoxalmente, é sabido que a propriedade, ontologicamente, não possui valor algum[26].

As pegadas deixadas durante o lento caminhar de *Chronos* revelam – entremeio a críticas que precisam ser entoadas como mantras para que não haja mais retrocessos – que, pouco a pouco, a pessoa humana deixou de ser compreendida como o sujeito "descarnado" e "sempre-igual" da Modernidade. Gradativamente, o Direito parece estar desenvolvem a aptidão necessária para tutelar seres reais, prenhes de peculiaridades e vicissitudes[27], pessoas histórica e socialmente situadas. Ele o faz, por exemplo, por meio da identificação de vulnerabilidades que não podem ser desprezadas durante o exercício hermenêutico que visa a encontrar a resposta mais adequada na modulação da norma jurídica.

A pessoa é um ser que possui existência, que tem paixões, fomes e desejos[28]. E é a ela que deve servir o Direito, mesmo porque, "uma sociedade democrática encontra-se fundamentalmente comprometida com a necessidade de prover as condições de possibilidade do desenvolvimento pleno, autônomo e de todos" que a integram[29].

A metamorfose atravessada pelo direito civil[30] é influenciada por mutações econômicas, políticas e sociais, notadamente, pelo declínio do voluntarismo[31]. É evidente que o liberalismo foi – e, ainda é – extremamente interessante para aqueles que pertencem aos nichos mais abastados da sociedade brasileira, mas não há dúvida acerca do fato de que o Estado Democrático de Direito[32] assumiu parte das promessas feitas na Modernidade[33], incorporando, portanto, o dever de promover o acesso à igualdade, à justiça social[34] e, ainda, a obrigação de atuar, em todas as suas esferas de poder, de modo a viabilizar o exercício pleno da cidadania.

---

26. PROUDHON, Pierre Joseph. *A propriedade é um roubo e outros escritos anarquistas*. Trad. Suely Bastos. Porto Alegre: L&PM, 1998. p. 35.
27. MARTINS-COSTA, Judith. Os direitos fundamentais e a opção culturalista do novo código civil. In: SARLET, Ingo Wolfgang (Org.). *Constituição, direitos fundamentais e direito privado*. 2 ed. Porto Alegre: LAEL, 2006. p. 70-74.
28. CORTIANO JUNIOR, Eroulths. As quatro fundações do direito civil: ensaio preliminar, *Revista da Faculdade de Direito*, Curitiba, v. 45, p. 99-102, 2006. p. 101-102.
29. WARAT, Luis Alberto. *Introdução geral ao direito*: a epistemologia jurídica da modernidade. Porto Alegre: SAFE, 2002, v. 2. p. 358.
30. RAIZER, Ludwig. O futuro do direito privado, *Revista da PGE*, Porto Alegre, v. 9, n. 25, p. 11-30, 1979. p. 10.
31. GOMES, Orlando. *Transformações gerais do direito das obrigações*. São Paulo: RT, 1967. p. 10.
32. SOARES, Mário Lúcio Quintão; BARROSO, Lucas Abreu. A dimensão dialética do novo código civil em uma perspectiva principiológica. In: BARROSO, Lucas Abreu (Org.). *Introdução crítica ao código civil*. Rio de Janeiro: Forense, 2006. p. 1.
33. STRECK, Lenio Luiz. Quinze anos de constituição – análise crítica da jurisdição constitucional e das possibilidades hermenêuticas de concretização dos direitos fundamentais-sociais, *Revista da Ajuris*, Porto Alegre, v. 30, n. 92, p. 205-234, dez. 2003. p. 205.
34. CANOTILHO, José Joaquim Gomes. *Direito constitucional e teoria da constituição*. 7 ed. Coimbra: Almedina, 2003. p. 338.

O reencontro do público com o privado – dentre outros processos[35] que alimentam e são alimentados pela vigente Constituição – permite que as contingências da vida sejam enfrentadas de modo mais realista e com alguma chance de sucesso. Para que as pessoas transitem pelos palcos da cidadania[36], as luzes que emanam da Carta Magna precisam ser mantidas acesas.

O Direito contido no porvir, aquele que há de ser construído com lastro na conjunção de princípios, regras e de cada situação havida na concretude é – ou, pelo menos, pode ser – um Direito despido de arbitrariedades[37], promotor da libertação do ser e promotor da cidadania social[38]. Neste Direito tão esperado hão de imperar a solidariedade social, a isonomia substancial e a dignidade da pessoa humana, ante a sua inegável importância no processo de produção da norma jurídica.

A alusão constitucional à proteção da pessoa humana, a exigência de valoração das distintas situações jurídicas a partir de uma perspectiva isonômica em nível substancial e, ainda, o comando normativo que visa a promover a redução das desigualdades sociais e a redistribuição da riqueza, tal qual as placas que jazem ao largo de uma estrada, dão algumas pistas do que está por vir.

Utopias, talvez ...

Aclare-se, uma vez mais, que a perspectiva que impõe a primazia da pessoa humana, não priva de tutela, ao menos aprioristicamente, qualquer direito de ordem patrimonial. Protege-se o patrimônio como meio de realização do ser humano[39] e de todos que vivem em sociedade, afinal, bens e direitos de índole patrimonial não podem ser vistos como um fim, sendo meios para a realização de uma pessoa histórica e socialmente situada[40]. Mais uma vez, vale resgatar a lição de Proudhon, ao ensinar que a propriedade, em si mesma, não possui valor algum[41].

A opção personalista, ao ser hermeneuticamente posta em movimento, poderá libertar pessoas aprisionadas no tempo e no espaço pela miséria, fome, desnutrição,

---

35. LÔBO, Paulo Luiz Netto. Constitucionalização do direito civil, *Revista de Informação Legislativa*, Brasília, v. 36, n. 141, p. 99-109, jan./mar. 1999. p. 100.
36. WARAT, Luis Alberto. *Introdução geral ao direito*: a epistemologia jurídica da modernidade. Porto Alegre: SAFE, 2002, v. 2. p. 356-357.
37. STRECK, Lenio Luiz. Da interpretação de textos à concretização de direitos: a incindibilidade, entre interpretar e aplicar – contributo a partir da hermenêutica filosófica, *Revista da Faculdade de Direito da Universidade de Lisboa*, Coimbra, v. 46, n. 2, p. 911-954, 2005. p. 912-931.
38. SOARES, Mário Lúcio Quintão; BARROSO, Lucas Abreu. A concretização do devido processo legal pelo Supremo Tribunal Federal. In: ROSSI, Alexandre Luiz Bernardi; MESQUITA, Gil Ferreira (Org.). *Maioridade constitucional*: estudo em comemoração aos 18 anos da Constituição Federal. São Paulo: Lemos & Cruz, 2008. p. 354.
39. CORTIANO JUNIOR, Eroulths. Para além das coisas (breve ensaio sobre o direito, a pessoa e o patrimônio mínimo). In: RAMOS, Carmem Lucia Silveira *et all* (Org.). *Diálogos sobre direito civil*: construindo a racionalidade contemporânea. Rio de Janeiro: Renovar, 2002. p. 156.
40. SARMENTO, Daniel. *Direitos fundamentais e relações privadas*. 2 ed. Rio de Janeiro: Lumen Juris, 2006.
41. PROUDHON, Pierre Joseph. *A propriedade é um roubo e outros escritos anarquistas*. Trad. Suely Bastos. Porto Alegre: L&PM, 1998. p. 35.

desprezo, carência, desconhecimento, desemprego, desamparo etc., emancipando seres que por algum tempo ambulam pelo mundo sem dele nada absorver, vivendo de forma imutável do início ao fim da vida; quiçá, "além da morte, também"[42]. Ademais, como os níveis de proteção destinados, em concreto, à tutela da pessoa humana servem para avaliar o potencial de desenvolvimento de uma sociedade[43], a opção pela personalização encontra aqui relevante justificativa, enquanto caminho impostergável à superação do patrimonialismo[44].

Uma pessoa é bem mais que um ser detentor de titularidades.

> O ser humano, livre como é, acaba sendo, em alguma medida, um ser imprevisível. Tudo o que possa ser dito sobre ele é aproximativo, não há nada terminado, máxime quando se resgata a percepção de que, enquanto ser temporal, molda-se a cada dia. O que ele foi ontem, em múltiplos aspectos, deixa de sê-lo hoje, tampouco, haverá de ser no futuro, paradoxalmente, sem que deixe de ser o que é[45],

leitura que serve como chave para decodificar que a destinação e a função dos atos e negócios jurídicos são premissas que assumem, hodiernamente, papel preponderante quando comparadas com perspectivas de análise meramente estruturais e, por isso, o exercício de quaisquer posições jurídicas, no desvelar de um processo obrigacional, há de ser funcionalizado[46] à proteção de cada pessoa humana tocada por um ou outro.

A liberdade econômica, por exemplo, exercida por meio de um contrato qualquer – e, especialmente, por meio daqueles que nascem da adesão às condições gerais de contratação –, haverá de atravessar o filtro hermeneuticamente produzido na densificação de princípios aptos a promoverem a tutela concreta do ser humano[47], mesmo porque, evidentemente, o exercício da autonomia privada tem por lastro a experimentação ou a satisfação de necessidades de distintas ordens[48]. Também por isso, sua compreensão não pode mais ignorar aspectos como as necessidades básicas do ser humano ou aspectos cognitivos comportamentais. Em tal contexto,

---

42. HARARI, Yuval Noah. *Homo Deus*: uma breve história do amanhã. Trad. Paul Geiger. São Paulo: Companhia das Letras, 2016. p. 111.
43. PEZZELLA, Maria Cristina Cereser. Código civil em perspectiva histórica. In: SARLET, Ingo Wolfgang (Org.). *O novo código civil e a constituição*. 2 ed. Porto Alegre: LAEL, 2006. p. 65.
44. HIRONAKA, Giselda Maria Fernandes Novaes. Tendências do direito civil no século XXI. In: FIUZA, César; SÁ, Maria de Fátima Freire de; NAVES, Bruno Torquato de Oliveira (Coord.). *Direito civil*: atualidades. Belo Horizonte: Del Rey, 2003. p. 114.
45. SESSAREGO, Carlos Fernández. É possível proteger, juridicamente, o projeto de vida? *Revista Eletrônica Direito e Sociedade*, Canoas, v. 5, n. 2, p. 41-57, nov. 2017. p. 43.
46. STEINMETZ, Wilson. Direitos fundamentais e função social do (e no) direito, *Revista da Ajuris*, Porto Alegre, v. 34, n. 107, p. 285-291, set. 2007. p. 290.
47. PERLINGIERI, Pietro. A doutrina do direito civil na legalidade constitucional. In: TEPEDINO, Gustavo (Org.). *Direito civil contemporâneo*: novos paradigmas à luz da legalidade constitucional. São Paulo: Atlas, 2008. p. 3.
48. FIUZA, César. Por uma redefinição da contratualidade, *Revista da Faculdade Mineira de Direito*, Belo Horizonte, v. 9, n. 18, p. 33-41, jul./dez. 2006. p. 33-41.

sem dúvida, parece possível afirmar que "a ficção ontológica de que a relação entre os contratantes existiria em um plano próprio e indiferente ao plano da vida e a seus sujeitos" ruiu, não se sustenta mais[49].

É possível afirmar também que neste ambiente a personalização das relações civis permite compreender que a pessoa humana não pode ser considerada como mero elemento da relação obrigacional. Somente a compreensão da pessoa enquanto ser permitirá pôr fim às distintas formas de escravidão, bem como, a lidar, de forma mais sensível e humana, com a indiferença promotora de exclusão[50] e dor.

No que interessa mais de perto a esta investigação científica, a atribuição do dever de reparar danos contratuais não interessa apenas como meio de responsabilizar o devedor que de algum modo violou sua obrigação. O binômio crime e castigo há de ser definitivamente banido da arquitetura da responsabilidade contratual, sendo imperioso enfatizar a reparação do dano sofrido[51], a repercussão social causada por essa lesão e, ainda, aferir tudo que pode ser feito para que situações similares não se repitam.

Um Direito personalizado buscará reequilibrar a relação obrigacional por meio da reparação da lesão[52], em vez de fundar-se na necessidade de repreender, de punir pessoas estereotipadas como irresponsáveis. Buscará, ainda, inibir o dano. Só isso justificaria o banimento da culpa da responsabilidade contratual. A imputação do dever de reparar não pode seguir sendo pensada como sanção que visa a reprimir comportamentos prenhes de culpa; punição ou castigo moral[53] a ser imposto àqueles que cometem pecados jurídicos[54].

E como a reparação dos danos se encontra, atualmente, ancorada em premissas que visam a promover o contínuo desenvolvimento de todo ser humano[55], não há como ignorar a necessidade de exorcizar todos os fantasmas e espectros que dificultem o pleno alcance desse desiderato.

Enfim, outra importante consequência atada ao processo de personalização do dever de reparar cinge-se à despatrimonialização do dano. É factível pensar que,

---

49. RUZYK, Carlos Eduardo Pianovski; BÜRGER, Marcelo L. F. de Macedo. A tutela externa da obrigação e sua (des)vinculação à função social do contrato. *Civilistica.com*, Rio de Janeiro, a. 6, n. 2, p. 1-27, 2017. p. 2.
50. FACHIN, Luiz Edson. *Teoria crítica do direito civil*. Rio de Janeiro: Renovar, 2000. p. 42-43.
51. HINESTROSA, Fernando. Devenir del derecho de daños, *Roma e America: Diritto Romano Comune*, Roma, n. 10, p. 17-36, 2000. p. 21.
52. BUSNELLI, Francesco Donato. L´illecito civile nella stagione europea delle riforme del diritto delle obbligazioni, *Rivista de Diritto Civile*, Padova, anno 52, n. 6, p. 439-457, nov./dez. 2006. p. 447-449.
53. ROSAS, Cristian Patricio. Daños derivados de actividades riesgosas. In: GHERSI, Carlos Alberto (Dir.). *Responsabilidad*: problemática moderna. Mendoza: Ediciones Jurídicas Cuyo, 1996. p. 40.
54. JOSSERAND, Louis. Evolução da responsabilidade civil, *Revista Forense*, Rio de Janeiro, n. 86, p. 52-63, jun. 1941. p. 61.
55. HIRONAKA, Giselda Maria Fernandes Novaes. *Responsabilidade pressuposta*. Belo Horizonte: Del Rey, 2005. p. 111.

em vez da reparação em pecúnia, sanções como a retratação pública[56], um pedido de desculpas feito na esfera privada com a anuência da vítima e outras formas de tutela específica possam ser pensadas quando se medita acerca do dever de reparar. Soluções, aliás, preferíveis à tutela reparatória e que, infelizmente, em razão do corte metodológico que informa esta investigação, não poderão ser enfrentadas neste momento.

---

56. SCHREIBER, Anderson. Novas tendências da responsabilidade civil brasileira, *Revista Trimestral de Direito Civil*, Rio de Janeiro, n. 22, p. 45-70, abr./jun. 2005. p. 64-66.

A INCONTROLABILIDADE DOS DANOS NA CONTEMPORANEIDADE

Com o advento da Modernidade[1] imaginou-se um futuro no qual o bem-estar de todos seria, de fato, alcançado. Triunfaria a razão, projetada em todos os setores da vida humana[2]. A ciência, única forma válida do conhecimento, levaria ao controle das forças da natureza e orientaria a humanidade na construção de trilhas a serem percorridas, com *absoluta* segurança, rumo ao felicidade reservada a cada ser humano[3].

Ah, a Modernidade ...

Os "bibliotecários de Babel"[4] e suas promessas de deleite universal, de inimaginável evolução tecnológica e científica, de sistematização e completo controle dos riscos[5] e, ainda, de vidas prenhes de alegria. Promessas que, aliás, notadamente, ofuscaram a percepção dos efeitos deletérios[6] inexoravelmente imantados ao avanço da técnica, obnubilando, portanto, a compreensão de que as vidas dos seres humanos estão inexoravelmente sujeitas à flutuação dos humores de *Janus*.

Indo além, hoje é possível perceber que os seres humanos tornaram-se tão dependentes da técnica que acabaram se afastando dos roteiros que descrevem deveres ético-jurídicos como aquele que impõe avaliar todas as dimensões tocadas pelos efeitos atados ao desenvolvimento científico e (ou) tecnológico[7], em vez de observar, exclusivamente, as vantagens nele contidas.

É certo que nem todos se permitiram seduzir pelas promessas feitas pelos arquitetos da Modernidade. Josserand, por exemplo, percebendo a aproximação de um horizonte deveras assustador, ainda no início do século XX, denunciava os riscos que afligem todo ser humano que se serve de forças cuja essência mais ínti-

---

1. BAUMAN, Zygmunt. *Modernidade líquida*. Trad. Plínio Dentzien. Rio de Janeiro: Zahar, 2001. p. 15.
2. TOURAINE, Alain. *Um novo paradigma*: para compreender o mundo de hoje. 3 ed. Trad. Gentil Avelino Titton. Petrópolis: Vozes, 2007. p. 86-87.
3. FREIRE, Ricardo Maurício. *Tendências do pensamento jurídico contemporâneo*. Salvador: JusPodivm, 2007.
4. WARAT, Luis Alberto. *A rua grita dionísio*: direitos humanos da alteridade, surrealismo e cartografia. Trad. e Org. Vivian Alves de Assis; Júlio Cesar Marcellino Junior; Alexandre Morais da Rosa. Rio de Janeiro: Lumen Juris, 2010. p. 7.
5. MARIÑO LÓPEZ, Andrés. *Los fundamentos de la responsabilidad contractual*. Montevideo: Carlos Alvarez, 2005. p. 34.
6. BARRIOS, Luis. El conflicto de la celulosa. *Estado de derecho*. Montevideo, p. 12, dez. 2007.
7. ROSAS, Cristian Patricio. Daños derivados de actividades riesgosas. In: GHERSI, Carlos Alberto (Dir.). *Responsabilidad*: problemática moderna. Mendoza: Ediciones Jurídicas Cuyo, 1996. p. 40.

ma desconhece[8]. Curiosamente, no tempo em que Josserand registrou toda a sua angústia, a vida era muito mais simples – leia-se, menos complexa – que a vivida no atual quadro histórico.

Com o tempo, a Modernidade entrou em crise[9]. Muitos dos moldes criados ao largo desse período foram substituídos. Outros tantos estão por sê-lo. Se a transição se iniciou há três décadas, na queda do muro de Berlim, há cinco[10], quando da visita de Armstrong à Lua ou, ainda, sete décadas atrás[11], quando aflorou do cogumelo mais trágico, covarde e encarniçado da História, importa menos a esta investigação.

Tantas são as dúvidas, aliás, que sequer existe consenso acerca da denominação mais adequada para designar a atual fase vivida pela humanidade: alta modernidade[12], modernidade reflexiva[13], sociedade pós-industrial[14], sociedade de risco[15], transmodernidade e pós-modernidade[16] são algumas das formas mais usuais[17]. Uma das poucas certezas científicas alcançadas mostra que todas elas se propõem a rotular uma sociedade marcada, inegavelmente, pelo "tecnocentrismo"[18] e, ainda, pela fluidez das suas relações, pois, enquanto a sociedade clássica foi equiparada "a um castelo de pedra" ante a solidez das relações sociais experimentadas, a atual, mais lembra paisagens em movimento[19], quiçá, um *reality show* gravado e transmitido, como convencionalmente acordado, em *tempo real* ...

Dentre os traços mais marcantes do momento atravessado pela humanidade, sem dúvida podem ser listados: (a) a primazia do conhecimento teórico no planejamento da vida, (b) a concentração de material humano no campo dos serviços, (c) a valorização do lazer, da busca por qualidade de vida e, no limite, da felicidade e, ainda, (d) a fluidez dos conflitos[20]. Outras duas marcas bastante expressivas da

---

8. JOSSERAND, Louis. Evolução da responsabilidade civil, *Revista Forense*, Rio de Janeiro, n. 86, p. 52-63, jun. 1941. p. 53.
9. MASI, Domenico de. A sociedade pós-industrial. In: MASI, Domenico de. *A sociedade pós-industrial*. 4 ed. Trad. Anna Maria Capovilla *et all*. São Paulo: Senac, 2003. p. 30.
10. COELHO, Luiz Fernando. *Saudade do futuro*. 2 ed. Curitiba: Juruá, 2007. p. 30-36.
11. MASI, Domenico de. A sociedade pós-industrial. In: MASI, Domenico de. *A sociedade pós-industrial*. 4 ed. Trad. Anna Maria Capovilla *et all*. São Paulo: Senac, 2003. p. 66-67.
12. GIDDENS, Anthony. *As conseqüências da modernidade*. Trad. Raul Fiker. São Paulo: Unesp, 1991.
13. BECK, Ulrich. *Viviendo en la sociedad del riesgo mundial*. Trad. María Ángeles Sabiote González; Yago Mellado López. Barcelona: CIDOB, 2007. p. 19.
14. MASI, Domenico de. A sociedade pós-industrial. In: MASI, Domenico de. *A sociedade pós-industrial*. 4 ed. Trad. Anna Maria Capovilla *et all*. São Paulo: Senac, 2003. p. 18.
15. GIDDENS, Anthony; BECK, Ulrich; LASH, Scott. *Modernização reflexiva*: política, tradição e estética na ordem social moderna. Trad. Magda Lopes. São Paulo: Unesp, 1997. p. 15-17.
16. COELHO, Luiz Fernando. *Saudade do futuro*. 2 ed. Curitiba: Juruá, 2007. p. 30.
17. MASI, Domenico de. A sociedade pós-industrial. In: MASI, Domenico de. *A sociedade pós-industrial*. 4 ed. Trad. Anna Maria Capovilla *et all*. São Paulo: Senac, 2003. p. 33.
18. BARROSO, Lucas Abreu. *A obrigação de indenizar e a determinação da responsabilidade civil por dano ambiental*. Rio de Janeiro: Forense, 2006. p. 16.
19. TOURAINE, Alain. *Um novo paradigma*: para compreender o mundo de hoje. 3 ed. Trad. Gentil Avelino Titton. Petrópolis: Vozes, 2007. p. 110.
20. MASI, Domenico de. A sociedade pós-industrial. In: MASI, Domenico de. *A sociedade pós-industrial*. 4 ed. Trad. Anna Maria Capovilla *et all*. São Paulo: Senac, 2003. p. 50 e 78.

contemporaneidade são percebidas (e) na velocidade que acelera o curso da História[21] e (f) na disrupção tecnológica[22] que carreia consigo inestimáveis conquistas em campos como a genética, a robótica ou a inteligência artificial.

Em paralelo, tudo isso fez com que elevadas doses de insegurança permeassem todos os momentos da vida[23]. A contingência impregnada ao presente, quando o permite, tornou quase impossível a formulação de previsões irrefutáveis do *futuro*[24], mormente por permitir identificar que o *futuro* não existe.

Inquestionavelmente a humanidade caminha, sobre solo arenoso, barrento, movediço, instável[25]. Ela peregrina, de um lado para o outro, atravessando pontes pênseis expostas às intempéries do tempo raramente identificados no passado.

Como se pode intuir, as promessas feitas na Modernidade perderam seu charme. Elas lembram as placas espalhadas ao largo de uma estrada que cruza um deserto e, por sobre a qual, alguém dirige em alta velocidade. Consoante se avança, as mensagens lidas, quando eventualmente apreendidas, são rapidamente esquecidas.

A proteção e felicidade outrora sugeridas foram substituídas pela incerteza e angústia fundidas à semântica das relações sociais. Aliás, as dúvidas atadas a um *futuro* que não se pode controlar, são elas mesmas, a origem de incontáveis patologias que atingem números absurdos de "depressivos e fracassados"[26] lançados à deriva em um mundo no qual viver parece ser cada vez mais difícil[27]. Não se olvida, de outra banda, que o canto das sereias do sistema econômico capitalista obnubile os sentidos de incontáveis seres humanos tocados, diuturnamente, pela publicidade que espraia por diversas formas.

Tudo isso mostra que hodiernamente não há como antecipar, antever ou imaginar com razoável grau de acerto, em muitas situações, qual deve ser a conduta adequada em um processo obrigacional. Em incomensuráveis situações é impossível prever, abstratamente, a conduta devida em concreto, o que torna óbvia a assertiva que nomina este trabalho.

E o que dizer dos bens e serviços criados ou aperfeiçoados nas últimas décadas por conta da disrupção tecnológica[28] em curso. Quantos não são os riscos (a) imanentes ao universo dos transgênicos, materializados nos muitos quadros alergênicos

---

21. COELHO, Luiz Fernando. *Saudade do futuro*. 2 ed. Curitiba: Juruá, 2007. p. 58-59.
22. HARARI, Yuval Noah. *Homo Deus*: uma breve história do amanhã. Trad. Paul Geiger. São Paulo: Companhia das Letras, 2016.
23. BAUMAN, Zygmunt. *Modernidade líquida*. Trad. Plínio Dentzien. Rio de Janeiro: Zahar, 2001. p. 70-71.
24. MORELLO, Augusto Mario. El principio de la buena fe en la sociedad del riesgo. In: CÓRDOBA, Marcos (Dir.). *Tratado de la buena fe en el derecho*: doctrina nacional. Buenos Aires: La Ley, 2004, v. 1. p. 37.
25. BECK, Ulrich. *Viviendo en la sociedad del riesgo mundial*. Trad. María Ángeles Sabiote González; Yago Mellado López. Barcelona: CIDOB, 2007. p. 16.
26. HAN, Byung-Chul. *A sociedade do cansaço*. 2. ed. Trad. Enio Paulo Giachini. Petrópolis: Vozes, 2017.
27. BAUMAN, Zygmunt. *Vida líquida*. Trad. Carlos Alberto Medeiros. Rio de Janeiro: Zahar, 2007. p. 91.
28. BARROSO, Lucas Abreu. *A obrigação de indenizar e a determinação da responsabilidade civil por dano ambiental*. Rio de Janeiro: Forense, 2006. p. 19-20.

disparados pelo consumo de alimentos que os utilizam em suas fórmulas, (b) atados às nanotecnologias utilizadas em roupas, matérias esportivos e cosméticos diante de suas propriedades físico-químicas notadamente distintas das conhecidas pelas ciências, (c) ligados à multiplicação dos produtos farmacológicos, do número de intervenções cirúrgicas desnecessárias ou, ainda, do recurso às técnicas por meio das quais seres humanos buscam se transformar estética ou mesmo fisicamente, (d) fundidos à poluição eletromagnética imantada às tecnologias de transmissão de dados ou, ainda, à dependência provocada por *games* e outros produtos digitais dentre os quais estão as redes sociais e, talvez, possam ser incluídas *séries de tv*, (e) imantados ao desenvolvimento da inteligência artificial que dia após dia deixa os livros de ficção e passa a colorir a seara fenomênica, (f) decorrentes do avanço dos transumanismo, dos robôs, dos ciborgues e da clonagem ou, enfim, (g) derivados unicamente do estímulo a modos de vida consumistas e absurdamente inconsequentes ...

Também por isso, a culpa parece ter perdido toda e qualquer utilidade no *Admirável Mundo Novo*. Ela cumpriu o papel que lhe fora reservado no Medievo e, ainda, as funções que dela eram esperadas nos primórdios da Modernidade e, dentre as quais, pode ser pinçada a que daria acesso a acumulação patrimonial[29], pois, como dito nos capítulos introdutórios deste trabalho, o direito privado da Modernidade é um direito eminentemente burguês.

> *El desarrollo económico no debe ser obstaculizado por las normas de responsabilidad civil; en ese sentido, el principio de ninguna responsabilidad sin culpa expresa una opción favorable a la actividad, es decir, a las personas que realizan una actividad económicamente significativa, incluso en perjuicio de sujetos titulares de intereses jurídicamente protegidos[30].*

Enfim, a culpa foi um baluarte bastante importante à serviço do *Capital*.

Que sentido há, entretanto, atualmente, na alusão a sua necessidade – como utensílio, apetrecho ou ferramenta dogmática – quando ulula, desde a semiótica, que uma das marcas mais explícitas do contemporâneo é o risco[31]; riscos incrustados, difusamente, no tempo e no espaço, que não têm com ser impedidos[32] e, também por isso, comumente, possuem força para pôr abaixo os mais abalizados prognósticos de segurança[33].

---

29. VISINTINI, Giovanna. *Tratado de la responsabilidad civil*: la culpa como criterio de imputación de la responsabilidad. Trad. Aída Kemelmajer de Carlucci. Buenos Aires: Astrea, 1999, v. 1. p. 9-10.
30. PATTI, Salvatore. La evolución de la responsabilidad civil en Itália. In: DÍAZ, Rodrigo Barría; FERRANTE, Alfredo; NEIRA, Lilian San Martín. (Ed.). *Presente y futuro de la responsabilidad civil*. Santiago: Thomson Reuters, 2017. p. 10.
31. PARDO, José Esteve. El derecho del medio ambiente como derecho de decisión y gestión de riesgos, *Revista Electrónica del Departamento de Derecho de la Universidad de La Rioja*, Logroño, n. 4, p. 7-16, dez. 2006. p. 8.
32. BAUMAN, Zygmunt. *Medo líquido*. Trad. Carlos Alberto Medeiros. Rio de Janeiro: Zahar, 2008. p. 85.
33. BERGEL, Salvador Darío. Introducción del principio precautorio en la responsabilidad civil. In: GESUALDI, Dora Mariana (Coord.). *Derecho privado*. Buenos Aires: Hammurabi, 2001. p. 1011-1012.

O molde clássico da responsabilidade subjetiva, emoldurando ideias como livre-arbítrio, controle e aprisionamento do *futuro*, só subsiste, atualmente, como instrumento de dominação ideológica e, consequentemente, de sujeição econômica[34]. Ora, se os pecados contemporâneos só podem ser conhecidos depois de cometidos, que razão há para defender a sobrevivência de uma figura agonizante, concebida, essencialmente, para evitar um dano por meio da valorização indireta de condutas prenhes de previdência e diligência. E indireta porque atuava reprovando comportamentos culposos ...

De outra banda, é difícil não admitir que o avanço científico e tecnológico exponencia vulnerabilidades e, por isso, legitima e atrai o uso de fatores objetivos quando necessária a imputação do dever de reparar[35], ampliando a tutela do ser humano ameaçado de modo onipresente pelo próprio ser humano.

Os riscos hodiernamente vividos são criação da humanidade, não frutos da cólera de *Éolo* ou de *Deméter*[36]. São, portanto, nitidamente, uma consequência inafastável da tomada de decisões.

No que toca mais de perto a este livro, os riscos podem ser associados à probabilidade de dano[37]. Danos cujas causas são marcadas pela invisibilidade, imprevisibilidade[38] e, ainda, pela seriedade, complexidade e ambiguidade[39]. Danos muitas vezes incalculáveis e, também por isso, irreparáveis[40] e que por tudo isso não podem ser ignorados em qualquer análise científica que se proponha a refletir sobre a sociedade hodierna tampouco nas equações hermenêuticas que orientam a práxis jurisdicional.

Como se pode intuir, a segurança e a transparência outrora prometidas pelos artífices da Modernidade distanciaram-se do imaginário social[41] ou, no mínimo, da fenomenologia impregnada aos fatos da vida. O imponderável transformou-se

---

34. GHERSI, Carlos Alberto. De Velez a Borda un cambio ideológico trascendente, que no se complementó en el rápido acceso a la justicia. In: GHERSI, Carlos Alberto (Dir.). *Responsabilidad*: problemática moderna. Mendoza: Ediciones Jurídicas Cuyo, 1996. p. 20.
35. CHINELATO, Silmara Juny. Tendências da responsabilidade civil no direito contemporâneo: reflexos no código de 2002. In: DELGADO, Mário Luiz; ALVES, Jones Figueiredo (Coord.). *Questões controvertidas*: responsabilidade civil. São Paulo: Método, 2006, v. 5. p. 588.
36. HESPANHA, António Manuel. *O caleidoscópio do direito*: o direito e a justiça nos dias e no mundo de hoje. Coimbra: Almedina, 2007. p. 174. Consoante o autor, os riscos derivam hodiernamente da manipulação da natureza pelo homem.
37. MARIÑO LÓPEZ, Andrés. *Los fundamentos de la responsabilidad contractual*. Montevideo: Carlos Alvarez, 2005. p. 33-35.
38. CARVALHO, Délton Winter de. *Dano ambiental futuro*: a responsabilização pelo risco ambiental. Rio de Janeiro: Forense Universitária, 2008. p. 59.
39. RENN, Ortwin; STIRLING Andrew; MÜLLER-HEROLD, Ulrich. The precautionary principle: a new paradigm for risk management and participation, *Idées pour le Débat*, Paris, n. 3, p. 1-19, 2004. p. 3-4.
40. BECK, Ulrich. *Viviendo en la sociedad del riesgo mundial*. Trad. María Ángeles Sabiote González; Yago Mellado López. Barcelona: CIDOB, 2007. p. 12.
41. BAUMAN, Zygmunt. *Modernidade e ambivalência*. Trad. Marcus Penchel. Rio de Janeiro: Zahar, 1999. p. 244-251.

em realidade; em incontáveis ocasiões deixou de ser cena de ficção. Muitos são os exemplos que ratificariam a assertiva.

E, o que é mais assustador: o risco e os correlatos danos não podem ser impedidos[42]. A situação se agrava – apesar da crescente e forte resistência[43] – diante da desigual partilha da riqueza nas sociedades hodiernas[44]. O cotidiano dos menos favorecidos[45] e a "cegueira ética" que permeia o mundo também alimentam essa análise, em especial, quando se percebe a gênese de danos que poderiam ser evitados[46], danos que afetam a vida cotidiana infligindo dor e sofrimento aos que revivem, diuturnamente, o drama de *Prometeu Acorrentado*[47] sem que tenham a resiliência de um titã.

Outros tantos riscos escapam ao direito civil ao serem transferidos para a seguridade social[48], emergindo, talvez, como um facho de luz entremeio a tantas trevas.

O que parece inconteste é a insuficiência de soluções para a expansão dos danos. A incontrolabilidade dos danos também parece sê-lo, problema que se agiganta com o uso de lentes humanistas ...

---

42. BECK, Ulrich. *Viviendo en la sociedad del riesgo mundial*. Trad. María Ángeles Sabiote González; Yago Mellado López. Barcelona: CIDOB, 2007. p. 10.
43. LATOUCHE, Serge. *Salir de la sociedad de consumo*: voces y vias del decrescimento. Trad. Magalí Sirera Manchado. Barcelona: Octaedro, 2012.
44. LA TORRE, Antonio. Il criterio d´imputazione della responsabilità civile, *Roma e America: Diritto Romano Comune*, Roma, n. 10, p. 96-114, 2000. p. 98-99.
45. MORAES, Maria Celina Bodin de. Risco, solidariedade e responsabilidade objetiva, *Revista dos Tribunais*, São Paulo, v. 95, n. 854, p. 11-37, dez. 2006. p. 17.
46. BAUMAN, Zygmunt. *Vida para o consumo*: a transformação das pessoas em mercadorias. Trad. Carlos Alberto Medeiros. Rio de Janeiro: Zahar, 2008. p. 150.
47. DINIZ, Arthur José Almeida. Humanismo de tecnologia, *Revista da Faculdade de Direito*, Belo Horizonte, n. 31, p. 121-136, 1987/1988. p. 122.
48. MASSIMO BIANCA, Cesare. La colpa come elemento costitutivo della fatispecie dell´illecito, *Roma e America: Diritto Romano Comune*, Roma, n. 3, p. 201-204, 1997. p. 202.

AS FRONTEIRAS DA RESPONSABILIDADE CONTRATUAL

A moldura que envolve as situações comumente descritas como afetas à responsabilidade civil busca, em linhas gerais, demarcar as fronteiras de um imenso campo sobre o qual floresceram, ao longo do tempo, regras e princípios e, ainda, reflexões de ordem dogmática, sociológica e filosófica visando a melhor entender e dar conta do processo de conformação do dever de reparar os danos havidos em um sem-número de situações fenomênicas[1].

A responsabilidade contratual, tema deste livro, busca estruturar e pôr em movimento parte substancial dos casos esboçados nessa imensa tela teórica, focando: (a) a necessária reparação dos danos oriundos da violação de deveres contratuais, (b) o tratamento jurídico da resolução contratual – ante a violação, não necessariamente imputável, de um dever de prestação ou, excepcionalmente, de um dever geral de conduta –, (c) o cumprimento forçado de obrigações negociais e, ainda, o desempenho de deveres gerais de conduta identificados em concreto, bem como, (d) o estudo dos mecanismos necessários à atuação da prevenção e da precaução no âmbito dos contratos, evitando, assim, que danos ocorram sempre que for possível, de algum modo, evitá-los.

Pensando esse último tópico, vale salientar que hodiernamente, impedir a ocorrência de um dano é, sem dúvida, a *principal função* do *direito de danos*, afinal, a possibilidade de retorno ao *stato quo ante* não passa de uma falácia historicamente reproduzida. Uma falseta despida de lastro fenomênico negada pela Física há pelo menos um século. Que fique claro: "*il danno non può essere cancellato*"[2], conclusão que se alcança quando se compreende que é impossível viajar ao passado. Cabe sublinhar também que também cabe a ela tutelar o "incumprimento imputável de uma obrigação [específica e] pré-existente"[3] e sanar outras celeumas decorrentes da violação de deveres contratuais[4].

---

1. MOSSET ITURRASPE, Jorge. *Contratos*. Buenos Aires: Rubinzal-Culzioni, 2007. p. 398.
2. FRANZONI, Massimo. *Trattato della responsabilità civile*: il danno risarcibile. Milano: Giuffrè, 2004. p. 624-625.
3. LORENZETTI, Ricardo Luis. *Tratado de los contratos*: parte general. Buenos Aires: Rubinzal Culzoni, 2004. p. 582.
4. DE CARLUCCI, Aída Kemelmajer. El sistema dualista de responsabilidad contractual y extracontractual en Argentina. Reflexiones sobre la inconveniencia de su supervivencia, *Revista Anales Derecho UC*, Santiago, v. 3, p. 29-69, mar. 2008. p. 30. SALVI, Cesare. *La responsabilità civile*. 2 ed. Milano: Giuffrè, 2005. p. 14.

Em tal cenário, a responsabilidade contratual engloba: (a) o dever de impedir o dano, (b) as diversas formas de exigir o cumprimento de deveres gestados nos úteros da autonomia privada ou impostos por regras e princípios com natureza cogente, (c) a resolução do contrato e, ainda, (d) a reparação das lesões havidas durante um processo obrigacional que se inicia, apesar de viva controvérsia[5], no *contato social qualificado* e, ainda, das espalhadas pelo terreno da responsabilidade pós-contratual.

Esse parece ser um bom momento para reforçar a compreensão de que a reparação dos danos na *seara pré-contratual* sujeita-se ao regime jurídico da *responsabilidade contratual*, solução encontrada diante dos frágeis argumentos a favor do regime aquiliano, bem como, da supérflua sugestão de um *tertium genus*[6].

Dito isso, o principal argumento a favor da incidência do regime aquiliano está afeto a uma premissa de ordem lógica. A responsabilidade contratual pressupõe um contrato. Há ainda justificativa seccionando os deveres gestados em princípios de ordem pública – como a boa-fé, o equilíbrio material e a função social do contrato – daqueles gestados no exercício da autonomia privada. Leituras patrimonialistas do direito privado ligando as perdas e danos fecundadas na responsabilidade pré-contratual ao interesse negativo também servem como atratores[7] do regime jurídico da responsabilidade aquiliana.

A discussão tem repercussões relevantes, valendo lembrar que "na responsabilidade delitual, o ônus da prova do autor, em regra, é muito amplo [que na contratual], englobando a prova do ato imputável, do nexo de causalidade, do dano e da culpa", ônus ausente na responsabilidade contratual, consoante a qual o autor deverá, em regra, demonstrar existir um contrato e noticiar o inadimplemento[8], a mora, o cumprimento imperfeito ou a violação de um dever geral de conduta. Existem, ainda, outras soluções que flutuarão a depender do regime jurídico incidente: a relevância da capacidade das partes na fixação antecipada das perdas e danos, o marco inicial no cômputo dos juros moratórios, a incidência de regras de solidariedade passiva imantando, quando existam, os devedores e, eventualmente, os credores. Cabe sublinhar, ademais, que apesar da crítica[9], também difere o prazo de prescrição que uma vez transcorrido obnubilará a pretensão reparatória.

---

5. MORE, César Moreno. Condiciones sistémicas de la responsabilidad de derecho civil y la estructura compleja de la obligación, *Revista Fórum de Direito Civil*, a. 3, n. 7, p. 165-192, set. / dez. 2014.
6. Ao contrário do que sugere FRITZ, Karina Nunes. A culpa in contrahendo como terceira via de responsabilidade civil. In: GUERRA, Alexandre et al. (Coord.). *Da estrutura à função da responsabilidade civil*. Indaiatuba: Foco, 2021.
7. MARTINS-COSTA, Judith. *A boa-fé no direito privado*: critérios para a sua aplicação. São Paulo: Marcial Pons, 2015. p. 430.
8. LEONARDO, Rodrigo Xavier. Responsabilidade civil contratual e extracontratual: primeiras anotações em face do novo código civil brasileiro. *Revista de Direito Privado*, São Paulo, v. 5, n. 19, p. 260-269, jul./set. 2004. p. 267.
9. MONTEIRO FILHO, Carlos Edison do Rêgo. Unificação da responsabilidade civil e seus perfis contemporâneos. In: GUERRA, Alexandre et al. (Coord.). *Da estrutura à função da responsabilidade civil*. Indaiatuba: Foco, 2021. p. 558..

É evidente que o conteúdo do dever jurídico violado no contexto da responsabilidade pré ou mesmo da pós-contratual não se identifica com os deveres de prestação, leitura que parece afastar parte das preocupações de Carlo Castronovo[10], embora, o fato de o dever jurídico violado não ter necessariamente fonte na autonomia privada, parece não ter força suficiente para afastar o regime jurídico contratual, e isso, independentemente da fase do processo obrigacional em que o dano ocorra.

Cabe registrar, ademais, serem diversos os argumentos que apontam para o regime da responsabilidade contratual para tratar os danos havidos após o *contato social* qualificado em razão do interesse ou da futura possibilidade de contratar. O primeiro é que o contato concretamente existente entre as partes antecede a ilicitude, logo, a pessoa lesada não mais se encontra imersa em um cenário no qual seres aleatórios circulam caoticamente em razão das imposições da vida em sociedade. Só isso serviria com justificativa para defender que "*queste obbligazioni da contatto sociale non danno luogo a una responsabilità extracontrattuale, bensì a una responsabilità da inadempimento*"[11].

A constatação reboca consigo outra reflexão: em um sistema de mercados altamente sofisticado – do qual a hermenêutica jurídica não pode ser seccionada –, as técnicas de persuasão postas em movimento são cada vez mais eficazes. As pessoas são bombardeadas com mensagens publicitárias cada vez mais assertivas despertando níveis crescentes de confiança. Parece claro que essas mesmas pessoas merecem tutela mais efetiva que a ofertada pelo regime aquiliano, mormente, por conta dos ônus probatórios existentes em um e outro caso.

Um terceiro argumento emerge da força normativa do princípio da igualdade. Ora, na hipótese de ocorrer a violação de um dever geral de conduta durante a vigência do contrato, o regime jurídico será o da responsabilidade contratual. Não parece fazer sentido qualquer afirmação que defenda solução diversa caso a mesma patologia ocorra no desvelar da fase pré ou pós-contratual. Apenas para aclarar o que se defende, imagine inicialmente um dano ocorrido por falha do automóvel durante um *test drive*. Uma falha no sistema de freios ou o travamento do motor. Agora visualize, mentalmente, idêntico problema logo após a compra de um automóvel!

Outro argumento está na identificação da existência de deveres que pulsam da boa-fé objetiva – como os de informar, advertir, cooperar, proteger ou guardar segredo – e, ainda, de outros princípios. Esses deveres permeiem toda relação negocial. Ora, parece ofender a isonomia alterar o regime jurídico a depender do momento do processo obrigacional em que tenham sido violados.

---

10. CASTRONOVO, Carlo. La relazione come categoria essenziale dell'obbligazione e della responsabilità contrattuale. *Europa e Diritto Privato*, Milano, n. 1, p. 55-76, 2011. p. 62.
11. MOSCATI, Enrico. Responsabilità sanitaria e teoria generale delle obbligazioni. *Rivista di Diritto Civile*, Padova, v. 64, n. 3, p. 829-850, 2018. p. 836.

Ed infatti, la teoria degli obblighi di protezione, pur prendendo le mosse dall'analisi della struttura e del contenuto del rapporto obbligatorio, che per il tramite dei doveri di correttezza e buona fede si integra di ulteriori contenuti, nella sua ulteriore evoluzione si emancipa dalla teoria del rapporto obbligatorio per costruire un sistema della responsabilità contrattuale fondata non più sull'esistenza del vincolo giuridico obbligatorio ma su una relazionalità qualificata tra i soggetti[12].

Ainda tendo em pauta os deveres gerais de conduta e sua intersecção com a igualdade constitucionalmente prometida a todos no Brasil, parece deveras oportuno trazer à baila a possibilidade de serem traduzidos por meio da autonomia privada – com a possibilidade de sua vinculação a cláusulas penais ou à resolução do contrato –, o que inegavelmente atrairia a incidência do regime jurídico da responsabilidade contratual.

Some-se ao rol de argumentos a desconstrução do par conceitual que até recentemente atou o interesse negativo à responsabilidade pré-contratual e o interesse positivo à violação de deveres contratuais[13], bem como, a identificação de situações abarcando a violação de deveres na seara pré-contratual com consequências manifestadas somente após a conclusão do contrato[14]. Aqui são bastante comuns as hipóteses de danos decorrentes da violação do dever de informar, com especial repercussão, nas searas médica e farmacológica e, ainda, noutras áreas correlatas.

Ademais, não se pode olvidar a superação da percepção que informa o senso comum de que a vontade das partes é fonte do contrato e, consequentemente, da responsabilidade contratual[15], correlação desconstruída há algum tempo pelos avanços na dogmática da autonomia privada e, especialmente, pelos estudos cognitivos comportamentais.

Há ainda que afirme que "os deveres impostos pela boa-fé devem ser exercidos *interpartes*", silogismo que atrairia o regime jurídico da responsabilidade contratual[16], tese que particularmente não se sustenta por afastar a possibilidade de interação lesiva do contrato com terceiros e de terceiros com o contrato e dificulta a atuação hermenêutica da máxima reparação dos danos.

Seja permitido, enfim, invocar o argumento de autoridade destacando que na ausência de regras pontuais para o problema – o que é o caso do Brasil –, a solução da controvérsia deverá ser buscada no regime jurídico da responsabilidade contratual[17].

---

12. ACHILLE, Davide. La complessità del rapporto obbligatorio: alla fonte degli obblighi di protezione. *Annuario del Contratto*, Torino, p. 129-159, 2017. p. 131.
13. STEINER, Renata. *Interesse positivo e interesse negativo*: a reparação de danos no direito privado brasileiro. Tese (Doutorado) – Faculdade de Direito da USP, São Paulo, 2016. *passim*.
14. STJ. *REsp 1862508/SP*. 3ª Turma. Rel. Min. Ricardo Villas Bôas Cueva. DJe 18/12/2020.
15. FRITZ, Karina Nunes. A culpa in contrahendo como terceira via de responsabilidade civil. In: GUERRA, Alexandre et al. (Coord.). *Da estrutura à função da responsabilidade civil*. Indaiatuba: Foco, 2021. p. 127.
16. QUEIROZ PEREIRA, Fabio. *Interesse negativo e interesse positivo*: subsídios para o ressarcimento do dano pré-contratual no direito brasileiro. Tese (Doutorado) – Faculdade de Direito da Universidade Federal de Minas Gerais, Belo Horizonte, 2015.
17. CANARIS, Claus-Wilhelm. Schutzgesetze, Verkehrspflichten, Schutzpflichten. In: CANARIS, Claus-Wilhelm; DIEDERICHSEN, Uwe (Hrsg.). *Festschrift für Karl Larenz zum 80*. Munchen: Back, 1983 apud

A solução aventada tem sido replicada na Europa: a Primeira Seção Cível da Corte de Cassação da Itália, há pouco mais de um lustro, proferiu sentença defendendo a incidência do regime jurídico da responsabilidade contratual no tratamento de danos ocorridos na fase pré-contratual, o que redundou em afastar a prescrição que teria encoberto a pretensão do lesado se usada a moldura da responsabilidade aquiliana[18].

Na mesma senda, o Judiciário brasileiro conhece referido parâmetro decisório. Cabe destacar que por ocasião do julgamento do REsp 1367955, a resposta foi ancorada em argumento ainda não utilizado neste trabalho: a alocação topológica do art. 422 do Código Civil. Entendeu, na ocasião, o saudoso Ministro Sanseverino, que o fato de a matéria ser tratada no Título V do livro das Obrigações legitimaria afirmar que "por opção legislativa, a responsabilidade civil decorrente de ruptura de tratativas tem natureza contratual"[19].

Afastando qualquer leitura utilitarista, frise-se que referida solução foi prejudicial ao credor lesado, não por conta do sublinhado acerto na identificação do regime jurídico em hipóteses semelhantes, mas, em razão do equívoco historicamente havido na intelecção de que os juros de mora são devidos desde a citação do devedor; compreensão que despreza toda a literatura produzida acerca da *mora ex re* e situações correlatas.

E mesmo quando, retoricamente, o Superior Tribunal de Justiça sugere a existência de um *tertium genus*, afastando-se do padrão decisório que parece mais acertado, retorna à segurança ofertada pelo regime jurídico da responsabilidade contratual para solucionar a lide, diante da inconteste ausência de regras pontuais sobre o tema no sistema jurídico brasileiro. Na hipótese, afirmou-se haver solidariedade passiva, solução aparentemente lastreada no artigo 265 do Código Civil. O caso debatido no REsp 1309972[20] revela, ainda, nítida confusão entre o fundamento da decisão e o regime jurídico aplicável à espécie, bem como, a secção da confiança do cenário negocial, como se pudesse haver liberdade sem responsabilidade.

Precedentes como esses reforçam a necessidade de registrar que no sistema jurídico pátrio, quaisquer alusões à existência de uma *terceira via* criam mais problemas que ajudam na construção de soluções. E isso quando não levam a becos instransponíveis. No julgamento do REsp 1641868, por exemplo, após sugerir-se uma terceira via[21], não houve nenhuma explicação sobre o que a diferenciaria dos dois regimes jurídicos conhecidos no Brasil.

NUNES FRITZ, Karina. A culpa in contrahendo como terceira via de responsabilidade civil. In: GUERRA, Alexandre et al. (Coord.). *Da estrutura à função da responsabilidade civil*. Indaiatuba: Foco, 2021. p. 128.
18. ITÁLIA. Corte Suprema di Cassazione. *Sentenza n. 14188*, 12 luglio 2016 apud VARANESE, Giovanni. Sonderverbindung e responsabilità precontrattuale da contatto sociale. *Rivista di Diritto Civile*, Padova, v. 64, n. 1, p. 116-143, 2018.
19. STJ. *REsp 1367955/SP*. 3ª Turma. Rel. Min. Paulo de Tarso Sanseverino. DJe 24/03/2014.
20. STJ. *REsp 1309962/SP*. 4ª Turma. Rel. Min. Luis Felipe Salomão. DJe 08/06/2017.
21. STJ. *REsp 1641868/SP*. 3ª Turma. Rel. Min. Moura Ribeiro. DJe 06/09/2018.

Além disso, na contramão do *tertium genus* proposto, há de ser ressaltado que parece difícil negar (a) a fusão gradativa das responsabilidades contratual e extracontratual[22] e que, como antecipado, (b) "dizer que a natureza é *sui generis* significa [no Brasil, de hoje] não enquadrar a responsabilidade civil em qualquer das duas categorias regulamentadas pela lei", redundando na possibilidade de que "a definição das regras aplicáveis ficaria ao vento do casuísmo"[23].

A incerteza pulula ainda em assertivas sugerindo que o regime jurídico adequado ao tratamento dos casos de responsabilidade pré-contratual e das situações de responsabilidade pós-contratual será contratual ou aquiliano a depender da situação: contratual quando da violação de deveres legais ou previsões tácitas[24], aquiliano nos demais casos; proposta que parece ignorar a dificuldade de identificar que deveres foram gestados em fontes que não sejam a lei ou a autonomia privada ...

Enfim, mesmo havendo textos sugerindo que a posição majoritária no Brasil defende a incidência do regime jurídico da responsabilidade extracontratual[25] para a solução dos problemas que se manifestam durante as fases pré e pós-contratual sob os argumentos de que "a ausência de previsão legislativa de um regime específico e a inexistência de um vínculo obrigacional na fase das tratativas" fundamentam "a compreensão de que o dano ocasionado na fase de formação do contrato – e, nessa mesma toada, após o pagamento – deva ser tratado como elemento do ilícito"[26], parece difícil seguir defendendo-o quando se enfrenta os argumentos colacionados nos parágrafos precedentes.

Daí que pressupondo (a) o *contato social qualificado*[27] albergando as negociações que antecedem a formação de um contrato, acompanham as pessoas que ambulam durante um passeio despretensioso pelos corredores de um *shopping*, são vivenciadas durante um *test drive* ou, ainda, alcançam a exposição pontual, direta ou difusa de alguém aos efeitos visuais, auditivos e olfativos que pulsam de estratégias

---

22. Demonstrada neste livro, por EHRHARDT JUNIOR, Marcos. *Responsabilidade civil pelo inadimplemento da boa-fé*. 2. ed. Belo Horizonte: Fórum, 2017 na linha do sugerido, antes da virada do século, por NALIN, Paulo. *Responsabilidade civil*: descumprimento do contrato e dano extrapatrimonial. Curitiba: Juruá, 1996, dentre outros.
23. QUINTANILHA DE OLIVEIRA, Leonardo David. A responsabilidade civil pré-contratual e a intervenção do poder público na autonomia privada. *Revista de Direito da Procuradoria Geral*, Rio de Janeiro, v. 69, p. 181-205, 2015. p. 200
24. LEIVA FERNÁNDEZ, Luis. La etapa postcontractual, en revisión. In: TOBIAS, José (Dir.). *Estudios sobre obligaciones y responsabilidad civil en homenaje al académico Félix Trigo Represas*. Buenos Aires: La Ley, 2022. p. 324.
25. LOUREIRO, Francisco Eduardo; BDINE, Hamid. Responsabilidade pela ruptura das negociações. In: GUERRA, Alexandre et al. (Coord.). *Da estrutura à função da responsabilidade civil*. Indaiatuba: Foco, 2021. p. 64-65.
26. QUEIROZ PEREIRA, Fabio. *Interesse negativo e interesse positivo*: subsídios para o ressarcimento do dano pré-contratual no direito brasileiro. Tese (Doutorado) – Faculdade de Direito da Universidade Federal de Minas Gerais, Belo Horizonte, 2015. p. 111.
27. FRITZ, Karina Nunes. A responsabilidade pré-contratual por ruptura injustificada das negociações, *Civilistica.com*, Rio de Janeiro, a. 1, n. 2, p. 01-40, jul. / dez. 2012.

publicitárias qualificadas como enganosas ou abusivas, (b) um contrato existente mas, não necessariamente, válido ou eficaz, ou ainda, (c) a violação de deveres que se manifestam em momento ulterior ao pagamento, a arquitetura jurídica da responsabilidade contratual busca fomentar a ética da alteridade ao longo de toda a relação negocial e, quando necessário, garantir a cooperação visando a satisfação das legítimas expectativas objetivamente retratadas na plêiade de direitos subjetivos, pretensões, direitos formativos e ônus e seus reflexos especulares observáveis no desvelar de uma relação jurídica obrigacional.

É possível afirmar, então, que para além de simplesmente visar a "restabelecer o equilíbrio econômico-jurídico alterado pelo dano"[28] tal qual proposto pela doutrina patrimonialista, os contornos jurídicos da responsabilidade contratual abarcam, necessariamente, a tutela integral da pessoa humana, o que lhe dá legitimidade para a correção, com lastro na justiça social, de eventuais distorções provocadas por lesões detectadas no desvelar de qualquer relação concretamente estabelecida.

O fato de não ter havido o adimplemento prometido não basta, portanto, por si só, à configuração do dever de reparar os danos havidos na seara contratual. Entremeio às sístoles e diástoles que põem em movimento as relações obrigacionais é possível antever atrasos no cumprimento da prestação ou mesmo a impossibilidade do seu desempenho, sem que isso, necessariamente, obrigue o devedor a reparar danos sofridos por seu parceiro se não for identificado, em concreto, incomum ajuste negocial neste sentido. Com isso não se quer afirmar, obviamente, que outra solução não possa ser aventada; apenas que pode não haver a incidência de danos contratuais.

Noutro vértice, mesmo diante do cumprimento e para além das situações de responsabilidade pós-contratual referidas, será deveras importante comprovar, quando comunicado o adimplemento, que houve a satisfação da legítima expectativa do credor, em especial, quando se resgata que dogmaticamente, os contornos jurídicos do pagamento não se restringem a esboçar cenas com a imagem de alguém a dar, a fazer ou a não fazer algo[29] – isso é de um simplismo quase infantil –, pois, há muitos pontos de fuga nos limites de cada situação capturada por traços impressionistas inspirados nas cenas do cotidiano.

A identificação do pagamento impõe, assim, em cada hipótese fenomênica, o recurso a filtros forjados no acoplamento de regras e princípios, dentre os quais sobressaem a pontualidade, a integralidade, a correspondência, a boa-fé objetiva e a concretude[30]. Tal processo – não antecipável em abstrato – permitirá identificar se houve a conformação da conduta desempenhada pelo devedor aos moldes esboçados previamente sobre telas cujo colorido somente chegará ao quadro, ponto por ponto,

---

28. AGUIAR DIAS, José de. *Da responsabilidade civil*. 10 ed. Rio de Janeiro: Forense, 1995, v. 1. p. 42.
29. FERRI, Luigi. *La autonomía privada*. Trad. Luis Sancho Mendizábal. Granada: Comares, 2001.
30. BUSSATTA, Eduardo Luiz. *Resolução dos contratos e teoria do adimplemento substancial*. São Paulo: Saraiva, 2007.

pincelada por pincelada, durante o desvelar concreto do programa obrigacional. É imperioso, ademais, identificar se a multiplicidade de deveres gerais de conduta latente em tais rascunhos – também conhecidos como deveres laterais[31], acessórios[32], anexos[33] ou fiduciários[34] – foi observada em cada caso recortado.

Em síntese, o que se pretende destacar, nesse momento, é que, se de um lado, a simples constatação de ausência de pagamento nem sempre disparará o dever de reparar – por pressupor que o não cumprimento da obrigação tenha por fundamento um fato imputável a alguém, normalmente, o devedor –, de outro, o desempenho da prestação devida, nem sempre, conduzirá à redenção, à libertação do devedor do vínculo que o ata ao credor e, eventualmente, a terceiros.

***

Visando à escorreita compreensão do fenômeno em sua totalidade e, especialmente, à preparar o terreno sobre o qual a verve crítica aflorará na continuidade dessa obra, parece imperioso salientar que os artífices da responsabilidade contratual a estruturaram na dicotomia (im)possibilidade e (in)adimplemento[35], limitando, portanto, por longa data, reflexões que mesmo na seara dogmática se estendem por campos muito mais férteis, como adiantado nas primeiras páginas desse capítulo.

Oportuno destacar que a impossibilidade é habitualmente significada como absoluta e objetiva, consoante a literatura jurídica amplamente majoritária[36]. Sem essas características, o devedor permanecerá obrigado a adimplir e poderá ser compelido a reparar o credor[37].

Impossibilidade objetiva é a impossibilidade da prestação considerada em si mesma[38], opondo-se à subjetiva, afeta à situação pessoal do devedor e que se manifesta, por exemplo, na insolvência ou em quadros de desemprego ou superendividamento, tema esse merecedor de tutela no Brasil contemporâneo. A caracterização daquela exige que a prestação não possa ser desempenhada por nenhuma outra pessoa, o que não ocorre na impossibilidade subjetiva, pois, nessa situação, basta

---

31. OLIVEIRA, Ubirajara Mach de. A harmonização formal do direito da venda internacional de mercadorias no âmbito da Convenção de Viena de 1980 e o *standard* da boa-fé, *Revista da Faculdade de Direito Ritter dos Reis*, Porto Alegre, v. 4, p. 97-124, mar./jul. 2001.
32. ANTUNES VARELA, João de Matos. *Das obrigações em geral.* 7 ed. Coimbra: Almedina, 1997, v. 2. p. 130.
33. SILVA, Jorge Cesa Ferreira da. *A boa-fé e a violação positiva do contrato.* Rio de Janeiro: Renovar, 2007. p. 75.
34. NORONHA, Fernando. *Direito das obrigações.* São Paulo: Saraiva, 2004, v. 1. p. 79-81.
35. BARBERO, Domenico. *Sistema del derecho privado*: obligaciones. Trad. Santiago Sentis Melendo. Buenos Aires: EJEA, 1967, v. 3. p. 68-77. LÔBO, Paulo Luiz Netto. *Teoria geral das obrigações.* São Paulo: Saraiva, 2005. p. 276.
36. COSTA, Mário Júlio de Almeida. *Direito das obrigações.* 6 ed. Coimbra: Almedina, 1994.
37. VITA NETO, José Virgílio. *A atribuição da responsabilidade contratual.* Tese (Doutorado) – Faculdade de Direito da USP, São Paulo, 2005. p. 10-37.
38. PICASSO, Sebastián. El incumplimiento en las obligaciones contractuales: el problema de la ausencia de culpa y de la imposibilidad sobrevenida de la prestación – obligaciones de medios y de resultado. In: GESUALDI, Dora Mariana (Coord.). *Derecho privado.* Buenos Aires: Hammurabi, 2001. p. 1110.

que o devedor, por conta de circunstância pessoal que possa legitimá-lo, não possa adimplir[39].

É preciso chamar a atenção para o fato de que a defesa usualmente intransigente feita pela dogmática jurídica da impossibilidade objetiva como pressuposto à extinção ou à suspensão do dever de prestar parece ter sido posta em xeque quando do regramento do superendividamento. Temas como o mínimo existencial, concessão irresponsável ou abusiva de crédito ou mesmo a ausência de ações concretas visando a evitar o endividamento alheio são pautas que demandam a análise de aspectos inerentes à intersubjetividade da relação negocial. O respeito a deveres como os de informar e colaborar também permeiam essa pauta. E a defesa da existência do dever de renegociar, a despeito da discussão hodiernamente existente[40], pode ser somada a esses argumentos.

A seu turno, a distinção entre impossibilidade absoluta e relativa foi construída tendo por lastro a intensidade do não cumprimento[41] e pode ser identificada no sacrifício exigível do devedor. Absoluta é aquela que não pode ser vencida por forças humanas[42], relativa, a impossibilidade passageira que não libera o devedor do vínculo obrigacional, embora, enquanto se mantenha, não o obriga a desempenhar a prestação[43]. Assim, quando a demora originar-se em fato não imputável ao devedor, o dever de prestar hibernará até que cesse a causa impeditiva do pagamento, possibilitando, na hipótese, o cumprimento da prestação prometida, e tudo isso, sem que nasça a pretensão à reparação de perdas e danos. Evidentemente, o credor poderá demonstrar ter perdido o interesse no adimplemento, o que legitimaria a resolução do contrato. De outra banda, se o atraso puder ser imputado à conduta do devedor, mora haverá e com ela, se houver dano, o dever de reparar.

E mesmo que a doutrina clássica raramente enfrente outros deveres gestados em um contrato, aparentemente, a lógica antecipada pode auxiliar na solução das situações de cumprimento inexato, pois, nesses casos, se a patologia não estiver atada à conduta do devedor, dever de reparar não haverá. Isso não quer dizer que a imperfeição, a patologia, o vício quantitativo ou qualitativo não devam ser corrigidos de modo impedir a frustração da legítima expectativa do *accipiens*, reflexão lastreada na carga ético-jurídica que informa os comportamentos de todos que venham a ser tocados pela relação jurídica e, ainda, no respeito à confiança depositada no comportamento antecipado no contrato. O dever de revisitar a prestação mal adimplida

---

39. OSTI, Giuseppe. Revisione critica della teoria sulla impossibilità della prestazione, *Rivista di Diritto Civile*, Milano, v. 10, n. 3, p. 209-249, maio/jun. 1918. p. 216-221 e 228-230.
40. SAGARNA, Fernando Alfredo. *La función preventiva de la responsabilidad civil*. 2. ed. Buenos Aires: La Ley, 2022.
41. OSTI, Giuseppe. Revisione critica della teoria sulla impossibilità della prestazione, *Rivista di Diritto Civile*, Milano, v. 10, n. 3, p. 209-249, maio/jun. 1918. p. 216-221.
42. BUERES, Alberto Jesus. *Derecho de daños*. Buenos Aires: Hammurabi, 2001. p. 433-437.
43. ENNECCERUS, Ludwig. *Derecho de obligaciones*: doctrina general. Trad. Blas Pérez Gonzales; José Alguer. Barcelona: Bosch, 1944, v. 1. p. 241.

ou de afastar imperfeições tem, ademais, lastro no artigo 313 da codificação civil brasileira, regra que impõe a correspondência[44] entre a prestação expectada e a desempenhada e, ainda, nos negócios sinalagmáticos, na equivalência das prestações. A matéria também tem lastro na legislação de consumo e noutras fontes legais.

Antecipe-se que a violação de um dever geral de conduta há de ser acrescida às hipóteses de violação de dever contratual. Tais deveres, de caráter manifestamente multifacetário, pululam por todo o processo obrigacional, impondo distintas formas de omissão, diferentes comportamentos positivos e cuidados exigíveis não apenas do devedor, mas também do credor. A responsabilidade contratual estará configurada, em síntese, quando detectada a desconformidade entre a conduta mapeada em concreto e aquela que foi antecipada, formal ou informalmente, no contrato[45].

Enfim, se de um lado haverá dever de reparar quando o desrespeito ao contrato puder ser imputado a uma das partes, de outro, fica aqui a dúvida acerca da incidência do regime jurídico da responsabilidade contratual nas hipóteses nas quais violação de dever geral de conduta é imputável a terceiro; tema que não será explorado nessa obra.

---

44. CUNHA DE SÁ, Fernando Augusto. *Direito ao cumprimento e direito a cumprir*. Coimbra: Almedina, 1997.
45. LLAMBÍAS, Jorge Joaquín. *Estudio sobre la mora en las obligaciones*. Buenos Aires: Perrot, 1965. p. 7.

A ARQUITETURA JURÍDICA DA RESPONSABILIDADE CONTRATUAL

A reparação dos danos havidos no desvelar de um processo obrigacional gestado (a) no contato social qualificado pela ruptura imotivada das tratativas, bem como, noutras situações abarcadas pela dogmática da responsabilidade pré-contratual, (b) em úteros contratuais ou (c) no âmbito da responsabilidade *post pactum finitum* exige, como sói igualmente ocorrer nos casos de responsabilidade aquiliana, impõe observar alguns pressupostos. Identificá-los é tarefa de extrema importância, pois, somente assim, aferir-se-á, com algum grau de certeza, as situações nas quais o Direito escolheu imputar, a alguém, o dever de reparar os danos suportados por outrem.

Mais pontualmente no que toca ao objetivo delineado no título deste capitulo é recorrente a afirmação de que são essenciais à caracterização da responsabilidade contratual (a) a existência e a validade de um contrato, (b) o não cumprimento de prestação exigível, portanto, de obrigação vencida, não adimplida e, ainda, cuja pretensão não possa ser obstada pela exceção da prescrição ou quaisquer outras previstas na lei ou no contrato e, ainda, (c) um dano passível de reparação imantado à conduta do devedor por meio de um (d) liame de causalidade[1]. É preciso registrar que há quem acrescente, aqui, (e) a culpa[2]. Outras construções mais recentes apontam que, além da pré-existência de um contrato[3], a imputação do dever de reparar pressupõe (a) um fato juridicizado na violação de um dever contratual, (b) um dano certo, atual e reparável (c) ligado à conduta de alguém por uma conexão causal e, por fim, (d) o recurso a um fator de imputabilidade eleito, previamente, pelo Direito.

Tais leituras merecem pequenino ajuste.

***

A incidência do regime jurídico da responsabilidade contratual, curiosamente, não pressupõe a existência de um contrato. Assim, muito embora referido *lócus* seja seu campo de manifestação fenomênica mais comum, o regime jurídico envolve as situações gestadas no contexto do *contato social qualificado* que antecede, inexoravelmente, ainda que em um mero átimo de tempo em algumas circunstâncias, a

---

1. SAVI, Sérgio. Inadimplemento das obrigações, mora e perdas e danos. In: TEPEDINO, Gustavo (Coord.). *Obrigações*: estudos na perspectiva civil-constitucional. Rio de Janeiro: Renovar, 2005. p. 478.
2. LEITÃO, Luís Manuel Teles de Menezes. *Direito das obrigações*: transmissão e extinção das obrigações, não cumprimento e garantias do crédito. 3 ed. Coimbra: Almedina, 2005, v. 2. p. 243-244.
3. AGUIAR DIAS, José de. *Da responsabilidade civil*. 10 ed. Rio de Janeiro: Forense, 1995, v. 1. p. 132.

formação de um contrato, bem como, as lesões identificadas após o cumprimento das obrigações que em tese, o sepultam.

Outro argumento que justifica a incidência do regime jurídico da responsabilidade contratual pode ser pinçado na dicotomia que de um lado (a) percebe-a como atada à infração de deveres especiais gestadas negocialmente ou de deveres identificáveis no contato social qualificado e, paralelamente, (b) esboça os contornos delineadores da responsabilidade aquiliana inspirando-se em cenas que remetem ao desrespeito ao dever genérico e abstrato de não lesar a outrem. O detalhe a ser enfatizado consiste em notar que as molduras envolvendo as telas sobre as quais casuística da responsabilidade aquiliana é esboçada retratam cenas despidas do colorido que dá vida a deveres ético-jurídicos percebidos no desvelar das sucessivas fases da relação jurídica negocial, na ruptura de tratativas ou noutras situações peculiares à vida na Sociedade de Consumo[4].

Hodiernamente, ainda que talvez não se possa afirmar a

> superação dos modelos dicotômicos responsabilidade civil extranegocial *versus* negocial, [em] direção da consolidação de um regime plural, baseado na violação de dever, independentemente de sua natureza prestacional ou de proteção [ampliando] as possibilidades de regulamentação à disposição dos operadores jurídicos, num [sic] caminho mais consentâneo com as exigências da contemporaneidade[5],

sem dúvida, é factível defender que o contato social qualificado, delineado há pouco, impõe o uso das mesmas ferramentas, a obediência aos mesmos ritos, protocolos e escolhas jurídicas urdidas com o escopo de fomentar a precaução, a prevenção e o tratamento das patologias que se manifestam no momento que medeia a formação e o fiel adimplemento do contrato. A isonomia impõe usar essas fórmulas no tratamento das patologias havidas após a extinção do negócio jurídico, desde que de algum modo ligadas a ele.

Como se vê, o fato de boa parte das ocorrências afetas à responsabilidade contratual decorrer das hipóteses nas quais há um contrato não o eleva à pressuposto daquela. Tampouco o fato de ser usualmente percebida em contratos válidos não impede a percepção de que referida circunstância é algo meramente acidental à caracterização da responsabilidade contratual ou, ao menos, para que ocorra a atração de seu regime jurídico.

A hipótese na qual uma das partes, podendo buscar a desconstituição do negócio, opta por não o fazer nas situações que envolvem a possibilidade de imputação do dever de reparar, comprova-o. Isso pode ocorrer tanto quando ela permite que a

---

4. CATALAN, Marcos. Defendam Jerusalém! O rolezinho e a fragmentação do direito nos tribunais brasileiros, *Revista Eletrônica da Academia Brasileira de Direito Constitucional*, Curitiba, v. 9, p. 71-84, 2017.
5. EHRHARDT JÚNIOR, Marcos. Apontamentos para uma teoria geral da responsabilidade civil no Brasil. In: MILAGRES, Marcelo; ROSENVALD, Nelson (Coord.). *Responsabilidade civil*: novas tendências. 2. ed. Indaiatuba: Foco, 2018. p. 69.

decadência fulmine o direito de anular um contrato viciado, como quando cumpre a prestação devida, conhecendo a invalidade que escolheu não questionar. E o que dizer da situação na qual uma das partes, com idade entre 16 e 18 anos, se afirma maior ou esconde, dolosamente, a menoridade. No mesmo quadro pode ser rabiscada, ainda, a imagem da parte que é demandada e não postula, podendo fazê-lo, a invalidação do pacto.

A mesma linha de raciocínio permeia o universo dos contratos nulos. Uma primeira reflexão envolve contratos que, embora inválidos, produzirão em parte ou no todo os efeitos expectados pelos contratantes, por conta da conversão substancial do negócio jurídico. E caso o exemplo não convença, pode-se pensar, ainda, as situações nas quais a nulidade do contrato decorre da inobservância de aspectos formais. Aqui o contrato existe e, embora, não se possa falar na produção de efeitos típicos, sem dúvida, é possível imaginar situações nas quais germine o dever de reparar. Outras lentes permitem visualizar contratos nos quais a nulidade decorre da inobservância do princípio da função social e, uma vez mais, a inafastável possibilidade de identificação de danos passíveis de reparação[6].

Se a validade é característica supérflua, dado acidental no que toca à identificação e delimitação dos pressupostos da responsabilidade contratual, a eficácia também o é. A afirmação recorrente[7] que aponta a correlação existente entre eficácia e incumprimento[8] é imprecisa, inicialmente, porque os deveres que pululam ao longo de uma relação obrigacional gestada em um contrato não se limitam àqueles que podem ser coloridos como deveres de prestação, havendo outras balizas normativas modulando a conduta devida: os *deveres gerais de conduta*.

Daí ser possível imaginar a existência de danos reparáveis, nascidos, por exemplo, na ausência da adequada informação acerca do uso do objeto recém adquirido ou, ainda, na quebra do sigilo ou segredo imposto pela boa-fé, mesmo em situações nas quais a prestação, por conta de um sem-número de motivos, não possa ser exigida, como sói ocorrer nos casos nos quais o termo ou a condição suspensiva não se materializaram.

***

---

6. FACHIN, Luiz Edson. Responsabilidade por dano de cumprimento diante do desaproveitamento da função social do contrato. In: NERY, Rosa Maria Barreto Borriello de Andrade; DONNINI, Rogério (Coord.). *Responsabilidade civil*: estudos em homenagem ao professor Rui Geraldo Camargo Viana. São Paulo: RT, 2009. p. 315-319.
7. AGOGLIA, María Martha; BORAGINA, Juan Carlos; MEZA, Jorge Alfredo. *Responsabilidad por incumplimiento contractual*. Buenos Aires: Hammurabi, 2003. p. 188.
8. PONTES DE MIRANDA, Francisco Cavalcanti. *Tratado de direito privado*: parte especial. 2 ed. Rio de Janeiro: Borsoi, 1958, t. 23. p. 134.

Outra imagem a ser desconstruída diz respeito à afirmação recorrente de que o dano é pressuposto do dever de reparar[9]. A assertiva precisa ser revisitada, pois, referido dever pode manifestar-se sem a presença do dano[10].

A responsabilidade sem dano – não sem sólida e profícua divergência[11], é verdade – tem concretude na análise de figuras como os juros moratórios e a cláusula penal, mesmo que em casos deveras pontuais. As exceções apontadas, entretanto, minam a verdade dogmática que por longa data permeou a regra.

Prova-o a compreensão de que o valor a que remetem ambas as figuras será exigível mesmo em ocasiões nas quais não houve dano algum infligido ao credor. Os juros moratórios, por exemplo, emergem da presunção de que o *capital devido*, se recebido, será automaticamente investido pelo titular do direito creditício. São espécie de lucro cessante normativamente presumido. E a cláusula penal, a despeito dos tetos legalmente fixados, pode abarcar valores superiores à lesão concretamente havida; no limite, a ausência de qualquer lesão patrimonial. Em ambos os casos não se trata de contextos que aludem à dispensa da prova do dano, mas, reafirme-se, de conjecturas nas quais o dano, de fato, jamais existiu.

No dano ambiental futuro[12], por sua vez, a reparação antecede a materialização da lesão, abarcando danos de ocorrência estatisticamente possível, mas que, paradoxalmente, talvez jamais venham a se materializar. Paralelamente, entremeio às discussões que buscam saber se o assunto interessa à responsabilidade civil ou pertence ao universo do enriquecimento sem causa, fato é que a reparação do lucro ilícito é outro ambiente propício à gênese de hipóteses de responsabilidade sem dano[13].

Evidentemente, sem pretender unir todas as telas sobre as quais possam ser esboçadas manifestações da responsabilidade sem dano, salvo melhor juízo, tanto os *punitive damages* – e sua deveras questionável adequação ao direito pátrio[14] – como condenações de natureza patrimonial com viés preventivo[15] perpassam o

---

9. COELHO, Fábio Ulhoa. *Curso de direito civil*. São Paulo: Saraiva, 2004, v. 2. p. 286.
10. SAGARNA, Fernando Alfredo. La relación de causalidad: ¿es prescindible como presupuesto de la responsabilidad civil? In: GESUALDI, Dora Mariana (Coord.). *Derecho privado*. Buenos Aires: Hammurabi, 2001. p. 1271.
11. ALBUQUERQUE JÚNIOR, Roberto Paulino de. Notas sobre a teoria da responsabilidade civil sem dano, *Revista de Direito Civil Contemporâneo*, São Paulo, v. 6. a 3. p. 89-103, jan./mar. 2016. CARRÁ, Bruno Leonardo Câmara. *Responsabilidade civil sem dano*: uma análise crítica. São Paulo: Atlas, 2005.
12. CARVALHO, Délton Winter de. *Dano ambiental futuro*: a responsabilização pelo risco ambiental. Rio de Janeiro: Forense Universitária, 2008.
13. KUPERMAN, Bernard Korman; ROSENVALD, Nelson. Restituição de ganhos ilícitos: há espaço no Brasil para o disgorgement? *Revista Fórum de Direito Civil*, Belo Horizonte, a. 6, n. 14, p. 11-31, jan./abr. 2017.
14. PÜSCHEL, Flavia Portella. A função punitiva da responsabilidade civil no direito brasileiro, *Direito GV*, v. 3, n. 2, p. 17-36, jul. / dez. 2007. ROCHA, Maria Vital da; MENDES, Davi Guimarães. Da indenização punitiva: análise de sua aplicabilidade na ordem jurídica brasileira, São Paulo, *Revista de Direito Civil Contemporâneo*, v. 12. a. 4. p. 211-252, jul./set. 2017.
15. MARIÑO LÓPEZ, Andrés. La función de prevención en el derecho de daños y el impacto del principio precautorio. In: MARIÑO LÓPEZ, Andrés (Coord.). *Tratado jurisprudencial y doctrinario*: derecho de daños. Montevideo: La Ley Uruguay, 2018, t. 2. p. 99-118.

pensamento como alternativas coloridas com matizes que reforçam que o dano não pode ser qualificado como pressuposto do dever de reparar, embora, uma vez identificado, deva ser valorado como um dado no processo que visa a imputação do dever de reparar.

Dano, aliás, que precisa ser adequadamente desenhado. Isso exige identificar que nas correntes teóricas mais importantes que debatem o tema destacam-se alusões (a) à diminuição direta ou indireta do patrimônio[16], (b) à "diminuição ou subtração de um bem jurídico"[17] ou, ainda, à desvantagem suportada pelo referido bem[18]. Todas essas concepções não mais se sustentam. A primeira, por estar atrelada à tutela de aspectos exclusivamente materiais. A segunda, por ignorar que os seres humanos e os direitos da personalidade não são bens, embora, obviamente, mereçam tutela jurídica. Uma (c) terceira corrente identifica o dano na lesão, de ordem patrimonial ou extrapatrimonial, a interesse juridicamente protegido e passível de reparação[19]. A virtude dessa linha de pensamento está conectada à ampliação do universo de bens jurídicos albergados. Seu defeito é a alusão a *interesse*, em especial, diante da inafastável dimensão subjetiva fundida à significação do apontado signo, campo nem sempre tocado pelo Direito afinal as pessoas nem sempre terão *direito* aquilo que desejam ou as interessa.

Isso tudo justifica afirmar que haverá dano na lesão a "direito subjetivo ou [a] faculdade jurídica"[20] ou, simplesmente, na "*alterazione negativa di una determinata situazione della vittima, economica, o anche fisica o psichica*"[21]. É imperioso compreender, ademais, que o signo *dano*, no que toca a sua atuação no processo de imputação do dever de reparar, engloba tanto o evento lesivo quanto as suas consequências[22].

A propósito do dano observa-se, ademais, contemporaneamente, forte tendência da literatura jurídica brasileira em afirmar que o dano passível de reparação é o dano injusto[23]. Isso, aliás, foi defendido, com bastante vigor, na primeira edição desta obra, reflexão revista na edição subsequente após sincero *mea culpa* reconhecendo que a injustiça do dano serve a alguns sistemas jurídicos para depurar quais, dentre

---

16. BUSTAMANTE, Lino Rodriguez-Arias. *Derecho de obligaciones*. Madrid: Editorial Revista de Derecho Privado, 1965. p. 229.
17. FIUZA, César. Por uma nova teoria do ilícito civil, *Revista da Faculdade Mineira de Direito*, Belo Horizonte, v. 6, n. 11/12, p. 29-48, 2003. p. 35.
18. ENNECCERUS, Ludwig. *Derecho de obligaciones*: doctrina general. Trad. Blas Pérez Gonzales; José Alguer. Barcelona: Bosch, 1944, v. 1. p. 61.
19. ALPA, Guido. *Responsabilità civile e danno*: lineamenti e questioni. Imola: Il Mulino, 1991. p. 463.
20. MOSSET ITURRASPE, Jorge. *Responsabilidad por daños*. t. 1. Buenos Aires: Ediar, 1971. p. 142.
21. SALVI, Cesare. Danno. In: *DIGESTO*. 4. ed. v. 5. Torino: UTET, 1989. p. 64.
22. ALPA, Guido. *La responsabilidad civil*: parte general. Trad. César Moreno More. Lima: Legales, 2016. p. 782-783.
23. GOMES, Orlando. Tendências modernas na teoria da responsabilidade civil. In: DI FRANCESCO, José Roberto. *Estudos em homenagem ao professor Silvio Rodrigues*. São Paulo: Saraiva, 1989. p. 293.

os danos havidos, serão reparados[24] a partir da identificação da injustiça fundida à sua origem ou, ainda, às suas consequências[25].

> *Es suficiente recordar que la injusticia ha sido entendida: (i) como fórmula sintética de las hipótesis típicas de exención de la responsabilidad en las que el daño es justificado, (ii) como fórmula sintética de las hipótesis en las que el interés lesionado es protegido, (iii) como fórmula sintética de las hipótesis de las lesiones de intereses protegidos, no necesariamente elevados a la categoría de derechos subjetivos; pero identificados caso por caso por el juez; (iv) como sinónimo de antijuridicidad vinculada a la culpa, y (v) como fórmula que legitima la ponderación de los intereses en juego*[26].

É verdade que a perspectiva que colore o dano com os matizes da injustiça é deveras sedutora, em especial, por legitimar a avaliação do direito exercido[27] e, ainda, a análise das consequências, em concreto, provocadas por referida conduta. A *ingiustizia dei danni*[28] é uma construção teórica com origem na Itália, há mais de meio século, e decorre da mutação do referencial metodológico nos processos buscando identificarem os danos passíveis de reparação, especialmente, por conta do fechamento dogmático do *Codice Civile*[29] no que toca a eles, limitação ausente do Direito brasileiro, sempre aberto a novas possibilidades.

Referida qualificação, portanto, não necessita ser feita no Brasil, mormente quando se resgata o conteúdo do artigo 186 da codificação civil. De outra banda, ao menos em princípio, lesões irrisórias não são merecedoras de reparação civil[30] na medida em que o dano passível de reparação há de ser considerado relevante[31]. Registre-se, entretanto, que esta análise será promovida tendo em conta, tanto a intersubjetividade impregnada a cada relação social afetada, como a busca da máxima reparação, cânone hermenêutico inafastável.

No cenário contratual, ademais, parece não haver maior discussão sobre a necessidade de demonstração do dano suportado pelo lesado[32], sendo evidente

---

24. VISINTINI, Giovanna. *Tratado de la responsabilidad civil*: el daño, otros criterios de imputación. Trad. Aída Kemelmajer de Carlucci. Buenos Aires: Astrea, 1999, v. 2. p. 17-21.
25. BENÍTEZ, Elsa. La revolución industrial y el derecho de daños: sus consecuencias. In: GHERSI, Carlos Alberto (Dir.). *Responsabilidad objetiva*: el artículo 1113 y la ley 24.999. Mendoza: Ediciones Jurídicas Cuyo, 1999. p. 37-38.
26. ALPA, Guido. *La responsabilidad civil*: parte general. Trad. César Moreno More. Lima: Legales, 2016. p. 456-457.
27. SEGUÍ, Adela Maria. Aspectos relevantes de la responsabilidad civil moderna, *Revista de Direito do Consumidor*, São Paulo, v. 13, n. 52, p. 267-318, out./dez. 2004. p. 281.
28. DI PINTO, Stefano. *Conseguenze civili del reato e nuovi tipi di danni*. Milano: Giuffrè, 2007. p. 110-111.
29. PATTI, Salvatore. La evolución de la responsabilidad civil en Itália. In: DÍAZ, Rodrigo Barría; FERRANTE, Alfredo; NEIRA, Lilian San Martín. (Ed.). *Presente y futuro de la responsabilidad civil*. Santiago: Thomson Reuters, 2017. p. 05-33.
30. JORGE, Fernando Pessoa. *Ensaio sobre os pressupostos da responsabilidade civil*. Coimbra: Almedina, 1999. p. 387.
31. AGUIAR DIAS, José de. Da responsabilidade civil, *Revista do Advogado*, São Paulo, n. 19, p. 33-39, out. 1985. p. 34-35.
32. LARROUMET, Christian. La defensa de la responsabilidad contractual en derecho frances, *Revista Trimestral de Direito Civil*, Rio de Janeiro, n. 8, p. 151-163, out./dez. 2001. p. 153.

que tanto a existência de uma ou mais cláusulas penais como de danos *in re ipsa*[33] emergem como exceções.

Tampouco parece existir dúvida acerca do fato de que a sua quantificação não poderá ser arbitrariamente promovida[34], ainda que, a aferição do *quantum* devido esteja entre as mais árduas tarefas quando se vislumbram os danos à pessoa. Enfim, embora se afirme que a lesão passível de reparação é aquela que se mostra certa, atual[35] e contrária ao Direito[36], aparentemente, as duas últimas qualidades não precisam ser comprovadas ou identificadas.

Sob outro prisma, um dano poderá ser patrimonial ou extrapatrimonial[37]. Prefere-se a expressão dano extrapatrimonial[38] à locução dano moral. A terminologia *dano à pessoa*[39] talvez seja ainda mais escorreita por retratar, com grande sofisticação teórica, o fenômeno que se propõe a descrever. É possível, ainda, imaginar um *tertium genus* no dano ambiental, pois, a despeito de ter nítida faceta extrapatrimonial, é inexoravelmente difuso[40].

No que toca aos danos patrimoniais estes são identificados, em regra, no dano emergente, no lucro cessante e, ainda, no dano decorrente da privação de uso[41], figura que ganha alguma autonomia ante a dificuldade de encaixá-la enquanto hipótese de algo que razoavelmente se deixou de lucrar.

De outra banda e não havendo dúvida de que teorias sugerindo que os danos à pessoa não podem ser abarcados pelo universo contratual[42] – com amparo no argumento de que o contrato tem por escopo promover o intercambio de bens e, consequentemente, a vantagem que o credor busca preservar[43] – não reverberam na

---

33. MONDADA, Federico Arregui. El daño moral In: LÓPEZ, Andrés Mariño (Dir.). *El daño moral o extrapatrimonial y su cuantificación*. 2. ed. Montevideo: La Ley, 2016, t. 1.
34. PEREIRA, Caio Mário da Silva. *Instituições de direito civil*: teoria geral das obrigações. 20 ed. Atual. Luis Roldão de Freitas Gomes. Rio de Janeiro: Forense, 2004, v. 2. p. 337.
35. MALHEIROS, Pablo. *Danos morais e a pessoa jurídica*. São Paulo: Método, 2008. p. 167-168.
36. DE CUPIS, Adriano. *El daño*: teoria general de la responsabilidad civil. Trad. Ángel Martínez Sarrión. Barcelona: Bosch, 1975. p. 86-92.
37. DE CORES, Carlos. Acerca de las funciones de la responsabilidad civil. In: FERNÁNDEZ, Carlos López; CAUMONT, Arturo; CAFFERA, Gerardo (Coord.). *Estudios de derecho civil en homenaje al profesor Jorge Gamarra*. Montevideo: FCU, 2001. p. 114.
38. BORGES, Roxana Cardoso Brasileiro. Direitos da personalidade e dignidade: da responsabilidade civil para a responsabilidade constitucional. In: DELGADO, Mário Luiz; ALVES, Jones Figueiredo (Coord.). *Questões controvertidas*: responsabilidade civil. São Paulo: Método, 2006, v. 5. p. 567.
39. SESSAREGO, Carlos Fernández. El daño moral In: LÓPEZ, Andrés Mariño (Dir.). *El daño moral o extrapatrimonial y su cuantificación*. 2. ed. Montevideo: La Ley, 2016, t. 1.
40. CATALAN, Marcos. Notas acerca da imputação do dever de reparar o dano ambiental no Brasil, *Revista Internacional de Direito Ambiental*, Caxias do Sul, v. 5, p. 197-204, 2016.
41. TERRA, Aline de Miranda Valverde. Privação do uso: dano ou enriquecimento por intervenção, *Revista Eletrônica Direito e Política*, Itajaí, v. 9, n. 3, p. 1620-1644, 2014.
42. DE CUPIS, Adriano. *El daño*: teoria general de la responsabilidad civil. Trad. Ángel Martínez Sarrión. Barcelona: Bosch, 1975. p. 173-181.
43. OLEA, Adrián Schof. Las diferencias funcionales entre la responsabilidad civil contractual y extracontractual. In: DÍAZ, Rodrigo Barría; FERRANTE, Alfredo; NEIRA, Lilian San Martín. (Ed.). *Presente y futuro de la responsabilidad civil*. Santiago: Thomson Reuters, 2017. p. 72.

contemporaneidade, é preciso destacar a miríade de estudos identificando a existência de "classes", de espécies, de distintas molduras envolvendo os danos à pessoa, de modo que, um único fato poderá juridicizar diversos suportes fáticos abstratamente esboçados, preenchendo, como se pode visualizar, vários moldes ao mesmo tempo.

A título exemplificativo podem ser destacados (a) o dano corporal, (b) o dano psíquico[44], (c) o dano à imagem, (d) o dano biológico[45], (e) o dano estético e sua inafastável conexão com "*el precio de la belleza*"[46], (f) o dano causado à esfera sexual[47], (g) o dano existencial[48] e seu gêmeo siamês, o dano ao projeto de vida[49], (i) o dano à identidade e, ainda, além de tantas outras modalidades não envoltas por uma das molduras expostas nesta parede literária, (j) o dano moral. Essa última figura aliás, merece um pouco mais de atenção, pois, respeitadas posições em sentido contrário, ela não pode ser mais pensada como gênero, devendo ser tratada como espécie por meio da qual se busca, de forma cirúrgica, "*riferisce al dolore, aii paterni d´animo, alle sofferenze dello spirito*"[50] ou, simplesmente, a um dano psíquico com impactos emocionais[51].

De qualquer sorte,

> [...] aun cuando tradicionalmente se presenta por la jurisprudencia como ligado al sufrimiento físico o psíquico, comprende todas las agresiones a los llamados bienes de la persona: integridad, autonomía y dignidad. Estos pueden ser objeto, por una parte, de ataques radicales, como la producción de la muerte o lesiones [...] y por otra, afectaciones de más difícil ponderación, como ocurre con las pequeñas incomodidades de la vida que pueden suponer limitaciones a la autonomía, o las pequeñas agresiones verbales o gestuales en el curso de la convivencia que pueden entenderse como un menoscabo de la dignidad. Esto supone [..] una desconstrucción: una cuidadosa gradación de los distintos bienes de la persona que son susceptibles de determinar su existencia, discriminando la naturaliza de cada uno de ellos, pues resulta absolutamente necesario para determinar las debidas consecuencias en el orden de la responsabilidad[52].

---

44. ZAVALA DE GONZALES, Matilde. *Resarcimiento de daños*: daños a las personas – integridad sicofísica. 2. ed. Buenos Aires: Hammurabi, 1996. p. 231. "[...] el daño síquico supone una perturbación patológica de la personalidad de la víctima, que altera su equilibrio básico o agrava algún desequilibrio precedente".
45. LA TORRE, Antonio. I criterio d´imputazione della responsabilità civile, *Roma e America: Diritto Romano Comune*, Roma, n. 10, p. 96-114, 2000. p. 104.
46. PÉREZ-RUBIO, Lourdes Blanco. El daño moral y su indemnización por falta de consentimiento informado. *Revista de derecho privado,* Madrid, n. 2, p. 03-40, mar./abr. 2014. p. 32.
47. GALDÓS, Jorge Mario. ¿Hay daño sexual? In: LÓPEZ, Andrés Mariño (Dir.). *El daño moral o extrapatrimonial y su cuantificación*. 2. ed. Montevideo: La Ley, 2016, t. 1. p. 251-281.
48. GONZÁLES, Carlos Antonio Agurto. MAMANI, Sonia Lidia Quequejana. O dano existencial como contribuição da cultura jurídica italiana, *Revista Eletrônica Direito e Sociedade*, Canoas, v. 6, n. 1, p. 47-58, maio 2018.
49. SESSAREGO, Carlos Fernández. É possível proteger, juridicamente, o projeto de vida? *Revista Eletrônica Direito e Sociedade*, Canoas, v. 5, n. 2, p. 41-57, nov. 2017.
50. NEVOLA, Riccardo. La responsabilità contrattuale, extracontrattuale e precontrattuale: elementi comuni e differenziali. In: FAVA, Pasquale (Coord.). *La responsabilità civile*. Milano: Giuffrè, 2009. p. 580.
51. SESSAREGO, Carlos Fernández. El daño moral In: LÓPEZ, Andrés Mariño (Dir.). *El daño moral o extrapatrimonial y su cuantificación*. 2. ed. Montevideo: La Ley, 2016, t. 1. p. 27.
52. RÍOS, Juan Antonio Xiol. Posición actual del Tribunal Supremo ante los pleitos de daños. In GUARDIA, Mariano José Herrador (Coord.). *Derecho de daños*. Madrid: Sepin, 2011. p. 91.

Tendo ainda o dano como objeto de reflexão, talvez, mereça ser destacada a existência dos que só se manifestam coletivamente como sói ocorrer com os danos ambientais e com os danos sociais[53], estes, aliás, aparentemente, delineados com tons que chamam a atenção para a importância do direito de danos que tem sido construído[54] sobre os escombros da responsabilidade civil, um direito que tem na primazia da vítima, na solidariedade social e na máxima reparação seus mais importantes atratores normativos[55].

***

Agora é possível dizer que a antijuridicidade emerge como o primeiro *pressuposto* do dever de reparar. Ela fornece os baremas necessários a adjetivar a conduta do causador do dano como algo contrário ao Direito. Antijurídica, portanto, é a qualidade de uma conduta não tolerada pelo Direito[56]. No âmbito da responsabilidade contratual, a antijuridicidade será aferida mediante a avaliação da conduta daquele a quem se busca atribuir o dever de reparar, melhor, por meio da identificação da violação de dever legitimamente esperado no desvelar do contrato[57] ou, como antecipado, em algum instante vivido durante o contato social qualificado ou no transcurso da fase pós-contratual.

Por conduta deve ser compreendida a possibilidade de domínio das circunstâncias de fato, ou ainda, "todo comportamento por meio do qual o sujeito dominava, ou podia ter dominado, o resultado da cadeia causal de acontecimentos, de modo a poder, se assim se decidisse, modificá-la"[58]; mesmo que isso imponha imaginar o pior futuro possível e, mais tarde, rebobinar o pensamento de forma retrospectiva e levantar, no campo fenomênico, todas as barreiras e diques de contenção aptos a impedir as lesões virtualmente antecipadas[59].

É preciso registrar que diversos são os autores que, em vez de usar antijuridicidade, desenvolvem seus estudos aludindo à ilicitude. De modo geral, argumentam que a ilicitude atua como o filtro que permitirá aferir, objetivamente, quais danos

---

53. JUNQUEIRA DE AZEVEDO, Antonio. Por uma nova categoria de dano na responsabilidade civil: o dano social. In: FILOMENO, José Geraldo Brito; WAGNER JUNIOR, Luiz Guilherme da Costa; GONÇALVES, Renato Afonso (Coord.). *O código civil e sua interdisciplinaridade*: os reflexos do código civil nos demais ramos do direito. Belo Horizonte: Del Rey, 2004.
54. LÔBO, Paulo Luiz Netto. *Teoria geral das obrigações*. 6. ed. São Paulo: Saraiva, 2018.
55. MALHEIROS, Pablo; COSTA, José Pedro Brito da. Responsabilidade hospitalar pela atividade médica autônoma: uma questão de coligação contratual, *Revista IBERC*, Minas Gerais, v. 1, n. 1, p. 01-47, nov. 2018.
56. BUSTAMANTE ALSINA, Jorge. El perfil de la responsabilidad civil al finalizar el siglo XX. In: BUERES, Alberto Jesús; DE CARLUCCI, Aída Kemelmajer (Dir.). *Responsabilidad por daños en el tercer milenio*. Buenos Aires: Abeledo-Perrot, 1997. p. 19. MOSSET ITURRASPE, Jorge. *Contratos*. Buenos Aires: Rubinzal-Culzioni, 2007. p. 401-403.
57. BUSTAMANTE, Lino Rodriguez-Arias. *Derecho de obligaciones*. Madrid: Editorial Revista de Derecho Privado, 1965. p. 193-195.
58. VITA NETO, José Virgílio. *A atribuição da responsabilidade contratual*. Tese (Doutorado) – Faculdade de Direito da USP, São Paulo, 2007. p. 100.
59. MALHEIROS, Pablo. *Responsabilidade por danos*: imputação e nexo causal. Curitiba: Juruá, 2014.

serão reparados[60]. A substituição do signo *antijuridicidade* pelo termo *ilicitude* é viável[61], desde que, por ilícita, se compreenda a conduta que se distancia do Direito[62], ou seja, aquela que é contrária a ele[63], avaliação que, evidentemente, independe da identificação ou mesmo da presença da culpa.

A opção pelo termo antijuridicidade, neste livro, decorre entretanto da equivocada associação comumente feita entre a ilicitude e a culpa, percebida em afirmações que assinalam que a culpa é todo ilícito prejudicial ao direito alheio[64] ou que a culpa é a inobservância de um dever de conduta[65]. A eleição intencional do signo *antijuridicidade* busca evitar, ainda, a falsa conclusão de que a responsabilidade objetiva decorre, necessariamente, de comportamentos lícitos[66], ainda que, evidentemente, condutas lícitas possam ensejar o dever de reparar, reforçando o fato de que a culpa não está contida na antijuridicidade[67], logo, na afronta ou contrariedade ao Direito[68].

Assinale-se, oportunamente, que o dano também não!

O dano não é necessário à caracterização de ato contrário ao Direito[69], apesar de afirmar-se, com alguma frequência, que a antijuridicidade o exige[70], problema que se agrava quando se percebe o retrocesso que informa a codificação civil vigente no Brasil no que toca a esse aspecto. Aliás, há algum tempo, sofisticados estudos[71] apontam que o ato ilícito ou, como prefere-se, o comportamento antijurídico pode ter consequências nulificantes, caducificantes ou reparatórias. Não fosse assim, seria impossível defender teses que remetem (a) às tutelas inibitórias, (b) às tutelas

---

60. BARBOSA, Mafalda Miranda. *Liberdade vs. responsabilidade*: a precaução como fundamento da imputação delitual?. Coimbra: Almedina, 2006. p. 213.
61. BRAGA NETTO, Felipe Peixoto. *Teoria dos ilícitos civis*. Belo Horizonte: Del Rey, 2003. p. 78.
62. CASTILHA, Gustavo Ordoqui. *Buena fe contractual*. Montevideo: Del Foro, 2005. p. 211.
63. BUSSATTA, Eduardo Luiz. *Resolução dos contratos e teoria do adimplemento substancial*. São Paulo: Saraiva, 2007. p. 84-91.
64. AMÉZAGA, Juan José. *Culpa aquiliana*: leciones del curso de derecho civil. Montevideo: s/e, 1914. p. 3.
65. GRAMSTRUP, Erik Frederico. Responsabilidade objetiva na cláusula geral codificada e nos microssistemas. In: DELGADO, Mário Luiz; ALVES, Jones Figueirêdo (Coord.). *Questões controvertidas*: responsabilidade civil. São Paulo: Método, 2006, v. 5. p. 127-128. Confundindo a culpa com o ato ilícito.
66. MORAES, Maria Celina Bodin de. *Danos à pessoa humana*: uma leitura civil-constitucional dos danos morais. Rio de Janeiro: Renovar, 2003. p. 176.
67. LIMA NETO, Francisco Vieira. Ato antijurídico e responsabilidade civil aquiliana – crítica à luz do novo código civil. In: BARROSO, Lucas Abreu (Org.). *Introdução crítica ao código civil*. Rio de Janeiro: Forense, 2006. p. 256-261. AGOGLIA, María Martha. ¿Es la antijuridicidad un presupuesto de la responsabilidad civil? In: GESUALDI, Dora Mariana (Coord.). *Derecho privado*. Buenos Aires: Hammurabi, 2001. p. 1036-1038.
68. MARTINS-COSTA, Judith. Os avatares do abuso de direito e o rumo indicado pela boa-fé. In: TEPEDINO, Gustavo (Org.). *Direito civil contemporâneo*: novos paradigmas à luz da legalidade constitucional. São Paulo: Atlas, 2008. p. 69.
69. MARINONI, Luiz Guilherme. *Tutela específica*: arts. 461, cpc e 84, cdc. 2 ed. São Paulo: RT, 2001, p. 20-27. TOLOMEI, Carlos Young. A noção de ato ilícito e a teoria do risco na perspectiva do novo código civil. In: TEPEDINO, Gustavo (Coord.). *A parte geral do novo código civil*: estudos na perspectiva civil-constitucional. Rio de Janeiro: Renovar, 2002. p. 360.
70. FERNANDES, Adaucto. *Das obrigações no direito brasileiro*. Rio de Janeiro: A. Coelho Branco Fº Editor, 1951, v. 2. p. 531.
71. BRAGA NETTO, Felipe Peixoto. *Teoria dos ilícitos civis*. Belo Horizonte: Del Rey, 2003.

de remoção do ilícito, (c) à retrocitada responsabilidade sem dano ou, ainda, (d) às dimensões preventiva e precautória que informam o direito de danos ou mesmo a responsabilidade civil.

***

A caracterização do dever de reparar pressupõe, ainda, a existência de uma conexão físico-jurídica, fenomênica ou virtual, atando a conduta contrária ao Direito ao dano suportado, concreta, ficcional ou potencialmente, por outrem. Em verdade, não parece possível conceber a conformação do dever de reparar fora do contexto marcado pelos entrechoques do Direito com a Sociedade, e que tem sido descrito, consoante o estado da arte, como circunstância danosa.

> A formação da circunstância danosa admite a coligação e (ou) a correlação entre fatores naturais e (ou) condutas omissas [sic, leia-se omissivas] e comissivas de sujeitos de direito que contribuíram para a ocorrência do dano, bem como permite a imputação da responsabilidade a alguém pelo evento danoso. Tal coligação ou correlação de eventos danosos pode se dar em relação ao domínio da atividade, ao dano, à vítima, ao lesando e (ou) responsável pela precaução, prevenção e (ou) reparação. Esse domínio da atividade é entendido como uma atuação na esfera material concreta e (ou) na ambiência de poder, mas que gera intervenção na esfera de outrem, a potencializar a vulnerabilidade e a assimetria de poder entre a vítima e o lesante ou aquele a quem se imputa a responsabilidade por danos potenciais e concretos[72].

É importante apreender que a demarcação semântica da *circunstância danosa* engloba, dentre outros elementos, o nexo causal e, ainda, os diversos fatores de atribuição do dever de reparar. A alusão a ela não ignora o fato de que a imposição do referido dever pressupõe a prévia identificação de uma relação de causa e efeito que conecte a conduta antijurídica à lesão potencial ou concreta ao direito alheio, premissa que, em vez de afastar, reforça o tratamento do nexo causal como pressuposto do dever de reparar[73].

O que se busca demonstrar – apesar de salutar, séria e sólida divergência[74] – é que o estado da arte no tratamento do tema superou boa parte das leituras dogmáticas do nexo de causalidade ao valorizar dois elementos ignorados ao longo de boa parte da História: complexidade e incerteza.

> A imputação de responsabilidade se ampara na causalidade complexa, açambarcadora da incerteza, da probabilidade e da impossibilidade. Em uma palavra: o Direito e a causalidade jamais podem ser simplificados [...]. Isso porque o Direito é entremeado por diversas realidades que a ele influenciam e por ele são influenciadas, a justificar o diálogo [...] sobre os intercambiáveis sentidos atribuídos à causalidade pela Filosofia, pela Física e pelo Direito. Com isso, a causali-

---

72. MALHEIROS, Pablo. *Responsabilidade por danos*: imputação e nexo causal. Curitiba: Juruá, 2014. p. 289.
73. CRUZ, Gisela Sampaio da. *O problema do nexo causal na responsabilidade civil*. Rio de Janeiro: Renovar, 2005. p. 347.
74. TARTUCE, Flávio. *Manual de responsabilidade civil*. São Paulo: Método, 2018.

dade jurídica mantém a sua relevância e não precisa ser substituída pela probabilidade se ela açambarcar os significantes complexidade e incerteza[75].

Daí que as diversas construções teóricas versando sobre o nexo causal[76], apesar do fervoroso debate que busca identificar qual delas seria a mais acertada – a teoria da *causalidade adequada*[77] e a teoria do *dano direto e imediato*[78] são fortes candidatas ao prêmio principal –, parecem ter sido fagocitadas pela complexidade impregnada à Contemporaneidade, mesmo que isso não tenha sido apreendido pelo senso comum imaginário dos juristas.

Independentemente disso, fato é que quaisquer análises dogmáticas ou empíricas acerca do tema exigem a compreensão e a exploração dos limites e possibilidades fundidos às funções demarcatória e delineadora do direito de danos. A primeira é responsável por identificar quais serão os responsáveis pela reparação do dano, a segunda permite medir e limitar o dano efetivamente suportado. Ambas estão imantadas a qualquer relação causal matizada pela complexidade[79].

E é o nexo causal, não a culpa, que permitirá decodificar as informações acerca de quem reparará e, ainda, de quanto deverá ser reparado e, nesse contexto, a afirmação recorrente de importantes autores no cenário nacional de que o caso fortuito e a força maior excluem a culpa é, para dizer o mínimo, *imprecisa*[80].

***

Ainda que o trato negocial imponha o dever de agir de modo prudente e diligente e por mais difícil que seja avaliar a juridicidade de cada comportamento devido em concreto, a valoração do fiel respeito a referidas premissas jamais será suficiente para afastar o dever de reparar os danos contratuais, impondo-se (a) ao devedor superar os obstáculos surgidos entre a promessa realizada e o seu cumprimento, incluídos

---

75. MALHEIROS, Pablo. *Responsabilidade por danos*: imputação e nexo causal. Curitiba: Juruá, 2014. p. 262.
76. Sobre o tema, no Brasil: CRUZ, Gisela Sampaio da. *O problema do nexo causal na responsabilidade civil*. Rio de Janeiro: Renovar, 2005. p. 33-122. MULHOLLAND, Caitlin Sampaio. *A responsabilidade civil por presunção de causalidade*. Rio de Janeiro: GZ, 2009. p. 135-194. HIRONAKA, Giselda Maria Fernandes Novaes *Direito civil*: estudos. Belo Horizonte: Del Rey, 2000. p. 293-316. No exterior, dentre outros: GHERSI, Carlos Alberto. *Teoría general de la reparación de daños*. Buenos Aires: Astrea, 1997. p. 75-84. MOSSET ITURRASPE, Jorge. *Contratos*. Buenos Aires: Rubinzal-Culzoni, 2007. p. 412-417. SAGARNA, Fernando Alfredo. La relación de causalidad: ¿es prescindible como presupuesto de la responsabilidad civil? In: GESUALDI, Dora Mariana (Coord.). *Derecho privado*. Buenos Aires: Hammurabi, 2001. p. 1246-1273.
77. BARROS, Raimundo Gomes de. Relação de causalidade e o dever de indenizar, *Revista de Direito do Consumidor*, São Paulo, n. 27, p. 32-41, jul./set. 1998. p. 39.
78. CRUZ, Gisela Sampaio da. *O problema do nexo causal na responsabilidade civil*. Rio de Janeiro: Renovar, 2005. p. 33-122.
79. MALHEIROS, Pablo. *Responsabilidade por danos*: imputação e nexo causal. Curitiba: Juruá, 2014. p. 111-113.
80. AZEVEDO, Álvaro Villaça. Inexecução culposa e cláusula penal compensatória, *Revista dos Tribunais*, São Paulo, n. 791, p. 121-132, set. 2001. p. 125-126. COELHO, Fábio Ulhoa. *Curso de direito civil*. São Paulo: Saraiva, 2004, v. 2. p. 167. GAGLIANO, Pablo Stolze; PAMPLONA FILHO, Rodolfo. *Novo curso de direito civil*: obrigações. 8 ed. São Paulo: Saraiva, 2007, v. 2. p. 269. RIZZARDO, Arnaldo. *Direito das obrigações*. Forense: Rio de Janeiro, 2000. p. 502.

eventuais entraves não antecipados na formação do contrato e, (b) ao credor, cooperar para que o pagamento ocorra; só podendo ceder, em princípio, embora, nem sempre, a eventos matizados com as cores da irresistibilidade[81], como se pode intuir com a leitura da ementa abaixo transcrita.

> A cláusula de incolumidade é ínsita ao contrato de transporte, implicando obrigação do transportador, consistente em levar o passageiro com conforto e segurança ao seu destino, salvo se demonstrada causa de exclusão do nexo de causalidade, notadamente o caso fortuito, a força maior ou a culpa exclusiva da vítima ou de terceiros. O fato de terceiro, conforme se apresente, pode ou não romper o nexo de causalidade. Exclui-se a responsabilidade do transportador quando a conduta praticada por terceiro, sendo causa única do evento danoso, não guarda relação com a organização do negócio e os riscos da atividade de transporte, equiparando-se a fortuito externo. De outro turno, a culpa de terceiro não é apta a romper o nexo causal quando se mostra conexa à atividade econômica e aos riscos inerentes à sua exploração, caracterizando fortuito interno. Na hipótese, conforme consta no acórdão recorrido, a recorrente foi vítima de ato libidinoso praticado por outro passageiro do trem durante a viagem, isto é, um conjunto de atos referidos como assédio sexual. O momento é de reflexão, pois não se pode deixar de ouvir o grito por socorro das mulheres, vítimas costumeiras desta prática odiosa, que poderá no futuro ser compartilhado pelos homens, também objetos potenciais da prática de assédio. É evidente que ser exposta a assédio sexual viola a cláusula de incolumidade física e psíquica daquele que é passageiro de um serviço de transporte de pessoas. Mais que um simples cenário ou ocasião, o transporte público tem concorrido para a causa dos eventos de assédio sexual. Em tal contexto, a ocorrência desses fatos acaba sendo arrastada para o bojo da prestação do serviço de transporte público, tornando-se assim mais um risco da atividade, a qual todos os passageiros, mas especialmente as mulheres, tornam-se sujeitos. Na hipótese em julgamento, a ocorrência do assédio sexual guarda conexidade com os serviços prestados pela recorrida CPTM e, por se tratar de fortuito interno, a transportadora de passageiros permanece objetivamente responsável pelos danos causados à recorrente[82].

A diligência imposta ao devedor deve assim levá-lo a evitar a impossibilidade da prestação, é verdade. Mas é somente o perecimento do bem por fato a si não imputável que excluirá o dever de reparar[83]. E isso, desde que provado pelo devedor! Idêntico raciocínio aplica-se nos casos em que houver atraso no adimplemento. A responsabilidade pelo não-cumprimento da obrigação, reafirme-se, está em regra ligada a dimensão objetiva da falha e somente será afastada se provada a impossibilidade superveniente[84].

O que raramente se percebe é que essa configuração transforma a diligência em algo supérfluo, embora, paradoxalmente, inafastável, pois, para se eximir do dever de reparar – ônus que lhe incumbe – o devedor deve demonstrar que a patologia decorreu de uma causa estranha a ele não imputável, prova que incumbe também,

---

81. OLIVARES, Álvaro Vidal. Cumplimiento e incumplimiento contractual en el codigo civil: una perspectiva más realista, *Revista Chilena de Derecho*, Santiago, v. 34, n. 1, p. 41-59, jan./abr. 2007. p. 46-48.
82. STJ. *REsp 1662551/SP*. 3. T. Rel. Min. Nancy Andrighi. DJe 25/06/2018.
83. GIORGIANNI, Michele. L`inadempimento. Milano: Giuffrè, 1975. p. 208-209.
84. BETTI, Emílio. *Teoria generale delle obbligazioni*: prolegomeni: funzione economico-sociale dei rapporti d´obbligazione. Milano: Giuffrè, 1953, v. 1. p. 110-131.

eventualmente, ao *solvens*. Não é a ausência de culpa que obstaculizará a reparação, mas o fato de a violação de dever não ter como ser imputada ao devedor[85] ou a alguém por quem ele responda, mesmo porque,

> independentemente do grau de probabilidade de ocorrência do evento danoso, os seus efeitos não podem ser transferidos à vítima, salvo se esta contribuiu [para sua manifestação]. As externalidades devem ser abarcadas por quem tem o domínio da atividade ou pelo fato de o evento se coligar ou se correlacionar [também] em razão da assimetria de poder existente entre as partes. Responsabiliza-se pelos meios empreendidos e (ou) pelos resultados danosos obtidos com o desenvolvimento da atividade. A análise ocorre sempre pelo critério objetivo de valoração da responsabilidade, perquirindo-se o comportamento externalizado por aquele que detém o domínio da atividade ou da faticidade. O lesante é quem deve internalizar os custos dos acidentes no âmbito da atividade que desenvolve, e não os repassar à vítima[86].

Esclarecida a questão, vale lembrar que a expressão causa estranha não imputável foi eleita tendo em conta a totalidade de fenômenos não atribuíveis ao devedor, a quem por cuja conduta ele deva responder ou, mesmo, ao credor que viole deveres no desvelar do processo obrigacional. Ela é percebida em manifestações que impeçam ou dificultem, ao extremo, o adimplemento ou, ainda, a fiel observância a outros deveres contratuais.

Acode lembrar, também, que muitas das hipóteses classicamente envoltas pelas brumas do acaso e que vão de roubos à terremotos, hodiernamente, têm sido consideradas como fenômenos afetos à conduta devida em concreto, como se pode identificar na ementa adiante colacionada:

> Caso em que a recorrente foi contratada para fotografar a festa de aniversário de um ano da filha da autora, não conseguindo entregar as fotos em virtude de assalto ao veículo, no qual foi levada a pasta que continha o material. Embora a perda do material tenha se dado em virtude do assalto, situação em princípio inevitável, a recorrente, como profissional do ramo, deveria ter tido a cautela de deixar cópia das fotografias também em seu Studio ou local seguro, não se limitando às transportadas em seu veículo, pois é fato notório que os assaltos, roubos, furtos são eventos cada vez mais frequentes nos dias de hoje. A impossibilidade de obtenção das fotos contratadas certamente gerou na autora sentimento de frustração e angústia, superando os meros aborrecimentos do cotidiano, razão pela qual resta caracterizado, excepcionalmente, o dano moral no caso concreto[87].

A dogmática contemporânea, como se nota, não mais exige catástrofes para a configuração da causa estranha e não imputável. Basta a comprovação da impraticabilidade da conduta diante de fato alheio à esfera de atuação do devedor[88] ou mesmo do credor. Ademais, como se pode verificar, a ideia de causa não imputável engloba o

---

85. GAMARRA, Jorge. *Responsabilidad contractual*: el incumplimiento. Montevideo: FCU, 2004. p. 166.
86. MALHEIROS, Pablo. *Responsabilidade por danos*: imputação e nexo causal. Curitiba: Juruá, 2014. p. 268.
87. TJRS. Recurso Cível n. 71003884574. 1ª T. Recursal Cível. Rel. Pedro Luiz Pozza. j. 18.12.2012. Curiosa e equivocadamente a hipótese não é tratada como caso de responsabilidade contratual ...
88. ALTERINI, Atílio Aníbal. *Estudios de derecho civil*: conceptos, contratos, consumidor, derecho de daños. Buenos Aires: La Ley, 2007. p. 190.

conjunto de fenômenos alheios à esfera de controle do obrigado – devedor ou credor –, circunstâncias das quais deriva a impossibilidade[89], o atraso ou a imperfeição que impedem ou deformam a satisfação legítima do credor ou, eventualmente, violam direitos do devedor.

Hodiernamente, se discute, também, se a compreensão dessa figura exige (a) três elementos: a exterioridade, a imprevisibilidade e a irresistibilidade[90], apenas (b) dois, bastando que seja imprevisível e irresistível[91], (c) somente a irresistibilidade[92] ou, (d) nenhuma destas marcas. Ora,

> se a investigação diz respeito única e exclusivamente à causalidade, é necessário [...] afastar considerações sobre culpa ou descumprimento de deveres de cuidado. O problema, a rigor, parece ser o de se determinar se a conduta ou atividade podem ser consideradas como causa necessária. Se o agente deveria ter previsto o dano, ou se este deveria ter sido evitado, trata-se de questão relativa à culpa e, portanto, apenas relevante em matéria de responsabilidade subjetiva[93].

Demonstrada ser não mais que eventual a característica imprevisibilidade e, sendo hialino, o fato de que a exterioridade não tem como ser colorida com tons que revelem sua imperiosidade, resta afirmar que a irresistibilidade, igualmente, parece exercer um papel meramente coadjuvante nesse contexto. E isso ocorre, tanto porque o nexo causal está sujeito a mutação provocada por movimentos políticos como porque "é de alteridade e de justiça social que se deve inebriar o nexo de causalidade", percepção que impõe atenção constante "à formação das circunstâncias danosas"[94].

Tem se afirmado igualmente que a causa estranha não imputável deverá impossibilitar o adimplemento em vez de simplesmente dificultá-lo[95], perspectiva que tem suas raízes na compreensão clássica do tema, uma leitura que sugere que a responsabilidade do devedor encontra seus limites na impossibilidade objetiva e superveniente da prestação[96].

---

89. VISINTINI, Giovanna. *Tratado de la responsabilidad civil*: la culpa como criterio de imputación de la responsabilidad. Trad. Aída Kemelmajer de Carlucci. Buenos Aires: Astrea, 1999, v. 1. p. 189-201.
90. MARIÑO LÓPEZ, Andrés. *Los fundamentos de la responsabilidad contractual*. Montevideo: Carlos Alvarez, 2005. p. 214-217 e 226-233.
91. LIMA, Alvino. Responsabilidade do depositário no caso fortuito ou de força maior, *Revista Forense*, Rio de Janeiro, v. 42, n. 103, p. 447-448, jul./set. 1945. p. 448.
92. LÔBO, Paulo Luiz Netto. *Teoria geral das obrigações*. São Paulo: Saraiva, 2005. p. 267. LARROUMET, Christian. La causa estraña. In: ESPINOSA, Fabricio Mantilla; BARRIOS, Francisco Ternera (Dir.). *Los contratos en el derecho privado*. Bogotá: Legis, 2007. p. 296-300.
93. SOUZA, Eduardo Nunes de. Nexo causal e culpa na responsabilidade civil: subsídios para uma necessária distinção conceitual, *Civilistica.com*, Rio de Janeiro, a. 7, n. 3, p. 01-58, 2018. p. 33.
94. FACHIN, Luiz Edson. *Direito civil*: sentidos, transformações e fim. Rio de Janeiro: Renovar, 2015. p. 113-114.
95. GIORGI, Jorge. *Teoria de las obligaciones en el derecho moderno*. Madrid: Reus, 1977, v. 2. p. 45.
96. OSTI, Giuseppe. Revisione critica della teoria sulla impossibilità della prestazione, *Rivista di Diritto Civile*, Milano, v. 10, n. 3, p. 209-249, maio/jun. 1918. p. 209.

Referida posição teórica pode ser criticada[97], entretanto, por (a) desprezar construções e modelos teóricos com forte conotação socioeconômica – como os que versam sobre o limite do sacrifício ou a fundamentalidade do bem jurídico –, (b) ignorar o processo de personalização do direito civil, (c) raramente, deixar-se conduzir pela leitura da relação obrigacional como um processo e, ainda, (d) distanciar-se do balizamento promovido pelos princípios constitucionais e contratuais sociais. Um bom exemplo da reconfiguração da ideia de causa estranha e não imputável pode ser percebido no esforço doutrinário realizado para atenuar a noção de impossibilidade por meio do recurso ao princípio da boa-fé objetiva[98], mesmo porque, a caracterização da causa estranha não imputável há de ser modulada, em cada situação concretamente estabelecida.

Apesar de a relação obrigacional exigir o advento de uma impossibilidade absoluta e superveniente[99] para hibernar ou mesmo extinguir-se, situações que dificultem ao extremo o adimplemento podem ser equiparadas a causa estranha e não imputável também por conta da percepção de que a cooperação permeia a relação obrigacional, atua no conteúdo dos direitos formativos e coíbe a assunção de comportamentos não funcionalizados[100].

O "impossível", portanto, não é apenas "o inconcebível, o irrealizável pelas forças humanas, mas tudo aquilo cuja realização não seja [hermeneuticamente] razoável, que fuja das expectativas do tráfico jurídico-econômico"[101]. Assim, apesar de historicamente defender-se que razões de ordem pessoal não poderiam ser invocadas para afastar o dever de reparar do devedor[102], parece inegável que a impossibilidade relativa[103] poderá, a depender das circunstâncias, ser equiparada à absoluta, libertando o devedor dos vínculos obrigacionais, aproximação promovida, por exemplo, quando o objeto da prestação é infungível[104] ou quando possa levar o devedor, pessoa humana, à bancarrota, sempre que essas hipóteses possam ser chanceladas por meio do recurso à boa-fé[105], ao equilíbrio material, à solidariedade social, à isonomia substancial etc.

---

97. Para compreensão dos problemas de ordem sistêmica: VITA NETO, José Virgílio. *A atribuição da responsabilidade contratual*. Tese (Doutorado) – Faculdade de Direito da USP, São Paulo, 2007. p. 10-37.
98. VISINTINI, Giovanna. *Tratado de la responsabilidad civil*: la culpa como criterio de imputación de la responsabilidad. Trad. Aída Kemelmajer de Carlucci. Buenos Aires: Astrea, 1999, v. 1. p. 183.
99. ANTUNES VARELA, João de Matos. *Das obrigações em geral*. 7 ed. Coimbra: Almedina, 1997, v. 2. p. 68-71.
100. MALHEIROS, Pablo. *Os deveres contratuais gerais nas relações civis e de consumo*. Dissertação (Mestrado) – Faculdade Autônoma de Direito de São Paulo, São Paulo, 2008. p. 169.
101. VITA NETO, José Virgílio. *A atribuição da responsabilidade contratual*. Tese (Doutorado) – Faculdade de Direito da USP, São Paulo, 2007. p. 31.
102. RIPERT, Georges; BOULANGER, Jean. *Tratado de derecho civil*: las obligaciones. Trad. Delia García Daireaux. Buenos Aires: La Ley, 1964, v. 1, t. 4. p. 475-479.
103. A distinção entre impossibilidade absoluta e relativa tem ligação com os sacrifícios exigíveis. A primeira se manifesta quando não pode ser vencida pelas forças humanas. A última estará configurada quando o devedor não tenha condições de adimplir.
104. FARIA, Jorge Leite Areias Ribeiro de. *Direito das obrigações*. Coimbra: Almedina, 1990, v. 2. p. 356-357.
105. BUERES, Alberto Jesus. *Derecho de daños*. Buenos Aires: Hammurabi, 2001. p. 434-437.

Uma rápida visita ao Velho Mundo ajuda a entender o que se propõe aqui, pois, ao discorrer sobre as hipóteses que isentam a responsabilidade do devedor pela ausência de cumprimento na reforma do código civil alemão, Canaris dá mostras do estado da arte no tratamento do tema em seu país afirmando que (a) uma primeira situação versa sobre as ocasiões em que o nível de sacrifício exigido para o desempenho da prestação seja desproporcional ao interesse do credor; e um segundo momento (b) autoriza o devedor de prestação personalíssima a se recusar ao adimplemento quando haja um impedimento considerado razoável. Em ambos os casos, o não cumprimento da prestação prometida equivale ao não cumprimento inimputável em razão da "impossibilidade de execução"[106], quando, em perspectiva exclusivamente material, o adimplemento segue sendo possível em ambos os casos.

Importante aclarar, enfim, ser bastante comum a utilização das expressões caso fortuito e força maior em detrimento da categoria que denota o conjunto de situações aptas à exclusão do nexo de causalidade. Prova disso é a afirmação de que o caso fortuito consiste em "qualquer evento estranho à esfera de atividade do devedor"[107]. É mais adequado, entretanto, recorrer à noção de causa estranha e não imputável para albergar as hipóteses que afastam o nexo causal.

Enfim, vale o registro de que a ideia de *causa estranha e não imputável*, na verdade, permite entender que apenas em aparência existe conexão entre conduta e dano e, ainda, que o recurso ao caso fortuito ou à força maior[108] não sejam de todo incorreto, além de não conglobar as demais hipóteses de exclusão de causalidade, estimula uma discussão inócua que visa a distinguir uma e outra[109], um debate desnecessário que faz lembrar os doces versos de Cecília Meireles:

> Ou se tem chuva e não se tem sol, ou se tem sol e não se tem chuva!
> Ou se calça a luva e não se põe o anel, ou se põe o anel e não se calça a luva!
> Quem sobe nos ares não fica no chão, quem fica no chão não sobe nos ares.
> É uma grande pena que não se possa estar ao mesmo tempo em dois lugares!
> Ou guardo o dinheiro e não compro o doce, ou compro o doce e gasto o dinheiro.
> Ou isto ou aquilo: ou isto ou aquilo ... e vivo escolhendo o dia inteiro!
> Não sei se brinco, não sei se estudo, se saio correndo ou fico tranquilo.
> Mas não consegui entender ainda qual é melhor: se é isto ou aquilo.

---

106. CANARIS, Claus-Wilhelm. O novo direito das obrigações na alemanha, *Revista Brasileira de Direito Comparado*, Rio de Janeiro, n. 25, p. 3-26, jul./dez. 2003. p. 10-13.
107. BIONDI, Biondo. *Istituzioni di diritto romano*. 2 ed. Milano: Giuffrè, 1952. p. 335.
108. FONSECA, Arnoldo Medeiros da. *Caso fortuito e teoria da imprevisão*. 3 ed. Rio de Janeiro: Revista Forense, 1958. p. 27-193. ALVIM, Agostinho. *Da inexecução das obrigações e suas conseqüências*. 4 ed. São Paulo: Saraiva, 1972. p. 325-337.
109. PONTES DE MIRANDA, Francisco Cavalcanti. *Tratado de direito privado*: parte especial. 2 ed. Rio de Janeiro: Borsoi, 1958, t. 23. p. 79.

ASCENSÃO E DECLÍNIO DA CULPA NA RESPONSABILIDADE CONTRATUAL

A percepção de que o Direito não pode ser pensado como algo alheio a sua historicidade orienta e justifica[1] a tentativa ora empreendida de compreensão do processo de ascensão e queda de um modelo teórico, de *metafórica morte da culpa* no contexto da responsabilidade contratual, legitimando uma viagem rumo a instantes que jamais serão revividos, embora, não possam ser desprezados quando se busca a escorreita avaliação do estado da arte no tratamento do tema.

Registre-se desde logo que o estudo do assunto na Antiguidade não romana foi afastado de modo proposital ante a desconexão entre eventuais fragmentos pinçados nessas plagas e o processo histórico no qual se percebe a escalada e descrédito da culpa. Também por isso, a travessia empreendida nestas páginas começa nos primeiros séculos do direito romano[2] permitindo afirmar ser provável que até o advento da *Lex Aquilia de Damno*[3] o dever de reparar pressupunha, tão somente, a relação de causalidade entre uma conduta e a lesão dela decorrente.

Inexistem provas contundentes de que, nas primeiras fases do direito romano, o dever de reparar dependesse da culpa[4]. As leituras sobre o tema não permitem afirmar que no século III, a.C. tenha havido qualquer análise daquela que viria a se tornar, dois mil anos mais tarde, a vedete da responsabilidade civil decimonônica[5]. O fator de atribuição do dever de reparar, na *Lex Aquilia*, foi a *iniuria* e essa remetia à ideia de contrariedade ao Direito, objetivamente aferível. Apontada lei, portanto, permitia imputar o dever de reparar quando a conduta objetivamente[6] analisada

---

1. MADEIRA, Hélcio Maciel França. À história do direito, *Revista da Faculdade de Direito de São Bernardo do Campo*, São Bernardo do Campo, v. 8, n. 10, p. 149-154, 2004. p. 151-152.
2. FRANÇA, Rubens Limongi. Recepção do direito romano no direito brasileiro, *Revista de Direito Civil, Imobiliário, Agrário e Empresarial*, São Paulo, v. 3, n. 7, p. 181-196, jan./mar. 1979. p. 181-183. VELASCO, Ignácio Maria Poveda. História externa e interna do direito romano, *Revista de Direito Civil, Imobiliário, Agrário e Empresarial*, São Paulo, v. 13, n. 49, p. 74-89, jul./set. 1989. p. 74.
3. BRAVO, Adolfo. O conceito de responsabilidade no código civil portuguez, *Revista dos Tribunais*, São Paulo, v. 25, n. 104, p. 361-376, nov. 1936. p. 364.
4. BARRETTO, Vicente de Paulo. Responsabilidade e teoria da justiça contemporânea. In: SILVA FILHO, José Carlos Moreira da; PEZZELLA, Maria Cristina Cereser (Coord.). *Mitos e rupturas no direito civil contemporâneo*. Rio de Janeiro: Lumen Juris, 2008. p. 59.
5. SCHIPANI, Sándro. Análisis de la culpa en Justiniano 4,3. In: BUERES, Alberto Jesús; DE CARLUCCI, Aída Kemelmajer (Dir.). *Responsabilidad por daños en el tercer milenio*. Buenos Aires: Abeledo-Perrot, 1997. p. 134.
6. CALIXTO, Marcelo Junqueira. *A culpa na responsabilidade civil*: estrutura e função. Rio de Janeiro: Renovar, 2008. p. 129.

fosse considerada contrária ao direito ou, ao menos, dele despida, logo, sem qualquer viés subjetivo[7].

A leitura proposta[8] se torna ainda mais consistente quando se compreende que em uma sociedade que não conhecia o indivíduo ou a pessoa humana, tampouco, a moralidade e a culpa cristãs, a exigência de análise subjetiva não parece algo factível. A *iniuria*, portanto, impunha, apenas, a aferição da existência da ofensa a uma pessoa[9] ou aos seus bens, reafirme-se, comportamento que longe de ser traduzido como culposo, estava mais próximo do que atualmente é tratado como conduta antijurídica.

A cena retratada por Paul Veyne dá vivas provas desse ambiente, ao relatar que

> ainda sob o Império [Romano], não era raro o espetáculo dessa justiça de rua. O meio mais simples de obrigar um devedor a pagar consistia em surpreendê-lo fora de sua casa e fazer uma gritaria [*convicium*]: o credor seguia-o cobrindo-o de insultos ou cantando-lhe uma canção zombeteira em cujo refrão reclamava a dívida; os juristas só exigiam que não se despisse totalmente o devedor e que as palavras da canção não fossem obscenas [pois era preciso] respeitar a coletividade tomada como testemunha. Por seu turno, o devedor tentava comover a opinião; vestia-se de luto e não cortava mais os cabelos como sinal de desolação[10].

O admirável pragmatismo buscado nas entranhas desta cena cotidiana revela, dentre outras possibilidades, que na Roma de Rômulo e Remo e, ainda, na de César, de Otávio, de Adriano, Trajano ou Tito não havia qualquer possibilidade de significar a culpa com os tons opacos e taciturnos que remetem à subjetividade humana. A assertiva ganha credibilidade quando acompanhada da análise realizada por Mário Talamanca relatando que nesse corte histórico à *culpa* eram atribuídos, pelo menos, três sentidos distintos: (a) ato ilícito, (b) atribuição do dever de reparar ou, ainda, (c) negligência em sentido genérico[11], significações que reenviam a ideia de lesão ao direito alheio[12] despida de justificativa plausível.

Tudo isso legitima afirmar que a culpa era algo desconhecido no advento da *Lex Aquilia* e que assim se manteve por mais alguns séculos. Para concluir, o fato de referida lei ter suas raízes em Talião e, ainda, de sua descoberta ter permitido o resgate arqueológico da alusão textual à necessidade de sanção do devedor nas hipóteses

---

7. LA TORRE, Antonio. Genesi e metamorfosi della responsabilità civile. *Roma e America*: Diritto Romano Comune, Roma, n. 8, p. 61-115, 1999. p. 75-76.
8. SCHIPANI, Sándro. Análisis de la culpa en Justiniano 4,3. In: BUERES, Alberto Jesús; DE CARLUCCI, Aída Kemelmajer (Dir.). *Responsabilidad por daños en el tercer milenio*. Buenos Aires: Abeledo-Perrot, 1997. p. 127-134.
9. BIONDI, Biondo. *Istituzioni di diritto romano*. 2 ed. Milano: Giuffrè, 1952. p. 508.
10. VEYNE, Paul. O Império Romano. In: ARIÈS, Philippe; DUBY, Georges (Dir.). *História da vida privada*: do império romano ao ano mil. São Paulo: Companhia das Letras, 2009. p. 155.
11. TALAMANCA, Mario. Colpa. In: *Enciclopedia del diritto*. Milano: Giuffrè, 1960, v. 7. p. 518.
12. VISINTINI, Giovanna. *Tratado de la responsabilidad civil*: el daño, otros criterios de imputación. Trad. Aída Kemelmajer de Carlucci. Buenos Aires: Astrea, 1999, v. 2. p. 4.

de incumprimento não fortuito[13], apesar da respeitável divergência[14], reforçam a argumentação alinhavada nestes parágrafos. Finalmente, a violência impregnada a este rasgo temporal, não pode ser olvidada:

> A vida cotidiana [em Roma] era a mesma do faroeste americano: sem polícia nas ruas, sem guarda nos campos, sem promotor público. Cada um que se defendesse e fizesse justiça [...] À violência pura e simples se acrescentava a violência judiciária. Os romanos passam por inventores do direito; é verdade que escreveram muitos livros de direito notáveis e achavam glorioso e aprazível conhecer e praticar os enigmas e os meandros do direito civil; era uma cultura, um esporte e um tema de orgulho nacional. Disso não podemos deduzir que a legalidade efetivamente reinava em sua vida cotidiana; o legalismo apenas introduzia no caos uma complicação suplementar e até uma arma: a trapaça [...] Em suma, o direito tornava-se uma arma na luta pelos patrimônios; a posse e a transmissão pacífica dos bens nunca eram garantidas[15].

É razoável aceitar, por tudo o que foi dito, que a ideia de culpa foi introduzida, gradativamente, nos juízos de reprovabilidade moral das condutas afetos à ascensão do Cristianismo[16], fenômeno impulsionado pela conversão do Imperador Constantino[17]. A culpa, portanto, não é um espólio do direito romano clássico, mas um legado do direito bizantino[18].

Abertas as portas da Idade Média, pouco parece ter mudado até o século IX ou X. Isso porque, a organização de uma Europa em formação e de suas instituições era precária, as estruturas de poder e organização cultural estavam dispersas[19] e o

---

13. D'ALMEIDA, Luiz Duarte. A culpa em Roma e o direito penal: notas de reflexão para uma oral de melhoria de direito romano, *Revista da Faculdade de Direito da Universidade de Lisboa*, Coimbra, v. 40, n. 1/2, p. 317-321, 1999. p. 317-318.
14. AMARAL, Francisco. Individualismo e universalismo no direito civil brasileiro: permanência ou superação de paradigmas romanos?, *Revista Brasileira de Direito Comparado*, Rio de Janeiro, n. 13, p. 64-95, jul./dez. 1992. p. 91. KASER, Max. *Direito privado romano*. Trad. Samuel Rodrigues; Ferdinand Hämmerle. Lisboa: Fundação Calouste Gulbenkian, 1999. p. 213.
15. VEYNE, Paul. O Império Romano. In: ARIÈS, Philippe; DUBY, Georges (Dir.). *História da vida privada*: do império romano ao ano mil. São Paulo: Companhia das Letras, 2009. p. 138-139.
16. GIMÉNEZ-CANDELA, Teresa. Una perspectiva historica de la responsabilidad objetiva, *Roma e America: Diritto Romano Comune*, Roma, n. 8, p. 117-129, 1999. p. 128. LA TORRE, Antonio. Genesi e metamorfosi della responsabilità civile, *Roma e America: Diritto Romano Comune*, Roma, n. 8, p. 61-115, 1999. p. 78-87.
17. Constantino entrou para a História como o primeiro imperador romano a professar o cristianismo, tendo governado Roma de 307 até 337 d.C. Sob seu comando houve a publicação do Édito de Milão (313), por meio do qual Roma se declarou neutra em relação à religião professada por seus cidadãos. Ademais, pouco tempo antes da conversão de Constantino, cristãos eram violentamente perseguidos por Roma.
18. AZEVEDO, Vicente de Paulo Vicente de. O fundamento da responsabilidade civil extracontratual, *Revista de Direito Privado*, São Paulo, v. 1, n. 1, p. 151-165, jan./mar. 2000. p. 157-158. BAÍA, Jacinto Américo Guimarães. A evolução da responsabilidade civil e a reparação do dano nuclear, *Revista de Direito Civil, Imobiliário, Agrário e Empresarial*, São Paulo, v. 2, n. 4, p. 49-68, abr./jun. 1978. p. 52. HIRONAKA. Giselda Maria Fernandes Novaes. Tendências atuais da responsabilidade civil: marcos teóricos para o direito do século XXI, *Revista Brasileira de Direito Comparado*, Rio de Janeiro, n. 19, p. 189-206, jul./dez. 2000. p. 194.
19. BERMAN, Harold. *Direito e revolução*: a formação da tradição jurídica ocidental. Trad. Eduardo Takemi Kataoka. São Leopoldo: Unisinos, 2006. p. 375-381.

direito existente usualmente ia além da ideia de algo, "primitivo, consuetudinário e provinciano"[20].

Durante a Alta Idade Média,

la economía de cambio fue sustituida por una economía de consumo, cada dominio, en lugar de continuar en relación con el exterior, constituyó desde ahora un pequeño mundo aparte, vivió de sí mismo y sobre sí mismo, en la inmovilidad tradicional de un régimen patriarcal. El siglo IX es la edad de oro de lo que se ha llamado una economía doméstica sin mercados[21].

Como se pode intuir, as experiências havidas ao longo dos cinco ou seis séculos delineados pela Alta Idade Média, impulsionados rumo a um passado cada vez mais longínquo pelo implacável curso da História, parecem ter contribuído bem pouco para o desenvolvimento dos temas explorados nesse livro científica e, por isso, não demandam maior atenção. Todavia, na Baixa Idade Média, a culpa parece ter encontrado ambiente deveras propício ao seu amadurecimento e difusão pelo continente europeu. A partir desse momento seus "deslizamentos semânticos se tornam mais constantes e perceptíveis", também por conta da superposição "à letra romana, [de] uma outra moral, tecida na reflexão dos canonistas e teólogos"[22].

A compreensão dessa transformação pressupõe antever não apenas o avanço do Cristianismo através do continente Europeu[23], mas também a releitura do direito romano pela filosofia e metodologia canônicas[24] e, ainda, o crescimento cultural estimulado pelo surgimento das primeiras universidades ocidentais[25] em cidades como Bolonha, Oxford, Paris, Salamanca e Padova, instituições que, sem que exista aqui qualquer coincidência histórica, eram todas eclesiásticas[26].

Ecos reverberando do passado chegam ao presente revelando que a Igreja Católica, além de ser a mais importante e sólida instituição europeia durante o Medievo[27], foi a principal produtora e difusora de conhecimento naquele continente e, por isso, é possível afirmar que os valores humanistas que informam a doutrina cristã e o

---

20. FIUZA, César. *Direito civil*: curso completo. 11 ed. Belo Horizonte: Del Rey, 2008. p. 64-67.
21. PIRENNE, Henri. *Las ciudades de la edad media*. Trad. Francisco Calvo Serraller. 3. ed. Madrid: Alianza, 2015. p. 40.
22. MARTINS-COSTA, Judith; GIANNOTTI, Luca. A culpa no direito das obrigações: notas para uma história de conceitos jurídicos fundamentais. In: GUERRA, Alexandre et al. (Coord.). *Da estrutura à função da responsabilidade civil*. Indaiatuba: Foco, 2021. p. 167.
23. SURGIK, Aloísio. O cristianismo e a formação do direito medieval, *Revista de Direito Civil, Imobiliário, Agrário e Empresarial*, São Paulo, v. 7, n. 26, p. 156-167, out./dez. 1983. p. 157-165.
24. AMARAL, Francisco. Individualismo e universalismo no direito civil brasileiro: permanência ou superação de paradigmas romanos?, *Revista de Direito Civil, Imobiliário, Agrário e Empresarial*, São Paulo, v. 19, n. 71, p. 69-86, jan./mar. 1995. p. 84.
25. FIUZA, César. *Direito civil*: curso completo. 11 ed. Belo Horizonte: Del Rey, 2008. p. 67-68.
26. CARRILHO, Cristiano. *Manual de história dos sistemas jurídicos*. Rio de Janeiro: Elsevier, 2009. p. 134.
27. WIEACKER, Franz. *História do direito privado moderno*. 3 ed. Trad. António Manuel Botelho Hespanha. Lisboa: Fundação Calouste Gulbenkian, 2004. p. 67.

desenvolvimento da dogmática, como método de transmissão do conhecimento[28], são alguns dos maiores responsáveis por impregnar o Direito, de culpa.

A culpa está assim intimamente ligada à solidificação da Igreja Católica como instituição que produz, dissemina e impõe, sem sempre de forma sutil, o pensamento hegemônico dominante[29]. Talvez seja mesmo possível afirmar que o Direito no Medievo emerge como prolongamento do sistema moral[30] reinante, sendo erigido sobre bases teológicas[31].

A lição de Paolo Grossi ajuda a compreender esse cenário ao enfatizar que *"se pensiamo che nel primo e nel secondo medioevo la Chiesa era al centro dell'intiera società civile, se si pone mente a un dato tanto elementare quanto sottova-lutato, e cioè che questo periodo storico copre assai più della durata di un millennio, si capisce facilmente che in questo periodo lunghissimo il diritto canonico sia stato un lièvito per tutta la civiltà occidentale"*[32]. Também por isso, livre-arbítrio, pecado, expiação e punição são ideias que informaram não apenas os discursos de cardeais, arcebispos, bispos e padres ao longo da História, mas também, significantes que influenciaram, profundamente, ao serem usados nos discursos cotidianos, as letras jurídicas, em especial, quando da construção dos diques que serviram para promover a proteção patrimonial provida pela responsabilidade civil que viria a ser tão cara à Modernidade.

A culpa é um "juízo de censura de que o devedor é passível"[33]. Ao pecador, o inferno, a pobreza e a dor indelevelmente atada ao sentimento de culpa[34]; ao responsável, vida eterna e os prazeres que Deus e, algum tempo mais tarde, que o Capital legitimam, nem sempre de moderadamente, gozar.

A análise da historicidade impregnada à culpa permite resgatar outro discurso bastante comum na Baixa Idade Média: "pela experiência, a infinidade de casos singulares se reduz a alguns casos finitos que acontecem mais geralmente, e o conhecimento destes é suficiente para a prudência humana"[35], assertiva, certamente, favorecida pela baixa complexidade que reinava nessa quadra da História, bem como,

---

28. SANTOS, Rogério Dultra dos. A institucionalização da dogmática jurídico-canônica medieval. In: WOLKMER, Antonio Carlos (Org.). *Fundamentos da história do direito*. 4 ed. Belo Horizonte: Del Rey, 2007. p. 214.
29. CARVALHO, Délton Winter de. *Dano ambiental futuro*: a responsabilização pelo risco ambiental. Rio de Janeiro: Forense Universitária, 2008. p. 54.
30. BARRETTO, Vicente de Paulo. Responsabilidade e teoria da justiça contemporânea. In: SILVA FILHO, José Carlos Moreira da; PEZZELLA, Maria Cristina Cereser (Coord.). *Mitos e rupturas no direito civil contemporâneo*. Rio de Janeiro: Lumen Juris, 2008. p. 59-61.
31. SALDANHA, Nelson. *Da teologia à metodologia*: secularização e crise do pensamento jurídico. Belo Horizonte, Del Rey, 2005. p. 26-38.
32. GROSSI, Paolo. Diritto Canonico e cultura giuridica. *Quaderni Fiorentini*: per la storia de pensiero giuridico moderno. Milano, v. 32, p. 373-389, 2003. p. 376.
33. FARIA, Jorge Leite Areias Ribeiro de. *Direito das obrigações*. Coimbra: Almedina, 1990, v. 2. p. 402.
34. NIETZSCHE, Friedrich. *Genealogia da moral*. São Paulo: Companhia das Letras, 2009. p. 49-73.
35. TOMÁS DE AQUINO. *A prudência*: a virtude da decisão certa. Trad. Jean Lauand. São Paulo: Martins Fontes, 2005. p. 6-7.

pelo valor social atribuído ao argumento de autoridade. Poucas afirmações soariam tão distantes dos moldes de compreensão do hoje, em especial, quando se agregam elementos como a complexidade que permeia a vida em sociedade, a incerteza que reina no porvir, a aceleração do curso da História etc.

O caminhar através da História ora revisitada permite resgatar, também, que tanto a força obrigatória dos contratos[36] – premissa elevada, alguns séculos mais tarde, ao *status* de princípio jurídico –, como o dever de reparar foram edificados tendo por fundamento basilar e comum a noção de pecado[37].

Imprudência e negligência ao lado da imperícia são falhas consideradas graves[38], males que afligem profundamente a alma humana. Em tais cenários, todo aquele que falha, sem dúvida, merece ser sancionado e sanção aqui, quer dizer pena, punição, castigo, sofrimento, expiação, agonia. A culpa, portanto, atua como o fundamento da pena infligida aquele que causou danos a outrem[39] e, não como deveria ocorrer, para distribuir justiça nas situações que o exijam. Como pena, induziria outros devedores a se lembrarem que não cumprindo o prometido, mentiriam e, que todo aquele que mente será severamente punido: os pecadores arderão, pela eternidade, no fogo alimentado por Lúcifer, Belzebu ou Mefistófeles, metáforas que comunicam que a culpa, em vez de libertar os seres humanos, aprisionou suas almas.

A atividade dos glosadores e, posteriormente, dos pós-glosadores favoreceu o processo que levou à universalização da culpa[40] na arquitetura jurídica da responsabilidade civil. A natureza do trabalho desenvolvido explica porque o labor pautado (a) na atomização do estudo do Direito, (b) na manutenção de uma perspectiva de reprodução acrítica do conhecimento e (c) na tentativa universalização dos conceitos seccionou o Direito da sua historicidade. Ao realizarem as suas análises de modo fragmentado, glosadores e pós-glosadores não conseguiram se aproximar do viés sistêmico que deve informar o Direito ou ainda quaisquer outras ciências, afinal, o todo não pode ser dissociado das partes.

As interpolações, a seu turno, distorcendo a racionalidade pretérita ao reconstruírem fragmentos de textos escritos no passado com a introjeção de percepções sociais distintas e distantes daquelas que marcaram a antiguidade romana, foram incapazes de compreender a beleza havida nos fragmentos que procurou restaurar. Ademais, é bastante provável que tenha sido influenciada por influxos metafísicos; afinal, Deus era o centro de todas as coisas, e Sua vontade, a explicação para tudo

---

36. DÍEZ-PICAZO, Luiz. *Fundamentos del derecho civil patrimonial*: introduccion, teoria del contrato. 5 ed. Madrid: Civitas, 1996. v. 1. p. 120.
37. COSTA, Álvaro Ferreira da. Responsabilidade sem culpa, *Revista da Faculdade de Direito*, Curitiba, v. 4, n. 4, p. 234-250, dez. 1956. p. 238.
38. TOMÁS DE AQUINO. *A prudência*: a virtude da decisão certa. Trad. Jean Lauand. São Paulo: Martins Fontes, 2005.
39. BUERES, Alberto Jesus. *Derecho de daños*. Buenos Aires: Hammurabi, 2001. p. 13.
40. CAENEGEM, Raoul C. van. *Uma introdução histórica ao direito privado*. Trad. Carlos Eduardo Lima Machado. São Paulo: Martins Fontes, 2000. p. 71.

o que acontecia, algo que certamente não orientou o pensamento romano até os séculos IV ou V da Era Cristã.

Durante toda a segunda metade do Medievo, a literalidade das fontes parece ter prevalecido e com ela a menor preocupação com a promoção de análises sistêmicas ou teleológicas dos distintos momentos havidos no desvelar de uma relação jurídica obrigacional. A visão atomística impregnada ao pensamento epocal é responsável, ainda, pela sistematização da classificação tripartite da culpa[41]: grave, leve e levíssima; modelo do qual deriva insustentável e impraticável aplicação concreta[42], o que se afirma, aliás, ao menos desde o longínquo ano de 1705.

> Ao que parece, o primeiro grande arrazoado contrário à doutrina da gradação da culpa surge no ano de 1705, em uma tese perante a Universidade do Halle, defendida por Christian Gottlob Kreß. Seu sugestivo título já bem sinalizava o objetivo do autor: *De usu practico doctrinae difficillimae juris romani de culparum praestatione in contractibus*. O argumento fundamental negava a própria autenticidade ao critério de *utilitas* ao dizer que sua extensão a grau de princípio foi feita por Africano e sem qualquer maior representatividade para os próprios juristas romanos. Além disso, dizia Kreß, a análise da casuística romana revelaria intermináveis contradições sobre os graus de culpa, o que demonstraria a ausência de sistematicidade e racionalidade da doutrina. Por outro lado, a citada passagem do Digesto sobre a culpa aquiliana tornaria desnecessária qualquer análise sobre qualquer outra forma de culpa. Se ela era levíssima, tornando reprovável o mínimo descuido, não adiantava perquirir de outras formas de culpa[43].

Como se pode concluir sem muito esforço, é impossível diferenciar, distinguir, diferir, discriminar, separar, na fenomenologia que informa a vida em sociedade, o "*cuidado que aun las personas negligentes y de poca prudencia suelen emplear en sus negocios propios*", a "*diligencia y cuidado que los hombres emplean ordinariamente en sus negocios propios*" e a "*esmerada diligencia que un hombre juicioso emplea en la administración de sus negocios importantes*", ao menos, sem que se corra o risco de ser arbitrário ou solipsista, de desrespeitar a normatividade que baliza a isonomia ou, ainda, desprezar a cientificidade que deve orientar o pensamento jurídico.

A Idade Média, enfim, viu o Direito preocupar-se mais com a tutela do causador do dano que com a reparação da vítima. Presenciou também a causalidade externa ser substituída por "uma causalidade interna", informada, exclusivamente, pela culpa[44].

A Idade Moderna sucedeu o Medievo, tendo como características mais salientes o racionalismo, o humanismo, o liberalismo e o mercantilismo. Em seu desvelar, percebe-se o fortalecimento dos direitos nacionais. Nota-se, ainda, que a culpa foi

---

41. TALAMANCA, Mario. Colpa. In: *Enciclopedia del diritto*. Milano: Giuffrè, 1960, v. 7. p. 523.
42. POTHIER, Robert Joseph. *Tratado das obrigações*. Trad. Adrian Sotero De Witt Batista; Douglas Dias Ferreira. Campinas: Servanda, 2002. p. 128.
43. CARRÁ, Bruno Leonardo Câmara. A doutrina da tripartição da culpa: uma visão contemporânea, *Revista de Direito Civil Contemporâneo*, São Paulo, v. 13. a. 4. p. 199-229, out./dez. 2017. p. 205-206.
44. COELHO, José Gabriel Pinto. *A responsabilidade civil baseada no conceito da culpa*. Coimbra: Imprensa da Universidade, 1906. p. 15-16.

alçada ao papel de pilar de sustentação da arquitetura do dever de reparar: *ne pas responsabilité sans faute*!

A reparação dos danos causados a outrem passou a ser delineada ao redor da ideia de "delito civil"; um delito que, curiosamente, apesar da agonia reinante e que pouco tempo mais tarde conduziria à morte de Deus, seguia estruturado na moralidade cristã[45].

Aproveitando os influxos jusracionalistas[46] impregnados ao pensamento vigente àquele tempo e, ainda, a tendência à universalização dos conceitos, a burguesia em ascensão apegou-se à culpa por ver nela uma importantíssima ferramenta que legitimaria a manutenção do seu crescente poder econômico e, consequentemente, acesso ao poder político[47].

A metamorfose aqui explorada de longe foi algo que ocorreu espontaneamente e, evidentemente, não foi provocada por movimentos sociais, ainda que, *todo o direito devesse emanar dos anseios do povo*. A transformação mapeada foi estimulada, ideologicamente, por uma única classe social, a classe burguesa, que se organizava "*paulatinamente como una clase distinta y privilegiada en medio de la población del condado [y] de un simple grupo social dedicado a la práctica del comercio y la industria se transforma en un grupo jurídico, reconocido como tal por el poder central. Y de esta condición jurídica propia va a concluirse necesariamente el otorgamiento de una organización jurídica independiente*"[48].

No desvelar desse filme rodado ao longo de séculos é possível ver em um primeiro momento, a Igreja Católica e, um pouco mais tarde, a burguesia disseminando a culpa como um dos valores que lhes eram mais caros; um verdadeiro mecanismo de biopoder. Como em um suspense bem dirigido, ambas souberam ocultar suas intenções envolvendo a massa com discursos cativantes. A ascensão da culpa ao longo do segundo Medievo e através da Idade Moderna, alçando a Modernidade, comprova-o. A posição de destaque por ela galgada nas codificações decimonônicas, também o demonstra.

E, a partir daí, seguiu sendo entoada como um mantra, passando a ser cultuada por gerações e gerações de juristas, muitos deles, sem dúvida, notáveis[49] e que não merecem ser criticados por isso por pertencerem ao seu tempo. Tamanho foi o valor dado à culpa, a importância a ela atribuída, que nas primeiras décadas do século XIX era comumente apresentada como fundamento único do dever de reparar[50].

---

45. SALVI, Cesare. *La responsabilità civile*. 2 ed. Milano: Giuffrè, 2005. p. 17.
46. LA TORRE, Antonio. Genesi e metamorfosi della responsabilità civile, *Roma e America: Diritto Romano Comune*, Roma, n. 8, p. 61-115, 1999. p. 97-100.
47. CÁRCOVA, Carlos María. *Las teorias jurídicas post positivistas*. 2. ed. Buenos Aires: Abeledo Perrot, 2009. p. 193-224.
48. PIRENNE, Henri. *Las ciudades de la edad media*. Trad. Francisco Calvo Serraller. 3. ed. Madrid: Alianza, 2015. p. 152.
49. JOSSERAND, Louis. Evolução da responsabilidade civil, *Revista Forense*, Rio de Janeiro, n. 86, p. 52-63, jun. 1941.
50. GIORGIANNI, Michele. *L'inadempimento*. Milano: Giuffrè, 1975. p. 324.

Por outro lado, é imperioso perceber que *essa culpa* seguia a ser pensada tal qual fora forjada ao longo do Medievo: um elemento de natureza eminentemente "pessoal e psíquica"[51], aliás, única significação semanticamente aceitável[52], especialmente, quando se compreende que

> cada indivíduo, no seu cotidiano, sofre um conjunto de constrangimentos decorrentes da linguagem pública construída na intersubjetividade. Por isso, não estabelece sentidos arbitrários. No plano dos discursos científicos e no âmbito do discurso jurídico e das práticas cotidianas que são descritas e prescritas por aquilo que chamamos de doutrina jurídica, também não podemos "trocar o nome das coisas" e tampouco agir como nominalistas[53].

Essa culpa, portanto, com raízes no direito justinianeo e nos ideais cristãos, impedia, que a mera causalidade física conduzisse à responsabilização de alguém, obtemperando o dever de reparar[54]. Impedia, ainda, a formulação de quaisquer espécies de juízos não focados na aferição da subjetividade impregnada à conduta de cada causador do dano[55], afinal, o Inferno, ao contrário do *Hades*, foi pensado para os pecadores. A assertiva tem por lastro as deveras comuns afirmações atestando que a contextualização subjetiva da culpa pode ser explicada na sua vinculação histórica à concepção de pecado[56], a faltas morais e impulsos anímicos e, no limite, desvios provenientes da alma do agente[57].

Tal signo, aparentemente, tão caro ao Direito, seguiu sendo significado nas primeiras décadas da Modernidade como um defeito, uma falha no âmbito da vontade[58] que impedia ou dificultava, na seara negocial, o desempenho da conduta necessária ao fiel cumprimento do programa obrigacional. Significada, portanto, como o nexo de atribuição psicológico, que poderia ser identificado na falha impregnada a conduta de um ser capaz, racional[59] e, evidentemente, responsável que não conseguiu agir de modo diligente, tal qual imposto pelo Direito.

A culpa pressupunha, dessarte, que o agente tivesse consciência das possibilidades contidas, em potência, em cada conduta prometida negocialmente. Sem essa percepção não seria possível qualificá-lo como herege. A ideia é reafirmada por De

---

51. LORENZETTI, Ricardo Luis. El sistema de la responsabilidad civil ¿una deuda de responsabilidad, un crédito de indemnización o una relación jurídica?, *Revista da Ajuris*, Porto Alegre, n. 63, p. 166-198, mar. 95. p. 168-170.
52. NIETZSCHE, Friedrich. *Genealogia da moral*. São Paulo: Companhia das Letras, 2009.
53. STRECK, Lenio. *Dicionário de hermenêutica*. São Paulo: Casa do Direito, 2017. p. 42.
54. CORSARO, Luigi. Colpa e responsabilità civile, *Rassegna di Diritto Civile*, Napoli, n. 2, p. 270-310, 2000.
55. GAMARRA, Jorge. Responsabilidad contractual objetiva. In: BUERES, Alberto Jesús; DE CARLUCCI, Aída Kemelmajer (Dir.). *Responsabilidad por daños en el tercer milenio*. Buenos Aires: Abeledo-Perrot, 1997.
56. HERKENHOFF, Henrique Geaquinto. Responsabilidade pressuposta. In: TARTUCE, Flávio; CASTILHO, Ricardo (Coord.). *Direito civil*: direito patrimonial, direito existencial. São Paulo: Método, 2006. p. 400.
57. ESMEIN, Paul. La faute et sa place dans responsabilité civile, *Revue Trimestrielle de Droit Civil*, Paris, n. 47, p. 481-490, 1949. p. 481-483.
58. CORSARO, Luigi. Colpa e responsabilità civile, *Rassegna di Diritto Civile*, Napoli, n. 2, p. 270-310, 2000.
59. JORGE, Fernando Pessoa. Ensaio sobre os pressupostos da responsabilidade civil. Coimbra: Almedina, 1999.

Cupis ao destacar ser inquestionável que a culpa está presente em um estado anímico passível de repreensão[60] e, ainda, por José Gabriel Pinto Coelho, ao salientar que a culpa consistia em um especial momento psicológico, um particular estado d'alma[61]. Seguindo a mesma trilha, Chironi referia-se à culpa como um estado de ânimo informador do comportamento lesivo de alguém[62] e Lodovico Barassi apontava que ela poderia ser identificada na falha moral impregnada ao comportamento de um ser que possui inteligência e vontade[63]. Aos olhos de Von Thur, uma falha psíquica[64].

No Brasil, a perspectiva subjetivista de compreensão da culpa influenciou importantes autores, merecendo destaque, por motivos que não precisam ser justificados, a célebre figura de Francisco Cavalcanti Pontes de Miranda que lia na culpa um "defeito que se pode apontar na vontade"[65].

A identificação da culpa, nesse contexto, deveria esquadrinhar o comportamento analisado em si mesmo[66]. Comparava-se o desempenho do causador do dano com aquele que poderia ser esperado dele próprio[67]. A culpa precisava ser individualizada[68]. Qualquer tentativa de mapeamento da culpa, enquanto juízo de reprovabilidade de uma conduta, deveria se dedicar a investigar as circunstâncias que envolveram a conduta concreta, bem como, aspectos pessoais do devedor, o tempo e o lugar do incumprimento[69]. De fato, se a culpa está ligada à voluntariedade de um comportamento humano, é mais que evidente que deva ser apreciada em concreto[70], ululando que essa moldura exige, na seara negocial, a análise da aptidão do devedor para antever que a lesão materializada poderia derivar do seu comportamento[71].

Apesar da afinidade entre o modelo subjetivo de compreensão do fenômeno sob análise e a perspectiva concreta de apreciação da culpa nas análises dogmáticas versando sobre o dever de reparar, é bastante comum encontrar autores defendendo

---

60. DE CUPIS, Adriano. *El daño*: teoria general de la responsabilidad civil. Trad. Ángel Martínez Sarrión. Barcelona: Bosch, 1975. p. 185-187.
61. COELHO, José Gabriel Pinto. *A responsabilidade civil baseada no conceito da culpa*. Coimbra: Imprensa da Universidade, 1906. p. 1-3.
62. CHIRONI, Giampietro. *La colpa nel diritto civile odierno*: colpa contrattuale. 2 ed. Torino: Fratelli Bocca Editori, 1897. p. 6-7.
63. BARASI, Lodovico. *La teoria generale delle obbligazioni*: l'attuazione. Milano: Giuffrè, 1946, v. 3. p. 1054.
64. VON THUR, Andreas. *Tratado de las obligaciones*. Trad. W. Roces. Madrid: Reus, 1934, t. 2. p. 97.
65. PONTES DE MIRANDA, Francisco Cavalcanti. *Tratado de direito privado*: parte especial. 2 ed. Rio de Janeiro: Borsoi, 1958, t. 23. p. 71.
66. MOREIRA, Guilherme Alves. *Instituições do direito civil português*: das obrigações. Coimbra: Coimbra, 1925, v. 2. p. 114.
67. LIMA, Alvino. Responsabilidade do depositário no caso fortuito ou de força maior, *Revista Forense*, Rio de Janeiro, v. 42, n. 103, p. 447-448, jul./set. 1945. p. 448.
68. GOMES, Orlando. Culpa x risco, *Revista Forense*, Rio de Janeiro, v. 37, n. 83, p. 378-384, set. 1940. p. 382.
69. BUERES, Alberto Jesus. *Derecho de daños*. Buenos Aires: Hammurabi, 2001. p. 346. GHERSI, Carlos Alberto. *Teoría general de la reparación de daños*. Buenos Aires: Astrea, 1997. p. 108-118.
70. JORGE, Fernando Pessoa. Ensaio sobre os pressupostos da responsabilidade civil. Coimbra: Almedina, 1999.
71. AGOGLIA, María Martha; BORAGINA, Juan Carlos; MEZA, Jorge Alfredo. *Responsabilidad por incumplimiento contractual*. Buenos Aires: Hammurabi, 2003. p. 83-86.

a necessidade de aferição da conduta culposa a partir de modelos abstratos[72]; método pautado na comparação do ocorrido com uma imagem previamente formulada, sob uma tela imaginária, retratando a pitoresca figura do bom pai de família. Em que pese a aparente coerência interna, tal modelo não escapa às críticas.

A primeira se expressa na dificuldade impregnada à tentativa de aferir, com mínimo grau de segurança, a manifestação de falta de habilidade ou aptidão do devedor para antever as consequências de sua conduta. Quaisquer investigações pautadas em moldes subjetivos são sempre deveras complexas e marcadas por imensas dificuldades metodológicas e empíricas.

> Com efeito, predicar que o descumprimento é involuntário, ou que deveria ser previsível pelo agente, ainda não resolvia satisfatoriamente a equação, pois se tudo dependesse da visão anímica do agente, a constelação de situações possíveis de sopesar inviabilizaria qualquer *standard* que se quisesse seriamente construir. A evolução do tema veio, assim, consolidar uma culpa desvinculada de qualquer elemento psicológico. A *culpa in concreto*, que ainda expunha alguma ligação com a velha doutrina, foi gradativamente sendo excluída, posta de lado, dando lugar à *culpa in abstracto* como padrão natural para a configuração do dever de reparar[73].

Uma segunda crítica estava ligada à complexidade fundida à identificação de quais ou quantas serão as balizas que permitirão afirmar como culposa dada conduta[74], problema que se amplifica com a constatação de que a solidez das relações se liquefez no cotidiano donde é crescente a complexidade da vida em sociedade.

Um terceiro problema será identificar quem terá o poder de eleger as balizas regulatórias que permitirão aferir o que é uma conduta culposa, críticas que parecem ser suficientes para revelar que o modelo subjetivo é responsável pela produção de manifesta instabilidade, prejudicando a compreensão sistêmica do Direito e, especialmente, as possibilidades de promoção da isonomia substancial.

Tudo isso autoriza afirmar as patentes improcedências inerentes à perquirição psicológica da culpa e ao processo de demarcação de seus contornos. A problemática cresce em dramaticidade em sociedades plurais, nas quais coexistem modos de vida completamente distintos e desconectados uns dos outros. Agrava-se em países nos quais, concomitantemente, certas comunidades vivem como se a Revolução Industrial não tivesse ocorrido, enquanto outras fruem os benefícios colhidos em campos semeados por notável avanço tecnológico. E se, de um lado, é inconteste que são muitas as realidades sociais existentes dentro da vastidão de países como o Brasil, de outro, é preciso salientar que o Direito não pode fechar seus olhos para

---

72. CHIRONI, Giampietro. *La colpa nel diritto civile odierno*: colpa contrattuale. 2 ed. Torino: Fratelli Bocca Editori, 1897. p. 51-60. MAZEAUD, Henri; MAZEAUD, Léon; TUNC, André. *Tratado teórico y práctico de la responsabilidad civil delictual y contractual*. Trad. Luis Alcalá Zamora y Castillo. Buenos Aires: Ediciones Jurídicas Europa-América, 1962, v. 2, t. 1. p. 423.
73. CARRÁ, Bruno Leonardo Câmara. A doutrina da tripartição da culpa: uma visão contemporânea, *Revista de Direito Civil Contemporâneo*, São Paulo, v. 13. a. 4. p. 199-229, out./dez. 2017. p. 209.
74. LIMA, Alvino, *Culpa e risco*. 2 ed. São Paulo: RT, 1999. p. 57.

ela, especialmente porque, há muito tempo – se é que um dia ele existiu fora do nível puramente imaginário –, aquele sujeito de direitos concebido pelas grandes codificações não mais habita a Terra.

Apesar dos diversos problemas que a análise subjetiva da culpa acarreta, *esse é o seu melhor retrato, a sua melhor caracterização*. A culpa, reafirme-se, possui profundo substrato subjetivo[75] e é assim que deve ser compreendida, em especial, porque, "as contribuições da Psicanálise visam [a] demonstrar que a culpa tem qualidades permeadas por aspectos inconscientes, com manifestações e consequências que, embora sejam verificáveis na realidade das relações" impedem a "utilização do conceito enquanto categoria jurídica"[76].

Em tal contexto, parece ulular que se o único significado atribuível à *culpa* não se amolda às exigências científicas, ela deverá ser substituída por outra ferramenta mais adequada, mais consentânea à solução dos imperativos sociais hodiernos. Ocorre que, em vez da substituí-la, optou-se por maquiar semanticamente a culpa. Isso é insustentável por fazer dela algo que não poderá, jamais, ser. O que se tem hoje é uma *culpa* que da *culpa* conserva somente a antiga denominação[77]. Assim, entremeio as sístoles e diástoles vividas ao largo do século XX, a análise subjetiva que, até então, permeava a acertada compreensão da culpa, deixou de ser promovida[78].

É inegável que a compreensão da culpa em perspectiva subjetiva se mostrou incapaz de solucionar os conflitos surgidos nas relações cotidianas, especialmente, das celeumas havidas da Sociedade de Consumo[79]. Ao mesmo tempo, não se ignora que,

> *la aparición de una noción de culpa objetiva u objetivada tuvo como propósito, dentro de esa necesidad sentida de ampliar el espectro de protección de la víctima del daño, mejorar su situación al hacer innecesaria la prueba de un elemento de muy difícil verificación, como lo era establecer si el causante del daño había tenido consciencia del acto dañino realizado. De tal forma que, si para establecer la culpa ya no era necesaria la indagación de la culpabilidad o imputabilidad del demandado, quedaba en pie el otro elemento que tradicionalmente*[80].

O que não se aceita – diversos argumentos foram sobrepostos buscando comprová-lo – é a objetivação de uma figura que, por suas características mais íntimas, mais intangíveis, mais imanentes, se encontra, inexoravelmente, fundida, entra-

---

75. GAMARRA, Jorge. Incidencia del problema de la carga de la prueba en la fundamentación de la responsabilidad civil, *Revista de la Facultad de Derecho y Ciencias Sociales*, Montevideo, v. 2, n. 3, p. 639-665, 1951. p. 655.
76. GROENINGA, Giselle Câmara. *Uma análise interdisciplinar da (in)operabilidade do conceito de culpa no direito de família*. Dissertação (Mestrado) – Faculdade de Direito da USP, São Paulo, 2007. p. 13-14.
77. PIZARRO, Ramón Daniel. *Tratado de la responsabilidad objetiva*. Buenos Aires: La Ley, 2015, v. 1. p. 46.
78. BUSSANI, Mauro. *As peculiaridades da noção de culpa*: um estudo de direito comparado. Trad. Helena Saldanha. Porto Alegre: LAEL, 2000. p. 47-62.
79. SASSATELLI, Roberta. *Consumo, cultura e societá*. Il Mulino: Bologna, 2004.
80. CORTÉS, Édgar. Breve nota sobre el concepto de culpa como elemento de la responsabilidad civil. In: DÍAZ, Rodrigo Barría; FERRANTE, Alfredo; NEIRA, Lilian San Martín. (Ed.). *Presente y futuro de la responsabilidad civil*. Santiago: Thomson Reuters, 2017. p. 273.

nhada a subjetividades que moldam e põem em movimento as condutas de seres demasiadamente humanos.

A dificuldade de explicar de forma minimamente satisfatória e coerente o universo da culpa objetiva[81] como nos casos de (a) culpa inconsciente, (b) culpa sem previsão[82], (c) culpa contra a legalidade[83] ou, ainda, (d) culpa dos incapazes fomentam, igualmente, a distorção apontada instantes atrás e, por tudo isso, sem quaisquer dúvidas, *aquela culpa* que fora forjada ao largo de, aproximadamente, quinze séculos, em menos de cem anos acabou transformada em um ente bizarro, disforme.

Culpa sem culpabilidade[84] é algo contraditório[85], para não dizer paradoxal.

Mesmo assim, o modelo abstrato deixou de exceção e se tornou regra, ignorando boa parte das peculiaridades de cada situação vivida na fenomenologia humana[86]. A culpa passou a ser compreendida como um critério psiconormativo[87]. Com o tempo, mais normativo e menos psíquico, o que pode ser percebido nas afirmações que buscam emoldurar a culpa como um "erro de conduta" a ser, abstratamente, aferido[88] com amparo em modelos sociais[89] dentre os quais a figura do bom pai de família[90] pulsa como recordação mais eminente e sobre a qual, aliás, é preciso dizer que

> se evidencia en las diferentes experiencias jurídicas europeas y latinoamericanas una tendencia común: el abandono de la remisión a la diligencia del buen padre de familia. Más aún, se podría afirmar, teniendo en cuenta una comparación circunscrita al formante legislativo, que tanto los nuevos códigos civiles como los proyectos de nuevos códigos civiles, y también los proyectos de armonización supranacional del derecho, han escrito el réquiem de despedida al buen padre de

---

81. VASCONCELOS, Ábner de. Responsabilidade civil objetiva, *Revista Forense*, Rio de Janeiro, v. 53, n. 163, p. 22-33, jan./fev. 1953. p. 27.
82. AGOGLIA, María Martha; BORAGINA, Juan Carlos; MEZA, Jorge Alfredo. *Responsabilidad por incumplimiento contractual*. Buenos Aires: Hammurabi, 2003. p. 70-71.
83. NEIRA, Lilian San Martín. La relación actual entre culpa y causalidad: el ejemplo de la causa basal del accidente de tránsito. In: DÍAZ, Rodrigo Barría; FERRANTE, Alfredo; NEIRA, Lilian San Martín. (Ed.). *Presente y futuro de la responsabilidad civil*. Santiago: Thomson Reuters, 2017.
84. CALIXTO, Marcelo Junqueira. *A culpa na responsabilidade civil*: estrutura e função. Rio de Janeiro: Renovar, 2008. p. 152.
85. LEVI, Giulio. *Responsabilità civile e responsabilità oggetiva*: diversi modi di introduzione della responsabilità oggetiva e loro influenza sulla legislazione italiana. Milano: Giuffrè, 1986. p. 76.
86. TRIMARCHI, Pietro. *Istituzioni di diritto privato*. 11 ed. Milano: Giuffré, 1996. p. 347. RESCIGNO, Pietro. Danno ingiusto e ruolo della colpa: un profilo storico, *Rivista di Diritto Civile*, Padova, anno 36, n. 2, p. 133-155, mar./abr. 1990. p. 149.
87. AGOGLIA, María Martha; BORAGINA, Juan Carlos; MEZA, Jorge Alfredo. *Responsabilidad por incumplimiento contractual*. Buenos Aires: Hammurabi, 2003. p. 73-76.
88. ÁGUILA, Ramón Domínguez. La culpa en el derecho civil chileno – aspectos generales, *Revista Anales Derecho UC*, Santiago, v. 3, p. 107-138, mar. 2008. p. 127. MARIÑO LÓPEZ, Andrés. *Los fundamentos de la responsabilidad contractual*. Montevideo: Carlos Alvarez, 2005. p. 113. IPPÓLITO, Rita Maria. Culpa e risco: fundamentos ou critérios de responsabilização?, *Revista da Escola de Direito*, Pelotas, v. 3, n. 1, p. 77-103, jan./dez. 2002. p. 81.
89. SALVI, Cesare. *La responsabilità civile*. 2 ed. Milano: Giuffrè, 2005. p. 18-19.
90. GHERSI, Carlos Alberto. *Teoría general de la reparación de daños*. Buenos Aires: Astrea, 1997. p. 117.

familia; figura comportamental que por siglos ha representado en las experiencias jurídicas del sistema jurídico de derecho romano el modelo de excelencia en el cual inspirarse[91].

O problema entoado no referido réquiem tem relação íntima com o desprezo a aspectos hermenêuticos importantes[92] que reenviam à necessidade de análise da intersubjetividade afeta à situação que pede respostas do Direito. O caso deve ser apreciado em suas minúcias, não sua projeção especular[93] que afasta o Direito das pessoas.

Signo mantido; significado distorcido, desviado, desvirtuado.

Em um primeiro momento a culpa foi descrita como o erro de conduta que uma pessoa diligente e cuidadosa não cometeria, se vivesse circunstâncias semelhantes às daquele ser a quem se atribuiu um comportamento reprovável[94]. Em pouco tempo, simplesmente, como desvio de conduta. Culpado será, a partir deste instante lapidado no tempo, todo aquele que desrespeitar regras informadas em um protocolo prévio e que, paradoxalmente, podem ser deveras obscuras ...

Em termos concretos esse movimento leva a julgados dispondo que

> em contrato de promessa de compra e venda de unidade imobiliária, sobre a qual foi firmada hipoteca entre a incorporadora e o agente financeiro como garantia ao empréstimo tomado para a construção do empreendimento, a culpa pela resolução contratual deve ser atribuída à incorporadora, quando ela informa, no contrato com o consumidor, a possibilidade financiar o saldo devedor, induzindo-o à celebração pelas facilidades ofertadas, mas adota conduta contraditória, inviabilizando a obtenção do financiamento, por não pagar o valor mínimo de desligamento da hipoteca exigido pela instituição financeira. Trata-se de inadimplemento por violação aos deveres anexos à boa-fé objetiva, dentre eles o dever de informação, a justificar a resolução do contrato com restituição integral das parcelas pagas pelo adquirente[95],

julgados revelando nítida sobreposição de conceitos dogmáticos com inconteste autonomia.

Na transição do modelo subjetivo para o normativo, a culpa, de um mal que aflige a alma, tornou-se uma transgressão, "ainda que não intencional, de um dever, estabelecido [...] por um contrato ou [...] pela lei"[96], a "violação do dever jurídico"[97]

---

91. LANNI, Sabrina. La reelaboración de la responsabilidad civil: nuevos códigos civiles y diálogo euro-latinoamericano, *Revista de Derecho Privado*, Bogotá, n. 25, p. 219-234, jul./dic. 2013. p. 230.
92. WILSON, Carlos Pizarro. La responsabildad contractual en el derecho chileno. In: ESPINOSA, Fabricio Mantilla; BARRIOS, Francisco Ternera (Dir.). *Los contratos en el derecho privado*. Bogotá: Legis, 2007. p. 218-220.
93. RODRIGUEZ, José Rodrigo. As figuras da perversão do direito: para um modelo crítico de pesquisa jurídica empírica. *Revista Prolegómenos Derechos y Valores*, Bogotá, v. 19, n. 37, p. 99-124, ene./jun. 2016.
94. HINESTROSA, Fernando. Notas sobre la responsabilidad por incumplimiento de las obligaciones. In: GESUALDI, Dora Mariana (Coord.). *Derecho privado*. Buenos Aires: Hammurabi, 2001. p. 1095.
95. STJ. *REsp 1987240/SP*. 3ª Turma. Rel. Min. Nancy Andrighi. DJe 26/05/2023.
96. PONDÉ, Lafayette. Responsabilidade civil dos médicos, *Revista Forense*, Rio de Janeiro, v. 57, n. 191, p. 30-36, set./out. 1960. p. 30.
97. GIORGI, Jorge. *Teoria de las obligaciones en el derecho moderno*. Madrid: Reus, 1977, v. 2. p. 52.

derivada da inobservância de determinada regra de conduta[98] ou, simplesmente, a conduta que destoa do modelo imposto pelo Direito[99], perspectiva que envolve pelo menos quatro problemas: (a) identificar o modelo a ser utilizado, (b) descobrir se há mais de uma molde e, se positiva a resposta, como optar por um ou outro, (c) saber quem será legitimado para fincar as cercanias que hão de separar as condutas informadas pela culpa e, enfim, (d) saber quais deveres devem ser respeitados em cada hipótese havida em concreto[100].

A literatura jurídica seccionou, separou e apartou da etimologia da culpa, o elemento com dimensão interior ou espiritual[101] imantado historicamente a ela, baniu toda e qualquer possibilidade de prospecção da subjetividade fundida ao comportamento do qual decorreu o dano, sem se atentar para fato de que, seccionada de seu viés subjetivo[102], separada, portanto, da culpabilidade, a *culpa* é como frisado outrora, qualquer coisa menos *a culpa*. É no mínimo curioso que passe despercebido aos autores que o afirmam que foram eles próprios que provocaram o desaparecimento de sua utilidade, transformando a culpa uma figura meramente decorativa[103].

A última transformação atravessada pela culpa, inegavelmente, produziu o seu esvaziamento; embora, talvez em razão do apego à tradição ou da apatia intelectual, o pensamento normativista continue a recomendar a aprovação ou a reprovação de condutas por meio de juízos forjados a partir de parâmetros abstratos[104] e, em tal contexto, afirmar que há culpa na conduta de quem não cumpriu um dever de prestação previamente assumido, significa o mesmo que dizer que outra foi a causa que desencadeou o evento lesivo[105].

Por tudo isso, equiparar, nivelar, igualar a culpa à "violação da lei"[106] ou dos deveres colhidos em uma cláusula negocial faz com que se promova, exatamente, o que parece nunca ter sido desejado pela literatura jurídica privatista: a objetivação do dever de reparar. A identificação e captura *dessa culpa* no processo que tem por escopo a aferição do não cumprimento de uma obrigação torna-a desnecessária à caracterização do dever de reparar quando se exige, para obstar a gênese do dever

---

98. SCAVONE JUNIOR, Luiz Antonio. *Do descumprimento das obrigações*: conseqüências à luz do princípio da restituição integral: interpretação sistemática e teleológica. São Paulo: Juarez de Oliveira, 2007. p. 45.
99. LORENZETTI, Ricardo Luis. *Tratado de los contratos*: parte general. Buenos Aires: Rubinzal Culzoni, 2004.
100. CALIXTO, Marcelo Junqueira. *A culpa na responsabilidade civil*: estrutura e função. Rio de Janeiro: Renovar, 2008. p. 10.
101. CORSARO, Luigi. Colpa e responsabilità civile, *Rassegna di Diritto Civile*, Napoli, n. 2, p. 270-310, 2000.
102. GUEDES, Paulo Sergio Rosa; WALZ, Julio Cesar. *O sentimento de culpa*. 2 ed. Porto Alegre: ed. do autor, 2009. p. 19 e 34.
103. PICASSO, Sebastián. El incumplimiento en las obligaciones contractuales: el problema de la ausencia de culpa y de la imposibilidad sobrevenida de la prestación – obligaciones de medios y de resultado. In: GESUALDI, Dora Mariana (Coord.). *Derecho privado*. Buenos Aires: Hammurabi, 2001. p. 1116.
104. AGOGLIA, María Martha; BORAGINA, Juan Carlos; MEZA, Jorge Alfredo. *Responsabilidad por incumplimiento contractual*. Buenos Aires: Hammurabi, 2003. p. 71-72.
105. CORSARO, Luigi. Colpa e responsabilità civile, *Rassegna di Diritto Civile*, Napoli, n. 2, p. 270-310, 2000.
106. GOMES, Orlando. Responsabilidade civil do fabricante, *Revista de Direito Civil, Imobiliário, Agrário e Empresarial*, São Paulo, v. 9, n. 32, p. 12-21, abr./jun. 1985. p. 18.

de natureza reparatória, a prova da causa estranha. Tal exigência sobrepõe, mesmo que esse equívoco não passe despercebido pela literatura jurídica mais sofisticada[107], contornos que distinguem a atuação e limites da culpa e do fortuito[108].

Enfim, resta patente que a inserção da culpa em bitolas objetivas e abstratas, objetivou o dever de reparar[109]. A fusão das noções de culpa e de antijuridicidade[110], em verdade, *brindam a morte da culpa, compondo belos réquiens em sua homenagem*. No mais, talvez deva se lembrar que ao lado de ideologias veladas, a repetição acrítica de lições pinçadas no passado ao lado de posturas acentuadamente conservadoras, propagadas, especialmente, ao longo das últimas décadas, cooperam com a manutenção de um espectro sem qualquer relevância na configuração jurídica do dever de reparar os danos contratuais, alimentando a perversão do Direito.

---

107. MARTINS-COSTA, Judith; GIANNOTTI, Luca. A culpa no direito das obrigações: notas para uma história de conceitos jurídicos fundamentais. In: GUERRA, Alexandre et al. (Coord.). *Da estrutura à função da responsabilidade civil*. Indaiatuba: Foco, 2021. p. 167.
108. MACHADO DE MELO, Diogo Leonardo. 18 anos de Código Civil e a maioridade do papel da culpa na consolidação do sistema de imputação da responsabilidade fundada no risco. In: GUERRA, Alexandre et al. (Coord.). *Da estrutura à função da responsabilidade civil*. Indaiatuba: Foco, 2021.
109. GOMES, Orlando. Culpa x risco, *Revista Forense*, Rio de Janeiro, v. 37, n. 83, p. 378-384, set. 1940. p. 383.
110. BOCCANERA, Ney da Fontoura. Culpa aquiliana, *Revista de Direito Civil, Imobiliário, Agrário e Empresarial*, São Paulo, v. 7, n. 24, p. 106-108, abr./jun. 1983. p. 108. CALIXTO, Marcelo Junqueira. *A culpa na responsabilidade civil*: estrutura e função. Rio de Janeiro: Renovar, 2008. p. 359.

A VIOLAÇÃO DE DEVERES DE PRESTAÇÃO NA RESPONSABILIDADE CONTRATUAL

A escorreita compreensão da(s) patologia(s) havida(s) no desvelar de cada relação jurídica obrigacional, certamente, permite melhor vislumbrar questões desprezadas ou, por vezes, incompreendidas por parte substancial da literatura jurídica privatista a qual, em regra e por longa data, pautou o estudo das vicissitudes havidas no curso de um processo obrigacional tendo por foco, unicamente, a dicotomia *mora e inadimplemento*, modelo há algum tempo tido como insuficiente à adequada solução das patologias que podem afetar a relação obrigacional e, a partir daí, para tutelar um sem-número de vítimas nestes cenários mediante recurso aos remédios adequados.

Adolfo di Majo anota que em uma perspectiva metafórica, os remédios devem ser vistos como a resposta concreta que o Direito oferece contra condutas que o desrespeitem[1]. A seu turno, Andrés Mariño López destaca que remédios são os meios que o Direito garante ao lesado para que possa obter a direitos contratualmente projetados, chamando a atenção para o fato de que um sistema de remédios deve possuir íntima conexão com a patologia percebida em concreto[2].

Nesse contexto (a) a pretensão de cumprimento específico, mediante execução forçada, cumulada ou não com perdas e danos[3], pressupõe atraso no primeiro caso e mora no último, (b) a pretensão reparatória autônoma demanda a impossibilidade imputável ao devedor e, ainda a título exemplificativo, (c) a garantia de substituição da prestação, de abatimento proporcional do preço ou da reparação do vício pressupõem o cumprimento imperfeito[4], englobando, na perspectiva deste livro, tanto os vícios do produto ou serviço no âmbito do direito do consumidor como os casos de vícios redibitórios, sem ignorar, todavia, eventuais regras pontuais sobre esses temas dispostos na codificação civil ou na legislação especial. Registre-se, ademais, que (d) havendo fato imputável ao devedor sempre será possível em cumular os

---

1. DI MAJO, Adolfo. *La tutela civil de los derechos*. Trad. Cesar Moreno More. Puno: Zela, 2023. p. 47-48.
2. MARIÑO LÓPEZ, Andrés. *Tratado jurisprudencial y doctrinario*: derecho de daños. Montevideo: La Ley Uruguay, 2018, v. 1. p. 789-791.
3. AMORÍN, Marcelo; ALFARO, Katherin; MATTEO, Sofía. Responsabilidad contractual en los subsistemas de derecho comercial y derecho cooperativo en Uruguay. *Revista Crítica de Derecho Privado*, Montevideo, v. 20, p. 487-512, 2023. p. 497.
4. MARIÑO LÓPEZ, Andrés. *Tratado jurisprudencial y doctrinario*: derecho de daños. Montevideo: La Ley Uruguay, 2018, v. 1. p. 789-791.

remédios antevistos com a pretensão de natureza reparatória. A aproximação dos regimes jurídicos entre a responsabilidade aquiliana e contratual permite, ainda, cogitar o recurso à tutela inibitória[5], mormente, quando são vislumbrados os deveres gerais de conduta que pululam ao longo do processo obrigacional.

Como é possível identificar, o recurso a "uma perspectiva remedial", reverbera de forma direta na decodificação dos meios de tutela consoante as distintas situações de violação de dever contratual, fomentando a expansão "do respectivo espectro de incidência para outras hipóteses que, conquanto substancialmente similares ou idênticas, não contam com previsão legal expressa"[6], como ocorre com algumas das molduras teóricas usadas nessa obra[7].

Antes de avançar é preciso revolver a percepção social do adimplemento para recordar que *pacare*, proveniente de *pax*, "significa pacificar, apaziguar e, também, libertar"[8]. Assim, identificando-se também que o pagamento consiste na "realização, pelas partes e conforme seus deveres específicos, de todos os interesses envolvidos na relação obrigacional"[9] resta patente que exige que a *legítima expectativa* do credor seja satisfeita[10].

Como se percebe, toda projeção dogmática elaborada na tentativa de simplificar os moldes delineadores do pagamento, limitando-se a descrevê-lo como (a) ato de entrega, (b) dar, fazer ou não fazer alguma coisa ou, simplesmente, (c) o desempenho da prestação prometida, além de indolente, por dizer menos do que deve ser dito, é imprecisa na medida em que avalia apenas a conduta do devedor. De modo espelhado, os contornos teóricos acerca da violação de dever contratual, como será detalhado em seguida, cercam não apenas as situações de não realização de direitos creditícios, envolvendo, ainda, a má-realização do pagamento e o desrespeito a outros direitos subjetivos ou formativos que se apresentam ao mundo sob formas não necessariamente econômicas, moldes que usualmente remetem às ideias de informação, advertência, segurança, proteção, sigilo, cooperação, renegociação, manutenção do bem-estar etc.

---

5. SAGARNA, Fernando Alfredo. *La función preventiva de la responsabilidad civil*. 2. ed. Buenos Aires: La Ley, 2022. p. 148-150.
6. SILVA, Rodrigo da Guia. *Remédios ao inadimplemento dos contratos*. São Paulo: Thomson Reuters, 2023. p. 368-369.
7. MENEZES CORDEIRO, António Manuel da Rocha e. *Da modernização do direito civil*: aspectos gerais. Coimbra: Almedina, 2004, v. 1. p. 103. VITA NETO, José Virgílio. *A atribuição da responsabilidade contratual*. Tese (Doutorado) – Faculdade de Direito da USP, São Paulo, 2007. p. 58.
8. AZEVEDO JUNIOR, José Osório de. Breves anotações sobre o pagamento e o ato jurídico não negocial. In: NANNI, Giovanni Ettore (Coord.). *Temas relevantes do direito civil contemporâneo*: reflexões sobre os cinco anos do código civil. São Paulo: Atlas, 2008. p. 353.
9. SILVA, Jorge Cesa Ferreira da. *A boa-fé e a violação positiva do contrato*. Rio de Janeiro: Renovar, 2007. p. 123.
10. CASIELLO, Juan José. El pago: concepto y esencia jurídica. In: GESUALDI, Dora Mariana (Coord.). *Derecho privado*. Buenos Aires: Hammurabi, 2001. p. 922.

A compreensão da complexidade do tema impõe vislumbrar que a violação de dever contratual emerge no desrespeito de um dever de prestação ou de deveres que, como dito, assumem outras feições ao imporem a proteção da integridade psicofísica do parceiro contratual, a colaboração com o melhor uso do objeto da prestação ou o reequilíbrio da relação negocial – tema de invulgar atualidade[11] –, sempre que necessário, tenha ou não havido o expresso ajuste de cláusula *hardship*. São deveres com autonomia em relação à prestação prometida e que além de obrigarem a todos que estão vinculados à relação obrigacional, não constituem, necessariamente, condutas instrumentais direcionada ao cumprimento[12].

Enfim, o desrespeito aos deveres de prestação está ligado à causa do contrato, revelando-se ao mundo sob tríplice formato: o inadimplemento, a mora e o cumprimento inexato, também denominado cumprimento imperfeito, adimplemento ruim ou insatisfatório[13]. Acrescente-se a tais possibilidades – no fechamento do círculo dogmático ao redor da ideia de violação de dever contratual – o desrespeito a deveres tratados neste trabalho como gerais de conduta, embora, sejam usualmente denominados laterais, anexos, fiduciários etc.

***

O inadimplemento atinge a prestação devida. Torna impossível ou, objetivamente desinteressante aos olhos do credor, o adimplemento outrora prometido. Ele consiste na situação objetiva de não desempenho da prestação prometida[14] e materializa-se quando "a obrigação não foi cumprida, nem poderá sê-lo"[15] ou na hipótese em que "por não ter sido efetuada no momento devido, [a prestação] se torne *inútil* para o credor [que, diante da objetiva ausência de proveito] a recusa"[16].

Na preciosa síntese de Judith Martins-Costa, o inadimplemento consiste na "não-realização, imputável, da prestação devida, enquanto devida"[17]. O inadimplemento deve ser identificado em perspectiva objetiva, portanto, sem qualquer alusão à matizes subjetivos[18], logo, sem que se atribua qualquer relevância *à culpa*, o que

---

11. GARRIDO CORDOBERA, Lidia. La importancia de la buena fe en la adaptación de los contratos en épocas de crisis. In: HERNÁNDEZ, Carlos; FRUSTAGLI, Sandra; SANTARELLI, Fulvio (Dir.). *El derecho privado en el siglo XXI*: agenda presente y futura. Buenos Aires: La Ley, 2022, v. 2. p. 389-409.
12. ACHILLE, Davide. La complessità del rapporto obbligatorio: alla fonte degli obblighi di protezione. *Annuario del Contratto*, Torino, p. 129-159, 2017. p. 147.
13. PICASSO, Sebastián. El incumplimiento en las obligaciones contractuales: el problema de la ausencia de culpa y de la imposibilidad sobrevenida de la prestación – obligaciones de medios y de resultado. In: GESUALDI, Dora Mariana (Coord.). *Derecho privado*. Buenos Aires: Hammurabi, 2001. p. 1105.
14. ANTUNES VARELA, João de Matos. *Das obrigações em geral*. 7 ed. Coimbra: Almedina, 1997, v. 2. p. 60.
15. ALVIM, Agostinho. *Da inexecução das obrigações e suas conseqüências*. 4 ed. São Paulo: Saraiva, 1972. p. 7.
16. ANTUNES VARELA, João de Matos. *Direito das obrigações*. Rio de Janeiro: Forense, 1978, v. 2. p. 57.
17. MARTINS-COSTA, Judith. *Comentários ao novo código civil*: do inadimplemento das obrigações. Rio de Janeiro: Forense, 2003, v. 5, t. 2. p. 84. MENEZES CORDEIRO, Antônio Manuel da Rocha e. *Direito das obrigações*. Lisboa: Associação Acadêmica da Faculdade de Direito de Lisboa, 1986, v. 2. p. 456-457.
18. NALIN, Paulo. *Responsabilidade civil*: descumprimento do contrato e dano extrapatrimonial. Curitiba: Juruá, 1996. p. 149-152. PACCHIONI, Giovanni. *Obbligazioni e contratti*: succinto commento al libro quarto del codice civile. Padova: CEDAM, 1950. p. 18-19.

prova ser insustentável defender que a relação obrigacional se limita a um dever de esforço[19], apesar da controvérsia[20].

E como a inexecução pode ser imputada à conduta do devedor, ao comportamento do credor ou a evento estranho a esfera de atuação de um e outro[21], deve se aclarar que apenas quando possa ser ligada à conduta do devedor haverá inadimplemento. O inadimplemento, portanto, é uma espécie de inexecução qualificada. Por imputável deve se compreender a conexão entre o dano e a conduta do devedor contrária ao direito[22], por não imputável, o não cumprimento decorrente de causa estranha[23].

O inadimplemento exige, ainda, a impossibilidade de desempenho da prestação ou, em um segundo conjunto de situações fenomênicas, que o interesse do credor no cumprimento da prestação se dissipe – a análise do desinteresse é objetiva[24] – diante do não desempenho do que fora prometido no tempo projetado no contrato ou na lei civil. Na primeira coleção de hipóteses, a coisa prometida deixou de existir ou, ainda, de pertencer ao patrimônio do devedor e não pode ser recuperada. O objeto da prestação pode, ademais, nunca ter integrado o acervo patrimonial daquele que deixou de prestar e, no contexto antes descrito, não pode ser adquirida. Compõe-no, ainda, fazeres que não ganharão concretude por causa da ocorrência de fatos imputáveis ao devedor e, ainda, o incumprimento de obrigação de não fazer que não possa ser afastada pela prova de causa estranha. No segundo bloco de casos, a patologia que seria qualificada como mora, muta e ao modificar-se, converte-se em inadimplemento, o que sói ocorrer em obrigações nas quais o tempo é elemento essencial à satisfação da expectativa creditícia. Isso é relevante, por exemplo, para dosar o remédio aplicável, eis que o devedor pode purgar a mora, mas não pode impedir a decretação da resolução do contrato no caso de inadimplemento. Pode ocorrer, então, em razão do atraso imputável ao devedor, que o desempenho da prestação deixe de interessar ao credor, pondo em movimento o caráter transformista da mora[25], o que pode ser facilmente identificado em situações como as ilustradas nos excertos das ementas adiante colacionados.

---

19. DIEZ-PICAZO, Luis. *Fundamentos del derecho civil patrimonial*: las relaciones obligatorias. 5 ed. Madrid: Civitas, 1996, v. 2. p. 578.
20. MARTINS-COSTA, Judith. *Comentários ao novo código civil*: do inadimplemento das obrigações. Rio de Janeiro: Forense, 2003, v. 5, t. 2. p. 84-92.
21. JORGE, Fernando Pessoa. *Ensaio sobre os pressupostos da responsabilidade civil*. Coimbra: Almedina, 1999. p. 27.
22. SILVA, Jorge Cesa Ferreira da. *Inadimplemento das obrigações*: mora, perdas e danos, juros legais, cláusula penal, arras ou sinal. São Paulo: RT, 2007. p. 56-58.
23. MARTINEZ, Pedro Romano. *Cumprimento defeituoso*: em especial na compra e venda e na empreitada. Almedina: Coimbra, 2001. p. 275-282.
24. MARTINS-COSTA, Judith. *Comentários ao novo código civil*: do inadimplemento das obrigações. Rio de Janeiro: Forense, 2003, v. 5, t. 2. p. 250-263. GOMES, Orlando. *Questões de direito civil*. São Paulo: Saraiva, 1976. p. 76-77.
25. ASSIS, Araken de. *Resolução do contrato por inadimplemento*. 3 ed. São Paulo: RT, 1999. p. 110.

A consumidora comprou pela *Internet* um álbum fotográfico impresso – fotos digitais – para utilizar em sua festa de casamento, como receptáculo de mensagens escritas a serem deixadas pelos convidados. Recebeu o produto pela primeira vez com defeito na tonalidade das fotos; devolveu-o para reparo, mas a fornecedora só o postou de volta cinco dias depois da cerimônia, frustrando o seu objetivo principal. Responsabilidade civil evidenciada a partir da falha do serviço. Dano moral configurado[26].

Danos materiais configurado[s] diante o desespero de na véspera de seu casamento não ter o vestido de noiva conforme o contratado, devido a sujeira do vestido e a tiara quebrada, faltando pedras, obrigando-se a alugar seu vestido de noiva em outro estabelecimento. A situação é excepcional, pois mesmo em se tratando de descumprimento contratual, ocorreu lesão à sua dignidade, diante da impossibilidade de não ter recebido o vestido de noiva nos moldes contratados na véspera de seu casamento, razão pela qual merece ser mantida a indenização extrapatrimonial fixada na sentença[27].

Ademais, apesar de ser comum identificar afirmações destacando que a impossibilidade exoneratória há de ser superveniente e objetiva[28], é possível perceber que a literatura jurídica tem buscado alargar as cercanias historicamente construídas ao redor daquela figura. Há teses defendendo que a impossibilidade que atinge pessoalmente o devedor pode ser equiparada à impossibilidade objetiva[29], trabalhos deveras importantes à equalização de muitas das celeumas que se manifestam em obrigações classificadas como *intuito personae* por atuarem como pontes de acesso à experimentação concreta de um sem número de direitos fundamentais e, no limite, da cidadania material.

Outras tantas razões impõem a necessidade de ampliação das cercanias que delimitam a noção dogmática de impossibilidade objetiva. Em um primeiro momento, saliente-se que aquela deve ser compreendida em perspectiva sociocultural, e não, mediante o recurso à paradigmas físicos ou naturalísticos[30], também porque, no Direito forjado por *Chronos*, a configuração da impossibilidade exoneratória deve ter em conta elementos socioculturais na densificação dos princípios que informam o direito obrigacional, afinal, o que é o Direito senão uma prática social discursiva orientada à tutela da pessoa humana. Ademais, a noção naturalista do fenômeno "sacrifica excessivamente"[31] o devedor e, deste modo, não se coaduna com leituras que, por atravessarem lentes fundidas na normatividade constitucional, favorecem

---

26. TJRS. Recurso Cível n. 71003438959. 2ª T. Recursal Cível. Rel. João Pedro Cavalli Junior. j. 31.08.2012. É preciso registrar que o julgado não se preocupa em enfrentar o conflito que bate às portas do Judiciário com o necessário refinamento e sofisticação teórica.
27. TJRS. Recurso Cível n. 71004405205. 3ª T. Recursal Cível. Rel. Cleber Augusto Tonial. j. 12.09.2013.
28. SILVA, Jorge Cesa Ferreira da. *A boa-fé e a violação positiva do contrato*. Rio de Janeiro: Renovar, 2007.
29. OSTI, Giuseppe. Revisione critica della teoria sulla impossibilità della prestazione, *Rivista di Diritto Civile*, Milano, v. 10, n. 3, p. 209-249, maio/jun. 1918. p. 216-221.
30. BERDAGUER, Jaime. Las obligaciones de resultado: situación actual y perspectivas futuras. In: FERNÁNDEZ, Carlos López; CAUMONT, Arturo; CAFFERA, Gerardo (Coord.). *Estudios de derecho civil en homenaje al profesor Jorge Gamarra*. Montevideo: FCU, 2001. p. 34-35. GIORGIANNI, Michele. L`*inadempimento*. Milano: Giuffrè, 1975. p. 210-211.
31. MASSIMO BIANCA, Cesare. *Diritto civile*: l`obbligazione. Milano: Giuffrè, 2006, v. 4. p. 531.

o acoplamento da compreensão dogmática da impossibilidade superveniente com o colorido que informa o princípio da solidariedade[32].

Destaque-se, enfim, em homenagem à justiça contratual, que a projeção antes apontada permite sustentar que o aumento dos custos da prestação ou do negócio poderá ser abarcado pelos moldes alocados ao redor da ideia de impossibilidade superveniente, desde que tal manifestação fenomênica não tenha sido antecipada no clausulado havido entre as partes e seja, concomitantemente, manifestamente desproporcional quando comparada ao resultado projetado no momento do ajuste negocial[33].

**

A mora não é mero retardo, é demora qualificada[34]. Etimologicamente ligada à *memor*[35], a uma falha na memória, ou ainda, à demora, mora haverá quando do atraso no pagamento de prestação que ainda possa ser desempenhada e, tal demora possa ser, objetivamente, imputada a uma das partes. Haverá mora, assim, quando fato imputável à conduta do devedor ou ao comportamento externalizado pelo credor impeça o adimplemento no tempo, e apenas no tempo, de prestação que ainda é possível e considerada útil pelo credor[36].

A compreensão do tema impõe resgatar que a codificação civil brasileira promoveu o alargamento indevido dos contornos dogmaticamente desenhados para delinear a mora ao longo do tempo. A regra codificada[37], repetindo o conteúdo presente no código Beviláqua[38], manteve no interior das cercanias elevadas ao redor da mora, hipóteses de cumprimento efetuado em lugar ou de modo diverso do ajustado[39], hipóteses estranhas à etimologia e a melhor compreensão dogmática da mora. A opção legislativa, apesar de aceita por importantes autores[40] – também em trabalhos mais recentes[41] –, ultrapassa limites intransponíveis. O texto codificado

---

32. RUSCELLO, Francesco. *Istituzioni di diritto privato*: le obbligazioni. 2 ed. Milano: Giuffrè, 2006, v. 2. p. 51-53.
33. MASSIMO BIANCA, Cesare. *Diritto civile*: l´obbligazione. Milano: Giuffrè, 2006, v. 4. p. 529.
34. RUSCELLO, Francesco. *Istituzioni di diritto privato*: le obbligazioni. 2 ed. Milano: Giuffrè, 2006, v. 2. p. 41.
35. PONTES DE MIRANDA, Francisco Cavalcanti. *Tratado de direito privado*: parte especial. 2 ed. Rio de Janeiro: Borsoi, 1958, t. 23. p. 117.
36. Desde que a esse, a mora não seja imputável, nesse caso.
37. Dispõe o código civil brasileiro: "Art. 394. Considera-se em mora o devedor que não efetuar o pagamento e o credor que não quiser recebê-lo no tempo, lugar e forma que a lei ou a convenção estabelecer".
38. Artigo 955 do código civil de 1916.
39. ALVIM, Agostinho. *Da inexecução das obrigações e suas conseqüências*. 4 ed. São Paulo: Saraiva, 1972. p. 11-12.
40. GUIMARÃES, Paulo Jorge Scartezzini. *Vícios do produto e do serviço por qualidade, quantidade e insegurança*: cumprimento imperfeito do contrato. São Paulo: RT, 2004. p. 173. PENTEADO, Luciano de Camargo. *Efeitos contratuais perante terceiros*. São Paulo: Quarter Latin, 2006. p. 183-184. SILVA, Jorge Cesa Ferreira da. *Inadimplemento das obrigações*: mora, perdas e danos, juros legais, cláusula penal, arras ou sinal. São Paulo: RT, 2007. p. 44.
41. SILVA, Rodrigo da Guia. A força centrípeta do conceito de inadimplemento contratual. *Civilistica*, Rio de Janeiro, a. 11, n. 3, p. 1-30, 2022. p. 4-10.

despreza as bases etimológicas[42] nas quais a mora encontra porto seguro e, ainda, o tratamento dado ao tema por um sem-número de codificações civis[43]. Não é demais lembrar que a onipotência está longe de ser uma qualidade do legislador que não tem o poder de assenhorear a semântica. Ademais, a coincidência de sentidos no plano internacional é deveras importante em cenários de franca globalização.

Superada a questão, vale lembrar que, como antecipado, a mora pode ser atribuída ao credor – *mora creditoris* – ou ao devedor – *mora debitoris*. A dicotomia é relevante, pois, consoante o enquadramento formulado, produzirá efeitos distintos como se identifica nos artigos 399 e 400 da codificação civil brasileira.

A mora será imputada ao credor quando sua conduta retarde o adimplemento[44], por exemplo, recusando-se indevidamente a receber o pagamento e, embora exista quem o defenda[45], a culpa não é um requisito seu, sendo possível afastar o elemento subjetivo: (a) diante do direito do devedor de adimplir, libertando-se das amarras que o atam ao credor[46], (b) por conta da extensão temporal da responsabilidade do devedor quanto à guarda e conservação da coisa nas obrigações de dar, tanto na modalidade entregar, quanto na de restituir, (c) em razão da existência de um dever de cooperação imposto aos parceiros negociais[47], ou, (d) porque a *mora creditoris* não pode agravar a situação do devedor[48].

A seu turno, a mora do devedor caracteriza-se no atraso no desempenho da prestação prometida, em razão de fato a ele imputável. É importante salientar que, ao contrário do que ocorre no inadimplemento, a mora pode ser purgada mediante desempenho da prestação postergada no tempo, evidentemente, o que pressupõe (a) a cumulação do que é devido com os consectários legais e (ou) contratuais inerentes à hipótese e, ainda, (b) que o interesse do credor se desdobre até o momento do pagamento. A purgação da mora, enquanto direito formativo assegurado ao devedor, aliás, é uma de suas características mais inerentes e relevantes.

Aqui, no que tange à culpa, é interessante destacar que parte relevante da literatura jurídica pátria a defende na composição da *mora debitoris*, visão mantida diante (a) da equivocada compreensão da culpa como violação de dever de conduta e (b)

---

42. MARTINS-COSTA, Judith. *Comentários ao novo código civil*: do inadimplemento das obrigações. Rio de Janeiro: Forense, 2003, v. 5, t. 2. p. 224-225.
43. Como se extrai, por exemplo, do regramento do tema no código civil espanhol (Art. 1100), no português (Art. 804) e no argentino (Art. 886).
44. E os principais efeitos, nesse caso, consistem na subtração da responsabilidade do devedor – salvo conduta dolosa – na conservação da coisa e no surgimento de um dever, imposto ao credor, de ressarcir as despesas na conservação do objeto da prestação.
45. SERPA LOPES, Miguel Maria de. *Curso de direito civil*: obrigações em geral. Atual. José Serpa Santa Maria. Rio de Janeiro: Freitas Bastos, 1989, v. 2. p. 354-359.
46. ALVIM, Agostinho. *Da inexecução das obrigações e suas conseqüências*. 4 ed. São Paulo: Saraiva, 1972. p. 29.
47. NALIN, Paulo. *Do contrato*: conceito pós-moderno em busca de sua formulação na perspectiva civil-constitucional. Curitiba: Juruá, 2001. p. 196-197.
48. CUNHA DE SÁ, Fernando Augusto. *Direito ao cumprimento e direito a cumprir*. Coimbra: Almedina, 1997.

da não compreensão do papel exercido pelos fatores de atribuição na arquitetura jurídica do dever de reparar[49].

Em verdade, a conformação da mora pressupõe apenas que o atraso esteja atado à conduta prometida pelo devedor e que esse não possa se escorar em um motivo legítimo para justificar o não desempenho da prestação[50] e, apesar da transparência da constatação, a compreensão turva do fenômeno segue a conduzir autores a sustentarem que a mora é "qualquer atraso culposo"[51] ou que ela é o "retardamento culposo no cumprimento da obrigação"[52] quando, em verdade, a mora *debitoris* exige apenas a transposição do momento temporal projetado para o adimplemento e a possibilidade de atribuição da tardança do pagamento à conduta do devedor[53].

A culpa, portanto, não é elemento da *mora debitoris* e, como dito, a sua aferição pressupõe apenas indagar se a demora, o retardo, o atraso, o esquecimento podem ser atribuídos a causa estranha e não imputável ao devedor. No universo da dogmática codificada em momento algum se exige a presença da culpa para a sua caracterização. O conceito de mora lá insculpido não alude a ela[54]. A regra que versa sobre o dever de reparar os danos decorrentes da mora também não[55]. E sobre a mesma esteira circulam invólucros com a mensagem contida no comando legal que atesta a possibilidade de afastar a incidência da mora com amparo na ligação (ou não) do atraso à conduta devida, mas não à culpa[56].

Enfim, por ora, aponte-se que a ideia de que a culpa do devedor se encontra embutida no atraso precisa ser desmistificada. Quando a codificação impõe ao devedor o ônus de demonstrar que a impossibilidade deriva de causa a ele não imputável, trabalha no plano da causalidade, e não, no da culpabilidade ...

***

---

49. RIZZARDO, Arnaldo. *Direito das obrigações*. Rio de Janeiro: Forense, 2000. p. 502. AZEVEDO, Álvaro Villaça. *Teoria geral das obrigações*. 10 ed. São Paulo: Atlas, 2004. p. 223. GOMES, Orlando. *Obrigações*. 9 ed. Atual. Humberto Theodoro Junior. Rio de Janeiro: Forense, 1994. p. 167.
50. PONTES DE MIRANDA, Francisco Cavalcanti. *Tratado de direito privado*: parte especial. 2 ed. Rio de Janeiro: Borsoi, 1958, t. 23. p. 122-127.
51. RUGGIERO, Roberto de. *Instituições de direito civil*: direito das obrigações e direito hereditário. Trad. Paolo Capitanio. Campinas: Bookseller, 1999, v. 3. p. 176-177.
52. WALD, Arnoldo. *Curso de direito civil brasileiro*: obrigações e contratos. 14 ed. São Paulo: RT, 2000, v. 2. p. 98.
53. BORGES, Nelson. *A teoria da imprevisão no direito civil e no processo civil*. São Paulo: Malheiros, 2002. p. 315.
54. "Art. 394. Considera-se em mora o devedor que não efetuar o pagamento e o credor que não quiser recebê-lo no tempo, lugar e forma que a lei ou a convenção estabelecer".
55. "Art. 395. Responde o devedor pelos prejuízos a que sua mora der causa, mais juros, atualização dos valores monetários segundo índices oficiais regularmente estabelecidos, e honorários de advogado".
56. "Art. 396. Não havendo fato ou omissão imputável ao devedor, não incorre este em mora".

O cumprimento imperfeito[57] ou inexato[58], adimplemento ruim[59], cumprimento defeituoso[60] ou, ainda, adimplemento insatisfatório[61], apesar de desprezado por considerável parte dos manuais brasileiros[62], se apresenta como uma modalidade de violação de dever[63] de prestação com relativa autonomia e peculiar importância.

Cumprimento inexato ocorrerá quando o comportamento levado a cabo pelo *solvens* não se ajuste aos pressupostos reclamados, na intersubjetividade da relação, para a produção do efeito satisfativo[64]. Noutras palavras, no cumprimento defeituoso, o desempenho da obrigação principal ocorre de forma imperfeita, diferindo do antecipado no negócio ou, eventualmente, na lei[65].

A moldura se justifica no vácuo legislativo que nasce da percepção de que a mora consiste no atraso qualificado pela inação do devedor ou do credor; o inadimplemento, na impossibilidade imputável ao devedor de desempenho da prestação e, de que há uma miríade de outras situações que não podem ser, cientificamente, tratadas como mora ou como inadimplemento. Com o fluir do tempo, esse vazio legislativo foi preenchido por sofisticada literatura jurídica que alocou na mesma tela normativa, um sem-número de casos nos quais a prestação foi desempenhada com algum grau de imperfeição[66] apto a não permitir a satisfação do credor.

O cumprimento insatisfatório pressupõe, portanto, a não coincidência entre aquilo que foi anteriormente prometido no contrato e o que foi concretamente entregue ao *accipiens*, abarcando aspectos como o lugar do pagamento, o modo ou, ainda, a forma pela qual o cumprimento ganhou existência fenomênica; haverá cumprimento defeituoso, nestes termos, sempre que o devedor, tendo desempenhado a prestação, não o faz com a qualidade legitimamente aguardada ou, ainda, em hipóteses menos frequentes, tal qual quantitativamente[67] prometido.

O traço que diferencia a patologia apontada consiste na presença de deficiências ou defeitos na prestação que foi desempenhada. O adimplemento deixou

---

57. ANTUNES VARELA, João de Matos. *Das obrigações em geral*. 7 ed. Coimbra: Almedina, 1997, v. 2. p. 65.
58. MENEZES CORDEIRO, António Manuel da Rocha e. *Direito das obrigações*. Lisboa: Associação Acadêmica da Faculdade de Direito de Lisboa, 1986, v. 2. p. 440.
59. PONTES DE MIRANDA, Francisco Cavalcanti. *Tratado de direito privado*. Rio de Janeiro: Borsoi, 1959, t. 26. p. 15.
60. VARELA, Antunes. *Direito das obrigações*. Rio de Janeiro: Forense, 1978, v. 2. p. 163-164.
61. LÔBO, Paulo Luiz Netto. *Teoria geral das obrigações*. São Paulo: Saraiva, 2005. p. 260.
62. Louvável exceção está contida no cuidadoso tratamento do tema realizado em: TARTUCE, Flávio. *Direito civil*: direito das obrigações e responsabilidade civil. 13 ed. São Paulo: Método, 2018, v. 2.
63. POTHIER, Robert Joseph. *Tratado das obrigações*. Trad. Adrian Sotero De Witt Batista; Douglas Dias Ferreira. Campinas: Servanda, 2002. p. 142-144.
64. DIEZ-PICAZO, Luis. *Fundamentos del derecho civil patrimonial*: las relaciones obligatorias. 5 ed. Madrid: Civitas, 1996, v. 2. p. 666.
65. VELTEN PEREIRA, Paulo Sérgio. Modelos jurídicos de responsabilidade civil contratual. In: GUERRA, Alexandre et al. (Coord.). *Da estrutura à função da responsabilidade civil*. Indaiatuba: Foco, 2021. p. 103.
66. MENEZES CORDEIRO, António Manuel da Rocha e. *Direito das obrigações*. Lisboa: Associação Acadêmica da Faculdade de Direito de Lisboa, 1986, v. 2. p. 440.
67. GIORGIANNI, Michele. *L'inadempimento*. Milano: Guiffrè, 1975. p. 40-46.

de observar a forma ajustada[68] e, por consequência, não se adequou à expectativa do credor. Em feliz assertiva, Eduardo Busatta afirma que, nesses casos, o devedor cumpre, mas não o faz adequadamente ao deixar de observar, ponto por ponto, o programa obrigacional[69].

A ausência de regulamentação expressa do adimplemento imperfeito, no Brasil, não tem força suficiente para impedir que ele possa encontrar guarida e operatividade no Direito pátrio, em especial, por que seu fundamento pode ser encontrado na afronta à pontualidade[70], correspondência[71] ou identidade – a sinonímia é manifesta –, balizas normativas com arquitetura principiológica aos olhos de boa parte da literatura jurídica[72], mas que nos parece ter natureza de regra ante sua baixíssima porosidade semântica, como se verifica na afirmação revelando que

> [a] pontualidade representa o elemento objetivo [do pagamento] na medida em que traduz a ideia de realizar-se o cumprimento da obrigação ponto por ponto, de modo a que sejam atendidas todas as obrigações e deveres – principais, secundários e (ou) laterais [sic] – estabelecidos no programa contratual[73].

Assim, matizarão hermeneuticamente a figura sob análise, as hipóteses nas quais o adimplemento, aferido em sua concretude, não venha a atender à legítima expectativa do credor[74] por conta da não coincidência entre a prestação prometida e aquela que foi efetivamente desempenhada. E, uma vez atado a um fato que possa ser imputado à conduta do devedor, o cumprimento imperfeito, tal qual as demais modalidades exploradas de violação de dever contratual, dará azo ao dever de pagar perdas e danos.

Ainda na esteira dessas reflexões, caso o cumprimento imperfeito possa ser imputado à conduta do devedor ou do credor, havendo danos, será facultado ao lesado postular a sua reparação[75] e, sem prejuízo de tal possibilidade, quando pos-

---

68. NALIN, Paulo. *Responsabilidade civil*: descumprimento do contrato e dano extrapatrimonial. Curitiba: Juruá, 1996.
69. BUSATTA, Eduardo Luiz. *Resolução dos contratos e teoria do adimplemento substancial*. São Paulo: Saraiva, 2006.
70. BUSATTA, Eduardo Luiz. *Resolução dos contratos e teoria do adimplemento substancial*. São Paulo: Saraiva, 2006. p. 19.
71. MENEZES CORDEIRO, António Manuel da Rocha e. *Direito das obrigações*. Lisboa: Associação Acadêmica da Faculdade de Direito de Lisboa, 1986, v. 2. p. 187.
72. BUSATTA, Eduardo Luiz. *Resolução dos contratos e teoria do adimplemento substancial*. São Paulo: Saraiva, 2006. p. 19.
73. SILVA, Luis Renato Ferreira da. O inadimplemento contratual na visão de Ruy Rosado: juiz e doutrinador. In: MEGARÉ, Plínio (Org.). *O direito das obrigações na contemporaneidade*. Porto Alegre, LAEL, 2014. p. 305. Curiosamente, o autor trata a pontualidade como princípio.
74. TEPEDINO, Gustavo; BARBOZA, Heloísa Helena; MORAES, Maria Celina Bodin. *Código civil interpretado*: conforme a constituição da república. Rio de Janeiro: Renovar, 2004, v. 1. p. 693.
75. CASSETTARI, Christiano. *Multa contratual*: teoria e prática. São Paulo: RT, 2009. p. 111-122.

sível, o defeito deverá ser corrigido[76], solução que se coaduna com o *favor negotii* e, em alguma medida, com os efeitos delineadores do dever de cooperação.

No direito brasileiro, além dos vícios do produto e do serviço, os vícios redibitórios, a perda do bem adquirido em razão da evicção, a venda mediante amostras, protótipos ou modelos na entrega de objeto distinto do expectado e, ainda, a venda *ad corpus* e *ad mensuram*, tendo em mente, aqui, as situações nas quais o bem entregue difere, para menos, em área, do que foi negocialmente prometido, são belos exemplos de cumprimento imperfeito e poderiam receber tratamento legal unificado no direito civil pátrio de modo a ampliar a proteção das vítimas e a fortalecer a harmonia interna do Direito; caminho, aliás, que revela-se ao mundo enquanto inafastável possibilidade dogmática e hermenêutica.

Observe-se, por exemplo, que se o cumprimento inexato for utilizado no tratamento de questões afetas aos vícios redibitórios isso permitirá a inversão da solução contida na regra do artigo 443 da codificação civil. Referido preceito legal dispõe que na hipótese de aquisição de bem com vício redibitório, se o alienante conhecia o vício ou o defeito da coisa, deverá restituir o que recebeu com perdas e danos, não estando obrigado a fazê-lo, se os desconhecia. Tal solução afronta notadamente o Direito pátrio, pois, ao não impor ao alienante o dever de reparar os danos causados ao *accipiens*, subverte toda a construção teórica, toda a lógica que informa a responsabilidade contratual, desprotegendo a vítima, mormente porque, ainda que o vendedor desconheça o defeito, os danos são imputáveis a sua conduta pois decorrentes do bem viciado.

Acrescente-se que parte da doutrina exige, ainda, como elemento que permite individualizar o adimplemento ruim, o advento de danos típicos, ou seja, aqueles que não seriam causados nas hipóteses de inadimplemento ou de mora[77]. Tal exigência é, manifestamente, supérflua. A presença de danos típicos é descartável na caracterização dos contornos jurídicos do cumprimento inexato, tal qual ocorre, na mora ou no inadimplemento, mesmo porque

> no es posible reducir la responsabilidad contractual a una mera función de ejecución por equivalente de la prestación adeudada, ni tampoco – inversamente – confundir este último fenómeno con la indemnización de daños propiamente dicha. Por el contrario, es preciso distinguir adecuadamente entre el cumplimiento forzado de la obligación por equivalente dinerario y los mayores daños sufridos por el acreedor insatisfecho. Mientras que la primera no es sino un sucedáneo de la obligación primitiva – mudada de objeto –, el segundo constituye propiamente un daño, que da lugar al nacimiento de una nueva obligación, distinta de la original y que puede coexistir con ella[78].

---

76. DIEZ-PICAZO, Luis. *Fundamentos del derecho civil patrimonial*: las relaciones obligatorias. 5 ed. Madrid: Civitas, 1996, v. 2. p. 670.
77. COSTA, Mário Júlio de Almeida. *Direito das obrigações*. 6 ed. Coimbra: Almedina, 1994. p. 928. LEITÃO, Luís Manuel Teles de Menezes. *Direito das obrigações*: transmissão e extinção das obrigações, não cumprimento e garantias do crédito. 3 ed. Coimbra: Almedina, 2005, v. 2. p. 265.
78. PICASSO, Sebastián. *La singularidad de la responsabilidad contractual*: una teoría sobre na persistencia de la responsabilidad contractual frente a la unidad del fenómeno resarcitório. Buenos Aires: Abeledo Perrot,

O fragmento da ementa adiante lançado, bem ilustra o cumprimento imperfeito.

> Contrato de prestação de serviços. Festa de casamentos. Contratação de decoração. Flores despencando. Tapete sujo e luminárias que não funcionavam além da toalha que era parte de um vestido de noiva. Má prestação de serviços. Dano material e dano moral evidenciados. Legitimidade das autoras para os danos morais e da mãe no dano material[79].

Cumpre destacar, enfim, acerca do tema, que para a imputação do dever de reparar os danos provocados pelo cumprimento inexato ao *solvens*, consoante os moldes erigidos no tratamento da mora e do inadimplemento, a culpa não precisa informar a conduta daquele que cumpre mal[80]. Ratificando a ideia, pode ser destacada a abalizada posição de Francisco Cavalcanti Pontes de Miranda, ao afirmar que a culpa não compõe o suporte fático ensejador da imposição do dever de reparar danos resultantes do adimplemento insatisfatório[81]. E, como a autoridade do argumento tem mais valor que o argumento da autoridade, parece importante destacar que a culpa se esvai diante da necessidade de sistematização das patologias abarcadas pela violação de dever de prestação, pois, se ela é supérflua à configuração da mora e do inadimplemento, não há como defender a sua utilidade na arquitetura jurídica da figura aqui esquadrinhada.

Pensar de modo contrário subverteria todo o lastro teórico que sustenta o dever de reparar os danos contratuais no Brasil, mormente porque, mesmo que *solvens* desconheça o defeito que afeta a prestação desempenhada, aquele se encontra contido nela, frustrando, em razão da referida conexão, em maior ou menor grau, a legítima expectativa do *accipiens*.

2012. p. 287-288.

79. TJRS. Recurso Cível n. 71004953808. 4ª T. Recursal Cível. Rel. Gisele Vieira de Azambuja. j. 29.08.2014.
80. SILVA, Jorge Cesa Ferreira da. *A boa-fé e a violação positiva do contrato*. Rio de Janeiro: Renovar, 2002. p. 273.
81. PONTES DE MIRANDA, Francisco Cavalcanti. *Tratado de direito privado*: parte especial. 2 ed. Rio de Janeiro: Borsoi, 1958, t. 23. p. 165-167.

A RESPONSABILIDADE CONTRATUAL FRENTE A VIOLAÇÃO DE DEVERES GERAIS DE CONDUTA

Além do dever de prestação – que pode vir a ser violado por qualquer uma das formas que compõe a tríade inadimplemento, mora e cumprimento inexato – há outra espécie de dever que exsurge no desvelar de um processo obrigacional, dever de importância ímpar na tutela daquilo que a autonomia privada, em geral, não alcança. Em tal contexto, os deveres gerais de conduta foram concebidos pela dogmática jurídica, em termos gerais, ante a necessidade de proteção (a) da vida e da incolumidade psicofísica das pessoas vinculadas à relação obrigacional, (b) de seus bens[1] e, eventualmente, (c) de terceiros que tenham sido tocados pelo contrato posto em movimento, permeando todo o processo obrigacional, como adiantado, sem que possam ser confundidos com os deveres de prestação.

A differenza di questi ultimi, gli obblighi di protezione sono altro rispetto alla prestazione e, secondo la configurazione in parola, afferiscono al rapporto obbligatorio in quanto proprio questo ha costituito l'occasione per una ingerenza reciproca delle parti che ha esposto i loro beni o la loro persona al rischio di subire un pregiudizio che, qualora verificatosi, dovrà essere tutelato analogamente alla violazione dell'obbligo di prestazione[2].

É deveras importante anotar que os deveres gerais de conduta – expressão doravante justificada – não são fruto da autonomia privada, mesmo que sua configuração e efeitos possam ser moldados por meio dela. De outra banda, embora possam constar de cláusulas contratuais, paradoxalmente, não podem ser por elas afastados, pois, sua natureza cogente os torna injuntivos.

Na Itália, Salvatore Mazzamuto pensa ao menos parte deles como balizas procedimentais no contexto do que denominou "*responsabilità contrattuale in senso debole*", argumentando que a sua violação não privaria o credor de "*una determinata utilità, quale che ne sia la natura*"[3]. A ideia é questionável, pois, em muitas situações, a inobservância dos deveres que são objetos destas reflexões produzirá

---

1. GHERSI, Carlos Alberto. *Teoría general de la reparación de daños*. Buenos Aires: Astrea, 1997. p. 206-207.
2. ACHILLE, Davide. La complessità del rapporto obbligatorio: alla fonte degli obblighi di protezione. *Annuario del Contratto*, Torino, p. 129-159, 2017. p. 130.
3. MAZZAMUTO, Salvatore. La responsabilità contrattuale in senso debole. *Europa e Diritto Privato*, Milano, n. 1, p. 121-156, 2011. p. 123.

consequências mais gravosas que as derivadas da mora, do cumprimento imperfeito ou do inadimplemento. Basta imaginar que poderá haver a violação de direitos de personalidade como a vida, a integridade psicofísica, a imagem ou, ainda, a afronta à tutela de dados pessoais.

Marcados pela socialidade, são incontestes manifestações normativas da ordem pública, até porque "não se pode afirmar que a vontade abstratamente livre do indivíduo que exerce a autonomia privada formalmente assegurada seria a única fonte de obrigações, sejam elas positivas, sejam elas omissivas"[4].

Ademais, é preciso sublinhar que apesar de sua recorrente conexão com o princípio da boa-fé objetiva, sem dúvida, fonte mais conhecida[5] – fonte dos deveres de advertência, cooperação, esclarecimento, informação, proteção, segredo, sigilo etc. –, os deveres de conduta tratados nesse capítulo emanam de variadas nascentes, podendo decorrer da função social do contrato[6], do equilíbrio normativo-material – tema que tem crescente importância no Brasil com a tutela dos superendividados prevista na Lei 14.181/21 – e, por óbvio, de fontes constitucionalmente consagradas, dentre as quais podem ser ilustrativamente listadas a solidariedade social, a alteridade e a isonomia substancial ou, ainda, a proteção dos consumidores prevista no Art. 5°, XXXII, determinação normativa que carrega consigo as cores da fundamentalidade.

Em tal contexto, o contrato – ao lado de outros negócios jurídicos – os vê pulular, mesmo quando, tal qual antecipado, não possam ser catalogados dentre os direitos e obrigações negociados pelas partes[7], tampouco, entremeio às cláusulas que nascem do assentimento[8] a condições gerais de contratação prévia e unilateralmente formuladas, manifestação volitiva que tem sido colhida, em regra, de forma cada vez simplificada, mormente quando se pensa o comércio eletrônico.

Referidos deveres, também por isso, em inúmeras situações só serão identificados na experimentação fenomênica que torna único cada processo obrigacional havido em concreto[9].

> Os deveres anexos [outro termo usado para designá-los] não consistem, portanto, em elementos da relação contratual existentes *ab initio*, em *numerus clausus* e com um conteúdo fixo.

---

4. RUZYK, Carlos Eduardo Pianovski; BÜRGER, Marcelo L. F. de Macedo. A tutela externa da obrigação e sua (des)vinculação à função social do contrato. *Civilistica.com*, Rio de Janeiro, a. 6, n. 2, p. 1-27, 2017. p. 2.
5. STIGLITZ, Rubén. El principio de buena fe. In: GESUALDI, Dora Mariana (Coord.). *Derecho privado*. Buenos Aires: Hammurabi, 2001. p. 512-513.
6. RUZYK, Carlos Eduardo Pianovski; BÜRGER, Marcelo L. F. de Macedo. A tutela externa da obrigação e sua (des)vinculação à função social do contrato. *Civilistica.com*, Rio de Janeiro, a. 6, n. 2, p. 1-27, 2017. p. 8.
7. COLLURA, Giorgio. *Importanza dell'inadempimento e teoria del contratto*. Milano: Giuffrè, 1992. p. 5.
8. GHERSI, Carlos; WEINGARTEN, Celia. *Consumidores y usuários*: cómo defender sus derechos. Rosário: Nova Tesis Jurídica, v. 1. 2015.
9. SILVA, Jorge Cesa Ferreira da. *A boa-fé e a violação positiva do contrato*. Rio de Janeiro: Renovar, 2007. p. 90.

A sua concretização depende da verificação de pressupostos variáveis que, à luz do fim do contrato, adquirem essa eficácia. E não só o seu aparecimento: também o seu conteúdo interno, intensidade e duração dependem das circunstâncias [vividas em concreto]. De certo modo, pode-se dizer que existem, potencialmente, desde o início e são atualizados à medida que se vão verificando as situações que põem em perigo a consecução do interesse no contrato. Sua fixação, portanto, somente é possível em um determinado momento temporal e sua existência independe da hipótese de sua violação, extinguindo-se com seu cumprimento ou com sua superação através de uma alteração das circunstâncias que determinaram o seu surgimento, o que os torna sem objeto[10].

Como se infere são deveres que produzirão efeitos independentemente de sua explícita previsão[11], identificação ou compreensão pelas partes na relação obrigacional; deveres que, em razão de sua roupagem incerta e multifacetária só serão identificados em concreto, nesta esteira, exigindo o recurso ao paradigma judicativo-decisório[12] e a perquirição das intersubjetividades do caso, provas vivas de que, o "formalismo e a rigidez dos pactos" não têm lugar na hermenêutica hodierna[13].

Tamanha é a sua heterogeneidade e tantas são as formas por meio das quais eles podem se apresentar ao mundo que suas possibilidades fenomênicas são, pragmaticamente, incomensuráveis e por isso, qualquer esforço buscando a sua prévia intelecção nascerá comprometido, embora, seja possível afirmar que cooperação, sigilo, informação, advertência e esclarecimento são algumas de suas manifestações mais comuns.

Ao considerar-se também que "quem contrata não mais contrata tão só o que contrata"[14], os deveres em tela poderão assumir dimensão negativa para impedir a invasão arbitrária da intimidade de qualquer um dos contratantes e, noutras vezes, um viés positivo impondo, por exemplo, o dever de informar, de explicar ou de advertir.

Impressiona a quantidade de expressões criadas na tentativa de qualificar os deveres explorados ao longo destas páginas. Dentre as mais usuais merecem ser

---

10. BECKER, Anelise. Elementos para uma teoria unitária da responsabilidade civil, *Revista de Direito do Consumidor*, São Paulo, n. 13, p. 42-55, jan./mar. 1995. p. 53.
11. VENOSA, Sílvio de Salvo. A cláusula de "melhores esforços" nos contratos. In: HIRONAKA, Giselda Maria Fernandes Novaes (Coord.). *Novo código civil*: interfaces no ordenamento jurídico brasileiro. Belo Horizonte: Del Rey, 2004. p. 222.
12. MALHEIROS, Pablo. *Os deveres contratuais gerais nas relações civis e de consumo*. Dissertação (Mestrado) – Faculdade Autônoma de Direito de São Paulo, São Paulo, 2008. p. 165-166.
13. FACHIN. Luiz Edson. A reforma no direito brasileiro: novas notas sobre um velho debate no direito civil, *Revista Brasileira de Direito Comparado*, Rio de Janeiro, n. 16, p. 147-156, jan./jun. 1999. p. 151-152.
14. FACHIN, Luiz Edson. Contratos na ordem pública do direito contemporâneo. In: TEPEDINO, Gustavo; FACHIN, Luiz Edson (Coord.). *O direito e o tempo*: embates jurídicos e utopias contemporâneas. Rio de Janeiro: Renovar, 2008. p. 458.

lembradas as alusões a deveres laterais[15], acessórios[16], anexos[17], colaterais[18], regras secundárias de conduta[19], deveres instrumentais[20], deveres fiduciários[21] e, deveres gerais de respeito e de diligência[22].

Cada expressão catalogada pode ser criticada, especialmente, por não representar, com exatidão, a extensão e a complexidade inerente a deveres que pululam em processos obrigacionais compreendidos em sua organicidade e totalidade: *deveres laterais*, por exemplo, é uma expressão que merece reparo por sugerir que estão ao lado do dever de prestar, como se possuíssem menor importância que este, afinal, sua violação pode ser mais grave que a mora ou o inadimplemento. A mesma constatação serve para refutar a terminologia *deveres acessórios ou anexos*, com um agravante no primeiro caso: eles não podem ser tratados como acessórios tanto por gravitarem ao redor da prestação[23] como porque a sua transgressão pode implicar a ofensa à vida ou à integridade psicofísica. Ademais, o acessório depende do principal e os deveres em pauta não exigem um contrato válido, aliás, sequer pressupõem um contrato existente na medida em que se espraiam também pelas fases pré e pós-contratual. A utilização dos termos *dever colateral* e de *regra secundária de conduta* carrega consigo, uma vez mais, a diminuição da importância do que se propõe a representar, subordinando-os a algo. A primeira das expressões ainda carrega consigo o problema de compreendê-los como algo não desejado, com caráter prejudicial ante a potencial confusão com a ideia de efeitos colaterais. A alusão a *deveres instrumentais*, a seu turno, permite entender que são simples instrumentos, meios para algo, quando, como demonstrado, possuem autonomia e importância próprias. E ela não serve para descrever a natureza de um direito, eis que todo direito, é instrumento que busca saciar necessidades humanas. E, enquanto a patologia no uso da locução *deveres fiduciários* parece estar centrada na restrição da ideia à confiança, a última das expressões – *deveres gerais de respeito e de diligência* – merece ser rechaçada por aparentar ser extremamente restritiva, bem como, diante da constatação de que nem

---

15. OLIVEIRA, Ubirajara Mach de. A harmonização formal do direito da venda internacional de mercadorias no âmbito da Convenção de Viena de 1980 e o *standard* da boa-fé, *Revista da Faculdade de Direito Ritter dos Reis*, Porto Alegre, v. 4, p. 97-124, mar./jul. 2001.
16. ANTUNES VARELA, João de Matos. *Das obrigações em geral*. 7 ed. Coimbra: Almedina, 1997, v. 2. p. 130.
17. SILVA, Jorge Cesa Ferreira da. *A boa-fé e a violação positiva do contrato*. Rio de Janeiro: Renovar, 2007. p. 75.
18. TOMASETTI JUNIOR, Alcides. As relações de consumo em sentido amplo na dogmática das obrigações e dos contratos, *Revista de Direito do Consumidor*, São Paulo, n. 13, p. 12-17, jan./mar. 1995. p. 16-17.
19. STIGLITZ, Rubén. El principio de buena fe. In: GESUALDI, Dora Mariana (Coord.). *Derecho privado*. Buenos Aires: Hammurabi, 2001. p. 503-516.
20. SAVI, Sérgio. Inadimplemento das obrigações, mora e perdas e danos. In: TEPEDINO, Gustavo (Coord.). *Obrigações*: estudos na perspectiva civil-constitucional. Rio de Janeiro: Renovar, 2005. p. 476.
21. NORONHA, Fernando. *Direito das obrigações*. São Paulo: Saraiva, 2004, v. 1. p. 79-81.
22. JORGE, Fernando Pessoa. *Ensaio sobre os pressupostos da responsabilidade civil*. Coimbra: Almedina, 1999. p. 71-102.
23. ANTUNES VARELA, João de Matos. *Direito das obrigações*: conceito, estrutura e função da relação obrigacional, fontes das obrigações, modalidades das obrigações. Rio de Janeiro: Forense, 1977, v. 1. p. 63.

sempre serão conhecidos antecipadamente, restaria inviabilizada qualquer análise subjetiva da questão.

Também é oportuno perceber que aludidos deveres, normativamente gestados nos princípios, ultrapassam a função estrutural. Assim, para além de serem meros auxiliares do adimplemento, produzem efeitos que obrigam o devedor, o credor e vinculam até mesmo terceiros, reverberando nos níveis contratual e paracontratual[24] por todo o processo obrigacional, sendo

> exigíveis durante todo o iter da relação obrigacional complexa, desde a fase pré-contratual – quando a relação jurídica entabulada entre as partes e baseada no contato social ainda não apresenta deveres de prestação, baseando-se precipuamente na confiança depositada pelos figurantes na conduta leal e honesta do outro –, passando pela fase de execução e desenvolvimento do negócio e perdurando após esta se extinguir pelo cumprimento dos deveres de prestação, já que se exige na fase pós-contratual que os figurantes assegurem a plena utilidade dos direitos adquiridos[25].

Ao mesmo tempo, atuam como fonte e baliza na conformação do exercício de distintas posições jurídicas. Por isso, devem ser tratados como "deveres gerais de conduta"[26], expressão cunhada por Paulo Lôbo e que representa, com maior fidelidade, a importância da figura sob análise, cuja arquitetura é bastante recente e segue a estimular profícuos debates.

A colaboração doutrinária e pretoriana tem importância ímpar na criação e sistematização dos deveres gerais de conduta. Seu reconhecimento judicial, aliás, nasceu da necessidade de proteção da integridade psicofísica dos passageiros em contratos de transporte e das vítimas de acidentes de trabalho[27]. Quase ao mesmo tempo, as pessoas lesadas em espetáculos públicos[28] também passaram a receber proteção no contexto aqui referido. Em pouco tempo, seguiram trilhas incertas, ampliando seu espectro de atuação, como ocorreu, por exemplo, no ainda atual e didático *caso dos tomates*.

> [...] Responsabilidade da empresa alimentícia, industrializadora de tomates, que distribui sementes, no tempo do plantio, e então manifesta a intenção de adquirir o produto, mas depois resolve, por sua conveniência, não mais industrializá-lo, naquele ano, assim causando prejuízo ao

---

24. LEONARDO, Rodrigo Xavier. A teoria das redes contratuais e a função social dos contratos: reflexões a partir de uma recente decisão do superior tribunal de justiça, *Revista dos Tribunais*, São Paulo, v. 94, n. 832, p. 100-111, fev. 2005. p. 104-105.
25. EHRHARDT, Marcos. Relação obrigacional como processo na construção do paradigma dos deveres gerais de conduta e suas consequências, *Revista da Faculdade de Direito da UFPR*, Curitiba, n. 47, p. 29-64, 2008. p. 149.
26. LÔBO, Paulo Luiz Netto. Deveres gerais de conduta nas obrigações civis. In: DELGADO, Mário Luiz; ALVES, Jones Figueirêdo (Coord.). *Questões controvertidas*: no direito das obrigações e dos contratos. São Paulo: Método, 2005, v. 4. p. 76-78.
27. VISINTINI, Giovanna. *Il codice civile*: commentario. inadempimento e mora del debitore. 2 ed. Milano: Giuffrè, 2006. p. 297-321.
28. VINEY, Geneviève. As tendências atuais do direito da responsabilidade civil. In: TEPEDINO, Gustavo (Org.). *Direito civil contemporâneo*: novos paradigmas à luz da legalidade constitucional. São Paulo: Atlas, 2008.

agricultor, que sofre a frustração da expectativa de venda da safra, uma vez que o produto ficou sem possibilidade de colocação[29].

Como se percebe os deveres gerais de conduta transformaram-se ao longo do tempo em uma espécie de garantia ante a necessidade de salvaguardar o parceiro negocial[30], aquele com quem se negocia, ou mesmo, terceiros. Tanto é assim que em espanhol são conhecidos como *deveres de seguridad*[31].

No Brasil, o dever de evitar e, não sendo possível, de reparar os danos causados pela violação dos deveres gerais de conduta adquiriu autonomia quando se percebeu a necessidade de ampliar a proteção contida no binômio mora e inadimplemento e os muitos vácuos dogmáticos que desprotegiam a pessoa humana[32].

Imaginando a hipotética violação de deveres gerais de conduta, há uma última questão que exige atenção: o papel reservado à culpa.

Os autores que sustentam a sua necessidade para que se impute o dever de reparar àquele que violou um dever geral de conduta[33] têm como principal argumento o fato de que os deveres gerais de conduta são normalmente ignorados pelas partes e, nesse contexto, a culpa seria de fundamental importância para evitar a injusta atribuição da reparação civil[34].

É, no mínimo, curioso defender que a culpa é imperiosa à imputação do dever de reparar com fulcro no desconhecimento dos deveres que permeiam e pululam no desvelar da relação obrigacional experimentada em concreto. A leitura proposta é contraditória por levar a transitar pelo problema de saber como evitar, impedir, inibir, prevenir de modo *responsável* e zeloso a ocorrência de efeitos que por serem desconhecidos, não podem ser antecipados pelas partes em um sem-número de circunstâncias.

Há ainda, teses que em termos gerais, defendem que as consequências reparatórias decorrentes da inobservância dos deveres gerais de conduta serão imputadas, ora a partir de parâmetros subjetivos, ora com lentes objetivas e que a eleição do caminho escorreito pressupõe a análise da situação concretamente estabelecida[35].

---

29. TJRS. Apelação Cível n. 591028295. 5ª CC. Rel. Ruy Rosado de Aguiar Júnior. j. 06.06.1991.
30. VISINTINI, Giovanna. *Tratado de la responsabilidad civil*: la culpa como criterio de imputación de la responsabilidad. Trad. Aída Kemelmajer de Carlucci. Buenos Aires: Astrea, 1999, v. 1. p. 115-126.
31. PICASSO, Sebastián. *La singularidad de la responsabilidad contractual*: una teoría sobre na persistencia de la responsabilidad contractual frente a la unidad del fenómeno resarcitório. Buenos Aires: Abeledo Perrot, 2012.
32. JUNQUEIRA DE AZEVEDO, Antonio. Caracterização jurídica da dignidade da pessoa humana, *Revista dos Tribunais*, São Paulo, v. 91, n. 797, p. 11-26, mar. 2002. p. 22.
33. DOHRMANN, Klaus Jochen Albiez. Um nuevo derecho de obligaciones. la reforma 2002 del bgb, *Anuario de Derecho Civil*, Madrid, v. 55, n. 3, p. 1133-1227, jul./set. 2002. p. 1173-1174. NORONHA, Fernando. *Direito das obrigações*. São Paulo: Saraiva, 2004, v. 1. p. 458-460. SILVA, Jorge Cesa Ferreira da. *A boa-fé e a violação positiva do contrato*. Rio de Janeiro: Renovar, 2007. p. 106.
34. LARENZ, Karl. *Derecho justo*: fundamentos de etica juridica. Trad. Luis Díez-Picazo. Madrid: Civitas, 1993.
35. LAMBOIS, Susuna Elena. La obligación de seguridad. In: GESUALDI, Dora Mariana (Coord.). *Derecho privado*. Buenos Aires: Hammurabi, 2001. p. 1119-1126.

Tais leituras, mesmo salientando que a culpa informará o dever de reparar apenas em algumas situações, destacam que o desrespeito aos deveres de gerais de conduta será, em regra, imputado objetivamente[36] e que, nesse contexto, a culpa seria uma exceção com importância restrita às hipóteses para as quais ela fora expressamente consagrada[37]. O problema aqui é o risco de arbitrariedade e do solipsismo. Além de levarem a respostas que podem estar distantes da mais adequada à Constituição, podem promover a desproteção das vítimas não alcançadas pela imputação objetiva do dever de reparar. E há ainda, não se pode ignorar, o risco de violação da isonomia.

Uma terceira corrente, enfim, constrói sua linha de argumentação defendendo o recurso a fatores objetivos do dever de reparar danos nascidos da violação de um dever geral de conduta[38], apontando (a) a necessidade de promover a satisfação dos legítimos interesses de ambas as partes, (b) a valorização da confiança depositada na conduta prometida pelo devedor[39], (c) o fato de que "a obrigação de segurança" impõe a obtenção de um resultado – e afasta a culpa de seu interior –, e que, (d) tal opção se coaduna com as premissas que informam o direito de danos[40], (e) amplificando, potencializando, exponenciando as possibilidades latentes de proteção da vida[41] e da integridade psicofísica das pessoas, bem como, dos seus bens, por meio das expectativas normativas que faz brotar, direta ou reflexamente, na seara fenomênica.

---

36. AGOGLIA, María Martha; BORAGINA, Juan Carlos; MEZA, Jorge Alfredo. La buena fe y la obligación de seguridad. In: CÓRDOBA, Marcos (Dir.). *Tratado de la buena fe en el derecho*: doctrina nacional. Buenos Aires: La Ley, 2004, v. 1.
37. JUNQUEIRA DE AZEVEDO, Antonio. *Estudos e pareceres de direito privado*. São Paulo: Saraiva, 2004. p. 18.
38. GAMARRA, Jorge. *Tratado de derecho civil uruguayo*. 2 ed. Montevideo: FCU, 2003, v. 2, t. 20. p. 48.
39. BALLESTEROS, Jorge Santos. La responsabilidad civil contractual aplicada a la actividad del empresario. In: ESPINOSA, Fabricio Mantilla; BARRIOS, Francisco Ternera (Dir.). *Los contratos en el derecho privado*. Bogotá: Legis, 2007. p. 934-935.
40. AGOGLIA, María Martha; BORAGINA, Juan Carlos; MEZA, Jorge Alfredo. *Responsabilidad por incumplimiento contractual*. Buenos Aires: Hammurabi, 2003. p. 135-141.
41. JUNQUEIRA DE AZEVEDO, Antonio. Caracterização jurídica da dignidade da pessoa humana, *Revista dos Tribunais*, São Paulo, v. 91, n. 797, p. 11-26, mar. 2002. p. 22.

A INSUSTENTÁVEL DEFESA DOGMÁTICA DA VIOLAÇÃO POSITIVA DO CONTRATO

A categoria violação positiva[1], também denominada quebra positiva do contrato[2], não merece quaisquer aplausos neste livro. Os elogios usualmente encontrados na literatura jurídica foram intencionalmente abafados, calados, silenciados. E o foram porque a tese de Staub[3], mesmo tendo sido útil ao direito civil alemão nas primeiras décadas do século passado, entre nós, é opção teórica supérflua[4] e frágil em razão de sua inconteste incoerência sistêmica e, ainda, do tratamento dado às patologias obrigacionais no direito pátrio.

Ainda assim, são diversos os textos que insistem em explorá-la[5], trabalhos que acabam por reproduzir, crítica ou acriticamente, em parte ou no todo, os equívocos impregnados a referida matriz teórica, como comprova a passagem adiante transcrita, recortada do primeiro parágrafo de um artigo que se propôs, mui recentemente, a enfrentar o tema.

Referido artigo aponta que no "Brasil, esta teoria tem sido utilizada como uma terceira espécie de inadimplemento, fundamentada no princípio da boa-fé objetiva e na aplicação analógica do arcabouço referente às outras duas espécies: inadimplemento absoluto e mora"[6] e, deste modo, além de permitir a identificação do descompasso temporal, revela manifesta imprecisão na compreensão das telas representativas das patologias afetas ao processo obrigacional por afastar-se da compreensão de que o inadimplemento é espécie albergada ao lado das figuras da mora e do cumprimento imperfeito da obrigação na tela que se propõe a registrar as hipóteses de violação de dever de prestação.

---

1. MARTINEZ, Pedro Romano. *Cumprimento defeituoso*: em especial na compra e venda e na empreitada. Almedina: Coimbra, 2001. p. 60-64.
2. OLIVEIRA, Ubirajara Mach de. Quebra positiva do contrato, *Revista de Direito do Consumidor*, São Paulo, n. 25, p. 39-56, jan./mar. 1998. p. 39-56.
3. STAUB, Hermann. *Le violazioni positive del contratto*. Trad. Giovanni Varanese. Nápoles: Edizioni Scientifiche Italiane, 2001.
4. MARTINEZ, Pedro Romano. *Cumprimento defeituoso*: em especial na compra e venda e na empreitada. Almedina: Coimbra, 2001. p. 65-66.
5. BRASIL JUNIOR, Samuel Meira; CUNHA, Gabriel Sardenberg. Violação positiva do contrato, obrigação como processo e o paradigma do inadimplemento, *Civilistica.com*, Rio de Janeiro, a. 7, n. 2, p. 01-23, 2018.
6. ANDRADE, Daniel de Pádua; PEREIRA, Fabio Queiroz. Revisitando o papel da violação positiva do contrato na teoria do inadimplemento, *Scientia Iuris*, Londrina, v. 22, n. 1, p. 258-282, mar. 2018. p. 261.

O mesmo texto, escrito criticamente, ao afirmar que

> ao invés [sic] de consubstanciar uma terceira espécie de inadimplemento, os incrementos protetivos da teoria da violação positiva do contrato podem ser assimilados pela ampliação do conceito de inadimplemento absoluto e mora para além da mera prestação [...] o inadimplemento absoluto incluiria qualquer violação obrigacional que esvaziasse o legítimo interesse do credor, enquanto a mora abrangeria qualquer descumprimento que não afastasse por completo a utilidade da obrigação[7],

parece distanciar-se também dos moldes lapidados com bastante sofisticação pela dogmática contemporânea, afastando-se, portanto, do estado da arte[8] ao insistir em bosquejar, sobre as mesmas telas, figuras que, evidentemente, são morfologicamente distintas.

Afirmou-se linhas atrás a fragilidade da construção feita na Alemanha de 1902. É preciso demonstrar porque isso ocorre, o que pressupõe identificar, inicialmente, que sequer Staub, ao pensar em "violações positivas", teve a pretensão de sistematizá-las, como bem lembram Jorge Cesa Ferreira da Silva[9] e Renata Steiner[10] depois de as resumir tendo por inspiração as lições do autor alemão a cinco grupo de casos: (a) o descumprimento de obrigações negativas, (b) o cumprimento negligente de deveres de prestação e (c) o mau cumprimento de obrigações duradouras apto a minar o investimento de confiança na manutenção do contrato, (d) a violação de deveres gerais de conduta e, enfim, (e) a recusa antecipada de cumprimento da prestação[11].

A insustentabilidade outrora apontada ganha força quando se nota que dentre as situações aventadas é possível deduzir, ao menos, no Direito brasileiro, que (a) a violação do dever de omissão, (b) o mau cumprimento da prestação (c1) apto (ou não) a produzir riscos em relações que buscam alongar-se, de modo duradouro, no tempo, bem como, (c2) a ausência de pagamento de apenas uma, ou poucas prestações, em relações obrigacionais de trato sucessivo ou, ainda, (e) a recusa de cumprimento da prestação antes do vencimento, em verdade, são hipóteses de mora, de inadimplemento, ainda que na forma antecipada, ou de cumprimento imperfeito da obrigação[12].

---

7. ANDRADE, Daniel de Pádua; PEREIRA, Fabio Queiroz. Revisitando o papel da violação positiva do contrato na teoria do inadimplemento, *Scientia Iuris*, Londrina, v. 22, n. 1, p. 258-282, mar. 2018. p. 278.
8. VITA NETO, José Virgílio. *A atribuição da responsabilidade contratual.* Tese (Doutorado) – Faculdade de Direito da USP, São Paulo, 2007.
9. SILVA, Jorge Cesa Ferreira da. *A boa-fé e a violação positiva do contrato.* Rio de Janeiro: Renovar, 2007. p. 216.
10. STEINER, Renata. *Descumprimento contratual*: boa-fé e violação positiva do contrato. São Paulo: Quartier Latin, 2014. p. 199.
11. SILVA, Jorge Cesa Ferreira da. *A boa-fé e a violação positiva do contrato.* Rio de Janeiro: Renovar, 2007. p. 216-218.
12. MENEZES CORDEIRO, Antônio Manuel da Rocha e. *Da boa fé no direito civil.* Coimbra: Almedina, 1984, v. 1. p. 596-598.

É preciso esclarecer que a situação narrada em (a) é hipótese de incumprimento de obrigação de não fazer, o que, entre nós, dogmaticamente deve ser tratado como inadimplemento. O que se encontra elencado em (b) é situação de cumprimento imperfeito. A seu turno se o descrito em (c1) tangenciar risco econômico, poderá preencher a moldura dogmática do vencimento antecipado da obrigação ou legitimar o exercício da exceção de inseguridade. A primeira destas situações, sem dúvida, caracteriza a mora do devedor. Eventualmente, poderá haver aqui, violação do dever de cooperação, de prevenção ou de precaução e, neste caso, haverá violação de dever geral de conduta. O descrito em (c2), por sua vez, é hipótese de mora e, eventualmente, influenciará, sem que isso a desnature dogmaticamente, a aferição da materialização do adimplemento substancial, caso o credor busque a resolução do contrato. Ademais, enquanto mora, poderá ser purgada; nunca é demais lembrar. Enfim, o narrado em (e) é também um caso de mora quando não puder ser tratado como exercício inadmissível de posição jurídica creditícia o que dependerá da identificação em concreto, do vencimento antecipado da obrigação e, ainda, se ele foi provocado por fato imputável ao credor.

Além disso, a patente possibilidade de união das hipóteses de violação de deveres matizados com os tons que remetem ao aconselhamento, advertência, cuidado, esclarecimento, informação, omissão, proteção, segredo, segurança e sigilo, dentre outros deveres não visualizados nesse momento, em um único conjunto que os sistematiza na moldura dos deveres gerais de conduta[13], mostra não haver sentido na alusão a uma categoria jamais pretendeu agrupar as situações por ela delineadas e que, também em razão da tradução equivocada do alemão para línguas latinas, escancara defeitos e inconsistências, obviamente, sem que isso retire de Staub sua importância histórica.

É preciso apreender, enfim, que o desrespeito a um dever geral de conduta pode ser consequência de violações positivas ou negativas, conclusão que, também por essa via, mostra a imperfeição de assertivas que acreditam que a "violação positiva [se manifesta no] cumprimento imperfeito e [na] quebra de deveres laterais de conduta"[14], afirmações que se deixam levar, flanando sem perceber a *insustentável leveza* que toca a figura, consoante antecipado no título deste capítulo.

---

13. MARTINS-COSTA, Judith. *A boa-fé no direito privado*. São Paulo: RT, 2000. p. 437-454.
14. STEINER, Renata. *Descumprimento contratual*: boa-fé e violação positiva do contrato. São Paulo: Quartier Latin, 2014. p. 256.

A RESPONSABILIDADE CONTRATUAL NA PERSPECTIVA DA RELAÇÃO OBRIGACIONAL COMO PROCESSO

Superada a ideia de que o devedor pudesse vir a ser pessoalmente ligado aos interesses do credor[1] – como teria ocorrido nos primórdios do direito romano[2] e, ainda, bastante além dele[3] –, ainda hoje há dúvidas que tocam, intimamente, a escorreita compreensão do fenômeno obrigacional.

Oportuno lembrar que os primeiros modelos teóricos criados foram coloridos com tons eminentemente subjetivistas, vislumbrando a relação obrigacional como algo pessoal, unindo dois sujeitos[4] e com força suficiente para atribuir a um deles o "direito a uma atividade humana"[5]. Nos moldes desse personalismo (re)formatado pelos artesãos da Modernidade, a relação obrigacional consistiria no vínculo que atava o devedor ao credor[6], liame que, em outras palavras, concederia ao último a titularidade, melhor, o poder sobre um (ou mais) comportamento(s) que, uma vez prometido(s) por aquele, obrigam-no a desempenhá-lo[7].

Ocorre que,

> l'idea del vincolo, se non vuol essere una pura immagine, una semplíce metáfora, ma un reale concetto giuridico, non puó che risolversi nel concetto di rapporto giuridico; e nello schema del rapporto giuridico la persona è soggetto giammai oggetto. [...] Il debitore è vincolato al creditore non in quanto oggetto di un potere di quest'ultimo, ma n quanto soggetto di un dovere correlativo al diritto del creditore. [...] Oltre a tutto, la persona o la volontà del debitore non sono valori eco-

---

1. DIEZ-PICAZO, Luis. *Fundamentos del derecho civil patrimonial*: las relaciones obligatorias. 5 ed. Madrid: Civitas, 1996, v. 2. p. 50-51.
2. PONTES DE MIRANDA, Francisco Cavalcanti. *Tratado de direito privado*: parte especial. Atual. Wilson Rodrigues Alves. Campinas: Bookseller, 2003, t. 22. p. 32.
3. BARROS, Maria Accacia Silva. *A lesão nos contratos e a restrição da capacidade contratual*. Campinas: LZN, 2003. p. 23.
4. LEONARDO, Rodrigo Xavier. Direito das obrigações: em busca de elementos caracterizadores para compreensão do livro I da parte especial do código civil. In: CANEZIN, Claudete Carvalho. *Arte jurídica*: biblioteca científica do programa de pós-graduação em direito civil e processo civil da universidade estadual de londrina. Curitiba: Juruá, 2005, v. 1. p. 277-290.
5. MENEZES CORDEIRO, António Manuel da Rocha e. *Direito das obrigações*. Lisboa: Associação Acadêmica da Faculdade de Direito de Lisboa, 1986, v. 1. p. 173.
6. JUSTO, Antônio Santos. *Direito privado romano*: direito das obrigações. 2 ed. Coimbra: Coimbra, 2006, v. 2. p. 11.
7. KONDER, Carlos Nelson; RENTERÍA, Pablo. A funcionalização das relações obrigacionais: interesse do credor e patrimonialidade da prestação. In: TEPEDINO, Gustavo; FACHIN, Luiz Edson. *Diálogos sobre direito civil*. Rio de Janeiro: Renovar, 2008, v. 2. p. 269.

nomici, mentre di tale valutazione debe essere suscettibile l´ogetto della obbligazione, in quanto correlativo all´interesse che è presupposto del rapporto[8].

Tais construções foram criticadas por excluírem de seus contextos a sanção imanente, ao menos em potência, à violação dos deveres contratuais[9] e, especialmente, como leciona Mengoni, por afrontarem a arquitetura jurídica de proteção dos direitos da personalidade[10].

Buscando superá-las, surgiram as teorias patrimonialistas atadas a noção de que o patrimônio do devedor garantiria a satisfação dos débitos contraídos. Ênfase era dada no poder do credor, *no momento da execução forçada*, sobre os bens do devedor[11]. O credor gozaria apenas a expectativa do adimplemento[12] e seu crédito só existiria caso fosse necessário agredir o patrimônio do devedor[13], o que, no limite, transformava a obrigação em uma relação entre dois patrimônios[14], tratando o devedor, não como personagem, mas como objeto da relação obrigacional; algo inaceitável à luz da melhor dogmática jurídica.

Como se pode intuir, as censuras a essas percepções não são poucas. Primeiro, por ser inaceitável a supremacia do momento patológico e o correlato cumprimento forçado da obrigação, em prejuízo do deslinde socialmente esperado: o adimplemento da prestação devida ao credor. Depois, porque nelas a atividade do devedor é desprezada, ignorando que a relação obrigacional é uma estrutura de cooperação[15]. Enfim, como antecipado, por conta da dificuldade de compreensão de uma relação entre patrimônios, quando o Direito regra laços jurídicos que se estabelecem entre pessoas[16] ou outros sujeitos de direito.

As discussões travadas entre personalistas e realistas estimularam à gênese de correntes intermediárias que surgiram na tentativa de conciliar a manifesta dissidência que marca cada uma das linhas teóricas destacadas, aproveitando o que cada uma delas possuía de mais interessante ao mesmo tempo em que refutavam os seus excessos e incoerências.

---

8. MENGONI, Luigi. *Scritti II*: obbligazioni e negozio. Milano: Giuffré, 2011. p. 56.
9. ANTUNES VARELA, João de Matos. *Direito das obrigações*. Rio de Janeiro: Forense, 1978, v. 2. p. 405-407.
10. PONTES DE MIRANDA, Francisco Cavalcanti. *Tratado de direito privado*: parte especial. Atual. Wilson Rodrigues Alves. Campinas: Bookseller, 2003, t. 22. p. 38.
11. MASSIMO BIANCA, Cesare. *Diritto civile*: l´obbligazione. Milano: Giuffré, 2006, v. 4. p. 36-37.
12. MENEZES CORDEIRO, António Manuel da Rocha e. *Direito das obrigações*. Lisboa: Associação Acadêmica da Faculdade de Direito de Lisboa, 1986, v. 1. p. 183.
13. ANTUNES VARELA, João de Matos. *Direito das obrigações*. Rio de Janeiro: Forense, 1978, v. 2. p. 408-412.
14. GAUDEMET, Eugene. *Teoría general de las obligaciones*. Trad. Pablo Macedo. México: Editorial Porúa, 1974. p. 29.
15. PONTES DE MIRANDA, Francisco Cavalcanti. *Tratado de direito privado*: parte especial. Atual. Wilson Rodrigues Alves. Campinas: Bookseller, 2003, t. 22. p. 39.
16. RIPERT, Georges. *A regra moral nas obrigações civis*. Trad. Osório de Oliveira. Campinas: Bookseller, 2002. p. 384.

Apareceram as correntes dualistas[17] sugerindo que a relação obrigacional atribuiria ao credor o direito subjetivo de exigir a prestação nascida para saciar seu interesse, registre-se aqui, transformado em direito por meio do contrato. Tais leituras facultariam o uso da força, em regra, mediante a intervenção do Poder Judiciário, se não houvesse o adimplemento espontâneo[18] da obrigação.

Essas molduras teóricas operam consoante o código binário dívida e responsabilidade. A primeira das noções alude ao dever de prestar, assumido pelo devedor, a segunda, à possibilidade de agredir o patrimônio do devedor que não adimpliu[19]. Elas também não escapam as críticas[20], especialmente porque dívida e responsabilidade se apresentam como ingredientes de um mesmo fenômeno[21] e, ainda, porque seguem a trabalhar com um modelo que só parece dar conta de problemas estáticos que seguem a ser identificados de modo fragmentado.

Independentemente dos defeitos apontados nos aludidos modelos teóricos, o que parece ser inegável é que todas as linhas de pensamento analisadas se embasam em um pensar meramente descritivo, ignorando tempo e espaço na compreensão do fenômeno obrigacional[22]. As teorias e modelos apontados conduzem a percepções estáticas, o que dificulta a intelecção de toda complexidade inerente ao fenômeno obrigacional.

Ademais, a relação obrigacional, por longa data, foi concebida como uma relação prenhe de interesses antagônicos, recheada por tamanha tensão que despertava a necessidade cotidiana de vigilância, estimulando a desconfiança dos parceiros negociais[23]. Apesar de a leitura estática não ser de todo incorreta, não restam dúvidas de que a identificação da relação obrigacional como um vínculo que impõe ao devedor prestar algo em favor credor, dificulta a explicação de distintos fenômenos, mesmo nas obrigações de execução instantânea. É fundamental perceber que o viés clássico de análise do fenômeno obrigacional é, para dizer menos, reducionista[24] e, só por essa

---

17. LARENZ, Karl. *Derecho de obligaciones*. Trad. Jaime Santos Briz. Madrid: Editorial Revista de Derecho Privado, 1958, t. 1. p. 31-37. Veja, ainda: para uma compreensão detalhada das teorias dualistas: MENEZES CORDEIRO, António Manuel da Rocha e. *Direito das obrigações*. Lisboa: Associação Acadêmica da Faculdade de Direito de Lisboa, 1986, v. 1. p. 189-215.
18. AGOGLIA, María Martha; BORAGINA, Juan Carlos; MEZA, Jorge Alfredo. *Responsabilidad por incumplimiento contractual*. Buenos Aires: Hammurabi, 2003. p. 31.
19. CALIXTO, Marcelo Junqueira. Reflexões em torno do conceito de obrigação, seus elementos e fontes. In: TEPEDINO, Gustavo (Coord.). *Obrigações*: estudos na perspectiva civil-constitucional. Rio de Janeiro: Renovar, 2005. p. 3-5.
20. NORONHA, Fernando. *Direito das obrigações*. São Paulo: Saraiva, 2004, v. 1. p. 139-142.
21. DIEZ-PICAZO, Luis. *Fundamentos del derecho civil patrimonial*: las relaciones obligatorias. 5 ed. Madrid: Civitas, 1996, v. 2. p. 59-82.
22. SILVA, Carlos Augusto. A obrigação como totalidade e processo, *Revista da Ajuris*, Porto Alegre, v. 31, n. 95, p. 55-69, set. 2004. p. 60-61.
23. CANCINO, Emilssen González de. La protección del deudor en la tradición romanística: una búsqueda de soluciones, *Revista Brasileira de Direito Comparado*, Rio de Janeiro, n. 10, p. 120-141, jan./jun. 1991. p. 120.
24. BUSSATTA, Eduardo Luiz. *Resolução dos contratos e teoria do adimplemento substancial*. São Paulo: Saraiva, 2007. p. 11.

razão, imperfeito. Assim, ainda que não seja equivocado definir a relação obrigacional como o vínculo jurídico que permite ao credor exigir do devedor o desempenho de uma prestação[25], essa, com toda certeza, não é a melhor forma de entender toda a complexidade de um fenômeno obrigacional, que, há algum tempo, despiu-se da simplicidade cartesiana que o informa no senso comum teórico dos juristas.

Atualmente, a relação obrigacional, longe de identificar-se com os direitos do credor, apresenta-se como uma estrutura complexa que exige, constantemente, cooperação recíproca. Essa característica é algo tão forte que levou Carlo Castronovo, na Itália, a sugerir pensar a *obrigação como relação*[26], enfatizando a dimensão relacional na relação jurídica obrigacional.

De outra banda, se inicialmente, a doutrina dualista foi responsável por identificar dois dos momentos da relação obrigacional, pouco tempo mais tarde, percebeu que cada momento se encontra ligado ao anterior[27] enxergando aí um viés dinâmico que "*processualiza* a conduta das partes", vinculando-as ao adimplemento, clímax aguardado em qualquer processo obrigacional[28].

Infra-se que, se, de um lado, é inegável que a relação obrigacional tem por finalidade viabilizar a satisfação dos legítimos interesses de um credor de carne e osso – que por meio do contrato, acredita que de algum modo conseguiu aprisionar as contingências da vida –, de outro, haverá de ser equalizada pelo respeito ao devedor – *pessoa humana, ente coletivo ou outro sujeito de direitos situado no tempo e no espaço, não um número nas análises econômicas* –, em especial, pela normatividade proveniente da solidariedade social e, pela busca – cotidiana e incessante – de equilíbrio, de justiça comutativa e social e, ainda, da valorização da alteridade.

Os múltiplos influxos que permeiam o processo obrigacional permitem afirmar que a tensão beligerante inerente às relações jurídicas fundadas nas premissas que informavam o individualismo foi substituída, ao menos, no plano teórico, pela cooperação[29], algo que emerge como dever jurídico[30], tal qual exaustivamente apontado ao longo deste livro. De algum modo é possível ver aí uma

---

25. LIRA, Ricardo Pereira. Obrigação de meios e obrigação de resultado a pretexto da responsabilidade médica: análise dogmática, *Revista de Direito Renovar*, Rio de Janeiro, n. 6, p. 75-82, set./dez. 1996. p. 75.
26. CASTRONOVO, Carlo. La relazione come categoria essenziale dell'obbligazione e della responsabilità contrattuale. *Europa e Diritto Privato*, Milano, n. 1, p. 55-76, 2011. p. 68.
27. MARTINS-COSTA, Judith. *Comentários ao novo código civil*: do direito das obrigações - do adimplemento e da extinção das obrigações. Rio de Janeiro: Forense, 2005, v. 5, t. 1. p. 27.
28. LEONARDO, Rodrigo Xavier. Direito das obrigações: em busca de elementos caracterizadores para compreensão do livro I da parte especial do código civil. In: CANEZIN, Claudete Carvalho. *Arte jurídica*: biblioteca científica do programa de pós-graduação em direito civil e processo civil da universidade estadual de londrina. Curitiba: Juruá, 2005, v. 1. p. 288-289.
29. VILLELA, João Baptista. Por uma nova teoria dos contratos, *Revista Forense*, Rio de Janeiro, v. 74, n. 261, p. 27-35, jan./mar. 1978. p. 32.
30. MARTINS-COSTA, Judith. *Comentários ao novo código civil*: do direito das obrigações - do adimplemento e da extinção das obrigações. Rio de Janeiro: Forense, 2005, v. 5, t. 1. p. 33.

progressiva contrattualizzazione della responsabilità in una serie di casi in cui, pur non rinvenendosi un contratto, il rapporto sarebbe comunque riconducibile a quello propriamente obbligatorio, in virtù della posizione qualificata della parte del rapporto, in forza della quale si intensifica l'affidamento al punto da far assurgere il contatto sociale ad elemento costitutivo della responsabilità da inadempimento, anche con riguardo ad obblighi propriamente di protezione[31].

Ademais, uma relação obrigacional abrange não apenas direitos subjetivos atribuídos ao credor e os deveres jurídicos a eles imantados, mas também ações de direito material, pretensões, exceções, direitos formativos e os correlatos estados de sujeição, ônus e expectativas jurídicas[32] etc.

Gestada na fusão do ajuste negocial com deveres normativamente pinçados na lei, flui através do plano da eficácia como algo dinâmico e prenhe de incontáveis possibilidades que marcam a sua existência normativa, situações impulsionadas pelos movimentos de subida e vazão de marés que também põe em movimento a fenomenologia das relações sociais[33].

Mudam os sujeitos, os objetos, as garantias, reestruturam-se direitos subjetivos e formativos, surgem e desaparecem pretensões e ações de direito material, os prazos para o exercício de direitos ora fluem, ora são paralisados, tudo isso sem que a relação obrigacional deixe de existir e ser pensada como um ente orgânico, que "nasce, vive e morre"[34].

A totalidade da relação jurídica, pensada no tempo e no espaço, é mais importante que a simples união de cada um de seus distintos momentos. Enquanto inexoravelmente trilha seu curso, o adimplemento, a observância de deveres pontuais – ora negocialmente previstos, ora projetados de forma cogente –, ou mesmo a extinção de direitos subjetivos ou de direitos formativos, por distintas razões, não conduzirão, necessariamente, ao término da relação obrigacional[35].

A análise dogmática e estática da relação obrigacional é – como antecipado –, ao mesmo tempo, fruto e fonte do processo que redunda na manutenção de uma visão distorcida e atomística do assunto que parece não perceber que ao considerar cada relação "sempre igual a si mesma", são negadas as intersubjetividades de cada situação concreta, fato que por si só pode ser fonte de substancial injustiça a partir da violação da isonomia e, ao mesmo tempo, desprezar aspectos relevantes como (a) as particularidades das pessoas – tratadas, simplesmente, por parte, terceiro, credor, devedor, cedente, cessionário, assuntor, *solvens, accipiens* etc. – ou (b) a

---

31. ACHILLE, Davide. La complessità del rapporto obbligatorio: alla fonte degli obblighi di protezione. *Annuario del Contratto*, Torino, p. 129-159, 2017. p. 134.
32. NORONHA, Fernando. *Direito das obrigações*. São Paulo: Saraiva, 2004, v. 1. p. 77.
33. COSTA JUNIOR, Olímpio. *A relação jurídica obrigacional*: situação, relação e obrigação em direito. São Paulo: Saraiva, 1994. p. 56.
34. MARQUES, Claudia Lima. *Contratos no código de defesa do consumidor*: o novo regime das relações contratuais. 5 ed. São Paulo: RT, 2006. p. 217.
35. LARENZ, Karl. *Derecho de obligaciones*. Trad. Jaime Santos Briz. Madrid: Editorial Revista de Derecho Privado, 1958, t. 1. p. 37-41.

essencialidade do objeto da prestação[36], prejudicando, sem dúvida, a escorreita realização do Direito.

A relação obrigacional, uma vez percebida essa gama de questões, deve ser pensada a partir de seu caráter dinâmico. Um processo[37] que se desenvolve, inexoravelmente, no tempo e no espaço, por meio de uma série de atos interdependentes e, concomitantemente, inter-relacionados ante a necessidade de atingir um objetivo previamente identificado[38], que segue seu curso na série comportamentos direcionados ao fim esperado: o adimplemento; exigindo recíproca cooperação[39] durante cada uma de suas fases.

A análise da relação obrigacional como processo não é mero refinamento teórico. Ela reflete um modelo de compreensão do direito obrigacional que permite a intelecção de toda complexidade que marca cada fato da vida, viabilizando soluções mais justas[40] e que dentre outros aspectos deve, quando for o caso, perceber que *"el contrato es trato conjunto, es sentir de consuno a partir del elemento consentimiento, es poner en común el corazón desde su carácter de acuerdo y concordancia y es venir en conjunción desde el convenir"*[41].

Nesse vértice, a apreensão do tema em perspectiva dinâmica permite afastar o apego excessivo à forma, dando primazia à busca pela produção de resultados úteis[42], funcionalizando, portanto, a compreensão daquele fenômeno, à promoção do ser humano e da justiça social. Se existe um plano, um programa obrigacional a ser observado pelas partes, no qual se busca a satisfação dos legítimos interesses do credor travestidos sob a forma de direitos de distintas ordens, não se pode negar que os resultados esperados por ele hão de ser alcançados[43], salvo quando a modificação da base negocial exija, antes, a correção do conteúdo da prestação ou, não sendo esse caso, tenha havido o advento de impossibilidade não imputável ao devedor, sendo oportuno lembrar que para que se configure impossibilidade liberatória não basta ausência de culpa, impondo-se ao devedor demonstrar a exterioridade do fato impeditivo, como sugere como usual acerto Daniel Pizarro[44].

---

36. NEGREIROS, Teresa. *Teoria do contrato*: novos paradigmas. Rio de Janeiro: Renovar, 2002.
37. COUTO E SILVA, Clóvis Veríssimo do. *A obrigação como processo*. São Paulo: Bushatsky, 1976. p. 10.
38. AMARAL, Francisco. *Direito civil*: introdução. 7 ed. Rio de Janeiro: Renovar, 2008. p. 204.
39. MARTINS-COSTA, Judith. Adimplemento e inadimplemento. In: EMERJ DEBATE O NOVO CÓDIGO CIVIL. Rio de Janeiro: EMERJ, 2002, parte 01. p. 95-113.
40. NALIN, Paulo; XAVIER, Luciana Pedroso; XAVIER, Marília Pedroso. A obrigação como processo: breve releitura trinta anos após. In: TEPEDINO, Gustavo; FACHIN, Luiz Edson. *Diálogos sobre direito civil*. Rio de Janeiro: Renovar, 2008, v. 2. p. 322.
41. CAUMONT, Arturo. *Doctrina gereral del contrato*: proposiciones teóricas de innovación. Montevideo: La Ley, 2014. p. 94.
42. KONDER, Carlos Nelson; RENTERÍA, Pablo. A funcionalização das relações obrigacionais: interesse do credor e patrimonialidade da prestação. In: TEPEDINO, Gustavo; FACHIN, Luiz Edson. *Diálogos sobre direito civil*. Rio de Janeiro: Renovar, 2008, v. 2. p. 297.
43. MOSSET ITURRASPE, Jorge; PIEDECASAS, Miguel. *Responsabilidad contractual*. Santa Fé: Rubinzal-Culzoni, 2007. p. 227.
44. PIZARRO, Ramón Daniel. *Tratado de la responsabilidad objetiva*. Buenos Aires: La Ley, 2015, v. 1. p. 46.

De algum modo, o próprio contrato deve ser visto como um processo[45], uma relação que se projeta no tempo e no espaço como algo complexo, não mera representação linear[46], alimentado por distintos sistemas que de modo recíproco e ininterrupto influenciam a configuração de cada situação jurídica[47] gestada ao longo de suas fases.

> Aquel verbo que se conjuga desde la sustancia del contrato es "acordar", término que contiene en sus entrañas el valor de significación "cordis" que refiere al corazón, históricamente, ligado a sentimientos valiosos de entrega, de solidaridad, de lealtad, de afecto ostensibles pilares sensibles de la eticidad, [desaguando en] conductas que son aquellas que el Derecho [...] aprecia y secunda mientras reprocha sus antípodas[48].

Um processo que influenciado também pela adequada leitura da dicotomia assentimento *versus* consentimento, permitirá antecipar algumas das angústias contidas no porvir, reduzindo, em alguma medida, a "*imponderabilidade* e a *contingência*"[49] que marcam a existência humana, permitindo, ainda que minimamente, controlar o incontrolável ao abrandar parte das incertezas impregnadas ao amanhã[50], cooperando, enfim, para a manutenção das bases da vida em sociedade.

Obviamente, sendo impossível antever todos os riscos que cada contrato contém[51] e como não parece possível enganar facilmente o acaso, as vicissitudes que dele pululam hão de enfrentadas a partir de soluções forjadas tanto com lastro na autonomia privada como nos princípios e regras existentes, homenageando-se, assim, o justo contratual.

E não se pode olvidar que, se de um lado, o contrato permite – de algum modo – antecipar o futuro, de outro, raramente afastará a tensão que permeia o processo obrigacional. Por mais que se garanta ao credor o exercício de distintas pretensões e direitos, ele somente terá certeza do adimplemento[52] no desempenho da prestação que lhe foi prometida.

---

45. LORENZETTI, Ricardo Luis. Esquema de una teoría sistémica del contrato. In: FERNÁNDEZ, Carlos López; CAUMONT, Arturo; CAFFERA, Gerardo (Coord.). *Estudios de derecho civil en homenaje al profesor Jorge Gamarra*. Montevideo: FCU, 2001. p. 256-257.
46. NORONHA, Fernando. O ato ilícito nos contratos e fora deles, *Revista de Direito Civil, Imobiliário, Agrário e Empresarial*, São Paulo, v. 9, n. 34, p. 34-35, out./dez. 1985. p. 39.
47. WEINGARTEN, Celia. La equidad como principio de seguridad económica para los contratantes, *Revista de Direito do Consumidor*, São Paulo, v. 10, n. 39, p. 32-40, jul./set. 2001. p. 39.
48. CAUMONT, Arturo. *Doctrina gereral del contrato*: proposiciones teóricas de innovación. Montevideo: La Ley, 2014. p. 271.
49. LEONARDO, Rodrigo Xavier. Responsabilidade civil contratual e extracontratual: primeiras anotações em face do novo código civil brasileiro, *Revista de Direito Privado*, São Paulo, v. 5, n. 19, p. 260-269, jul./set. 2004. p. 266.
50. OST, François. Tiempo y contrato: crítica del pacto fáustico, *Doxa*, Alicante, n. 25, p. 597-626, 2002. p. 605.
51. CRUZ, Gaston Fernandez. Los supuestos dogmaticos de la responsabilidad contractual: la division de sistemas y la previsibilidad, *Revista de Direito Privado*, São Paulo, v. 5, n. 19, p. 289-318, jul./set. 2004. p. 305-318.
52. AZEVEDO JUNIOR, José Osório de. Breves anotações sobre o pagamento e o ato jurídico não negocial. In: NANNI, Giovanni Ettore (Coord.). *Temas relevantes do direito civil contemporâneo*: reflexões sobre os cinco anos do código civil. São Paulo: Atlas, 2008. p. 353.

Enfim, enquanto o tempo exige a espera do momento em que o futuro se transformará em presente e não havendo como evitar a dúvida que marca a espera desse instante, pulula a importância da cooperação imposta aos contratantes. Assim, longe de ser vista como algo negativo, a incerteza que reina no universo contratual atua de modo a potencializar e estimular a necessidade de respeito a um sem-número de deveres éticos, conduzindo, ainda, a uma perspectiva socializante na compreensão do fenômeno contratual[53].

---

53. HIRONAKA, Giselda Maria Fernandes Novaes. Contrato: estrutura milenar de fundação do direito privado - superando a crise e renovando princípios, no início do vigésimo primeiro século, ao tempo da transição legislativa brasileira. In: BARROSO, Lucas Abreu (Org.). *Introdução crítica ao código civil*. Rio de Janeiro: Forense, 2006. p. 125.

A EQUIPARAÇÃO ENTRE AS OBRIGAÇÕES DE MEIO, DE RESULTADO E DE GARANTIA

O modelo binário – batizado por René Demogue e aperfeiçoado por Henry Mazeaud[1] –, em sua formulação originária, longe de expurgar a culpa de uma das molduras do díptico por ele utilizado, no caso, do regime inerente às obrigações de resultado, seguiu a exigi-la na imputação do dever de reparar. Na ocasião propôs-se a redistribuição dos ônus probatórios[2] e, desse modo, nas obrigações de meio, a culpa deveria ser provada pelo lesado, enquanto, nas de resultado, seria presumida, cabendo ao devedor o ônus de desconstituí-la.

O que poucos exploram – e, talvez, poucos saibam – é que a classificação binária[3] foi erigida na tentativa de ampliar as possibilidades de exclusão do dever de reparar, buscando, portanto, atenuar o rigor do objetivismo vigente[4] nas primeiras décadas do século XX, em vez de ampliar as hipóteses de reparação dos danos suportados pelo credor, como pode parecer ao interlocutor um pouco menos avisado. Pretendeu-se, portanto, fazer que nas obrigações classificadas como de meio a responsabilidade do devedor dependesse da prova de sua culpa, invertendo-se esse ônus nas obrigações de resultado[5] por meio de um sistema de presunções.

Registre-se, ainda, que a influência exercida pelo enquadramento dicotômico das obrigações continua angariando seguidores[6], apesar das falhas que o tornam insustentável. Aliás, os inconvenientes e contradições existentes na classificação recebem rara atenção da literatura jurídica ou dos tribunais. Ambos, longe de atuar criticamente, a tem como ponto de partida. Assim, sendo incapazes de perceber que a dicotomia há tempos vive em crise – também por conta do eclipsar dos modelos

---

1. CÁRDENAS, Betty Mercedes Martínez. La adaptación de la teoría de las obligaciones de medios y las obligaciones de resultados en el derecho colombiano. In: ESPINOSA, Fabricio Mantilla; BARRIOS, Francisco Ternera (Dir.). *Los contratos en el derecho privado*. Bogotá: Legis, 2007. p. 900.
2. BUERES, Alberto Jesus. *Derecho de daños*. Buenos Aires: Hammurabi, 2001. p. 23-27.
3. Que surge merecendo, dentre outras, a crítica de desprezar a existência das obrigações de garantia.
4. VITA NETO, José Virgílio. *A atribuição da responsabilidade contratual*. Tese (Doutorado) – Faculdade de Direito da USP, São Paulo, 2007. p. 28-30. RUIZ, Roberto Martinez. Obligaciones de medio y de resultado. *La Ley*, Buenos Aires, t. 90, p. 756-760, abr./jun. 1958. p. 756-757.
5. LÔBO, Paulo Luiz Netto. *Direito civil*: obrigações. 9. ed. São Paulo: Saraiva, 2021. p. 33.
6. LOPEZ, Teresa Ancona. *O dano estético*: responsabilidade civil. 3 ed. São Paulo: RT, 2004. p. 70. COMPARATO, Fábio Konder. *Ensaios e pareceres de direito empresarial*. Rio de Janeiro: Forense, 1978. p. 528. STOCO, Rui. A teoria do resultado à luz do código de defesa do consumidor, *Revista de Direito do Consumidor*, São Paulo, n. 26, p. 200-220, abr./jun. 1998. p. 202.

subjetivos que orientam a realização do direito privado hodierno[7] –, tampouco notam que ela "*tende oggi a essere abbandonata*"[8].

De outra banda, estas linhas buscam manter distância da passividade que costuma balizar as ações no Direito, consoante denuncia Paolo Grossi[9]. Cabe sublinhar, para a adequada compreensão da ideias alinhavadas nestas páginas, que a dicotomia obrigações de meio *versus* obrigações de resultado está ancorada em critérios diversos que transitam entre (a) o grau de determinação da prestação, (b) a aleatoriedade do resultado prometido ou (c) o papel do credor na execução da prestação[10], parâmetros que permitem inferir inexistir base robusta que legitime o modelo binário[11]. Referidas molduras são fluidas, dúcteis, porosas, lembrando as conhecidas réguas de Lesbos e, evidentemente, são ameaças à normatividade que pulsa desde o princípio constitucional da igualdade.

Noutras palavras, as múltiplas possibilidades de enquadramento, também por legitimarem a flutuação das situações fenomênicas entre uma e outra moldura teórica, impossibilitam a criação de *um grande quadro classificatório* e, ao fazê-lo, retroalimentam a fragilidade do modelo aqui criticado.

O curioso é que apesar de agonizar cientificamente, o modelo ainda transita com invulgar frequência pelo senso comum imaginário dos juristas. E isso, é preciso destacar, a despeito da sublinhada afronta à isonomia constitucional, desrespeito identificado também no ônus imposto ao credor – muitas vezes, consumidor – afeto à necessidade de convencer o intérprete de que é *de resultado* a obrigação assumida pelo devedor; prova notadamente diabólica em diversas situações[12].

Ademais, cada proposta outrora sublinhada possui defeitos que tornam a sua utilização, quando factível, *assustadoramente kafkiana*, mormente pela denunciada ausência de marcos, de fronteiras claras no interior de cada molde abstratamente construído pela dogmática. Não por acaso, a tentativa de identificação de critérios diferenciadores é tratada por Ossola como "*la cuestión más ardua*"[13].

De outra banda, a dicotomia igualmente resta esfacelada pelas mudanças sociais carreadas pelo labor do tempo, restando obnubilada pela adequada compreensão

---

7. PIZARRO, Ramón Daniel. *Tratado de la responsabilidad objetiva*. Buenos Aires: La Ley, 2015, v. 2. p. 255.1998. p. 202.
8. MOSCATI, Enrico. Responsabilità sanitaria e teoria generale delle obbligazioni. *Rivista di Diritto Civile*, Padova, v. 64, n. 3, p. 829-850, 2018. p. 837.
9. GROSSI, Paolo. A formação do jurista e a exigência de um hodierno "repensamento" epistemológico, *Revista da Faculdade de Direito da UFPR*, Curitiba, v. 40, p. 5-25, 2004. p. 5-25.
10. BERDAGUER, Jaime. Las obligaciones de resultado: situación actual y perspectivas futuras. In: FERNÁNDEZ, Carlos López; CAUMONT, Arturo; CAFFERA, Gerardo (Coord.). *Estudios de derecho civil en homenaje al profesor Jorge Gamarra*. Montevideo: FCU, 2001. p. 37-38.
11. CÁRDENAS, Betty Mercedes Martínez. La adaptación de la teoría de las obligaciones de medios y las obligaciones de resultados en el derecho colombiano. In: ESPINOSA, Fabricio Mantilla; BARRIOS, Francisco Ternera (Dir.). *Los contratos en el derecho privado*. Bogotá: Legis, 2007. p. 901-903.
12. LÔBO, Paulo Luiz Netto. *Direito civil*: obrigações. 9. ed. São Paulo: Saraiva, 2021. p. 33.
13. OSSOLA, Federico. *Obligaciones*. Buenos Aires: Abeledo-Perrot, 2018. p. 427.

da espacialidade e da organicidade impregnadas, hodiernamente, à moldura do contrato[14]. Isso resta ainda mais claro quando se percebe que algum tempo não se vive a Era das Certezas.

A falta de critérios precisos para delinear a natureza dos deveres assumidos e o recurso a marcos abstratos e pretensamente universais – que afastam a investigação das intersubjetividades inerentes ao processo obrigacional concretamente estabelecido – são outras ululantes ofensa à isonomia e, por que não, à própria ideia de segurança jurídica.

Em meio a essa travessia é oportuno lembrar que a dificuldade na identificação da natureza da obrigação assumida – como de meio ou de resultado –, muitas vezes, acaba atuando como um divisor de águas na imposição do dever de reparar os danos suportados pela vítima[15], não apenas por conta dos distintos regimes jurídicos usados na imputação do dever de reparar, mas, também por conta dos equívocos na identificação do modelo mais adequado a solução dos problemas na práxis.

E aqui, por mais esse motivo, novamente se identifica com convicção incomum o desrespeito à isonomia constitucional. Uma vez mais se antevê, quando o olhar se volta ao passado, o vermelho carmim a tingir com a cor da injustiça, repercussões hermenêutico-fenomênicas que reverberam no contexto analisado. Cores que gritam: a construção dicotômica precisa ser sepultada[16]. Outro réquiem a ser escrito, outra lápide a ser epigrafada.

Resta igualmente patente que "em nenhum caso, o devedor há de adimplir utilizando simplesmente meios, sejam ou não idôneos para alcançar o resultado". Assim, se o objetivo – resultado prometido – não se atinge, o devedor é quem deve dar explicações acerca do porquê da frustração", demonstrando a impossibilidade de satisfazer a expectativa do credor, nos termos do contrato[17].

Para além disso,

> quem procura um profissional liberal não quer a excelência dos meios por ele empregados, quer o resultado, no grau mais elevado de probabilidade. Quanto mais renomado o profissional, mais provável é o resultado pretendido, no senso comum do cliente. Todavia, não se pode confundir o resultado provável com o resultado necessariamente favorável. Além da diligência normal com que se houve na prestação de seu serviço, cabe ao profissional provar que se empenhou na obtenção do resultado provável, objeto do contrato que celebrou com o cliente[18].

---

14. MARIÑO LÓPEZ, Andrés. *Los fundamentos de la responsabilidad contractual*. Montevideo: Carlos Alvarez, 2005. p. 29-31 e 174-183. NALIN, Paulo. *Do contrato*: conceito pós-moderno em busca de sua formulação na perspectiva civil-constitucional. Curitiba: Juruá, 2001.
15. NOGUEIRA, Lavyne Lima. Responsabilidade civil do profissional liberal perante o código de defesa do consumidor, *Revista de Direito do Consumidor*, São Paulo, v. 10, n. 40, p. 199-226, out./dez. 2001. p. 215-217.
16. PADILLA, Rodrigo. La responsabilidad civil del abogado y las obligaciones de medio y resultado, *Revista de Responsabilidad Civil y Seguros*, Buenos Aires, n. 4, p. 80-106, abr. 2006. p. 92-100.
17. LÔBO, Paulo Luiz Netto. *Direito civil*: obrigações. 9. ed. São Paulo: Saraiva, 2021. p. 34.
18. LÔBO, Paulo Luiz Netto. *Direito civil*: obrigações. 9. ed. São Paulo: Saraiva, 2021. p. 32.

Apesar das censuras – talvez, ignorando-as –, surgem subclassificações. Em vez de banir dos alfarrábios um modelo que é cientificamente imprestável à solução dos problemas que se propõe a resolver, optou-se por criar adjetivos para as obrigações de meio: atenuada, ordinária e agravada ou reforçada; e, ainda para as de resultado: atenuadas, ordinárias, agravadas e absolutas[19]. É ainda maior a incerteza.

Paralelamente, colaborando com o surgimento de pontos de estrangulamento, há quem defenda a relativização da dicotomia em foco; sem que se perceba que a relativização de qualquer modelo é, *per si*, algo deveras problemático. Se o modelo já não serve mais, outros podem ser pensados, afinal, o mapeamento de situações que escapam ao modelo usado como paradigma é viva prova de que ele foi falseado, não resistindo ao avanço científico, consoante leciona Chalmers[20].

Ademais, usando um exemplo pinçado no contexto da responsabilidade profissional, sustenta-se que o risco deve atuar como fator de imputabilidade do dever de reparar nas situações nas quais é manifesto o despreparo do causador do dano[21].

A ideia que não resiste a uma análise um pouco mais minudente. Seu primeiro vício é o reducionismo. Alie-se a essa questão o fato de ela promover ou, no mínimo, autorizar o tratamento diferenciado das condutas de profissionais que tenham maior ou melhor acesso à informação em razão de sua situação econômica, seu nível cultural, seu âmbito geográfico de atuação etc., legitimando, consequentemente, a elaboração de defesas processuais com lastro em desculpas esfarrapadas. E persistem aqui os mesmos ranços quanto às dificuldades de enquadramento em um ou outro molde.

Apenas para estimular a memória e demonstrar a pertinência das críticas formuladas, vale lembrar que, ainda hoje, pairam dúvidas sobre como classificar as obrigações assumidas pelos profissionais liberais, dentre eles advogados e médicos, consoante comprova este excerto pinçado do infeliz julgado ementado abaixo.

> Trata-se, na origem, de ação de indenização por danos morais e estéticos, ajuizada pela ora recorrente contra o recorrido, na qual alega que foi submetida a uma cirurgia estética (mamoplastia de aumento e lipoaspiração), que resultou em grandes lesões proliferativas – formadas por tecidos de cicatrização – nos locais em que ocorreram os cortes da operação. Ora, o fato de a obrigação ser de resultado, como o caso de cirurgia plástica de cunho exclusivamente embelezador, não torna objetiva a responsabilidade do médico, ao contrário do que alega a recorrente. Permanece subjetiva a responsabilidade do profissional de Medicina, mas se transfere para o médico o ônus de demonstrar que os eventos danosos decorreram de fatores alheios à sua atuação durante a cirurgia. Assim, conforme o acórdão recorrido, o laudo pericial é suficientemente seguro para afirmar a ausência de qualquer negligência do cirurgião. Ele não poderia prever ou evitar as intercorrências registradas no processo de cicatrização da recorrente. Assim, não é possível pretender

---

19. Como ensina MARIÑO LÓPEZ, Andrés. *Los fundamentos de la responsabilidad contractual*. Montevideo: Carlos Alvarez, 2005. p. 163-169.
20. CHALMERS, Alan. *O que é ciência afinal?* Trad. Raul Filker, São Paulo: Brasiliense, 1993.
21. VASCONCELOS, Fernando Antônio de. A responsabilidade do advogado à luz do código de defesa do consumidor, *Revista de Direito do Consumidor*, São Paulo, n. 30, p. 89-96, abr./jun. 1999. p. 95-96.

imputar ao recorrido a responsabilidade pelo surgimento de um evento absolutamente casual, para o qual não contribuiu. A formação do chamado queloide decorreu de característica pessoal da recorrente, e não da má atuação do recorrido. Ademais, ao obter da recorrente, por escrito, o termo de consentimento, no qual explica todo o procedimento, informando-lhe sobre os possíveis riscos e complicações pós-cirúrgicos, o recorrido agiu com honestidade, cautela e segurança[22].

As discussões não param por aqui.

Tendo por lastro a percepção dos defeitos da classificação binária, defende-se que a dicotomia deve ser afastada em prol da recepção da teoria do risco ao mesmo tempo em que, paradoxalmente, afirma-se que isso não traria problema algum, pois bastaria à parte provar que não agiu com culpa para se eximir do dever de reparar[23], mesmo quando não há a mínima possibilidade de seguir com tal linha de argumentação. O equívoco é gigantesco eis que as construções teóricas que utilizam fatores de imputação do dever de reparar com viés objetivo não admitem a ingerência da culpa em seu campo de atuação, ainda que, lamentavelmente, a confusão seja, ainda hoje, deveras comum, como se identifica no seguinte excerto:

> O reconhecimento da responsabilidade solidária do hospital não transforma a obrigação de meio do médico, em obrigação de resultado, pois a responsabilidade do hospital somente se configura quando comprovada a culpa do médico integrante de seu corpo plantonista, conforme a teoria de responsabilidade subjetiva dos profissionais liberais abrigada pelo Código de Defesa do Consumidor[24].

Eis aí mais um respeitável motivo para aceitar que a culpa morreu.

Indo além, é possível verificar que, sequer no interior de cada um dos moldes imaginados por Demogue, as peças que os compõem deixaram de se mover e, portanto, de gerar problemas. Muitos desses artefatos ocupam outros lugares ou foram substituídos por elementos com formas e tonalidades distintas das primitivas.

Originalmente, nas obrigações de meio – também conhecidas como obrigações de diligência e prudência[25] –, o compromisso assumido pelo devedor lhe impunha, tão somente, seguir um plano prestacional que, mesmo projetado visando à satisfação das expectativas do credor, não seria afiançado pelo primeiro[26]. O desempe-

---

22. STJ. REsp 1.180.815/MG. 3. T. Rel. Min. Nancy Andrighi. j. 19.08.2010.
23. NOGUEIRA, Lavyne Lima. Responsabilidade civil do profissional liberal perante o código de defesa do consumidor, *Revista de Direito do Consumidor*, São Paulo, v. 10, n. 40, p. 199-226, out./dez. 2001. p. 217-219.
24. STJ. REsp 1579954/MG. 3. T. Rel. Min. Nancy Andrighi. DJe 18/05/2018. Para a compreensão do estado da arte no tratamento do tema: MALHEIROS, Pablo; COSTA, José Pedro Brito da. Responsabilidade hospitalar pela atividade médica autônoma: uma questão de coligação contratual, *Revista IBERC*, Minas Gerais, v. 1, n. 1, p. 01-47, nov. 2018.
25. KUMMEROW, Gert. *Esquema del daño contractual resarcible según el sistema normativo venezolano*. Caracas: Universidad Central de Venezuela, 1964. p. 32-33.
26. PICASSO, Sebastián. La culpa y el incumplimiento en las obligaciones de medios. In: FERNÁNDEZ, Carlos López; CAUMONT, Arturo; CAFFERA, Gerardo (Coord.). *Estudios de derecho civil en homenaje al profesor Jorge Gamarra*. Montevideo: FCU, 2001. p. 347. Veja ainda: GAMARRA, Jorge. Incidencia del problema de la carga de la prueba en la fundamentación de la responsabilidad civil, *Revista de la Facultad de Derecho*

nho da prestação prometida exigia, assim, tão somente o empenho para vencer as adversidades porventura surgidas no curso do processo obrigacional. O devedor estaria liberado ao demonstrar que buscou, da melhor forma, adimplir[27]. O ônus de promover a prova da culpa do devedor – quando da violação de dever no curso do processo obrigacional – pertencia ao credor[28]. Cabia a ele demonstrar a diligência adotada desviou-se do exigido pelas circunstâncias[29]. Ausente tal prova, o credor não poderia postular reparação alguma. Apesar de datado, a pesquisa permitiu identificar que não são poucos os autores no Brasil[30] e no exterior[31] que ainda pensam assim.

Consoante o fluir do tempo a observação dos inconvenientes carreados na distribuição dos ônus probatórios – e talvez, também, os malefícios causados às incontáveis vítimas de danos ladeados pelos problemas de ordem sistêmica impregnados à dicotomia – fez com que o modelo que remete aos primeiros mapas esboçados para tratar o tema fosse criticado.

Argumentos dogmáticos e sociológicos exigiram a reforma de algumas das suas escoras[32]. Nesse espaço agora reformatado o devedor deveria demonstrar que agiu de modo diligente para se eximir da sanção reparatória. A prova da ausência de culpa, agora, pertence ao devedor. Ao credor, de outra banda, cabe demonstrar haver um contrato, o dano por ele suportado[33] e convencer o intérprete da existência de uma

---

y *Ciencias Sociales*, Montevideo, v. 2, n. 3, p. 639-665, 1951. p. 641. LIRA, Ricardo Pereira. Obrigação de meios e obrigação de resultado a pretexto da responsabilidade médica: análise dogmática, *Revista de Direito Renovar*, Rio de Janeiro, n. 6, p. 75-82, set./dez. 1996. p. 77-78.

27. LÔBO, Paulo Luiz Netto. Responsabilidade civil do advogado, *Revista de Direito Privado*, São Paulo, v. 3, n. 10, p. 211-220, abr./jun. 2002. p. 218.
28. MAZEAUD, Henri; MAZEAUD, Léon; TUNC, André. *Tratado teórico y práctico de la responsabilidad civil delictual y contractual*. Trad. Luis Alcalá Zamora y Castillo. Buenos Aires: Ediciones Jurídicas Europa-América, 1962, v. 2, t. 1. p. 451.
29. DUPICHOT, Jacques. *Derecho de las obligaciones*. Trad. Rosangela Calle. Bogotá: Temis, 1984. p. 6.
30. AGUIAR JUNIOR, Ruy Rosado de. Responsabilidade civil do médico, *Revista dos Tribunais*, São Paulo, v. 84, n. 718, p. 33-53, ago. 1995. p. 35. GIOSTRI, Hildegard Taggesel. Algumas reflexões sobre as obrigações de meio e de resultado na avaliação da responsabilidade médica, *Revista Trimestral de Direito Civil*, Rio de Janeiro, n. 5, p. 101-116, jan./mar. 2001. p. 103-105. GRAEFF-MARTINS, Joana. Cirurgia plástica estética: natureza da obrigação do cirurgião, *Revista de Direito Privado*, São Paulo, v. 10, n. 37, p. 105-129, jan./mar. 2009. p. 111. NERILO, Lucíola. A responsabilidade civil pelo descumprimento da cláusula geral da boa-fé nos contratos, *Revista dos Tribunais*, São Paulo, v. 96, n. 866, p. 67-98, dez. 2007. p. 89. PRUX, Oscar Ivan. Um novo enfoque quanto à responsabilidade civil do profissional liberal, *Revista de Direito do Consumidor*, São Paulo, n. 19, p. 202-231, jul./set. 1996. p. 205-211.
31. GAMARRA, Jorge. Incidencia del problema de la carga de la prueba en la fundamentación de la responsabilidad civil, *Revista de la Facultad de Derecho y Ciencias Sociales*, Montevideo, v. 2, n. 3, p. 639-665, 1951. p. 652. KUMMEROW, Gert. *Esquema del daño contractual resarcible según el sistema normativo venezolano*. Caracas: Universidad Central de Venezuela, 1964. p. 32-33. LARROUMET, Christian. La causa estraña. In: ESPINOSA, Fabricio Mantilla; BARRIOS, Francisco Ternera (Dir.). *Los contratos en el derecho privado*. Bogotá: Legis, 2007. p. 294. MASSIMO BIANCA, Cesare. *Diritto civile*: l´obbligazione. Milano: Giuffrè, 2006, v. 4.
32. CÁRDENAS, Betty Mercedes Martínez. La adaptación de la teoría de las obligaciones de medios y las obligaciones de resultados en el derecho colombiano. In: ESPINOSA, Fabricio Mantilla; BARRIOS, Francisco Ternera (Dir.). *Los contratos en el derecho privado*. Bogotá: Legis, 2007. p. 908.
33. A prova do dano é dispensada – ao menos, em princípio – nas hipóteses de ajuste prévio de cláusula penal pelas partes.

conexão causal. No Brasil, comungam dessa linha de pensamento Caio Mário da Silva Pereira[34] e Clóvis Bevilaqua[35]. Paulo Lôbo[36] integrou esse rol, mas parece ter revisto seu posicionamento teórico[37]. No exterior, Antunes Varela[38], Carmen Domínguez Hidalgo[39], Édgar Cortés[40], Jorge Zago[41], Jorge Mosset Iturraspe e Miguel Piedecasas[42], defendem, em termos gerais, ser mais fácil para o devedor demonstrar ter seguido o programa obrigacional, do que ao credor provar que aquele não foi diligente[43].

Apesar de o passo dado ser bastante importante, reaparece a questão de saber como se prova a ausência de culpa. Historicamente, o limite da culpa esteve alocado na demonstração – o ônus era atribuído ao devedor – de causa estranha a ele não imputável[44]. Ora, se a culpa só pode ser afastada com a prova da ausência de nexo causal, não há lógica que legitime a defesa de sua manutenção como fator de atribuição do dever de reparar, pois, como ensina com invulgar clareza Daniel Pizarro, o problema é o mesmo nas obrigações de meio ou de resultado: em ambos os casos o limite da responsabilidade está na impossibilidade superveniente, logo, em fatos não imputáveis à conduta do devedor[45], ideia que remonta a Osti e tem mais de cem anos[46].

Essa simples constatação faz ruir quaisquer modelos de apreciação subjetiva da responsabilidade contratual. Entretanto, em vez de aceitar a morte da culpa, surgem desculpas visando a esconder esse fato. Teses mirabolantes foram produ-

---

34. PEREIRA, Caio Mário da Silva. *Responsabilidade civil*: de acordo com a constituição federal de 1988. 8 ed. Rio de Janeiro: Forense, 1997. p. 247.
35. BEVILAQUA, Clóvis. *Direito das obrigações*. 5 ed. Rio de Janeiro: Freitas Bastos, 1940. p. 147.
36. LÔBO, Paulo Luiz Netto. Responsabilidade civil dos profissionais liberais e o ônus da prova, *Revista de Direito do Consumidor*, São Paulo, n. 26, p. 159-165, abr./jun. 1998. p. 164-165.
37. LÔBO, Paulo Luiz Netto. *Direito civil*: obrigações. 9. ed. São Paulo: Saraiva, 2021.
38. ANTUNES VARELA, João de Matos. *Direito das obrigações*. Rio de Janeiro: Forense, 1978, v. 2. p. 120.
39. HIDALGO, Carmen Domínguez. La concepción dualista de la responsabilidad civil en Chile: panorama general, *Revista Anales Derecho UC*, Santiago, v. 3, p. 73-89, mar. 2008. p. 74.
40. CORTÉS, Édgar. Breve nota sobre la culpa contractual y la extracontractual en el derecho colombiano, *Revista Anales Derecho UC*, Santiago, v. 3, p. 93-104, mar. 2008. p. 103.
41. ZAGO, Jorge. El significado de la culpa. In: GESUALDI, Dora Mariana (Coord.). *Derecho privado*. Buenos Aires: Hammurabi, 2001. p. 1284.
42. MOSSET ITURRASPE, Jorge; PIEDECASAS, Miguel. *Responsabilidad contractual*. Santa Fé: Rubinzal-Culzoni, 2007. p. 221-225.
43. FERNANDÉZ, Carlos López. Obligaciones de medios y de resultado, *Revista de la Facultad de Derecho*, Montevideo, n. 18, p. 97-132, jul./dez. 2000. p. 113-117.
44. MOSSET ITURRASPE, Jorge. La vigencia del distingo entre obligaciones de medio y de resultados en los servicios, desde la perspectiva del consumidor, *Revista da Ajuris*, Porto Alegre, v. 1, p. 250-252, mar. 1988. p. 250. RUIZ, Roberto Martinez. Obligaciones de medio y de resultado. *La Ley*, Buenos Aires, t. 90, p. 756-760, abr./jun. 1958. p. 759-760.
45. PIZARRO, Ramón Daniel. *Tratado de la responsabilidad objetiva*. Buenos Aires: La Ley, 2015, v. 2. p. 244.
46. v. D´AMICO, Giovanni. La responsabilità contrattuale: attualità del pensiero di Giuseppe Osti. *Rivista di Diritto Civile*, Milano, v. LXV, n. 1, p. 1-24, gen./feb. 2019. FRANCO, Rosario. *La persistente attualità del pensiero di Giuseppe Osti (ad oltre cent'anni)*. Napoli: Edizioni Scientifiche Italiane, 2022. LUMINOSO, Angelo. Sulla responsabilità contrattuale ed extracontrattuale dell'impresa. *Contratto e impresa*, Milano, v. 23, n. 4-5, p. 917-932, 2007. MASSIMO BIANCA, Cesare. Alla ricerca del fondamento della responsabilità contrattuale. *Rivista di Diritto Civile*, Padova, v. 65, n. 6, p. 1277-1294, 2019.

zidas, pondo à prova a criatividade humana. Sob o pálio da culpa, defende-se que, havendo o inadimplemento ou a mora, nas obrigações de meio, o ônus da prova da ausência de culpa pertencerá ao devedor, mas, caso haja cumprimento inexato, sua prova é ônus que incumbe ao credor[47], construção que parece destoar do estado da arte no tratamento do dever de reparar ao retomar a discussão sobre a necessidade de prova da culpa do devedor. Ela também afasta a possibilidade de sistematizar, coerentemente, as diferentes hipóteses de violação de dever contratual.

Afirma-se, também que a culpa é irrelevante à caracterização da mora e do inadimplemento[48], só tendo utilidade na apreciação do cumprimento imperfeito[49]. E se o passo dado em direção à objetivação do dever de reparar os danos contratuais é importante, ele ainda não autoriza o tratamento uniforme da violação dos deveres de prestação; desprezando a necessária sistematização das patologias obrigacionais.

Ainda nessa toada e de modo ainda mais restritivo, afirma-se que a diligência só terá utilidade quando houver o cumprimento inexato de obrigação de fazer; entretanto, ao contrário da construção anterior, o ônus da prova da culpa do devedor pertencerá ao credor, de modo a restaurar parte dos tons clássicos outrora elaborados para a representação do tema[50] e, com ele, as críticas oportunamente formuladas.

É possível perceber, nas linhas delineadas até este momento, a evolução havida no tratamento da matéria. Da imposição originária acerca da presença da culpa em ambos os modelos à objetivação do dever de reparar, consoante o estado da arte, na maioria das hipóteses que podem ser imaginadas. A literatura mapeada e decodificada parece acreditar que a culpa sobrevive, embora, dê provas bastante significativas de que ela agoniza em algum quarto abafado na Babel de propostas teóricas.

E foi assim que, durante o desvelar da metamorfose em curso, foi possível notar o abrandamento das mazelas oriundas da alocação da culpa como fator de imputabilidade do dever de reparar. Em um primeiro momento, as discussões tentam identificar a quem incumbe a prova da culpa. Em uma segunda etapa, os ônus probatórios foram transferidos ao devedor com lastro em um sistema que recorre a presunções[51]. Posteriormente, a culpa deixou de atuar como pressuposto em parte relevante do universo preenchido pela noção de violação de dever contratual. A trilha percorrida certamente não pode ser linearmente representada, tampouco

---

47. AGOGLIA, María Martha; BORAGINA, Juan Carlos; MEZA, Jorge Alfredo. *Responsabilidad por incumplimiento contractual*. Buenos Aires: Hammurabi, 2003. p. 201.
48. BUERES, Alberto Jesus. *Derecho de daños*. Buenos Aires: Hammurabi, 2001. p. 438.
49. PICASSO, Sebastián. La culpa y el incumplimiento en las obligaciones de medios. In: FERNÁNDEZ, Carlos López; CAUMONT, Arturo; CAFFERA, Gerardo (Coord.). *Estudios de derecho civil en homenaje al profesor Jorge Gamarra*. Montevideo: FCU, 2001. p. 360-361.
50. VISINTINI, Giovanna. *Tratado de la responsabilidad civil*: la culpa como criterio de imputación de la responsabilidad. Trad. Aída Kemelmajer de Carlucci. Buenos Aires: Astrea, 1999, v. 1. p. 202-206.
51. CASTRONOVO, Carlo. Sentieri di responsabilità civile europea. *Europa e Diritto Privato*, Milano, n. 4, p. 787-830, 2008.

se pode afirmar que nunca houve pausas ou mesmo pequenos regressos. Mas sem dúvida revela muito avanço.

E, caso não se tenha percebido, até o momento, uma palavra sequer foi destinada à análise das linhas evolutivas no tratamento das obrigações classificadas, consoante a proposta dicotômica, como de resultado, pois, nelas, a conduta do devedor há de coincidir com a prestação prometida por ocasião do ajuste negocial.

Nas obrigações de resultado, haverá adimplemento se alcançada a consonância – encaixe balizado pela boa-fé objetiva – entre o comportamento externalizado e o contratualmente delineado. Em outras palavras, haverá adimplemento quando e se o futuro antecipado idealmente, no contrato, vier a ser atingido quando alçado ao presente. Originalmente, no modelo binário, presumia-se culpado o devedor[52] inadimplente, cabendo a ele demonstrar a não existência do dever de reparar por meio da prova do *casus*. A ideia resiste ao labor do tempo:

> [...] Os procedimentos cirúrgicos de fins meramente estéticos caracterizam verdadeira obrigação de resultado, pois neles o cirurgião assume verdadeiro compromisso pelo efeito embelezador prometido. Nas obrigações de resultado, a responsabilidade do profissional da medicina permanece subjetiva. Cumpre ao médico, contudo, demonstrar que os eventos danosos decorreram de fatores externos e alheios à sua atuação durante a cirurgia [...][53].

Apesar de existir quem sustente que incumbe ao lesado provar a culpa do devedor[54] que violou o dever jurídico que deveria observar, o modelo inicial foi estruturado na inversão do ônus probatório.

Com o tempo o estudo da matéria encontrou ambiente propício a alçar novos ares. Passou a se afirmar que a culpa do devedor é irrelevante[55] na configuração do dever de reparar nascido da inobservância das obrigações de resultado. Em apertada síntese, é possível afirmar que a presunção de culpa, contida na vertente clássica da tese, foi abandonada e substituída por fator objetivo de imputação do dever de reparar[56]. Tanto a literatura como, ocasionalmente, alguns tribunais[57], enxergaram

---

52. PRUX, Oscar Ivan. Um novo enfoque quanto à responsabilidade civil do profissional liberal, *Revista de Direito do Consumidor*, São Paulo, n. 19, p. 202-231, jul./set. 1996. p. 205-211.
53. STJ. REsp 1180815/MG. 3. T. Rel Min. Nancy Andrighi. DJe 26/08/10.
54. GAMARRA, Jorge. Incidencia del problema de la carga de la prueba en la fundamentación de la responsabilidad civil, *Revista de la Facultad de Derecho y Ciencias Sociales*, Montevideo, v. 2, n. 3, p. 639-665, 1951. LIRA, Ricardo Pereira. Obrigação de meios e obrigação de resultado a pretexto da responsabilidade médica: análise dogmática, *Revista de Direito Renovar*, Rio de Janeiro, n. 6, p. 75-82, set./dez. 1996.
55. PICASSO, Sebastián. El incumplimiento en las obligaciones contractuales: el problema de la ausencia de culpa y de la imposibilidad sobrevenida de la prestación – obligaciones de medios y de resultado. In: GESUALDI, Dora Mariana (Coord.). *Derecho privado*. Buenos Aires: Hammurabi, 2001. p. 1105.
56. BUERES, Alberto Jesus. *Derecho de daños*. Buenos Aires: Hammurabi, 2001. p. 36. GAMARRA, Jorge. Responsabilidad contractual objetiva. In: BUERES, Alberto Jesús; DE CARLUCCI, Aída Kemelmajer (Dir.). *Responsabilidad por daños en el tercer milenio*. Buenos Aires: Abeledo-Perrot, 1997. p. 113.
57. STJ. REsp 302397/RJ. 4. T. Rel. Min. Sálvio de Figueiredo Teixeira. j. 20.03.01. *DJ* 03.09.01. p. 228. "[...] Na espécie, a ré, ao fretar o avião, com a respectiva tripulação (piloto inclusive), firmou contrato de transporte com a empresa aérea contratada. Assim, se a contratada não cumpriu a obrigação de transportar

que a culpa é um elemento supérfluo[58], prescindível à configuração do dever de reparar danos havidos nesse contexto.

A culpa foi banida, com acerto, desse universo. E suprimida, também porque se percebeu que, na seara contratual, presumi-la, quando do não cumprimento da prestação, implica a utilização da arquitetura jurídica da responsabilidade objetiva[59]. Ora, se ao devedor pertence o ônus de comprovar que a causa do dano não lhe pode ser imputada porque ultrapassou as cercanias delineadoras da conduta por ele devida ou, ainda, que exerceu uma posição jurídica albergada pelo Direito, a irrelevância da culpa não pode ser, logicamente, refutada.

No exato momento em que a literatura privatista passou a atribuir ao devedor o ônus de demonstrar que a violação do dever contratual está atada a uma causa alheia à sua esfera de atuação – ou ao exercício de um direito a ele consagrado pelo Direito –, sem o perceber, promoveu a total e completa desconexão entre a culpa e o dever de reparar que exsurge do não desempenho da prestação.

A problemática ganha importância quando se apreende que grande parte das condutas devidas, na contemporaneidade, são informadas por deveres jurídicos que sugerem futuro *resultado*. Nessa configuração estão as obrigações de dar[60], as de não fazer e, ainda, muitas das classificadas como de fazer[61].

À culpa também não foi reservado papel algum noutro momento do quadro classificatório: as obrigações de garantia. Com traços distintos, peculiares, não há como enquadrá-las no sistema binário. Seu conteúdo visa à "eliminação de um risco que pesa sobre o credor"[62]. E parece não haver dúvida de que a violação dessa espécie de prestação há de ser aferida em perspectiva objetiva, mormente, porque parece seguir a regra das obrigações em pecúnia.

No mais, a partir da constatação de que o ônus da prova exoneratória do dever de reparar incumbe ao devedor, surge outra questão a ser explorada. Em um e outro caso, consoante a dogmática codificada, a imposição do dever de reparar somente

---

os passageiros incólumes, deve responder pelo seu descumprimento e garantir eventual condenação da contratante. Em outras palavras, tratando-se de obrigação de resultado, com cláusula de incolumidade, se o contrato não for cumprido nos termos em que estabelecido, sem que ocorram as causas excludentes de irresponsabilidade [sic], obriga-se o transportador a compor os prejuízos suportados pelo passageiro ou pela contratante, no caso a ré. [...]".

58. BUSTAMANTE ALSINA, Jorge. El perfil de la responsabilidad civil al finalizar el siglo XX. In: BUERES, Alberto Jesús; DE CARLUCCI, Aída Kemelmajer (Dir.). *Responsabilidad por daños en el tercer milenio*. Buenos Aires: Abeledo-Perrot, 1997. p. 20-26.
59. CÁRDENAS, Betty Mercedes Martínez. La adaptación de la teoría de las obligaciones de medios y las obligaciones de resultados en el derecho colombiano. In: ESPINOSA, Fabricio Mantilla; BARRIOS, Francisco Ternera (Dir.). *Los contratos en el derecho privado*. Bogotá: Legis, 2007. p. 909.
60. DEVOTO, Luigi. *L'imputabilità e le sue forme nel diritto civile*. Milano: Giuffrè, 1964. p. 241-245.
61. FERNANDÉZ, Carlos López. Obligaciones de medios y de resultado, *Revista de la Facultad de Derecho*, Montevideo, n. 18, p. 97-132, jul./dez. 2000. p. 131.
62. COMPARATO, Fábio Konder. *Ensaios e pareceres de direito empresarial*. Rio de Janeiro: Forense, 1978. p. 537.

será afastada se o devedor demonstrar que adimpliu a prestação prometida, ou que isso não se deu em razão de causa alheia à sua esfera de atuação.

Ora, se a tese se sustenta, não há por que diferenciar o que não é diferente!

Aliás, no que toca a esse ponto, a terminologia utilizada – obrigações de meio ou de diligência – é bastante infeliz. E o é, por sugerir que o devedor não precisaria atender à legítima expectativa do credor por ocasião do pagamento[63], autorizando concluir que bastará ao devedor provar que agiu adequadamente. Ledo engano. Em que pese à possibilidade de demonstrar que a conduta desempenhada foi informada pela diligência exigida, essa não pode ser considerada como causa de exoneração do dever de reparar. Quando muito, a demonstração de que sua conduta é irrepreensível servirá como prova do adimplemento[64] da prestação devida.

É evidente que a diligência é relevante; só não é suficiente. Assim, se o devedor demonstrar que sua conduta se coaduna ao que era dele esperado, não será obrigado a reparar os danos suportados pelo credor. Isso ocorre, entretanto, reafirme-se, por demonstrar que adimpliu o prometido[65]. Isso é o que dele se espera. E, nesse caso, ele se libera do dever de reparar, não porque não agiu com culpa, mas sim, por ter havido adimplemento, ato-fato jurídico que põe fim ao processo obrigacional. A violação de dever contratual, nesses casos, é meramente aparente, não passa de algo ilusório. Por isso, a prova a ser promovida pelo devedor está conectada à demonstração da inexistência de desrespeito ao aludido dever, e não, à ausência de culpa.

Apesar da clareza dessas constatações, a questão, longe de encontrar resposta única, ainda vive momento de efervescência. Defende-se ser possível, nas obrigações de meio, a prova "*de la no culpa*", bastando ao devedor demonstrar que sua conduta se conformou à diligência exigida para a hipótese[66]; tese, como anotado anteriormente, deveras distante do estado da arte. Sustenta-se que a ausência de culpa não pode ser confundida com quaisquer das situações de causa estranha e não imputável ao devedor[67], viés no qual o devedor se libera da culpa – e do dever de reparar correlato –, ao provar que fez todo o possível para adimplir, respeitando o programa obrigacional e os corolários que emanam da pontualidade, da indivisibilidade e da boa-fé objetiva. E, embora essa perspectiva não seja de todo equivocada, parece não perceber que se o dano foi causado por elemento externo à álea de atuação do

---

63. MOSSET ITURRASPE, Jorge. La vigencia del distingo entre obligaciones de medio y de resultados en los servicios, desde la perspectiva del consumidor, *Revista da Ajuris*, Porto Alegre, v. 1, p. 250-252, mar. 1988. p. 250.
64. GONZÁLEZ, Jorge Baraona. Responsabilidad contractual y fatores de imputación de daños: apuntes para una relectura en clave objetiva, *Revista Chilena de Derecho*, Santiago, v. 24, n. 1, p. 151-177, jan./abr. 1997. p. 166-169.
65. MOSSET ITURRASPE, Jorge; PIEDECASAS, Miguel. *Responsabilidad contractual*. Santa Fé: Rubinzal-Culzoni, 2007. p. 225-231.
66. AGOGLIA, María Martha; BORAGINA, Juan Carlos; MEZA, Jorge Alfredo. *Responsabilidad por incumplimiento contractual*. Buenos Aires: Hammurabi, 2003. p. 89-94.
67. BUERES, Alberto Jesus. *Derecho de daños*. Buenos Aires: Hammurabi, 2001. p. 46.

devedor, a demonstração, por parte deste, de uma conduta diligente não tem razão de ser, e isso porque a causa do dano se encontra no primeiro e não no último.

Outra questão de lógica!

Uma vez resgatadas as críticas mais distintas que um e outro momento da classificação binária têm recebido, os problemas estruturais que a informam, bem como, a impossibilidade de recorrer à culpa em ambas as vertentes analisadas, podem ser lembradas outras razões que mostram a inconteste superação do viés de apreciação teórica corroído pelo incessante e incansável labor do tempo.

O credor espera, em qualquer relação jurídica, o desempenho da prestação prometida, ou seja, acredita na realização do dar, fazer ou não fazer[68], fim esperado em todo e qualquer processo obrigacional. A "passagem pela qualificação das obrigações de meio e das obrigações de resultado constitui efetivamente um desvio inútil e se pode legitimamente almejar o desaparecimento dessa distinção, cuja elaboração é de uma incrível complexidade"[69].

A única diferença que realmente parece existir entre ambas é que, nas primeiras, o objeto da prestação se insere em uma álea aparentemente um pouco maior do que a contida nas últimas[70].

Noutras palavras, em um ou outro caso, as contingências inerentes a cada situação serão mais ou menos amplas, apenas isso e nada mais. Seguindo esses passos, é possível antever que, nas obrigações de garantia e nas prestações genéricas, a álea de situações de exclusão do dever de reparar será ainda menor do que nas situações anteriores.

Tais diferenças, entretanto, não parecem justificar um quadro classificatório autônomo, o que não implica que devam ser ignoradas no processo de realização do direito[71], mormente, quando se resgata a faceta orgânica que impregna todo processo obrigacional e as muitas possibilidades contidas em cada um dos seus instantes. Ademais, como antecipado, sem forma, sem meios, sem critérios que impeçam a sobreposição das molduras criadas por Demogue, usá-la deixa de ser uma alternativa, um caminho, minimamente, viável. Enfim, toda obrigação visa a um resultado[72]: a satisfação de legítimos interesses do credor.

Nesta linha de raciocínio, aliás, cada pessoa, cada contratante, é responsável não apenas por seus atos culposos, mas por todas aquelas condutas que possam causar

---

68. PADILLA, Rodrigo. La responsabilidad civil del abogado y las obligaciones de medio y resultado, *Revista de Responsabilidad Civil y Seguros*, Buenos Aires, n. 4, p. 80-106, abr. 2006. p. 92-100.
69. SAVAUX, Eric. O fim da responsabilidade contratual?, *Revista Justitia*, São Paulo, n. 194, p. 130-152, abr./jun. 2001. p. 145-146.
70. AGOGLIA, María Martha; BORAGINA, Juan Carlos; MEZA, Jorge Alfredo. *Responsabilidad por incumplimiento contractual*. Buenos Aires: Hammurabi, 2003. p. 58-65.
71. LÔBO, Paulo Luiz Netto. *Teoria geral das obrigações*. São Paulo: Saraiva, 2005. p. 35-36.
72. LÔBO, Paulo Luiz Netto. Responsabilidade civil do advogado, *Revista de Direito Privado*, São Paulo, v. 3, n. 10, p. 211-220, abr./jun. 2002. p. 219.

um dano a outrem[73]. Tais aspectos permitem entender porque a dicotomia surgida há um século vai de encontro (a) à necessidade de tutelar quem suportou o dano[74], (b) à importância de constante respeito aos marcos que delineiam o direito de danos – dentre eles, a primazia do interesse da vítima; e, por que não, (c) à adequação do tema aos influxos oriundos dos princípios constitucionais da isonomia substancial e da solidariedade social. Contraria, ainda, (d) a necessidade de satisfação da legítima expectativa do credor nascida, na seara negocial, no exercício de uma liberdade positiva que impõe o agir responsável, afinal, como escreveu um dia Antoine de Saint-Exupéry, *tu deviens responsable pour toujours de ce que tu as apprivoisé*.

A adequada intelecção das questões aqui tratadas permite compreender a ilusão que contamina as teses reparatórias construídas a partir da culpa do devedor, teses que paradoxalmente apontam que não basta a prova da ausência de culpa[75] para afastar o dever de reparar.

Nada mais resta a ser feito neste momento, senão afirmar que, além dos problemas dogmáticos ligados à artificialidade e incerteza cartesiana derivada da indesejada e inafastável bricolagem de telas que só teriam sentido se pudessem ser imobilizadas no interior de um díptico, o sistema binário ofende as diretrizes constitucionais que hão de informar – em cada situação concreta – o processo de realização do Direito.

---

73. JOSSERAND, Louis. Evolução da responsabilidade civil, *Revista Forense*, Rio de Janeiro, n. 86, p. 52-63, jun. 1941. p. 60.
74. LÔBO, Paulo Luiz Netto. *Teoria geral das obrigações*. São Paulo: Saraiva, 2005. p. 34.
75. MOSSET ITURRASPE, Jorge; PIEDECASAS, Miguel. *Responsabilidad contractual*. Santa Fé: Rubinzal-Culzoni, 2007. p. 42.

DA CULPA AO DANO: A OBJETIVAÇÃO DA IMPUTAÇÃO DA RESPONSABILIDADE CONTRATUAL

Apesar de a afirmação de que a culpa é o "único critério regulador da responsabilidade humana" ter sido deveras recorrente até mui recentemente e, ainda, do fato de que o caminho trilhado da responsabilidade sem culpa à reparação nela lastreada ser um importante artefato histórico[1], os pontos de fuga traçados até esse instante permitem enxergar a acuidade e relevância dos fatores objetivos no processo de mapeamento e fixação do dever de reparar danos contratuais na contemporaneidade jurídica brasileira.

A secção da culpa do universo da responsabilidade contratual promove: (a) a alocação do tratamento do dever de reparar os danos contratuais pelo direito de danos, (b) a adequação da leitura do tema aos pressupostos teóricos que informam a personalização do direito civil e a correlata ampliação da tutela da pessoa humana, (c) a primazia da função preventiva – e, mesmo, precautória – frente ao aspecto reparatório, (d) a obediência à isonomia, mormente quando constatadas as dificuldades que permeiam a conceituação da culpa, (e) a solidariedade social, ao funcionalizar o exercício de uma série de posições jurídicas à necessidade de olhar para o próximo, (f) o distanciamento do binômio *crime e castigo*, colaborando na construção do embasamento filosófico que retroalimenta o assunto, além de, claramente, (g) afastar o equívoco dogmático que historicamente vê o fortuito como limite da culpa e, (h) colaborar com a construção de soluções mais próximas de uma sociedade plural e democraticamente estabelecida.

Vale lembrar, antes de prosseguir, que mesmo no auge da idolatria à culpa, em algum momento do século XIX, ela foi tecnicamente desnecessária à gênese do dever de reparar danos oriundos do não cumprimento de obrigações de garantia e das prestações genéricas[2] como as pecuniárias. O direito codificado no Brasil, permite, aliás, na última das hipóteses, aferir a veracidade da afirmação ao incorporar o *genus nunquam perit*.

---

1. DE CUPIS, Adriano. *El daño*: teoria general de la responsabilidad civil. Trad. Ángel Martínez Sarrión. Barcelona: Bosch, 1975. p. 189-205.
2. POTHIER, Robert Joseph. *Tratado das obrigações*. Trad. Adrian Sotero De Witt Batista; Douglas Dias Ferreira. Campinas: Servanda, 2002. p. 585.

Há mesmo quem afirme, nesse último caso, que a responsabilidade do devedor deve ser vista como "objetiva absoluta"[3]. Isso ocorre porque não é dado ao devedor invocar quaisquer das excludentes de causalidade para afastar o dever de reparar[4] derivado do não desempenho da prestação.

E, se, ao longo da História, na arquitetura jurídica da responsabilidade contratual, sempre houve situações avessas à culpa, mais recentemente – e mesmo sob o crivo implacável do senso comum – são incontáveis as hipóteses inegavelmente atadas a um fator de imputação objetivamente aferível.

Podem ser lembradas, dentre outras, as situações nas quais o dever de reparar se impõe (a) ao transportador, pelos danos causados aos passageiros e objetos que lhe são entregues, (b) ao depositário, pelas lesões decorrentes da guarda ou conservação da coisa e, (c) ao empreiteiro, pelos danos oriundos da ausência de segurança ou solidez da obra. Ao seu lado, inúmeras são as hipóteses sob os cuidados da legislação de consumo no Brasil e dentre as quais podem ser lembrados os acidentes de consumo e as situações de vício do produto ou serviço. Pode-se pensar ainda na leitura que parece ser a mais adequada da legislação sobre proteção de dados.

Ocorre que, ignorando toda essa lógica, defende-se (a) que a utilização da culpa como fator de atribuição do dever de reparar estimula o exercício do livre-arbítrio e da livre-iniciativa[5] e (b) que o recurso a fatores objetivos de atribuição do dever de reparar promove a atrofia do homem responsável[6], enquanto, ao mesmo tempo, outras vozes gritam que (c) afastar a culpa condenará o homem à inatividade e o autor do dano à indigência[7] e, que (d) abandonar a culpa conduzirá o Direito a um momento pré-cultural na história da humanidade[8], promovendo a ressurreição de teses primitivas[9] e a recondução à barbárie[10]. Ademais, talvez com lastro na suposição de que (e) a culpa, por estar ligada a um sujeito responsável, "corresponde à consciência ética e à refinada sensibilidade jurídica de nosso tempo"[11], ouvem-se

---

3. BERDAGUER, Jaime. Las obligaciones de resultado: situación actual y perspectivas futuras. In: FERNÁNDEZ, Carlos López; CAUMONT, Arturo; CAFFERA, Gerardo (Coord.). *Estudios de derecho civil en homenaje al profesor Jorge Gamarra*. Montevideo: FCU, 2001. p. 50.
4. BARRIOS, Francisco Ternera. Introducción. In: ESPINOSA, Fabricio Mantilla; BARRIOS, Francisco Ternera (Dir.). *Los contratos en el derecho privado*. Bogotá: Legis, 2007. p. 74.
5. TOURNEAU, Philippe le. *La responsabilidad civil*. Trad. Javier Tamayo Jaramillo. Bogotá: Legis, 2004. p. 28-31.
6. YAGÜEZ, Ricardo de Angel. *La responsabilidad civil*. 2 ed. Bilbao: Universidad de Deusto, 1989. p. 77.
7. AZEVEDO, Vicente de Paulo Vicente de. O fundamento da responsabilidade civil extracontratual, *Revista de Direito Privado*, São Paulo, v. 1, n. 1, p. 151-165, jan./mar. 2000. p. 161-164.
8. NONATO, Orosimbo. Aspectos do modernismo jurídico e o elemento moral na culpa objetiva, *Revista Forense*, Rio de Janeiro, n. 56, p. 5-26, jan./jun. 1931. p. 19-26.
9. COELHO, José Gabriel Pinto. *A responsabilidade civil baseada no conceito da culpa*. Coimbra: Imprensa da Universidade, 1906. p. 21 e 207.
10. AZEVEDO, Vicente de Paulo Vicente de. O fundamento da responsabilidade civil extracontratual, *Revista de Direito Privado*, São Paulo, v. 1, n. 1, p. 151-165, jan./mar. 2000. p. 161-164.
11. LARENZ, Karl. *Derecho de obligaciones*. Trad. Jaime Santos Briz. Madrid: Editorial Revista de Derecho Privado, 1958, t. 1. p. 283.

vozes brandindo que (f) "suprimir a culpa" da responsabilidade civil é o mesmo que subjugar a pessoa civil, para esmagá-la sob o peso da matéria e da sociedade[12]. Além dos argumentos apontados, é bastante comum identificar quem afirme que afastar a culpa da responsabilidade civil é algo (g) inaceitável, por promover a incidência de regimes distintos na configuração do dever de reparar, (h) repugnante, por ser intolerável que alguém que não seja responsável pela lesão possa ser compelido a repará-la e (i) contrário à moral inerente às relações humanas[13].

São muitos, de fato, os argumentos.

Os influxos responsáveis pela ascensão da culpa ao Olimpo têm origem em explicações e justificativas de distintas ordens. O que parece passar despercebido, entretanto, é a perpetuação de uma realidade excludente e que, inegavelmente, nega o hoje. De um lado, as alusões à culpa tem íntima ligação com a punição de quem ao não cumprir a obrigação causou um dano. Isso exigia a averiguação da origem da lesão e da voluntariedade do ato[14]. De outra banda, somente a não aceitação da mutação tecnológica e de algumas de suas ramificações como a robótica e a inteligência artificial pode seguir alimentando a valorização de uma figura acorrentada ao passado. Também por isso os argumentos colacionados em favor da culpa são ilusórios[15] e sua defesa na apreciação do dever de reparar peca, dentre outros motivos, por ser unilateral, ignorando o lesado e desprezando o *interesse social* na reparação do dano[16]. Ademais, ignora-se que a culpa atua como um filtro[17] – em desfavor dos lesados, negando a promoção do ser –, ao selecionar as demandas que terão seguimento e serão eventualmente providas.

Em algum instante atado ao labor de Chronos, percebe-se uma guinada, um câmbio histórico[18]. Fundamentos de ordem (a) sociológica – o excessivo número das vítimas do maquinismo –, (b) política – as sementes do Estado Social começavam a germinar – e (c) filosófica – o Direito, mesmo que lentamente e com ferrenha oposição, levaram-na a transitar por caminhos nunca explorados. Em um primeiro momento, surgem teses pretendendo mitigar seus efeitos deletérios, sem, contudo,

---

12. MAZEAUD, Léon. H. Capitant e a elaboração da teoria francesa da responsabilidade civil, *Revista Forense*, Rio de Janeiro, v. 37, n. 83, p. 394-400, set. 1940. p. 396.
13. COELHO, José Gabriel Pinto. *A responsabilidade civil baseada no conceito da culpa*. Coimbra: Imprensa da Universidade, 1906. p. 117-121.
14. LORENZETTI, Ricardo Luis. El sistema de la responsabilidad civil ¿una deuda de responsabilidad, un crédito de indemnización o una relación jurídica?, *Revista da Ajuris*, Porto Alegre, n. 63, p. 166-198, mar. 95. p. 168-172.
15. AZEVEDO, Vicente de Paulo Vicente de. O fundamento da responsabilidade civil extracontratual, *Revista de Direito Privado*, São Paulo, v. 1, n. 1, p. 151-165, jan./mar. 2000. p. 161-164.
16. COSTA, Álvaro Ferreira da. Responsabilidade sem culpa, *Revista da Faculdade de Direito*, Curitiba, v. 4, n. 4, p. 234-250, dez. 1956. p. 238-239.
17. SCHREIBER, Anderson. Novas tendências da responsabilidade civil brasileira, *Revista Trimestral de Direito Civil*, Rio de Janeiro, n. 22, p. 45-70, abr./jun. 2005. p. 47.
18. BAÍA, Jacinto Américo Guimarães. A evolução da responsabilidade civil e a reparação do dano nuclear, *Revista de Direito Civil, Imobiliário, Agrário e Empresarial*, São Paulo, v. 2, n. 4, p. 49-68, abr./jun. 1978. p. 52-55.

retirar-lhe o papel de pressuposto do dever de reparar; construções que buscavam (a) ampliar a sua noção, os seus contornos semânticos, (b) destacar a importância da utilização do critério abstrato em lugar do concreto em sua apreciação, (c) criar presunções – legais e jurisdicionais[19] – que autorizavam visualizar a presença da culpa sem promover sua prova e, ainda, (d) admitir um maior número de hipóteses de responsabilidade contratual[20].

Identificar o exato momento em que cada proposta de abrandamento dos efeitos perniciosos da culpa foi gestada é um trabalho digno dos esforços de Hércules. O aspecto a ser salientado, portanto, cinge-se à existência de um traço comum a todas elas: a manutenção da culpa como pressuposto do dever de reparar. Não se questiona, contudo, que o alargamento da culpa e a utilização do modelo abstrato para sua aferição, bem como, o surgimento das presunções[21], a consequente inversão do ônus probatório[22] e, a ampliação dos contornos da responsabilidade contratual foram passos importantes na escala evolutiva do tratamento dos danos provocados pela violação de dever.

Ao ampliar a compreensão semântica do *signo culpa* buscando despi-lo do subjetivismo e apresentá-lo ao mundo como comportamento lesivo[23], as correntes normativas permitiram aflorar a incompatibilidade entre o viés psicológico na aferição da culpa e a reparação de danos atados à industrialização e ao aumento da complexidade da vida em sociedade[24].

Naquilo que diz respeito à segunda perspectiva apontada, tem-se que a mutação sofrida no processo de aferição da culpa – abandonando a análise concreta do desvelar dos acontecimentos, em homenagem a projeções abstratamente formuladas – é outro fator responsável por promover o rompimento dos diques do modelo subjetivo. Surgem as presunções[25]. Invertem-se os ônus probatórios. Afirma-se de modo recorrente que uma presunção "consiste na inferência que, empiricamente, se extrai do indício, conforme a experiência de vida, a experiência científica ou técnica"[26] e, ainda, que uma presunção pode ser relativa ou absoluta. A última, na

---

19. GOMES, Orlando. *Introdução ao direito civil*. 11 ed. Atual. Humberto Theodoro Junior. Rio de Janeiro: Forense, 1995. p. 91.
20. RODRIGUES, Silvio. *Direito civil*: responsabilidade civil. 19 ed. São Paulo: Saraiva, 2002, v. 4. p. 155.
21. JOSSERAND, Louis. Evolução da responsabilidade civil, *Revista Forense*, Rio de Janeiro, n. 86, p. 52-63, jun. 1941. p. 58.
22. LÔBO, Paulo Luiz Netto. Responsabilidade civil do advogado, *Revista de Direito Privado*, São Paulo, v. 3, n. 10, p. 211-220, abr./jun. 2002. p. 213-218.
23. FERNANDES, Aducto. *Das obrigações no direito brasileiro*. Rio de Janeiro: A. Coelho Branco Fº Editor, 1951, v. 2. p. 531-532.
24. MORAES, Maria Celina Bodin de. Prefácio. In: SCHREIBER, Anderson. *Novos paradigmas da responsabilidade civil*: da erosão dos filtros da reparação à diluição dos danos. São Paulo: Atlas, 2007. p. XIII.
25. SIMÃO, José Fernando. Responsabilidade civil pelo fato do animal: estudo comparativo dos códigos civis de 1916 e de 2002. In: DELGADO, Mário Luiz; ALVES, Jones Figueirêdo (Coord.). *Questões controvertidas*: responsabilidade civil. São Paulo: Método, 2006, v. 5. p. 345-346.
26. ALTERINI, Atílio Aníbal. *Estudios de derecho civil*: conceptos, contratos, consumidor, derecho de daños. Buenos Aires: La Ley, 2007. p. 352.

verdade, por não admitir prova em contrário, não pode ser tratada como presunção. De qualquer modo, quando no universo da responsabilidade contratual revelar-se esta situação, a culpa será apenas um vocábulo inútil[27] a acobertar hipótese explícita de responsabilidade objetiva.

Retomando a trilha aberta outrora, quando se defende que a presunção é relativa, aliás, com o faz a doutrina majoritária ao abordar a questão, afirma-se que o devedor tem o ônus de afastá-la. A presunção de culpa recai sobre ele. Na seara contratual, é comum ouvir existir presunção de culpa no não cumprimento da prestação[28]. A alusão cada vez mais recorrente às presunções de culpa, apesar da severa e acertada crítica[29] e dos problemas daí derivados[30], é mais um vetor a apontar para o reconhecimento da necessidade de objetivação do dever de reparar[31].

No mais, as construções teóricas acerca da culpa presumida[32] não passam de artifícios usados para encobrir a ascensão da responsabilidade objetiva[33], mesmo porque, como demonstrado nessa pesquisa, é "incongruente uma presunção de culpa que só pode ser afastada com a prova do fortuito"[34]. Afinal, quando se defende que o incumprimento atribuível ao devedor é fonte de sua responsabilidade e que essa não existirá quando a patologia derive de fatos alheios à conduta devida[35], parece não mais restar lugar para a análise da culpa, mesmo que os autores não percebam isso.

Outro expediente utilizado na ampliação do universo de tutela das vítimas consiste na expansão das cercanias existentes em torno das hipóteses de responsabilidade contratual. O enquadramento de situações outrora pertencentes à responsabilidade aquiliana na seara negocial abranda, sem dúvida, as dificuldades inerentes à prova da culpa do devedor, e isso porque, a vítima se liberta desse ônus. Tal leitura alimenta

---

27. LIMA, Alvino. Situação atual, no direito civil moderno, das teorias da culpa e do risco, *Revista Forense*, Rio de Janeiro, v. 37, n. 83, p. 385-389, set. 1940. p. 385.
28. JORGE, Fernando Pessoa. *Ensaio sobre os pressupostos da responsabilidade civil*. Coimbra: Almedina, 1999. p. 40. MARTINEZ, Pedro Romano. *Cumprimento defeituoso*: em especial na compra e venda e na empreitada. Almedina: Coimbra, 2001. p. 122. WILSON, Carlos Pizarro. La responsabildad contractual en el derecho chileno. In: ESPINOSA, Fabricio Mantilla; BARRIOS, Francisco Ternera (Dir.). *Los contratos en el derecho privado*. Bogotá: Legis, 2007. p. 220. Mais recentemente: SILVA, Rodrigo da Guia. A força centrípeta do conceito de inadimplemento contratual. *Civilistica*, Rio de Janeiro, a. 11, n. 3, p. 1-30, 2022. p. 4-10.
29. RIOS, Arthur. Responsabilidade civil. Os novos conceitos indenizáveis no projeto Reale, *Revista da Faculdade de Direito*, São Paulo, v. 80, p. 322-339, jan./dez. 1985. p. 323.
30. BORGHI, Hélio. Responsabilidade civil: breves reflexões doutrinárias sobre o estado no direito brasileiro. In: Rosa Maria Barreto Borriello de Andrade; DONNINI, Rogério (Coord.). *Responsabilidade civil*: estudos em homenagem ao professor Rui Geraldo Camargo Viana. São Paulo: RT, 2009. p. 241.
31. AGUIAR DIAS, José de. *Da responsabilidade civil*. 10 ed. Rio de Janeiro: Forense, 1995, v. 1. p. 84.
32. MORAES, Maria Celina Bodin de. Risco, solidariedade e responsabilidade objetiva, *Revista dos Tribunais*, São Paulo, v. 95, n. 854, p. 11-37, dez. 2006. p. 14.
33. AZEVEDO, Vicente de Paulo Vicente de. O fundamento da responsabilidade civil extracontratual, *Revista de Direito Privado*, São Paulo, v. 1, n. 1, p. 151-165, jan./mar. 2000. p. 160-161.
34. GAMARRA, Jorge. Responsabilidad contractual objetiva. In: BUERES, Alberto Jesús; DE CARLUCCI, Aída Kemelmajer (Dir.). *Responsabilidad por daños en el tercer milenio*. Buenos Aires: Abeledo-Perrot, 1997. p. 114-115.
35. MÁRQUEZ, José Fernando; MOISSET DE ESPANÉS, Luis. *Curso de derecho civil*: obligaciones. Buenos Aires: Zavalia, 2018, v. 2. p. 201.

a coerência normativa buscada nas "obrigações de seguridade"[36], entre nós, nos deveres gerais de conduta; tema que encontra sustentação também na normatividade que pulsa da solidariedade.

> *Un sufficiente grado di determinatezza degli obblighi di protezione sembra a tal fine recuperabile ribadendo il fondamento solidaristico della correttezza e della buona fede da cui promanano gli obblighi di protezione, intendendo questo come solidarismo contrattuale e non anche meramente sociale, posto che solo rimanendo in una prospettiva valoriale interna al concreto rapporto si possono individuare gli interessi che il singolo rapporto deve tutelare per il tramite della responsabilità contrattuale*[37].

É interessante perceber como a literatura jurídica se esforçou na elaboração de estratégias que garantissem a tutela das vítimas de danos. Dilatou a semântica da culpa, alterou a forma de perquiri-la, forjou presunções[38], ficções e axiomas e, ainda, ampliou as cercanias da responsabilidade contratual ingressando em campos outrora semeados com a *proteção aquiliana*.

O ocaso da culpa[39] é inegável, embora, a construção das pontes que levarão à objetivação do dever de reparar perpassa, ainda, a investigação do porquê impor-se à vítima o ônus de suportar danos provocados por outrem, especialmente, ante o incômodo que essa escolha causa à alma e o mal-estar moral que provoca ao sujeitar alguém a suportar danos que não procurou e tampouco a causou[40].

Durante essa travessia – no conflito que se instaura entre as súplicas almejando a mudança e as objeções e críticas ao modelo objetivo[41] –, a culpa continuou atuando como um filtro na imputação dos danos havidos cotidianamente, quando deveria ter sido guardada na Caixa de Pandora e enterrada em solo salgado.

Apesar de, em um primeiro momento, a transição do regime subjetivo para o objetivo ter sido disfarçada, aludindo-se à culpa em situações em que ela é supérflua[42], noutro instante, reconhece-se, de modo explícito, a existência de responsabilidade sem culpa. O surgimento e a proliferação de leis especiais afastando a culpa do processo de conformação do dever de reparar – prova hialina da revolta dos fatos contra os Códigos[43] – é um marco deveras importante nessa transformação.

---

36. PEREIRA, Caio Mário da Silva. *Responsabilidade civil*: de acordo com a constituição federal de 1988. 8 ed. Rio de Janeiro: Forense, 1997. p. 266.
37. ACHILLE, Davide. La complessità del rapporto obbligatorio: alla fonte degli obblighi di protezione. *Annuario del Contratto*, Torino, p. 129-159, 2017. p. 156.
38. LIMA, Alvino. *Culpa e risco*. 2 ed. São Paulo: RT, 1999. p. 70-102.
39. PORTO, Mário Moacyr. O ocaso da culpa como fundamento da responsabilidade civil, *Revista Forense*, Rio de Janeiro, n. 302, p. 45-48, abr./jun. 1988. p. 45-48.
40. JOSSERAND, Louis. Evolução da responsabilidade civil, *Revista Forense*, Rio de Janeiro, n. 86, p. 52-63, jun. 1941. p. 54.
41. SILVA, Wilson Melo da. *Responsabilidade sem culpa e socialização do risco*. Belo Horizonte: Bernardo Álvares, 1962. p. 173-200.
42. HINESTROSA, Fernando. Devenir del derecho de daños, *Roma e America: Diritto Romano Comune*, Roma, n. 10, p. 17-36, 2000. p. 27.
43. GOMES, Orlando. Culpa x risco, *Revista Forense*, Rio de Janeiro, v. 37, n. 83, p. 378-384, set. 1940. p. 380-384.

No Brasil o Decreto 2.681/12[44] foi a primeira lei a tratar do tema. É interessante e, igualmente, triste destacar que a eleição do fator objetivo de imputação do dever de reparar parece ter sido motivada pela necessidade de tutela dos imóveis atravessados pelas ferrovias e não, dos passageiros transportados ou das cargas despachadas, por conta dos incêndios causados pelas faíscas expelidas pelas chaminés dos cavalos de ferro movidos a vapor. Uma vez rompido o dique, outras tantas leis seguiram idêntico caminho[45], podendo ser lembrados o Decreto 24.687/34, reformado pelo Decreto-Lei 7.036/44, o Decreto-Lei 483/38, substituído pela Lei 7565/86[46] e as Leis 6.938/81, 8.078/90 e 8.884/94, instituindo, respectivamente, a lei de política nacional do meio ambiente, o código de defesa do consumidor e lei antitruste[47].

Esse processo, dentre outros motivos, disparado (a) pelo reconhecimento das necessidades contemporâneas[48] e (b) pela primazia da reparação sobre a análise de aspectos subjetivos na conduta do causador do dano[49] permite buscar a proteção da vítima, não mais, a expiação[50]: a imputação do dever de reparar não precisa ser o resultado da reprovação de uma conduta[51].

A assunção de um risco – classificado como "risco-proveito"[52], risco profissional"[53] e risco criado[54], de um risco qualquer atado ao exercício de liberdades positivas aptas a suscitarem a atenção e a confiança do outro, do *alter*, – ocupa o lugar outrora reservado à culpa.

É oportuno salientar, ainda, que, apesar de os estudos sobre a culpa na guarda[55] e a preocupação com a tutela dos menos favorecidos terem cooperado com a objetivação

---

44. AGUIAR JUNIOR, Ruy Rosado de. Os contratos nos códigos civis francês e brasileiro, *Revista CEJ*, Brasília, v. 9, n. 28, p. 5-14, jan./mar. 2005. p. 9.
45. LIMA, Alvino, *Culpa e risco*. 2 ed. São Paulo: RT, 1999. p. 259-277. PEREIRA, Caio Mário da Silva. *Responsabilidade civil*: de acordo com a constituição federal de 1988. 8 ed. Rio de Janeiro: Forense, 1997. p. 23-24. TOLOMEI, Carlos Young. A noção de ato ilícito e a teoria do risco na perspectiva do novo código civil. In: TEPEDINO, Gustavo (Coord.). *A parte geral do novo código civil*: estudos na perspectiva civil-constitucional. Rio de Janeiro: Renovar, 2002. p. 353-354.
46. O primeiro, regrando os acidentes de trabalho, e a segunda, instituindo o código brasileiro da aeronáutica.
47. RODRIGUES, Silvio. *Direito civil*: responsabilidade civil. 19 ed. São Paulo: Saraiva, 2002, v. 4. p. 157-161.
48. GOMES, Orlando. Culpa x risco, *Revista Forense*, Rio de Janeiro, v. 37, n. 83, p. 378-384, set. 1940. p. 379-380.
49. PONZANELLI, Giulio. *La responsabilità civile*: profili di diritto comparato. Bologna: Il Mulino, 1992. p. 67-69.
50. GIMÉNEZ-CANDELA, Teresa. Una perspectiva historica de la responsabilidad objetiva, *Roma e America: Diritto Romano Comune*, Roma, n. 8, p. 117-129, 1999. p. 119.
51. GESUALDI, Dora Mariana. De la antijuridicidad a las causas de justificación. In: BUERES, Alberto Jesús; DE CARLUCCI, Aída Kemelmajer (Dir.). *Responsabilidad por daños en el tercer milenio*. Buenos Aires: Abeledo-Perrot, 1997. p. 151.
52. LIMA, Alvino. Situação atual, no direito civil moderno, das teorias da culpa e do risco, *Revista Forense*, Rio de Janeiro, v. 37, n. 83, p. 385-389, set. 1940. p. 389.
53. COELHO, José Gabriel Pinto. *A responsabilidade civil baseada no conceito da culpa*. Coimbra: Imprensa da Universidade, 1906. p. 47-50.
54. PEREIRA, Caio Mário da Silva. *Responsabilidade civil*: de acordo com a constituição federal de 1988. 8 ed. Rio de Janeiro: Forense, 1997. p. 285.
55. LIMA, Alvino. A reparação civil do dano no anteprojeto do código das obrigações, *Revista Forense*, Rio de Janeiro, v. 41, n. 97, p. 13-21, jan./mar. 1944. p. 19.

do dever de reparar[56], as ancoragens mais importantes do fenômeno se prendem (a) à mutação social[57] havida nos últimos séculos, (b) à ampliação dos deveres impostos a quem exerce atividades perigosas[58], (c) à necessidade de adequadamente tutelar os direitos da personalidade[59] e, ainda, (d) aos deveres gerais de conduta que pululam no curso do processo obrigacional.

Ademais, hoje, mais de um século após o surgimento dos primeiros estudos sobre o tema, percebe-se que nenhuma das preocupações dos autores subjetivistas tinha fundamento plausível. A tese de que "a adoção da teoria do risco condenaria o homem à inércia" sucumbiu ao cotidiano[60]. Em vez do ócio, fatores objetivos de imputação produzem cooperação, solidariedade e estimulam o desenvolvimento de tecnologias menos lesivas[61]. As vantagens obtidas por aqueles que investem em pesquisa e desenvolvimento são significativas quando comparadas às práticas imitativas[62]. A seu turno, as economias mantiveram crescimento pujante mesmo que oscilem ao sabor dos humores do Capital[63].

A adoção de parâmetros simplificados e de fácil aferição na conformação do dever de reparar estimula a composição extrajudicial, reduzindo os custos da contratação em inúmeras hipóteses, ao afastar ou diminuir[64], daquele cálculo, as despesas de eventuais demandas judiciais. A culpa estimula a litigiosidade[65], afinal, as dúvidas e discussões dogmáticas alimentam o solipsismo. Sua supressão diminui a discricionariedade no labor judicial[66], imprimindo ainda maior respeito a isonomia e a democracia.

---

56. FIGUEIRA, J. G. de Andrade. A responsabilidade civil e o contrato de seguro no anteprojeto do código das obrigações, *Revista Forense*, Rio de Janeiro, v. 41, n. 97, p. 38-42, jan./mar. 1944. p. 39.
57. AMARAL, Francisco. O direito civil na pós-modernidade. In: FIUZA, César; SÁ, Maria de Fátima Freire de; NAVES, Bruno Torquato de Oliveira (Coord.). *Direito civil*: atualidades. Belo Horizonte: Del Rey, 2003. p. 73.
58. LIMA, Alvino. Situação atual, no direito civil moderno, das teorias da culpa e do risco, *Revista Forense*, Rio de Janeiro, v. 37, n. 83, p. 385-389, set. 1940. p. 386-387.
59. VINEY, Geneviève. As tendências atuais do direito da responsabilidade civil. In: TEPEDINO, Gustavo (Org.). *Direito civil contemporâneo*: novos paradigmas à luz da legalidade constitucional. São Paulo: Atlas, 2008. p. 51.
60. AGUIAR DIAS, José de. *Da responsabilidade civil*. 10 ed. Rio de Janeiro: Forense, 1995, v. 1. p. 73.
61. TRIMARCHI, Pietro. Sul significato economico dei criteri di responsabilità contrattuale, *Rivista Trimestrale di Diritto e Procedura Civile*, Milano, t. 26, p. 512-531, 1970. p. 523.
62. SOUSA, Sergio Almeida de. Um modelo evolucionário de busca tecnológica em condições de hipercumulatividade, *Revista Brasileira de Economia*, Rio de Janeiro, v. 59, n. 3, p. 335-380, jul./set. 2005. p. 375. COSTA, Achyles Barcelos da. O desenvolvimento econômico na visão de Joseph Schumpeter, *Cadernos IHU Ideias*, São Leopoldo, v. 4, n. 47, p. 3-16, 2006. p. 3-8.
63. BARBER, Benjamin. *Consumido*: como o mercado corrompe crianças, infantiliza adultos e engole cidadãos. Rio de Janeiro: Record, 2009. PIKETTY, Thomas. *O capital no século XXI*. São Paulo: Intrínseca, 2014.
64. POMAR, Fernando Gómez. Carga de la prueba y responsabilidad objetiva, *InDret*, Barcelona, n. 1, p. 1-17, 2001. p. 2.
65. TRIMARCHI, Pietro. Sul significato economico dei criteri di responsabilità contrattuale, *Rivista Trimestrale di Diritto e Procedura Civile*, Milano, t. 26, p. 512-531, 1970. p. 517-526.
66. MORAES, Maria Celina Bodin de. Perspectivas a partir do direito civil-constitucional. In: TEPEDINO, Gustavo (Org.). *Direito civil contemporâneo*: novos paradigmas à luz da legalidade constitucional. São Paulo: Atlas, 2008. p. 34.

Em razão dessa segunda metamorfose – a primeira, como visto, se opera dentro do modelo subjetivo –, o dever de reparar passou a ser pensado a partir da necessidade de transferir o dano àquele que o causou[67]. Como busca tutelar a vítima, a responsabilidade contratual passou a ser pensada como garantia em favor do credor[68] evitando que ele se torne a próxima vítima.

A transformação parece ter sido estimulada pela constatação de que entre as bases fundantes da responsabilidade objetiva, estão a equidade e solidariedade social, o que faz com que o agente deva ser visto como responsável por outra(s) pessoa(s), não apenas, por sua esfera de atividades. Alude-se, agora, à responsabilidade frente ao outro[69], e não mais, perante a si próprio ou a Deus. A mudança é evidente e incontestável. Infira-se, ademais, que a defesa do crédito em nível superior à tutela desmedida do devedor[70] promove, sem dúvida, a pessoa humana, valoriza a confiança e a necessidade de cumprimento das promessas feitas ao outro, pois, não se olvida que "uma sociedade desconfiada é uma sociedade que não negocia, e, onde não há negociações, não há progresso"[71].

Mas é preciso ir além ...

É sobre o dano, e não, sobre a vítima, que a responsabilidade contratual deve ser estruturada. Infira-se que, quando o dever de reparar é pensado a partir do dano, além de facilitar-se o acesso à justiça contratual, se promove, com mais facilidade, (a) a proteção da pessoa humana, (b) a reparação integral, (c) a função preventiva do Direito e, por que não, (d) o *bem comum*, além de, obviamente, (e) retroalimentar, de forma autopoiética, o direito de danos em construção no Brasil.

A terceira transformação – o dano é o foco do processo que almeja sua reparação –, por ainda estar em curso, exige especial atenção. Sua leitura deve, necessariamente, ultrapassar a perspectiva individual e egoísta que informou o estudo do direito civil por longa data[72].

---

67. DE CORES, Carlos. Acerca de las funciones de la responsabilidad civil. In: FERNÁNDEZ, Carlos López; CAUMONT, Arturo; CAFFERA, Gerardo (Coord.). *Estudios de derecho civil en homenaje al profesor Jorge Gamarra*. Montevideo: FCU, 2001. p. 117.
68. GOMES, Orlando. *Introdução ao direito civil*. 11 ed. Atual. Humberto Theodoro Junior. Rio de Janeiro: Forense, 1995. p. 92. BUSTAMANTE ALSINA, Jorge. El perfil de la responsabilidad civil al finalizar el siglo XX. In: BUERES, Alberto Jesús; DE CARLUCCI, Aída Kemelmajer (Dir.). *Responsabilidad por daños en el tercer milenio*. Buenos Aires: Abeledo-Perrot, 1997. p. 16.
69. BARRETTO, Vicente de Paulo. Responsabilidade e teoria da justiça contemporânea. In: SILVA FILHO, José Carlos Moreira da; PEZZELLA, Maria Cristina Cereser (Coord.). *Mitos e rupturas no direito civil contemporâneo*. Rio de Janeiro: Lumen Juris, 2008. p. 68-71.
70. MOSSET ITURRASPE, Jorge; PIEDECASAS, Miguel. *Responsabilidad contractual*. Santa Fé: Rubinzal-Culzoni, 2007. p. 20-21.
71. FARO, Frederico Kastrup de. Boa-fé objetiva e dever de cooperação: uma análise sob as óticas do exercício da autonomia privada e da execução do contrato, *Revista Trimestral de Direito Civil*, Rio de Janeiro, n. 38, p. 3-39, abr./jun. 2009. p. 11.
72. NALIN, Paulo. *Responsabilidade civil*: descumprimento do contrato e dano extrapatrimonial. Curitiba: Juruá, 1996. p. 41-53.

O dano é um mal social[73] e, por isso, antes de combatido, deve ser evitado[74] e apenas quando isso não for possível, deverá ser reparado. E nunca é demais lembrar que o risco assumiu proporções inimagináveis na contemporaneidade, disseminando-se globalmente. Por isso, qualquer oportunidade de evitá-lo há de ser valorada.

Aliás, muitos são os autores que atribuem destaque à objetivação do dever de reparar[75]. Do Uruguai, Gamarra[76] afirma que o viés objetivo deve ser tratado como regra, enquanto, na Argentina, Sebastián Picasso salienta que a culpa não é nem o fundamento exclusivo, nem o predominante no universo da responsabilidade contratual[77].

A proteção da pessoa humana, a garantia de igualdade material e as opções pautadas na solidariedade devem permear qualquer processo visando à reparação de danos contratuais. Idêntico caminho – a utilização de fatores objetivos de imputação dos danos contratuais – tem sido trilhado no direito continental europeu[78] e no direito anglo-americano, no qual, aliás, a matéria se insere em matriz que determina ser objetiva a responsabilidade do devedor[79] que não cumpre, pontualmente, obrigação de caráter negocial[80] o que permite intuir que algumas das incertezas e contradições vistas no Direito brasileiro não são jaboticabas ...

As múltiplas evidências demonstrando a crescente objetivação do pensamento jurídico hodierno[81] devem ser acrescentadas aos argumentos em favor da morte da culpa. Em termos gerais, a tendência apontada afasta, do cerne das análises, o com-

---

73. SILVA, Wilson Melo da. *Responsabilidade sem culpa e socialização do risco*. Belo Horizonte: Bernardo Álvares, 1962. p. 263-267.
74. AGOGLIA, María Martha; BORAGINA, Juan Carlos; MEZA, Jorge Alfredo. *Responsabilidad por incumplimiento contractual*. Buenos Aires: Hammurabi, 2003. p. 98. BARCELLONA, Pietro. *Formazione e sviluppo del diritto privato moderno*. Napoli: Jovene, s/a. p. 418. BUERES, Alberto Jesus. La localización del daño resarcible. In: FERNÁNDEZ, Carlos López; CAUMONT, Arturo; CAFFERA, Gerardo (Coord.). *Estudios de derecho civil en homenaje al profesor Jorge Gamarra*. Montevideo: FCU, 2001. p. 436.
75. NORONHA, Fernando. Desenvolvimentos contemporâneos da responsabilidade civil, *Revista dos Tribunais*, São Paulo, n. 761, p. 31-44, mar. 1999. p. 38.
76. GAMARRA, Jorge. Incidencia del problema de la carga de la prueba en la fundamentación de la responsabilidad civil, *Revista de la Facultad de Derecho y Ciencias Sociales*, Montevideo, v. 2, n. 3, p. 639-665, 1951. p. 657.
77. PICASSO, Sebastián. El incumplimiento en las obligaciones contractuales: el problema de la ausencia de culpa y de la imposibilidad sobrevenida de la prestación – obligaciones de medios y de resultado. In: GESUALDI, Dora Mariana (Coord.). *Derecho privado*. Buenos Aires: Hammurabi, 2001. p. 1115.
78. FUENZALIDA, Carlos Vattier. Notas sobre el incumplimiento y la responsabilidad contractual, *Revista Electrónica del Departamento de Derecho de la Universidad de La Rioja*, Logroño, n. 3, p. 57-68, dez. 2005. p. 64.
79. MARIÑO LÓPEZ, Andrés. *Los fundamentos de la responsabilidad contractual*. Montevideo: Carlos Alvarez, 2005. p. 22.
80. Advirta-se aqui que temos consciência de que as teses construídas no *comom law* não podem ser simplesmente pinçadas daquele sistema e inseridas em um contexto completamente distinto daquele em que foram construídas, mormente porque o Direito deve ser compreendido a partir de sua historicidade. A alusão ao sistema anglo-saxão deve ser lida assim com intuito exclusivamente informativo, na tentativa de demonstrar a tendência notada em nível global
81. HIRONAKA, Giselda Maria Fernandes Novaes. Tendências do direito civil no século XXI. In: FIUZA, César; SÁ, Maria de Fátima Freire de; NAVES, Bruno Torquato de Oliveira (Coord.). *Direito civil*: atualidades. Belo Horizonte: Del Rey, 2003. p. 112-113.

portamento do agente, priorizando a investigação da repercussão social que emana da conduta dos diversos atores sociais. Provas desse fenômeno são (a) a inserção de um sem-número de princípios na codificação vigente e o fechamento hermenêutico impulsionado, normativamente, por eles, (b) a emenda constitucional do divórcio, que sepultou a culpa no direito de família, (c) os estudos sobre o exercício inadmissível de posições jurídicas e, ainda, (d) a compreensão da empresa como atividade econômica.

É oportuno apontar, ademais, que afastar a culpa do interior da moldura de atribuição dos danos contratuais produzirá efeitos positivos, dentre eles, como antecipado em parte, (a) a redução dos casos de ofensa à isonomia substancial, provocados, normalmente, pelo recurso a noções distintas de culpa ou pelos problemas carreados pela ausência de critérios no tratamento das obrigações de meio e de resultado, (b) a superação de raciocínios medievais que buscam punir os pecadores, em vez de, homenagear a pessoa humana, (c) o abandono de reflexões lastreadas em uma lógica patrimonial-individualista pautada exclusivamente no anseio por acumulação de capital e de poder, (d) a compreensão do dano como uma patologia social e não como um problema individual, (e) a diminuição da confusão existente – e bastante comum – entre os fenômenos da responsabilidade subjetiva e objetiva[82].

Além disso, se promoverá (f) a construção de um sistema dogmático coerente, pois, como demonstrado, o fortuito não é o limite da culpa[83], (g) a redução potencial do número de julgados irrefletidamente forjados em quimeras doutrinárias[84] e, talvez, (h) o incentivo à contratação de seguros, garantindo, por meio dessa ferramenta deveras importante, a reparação dos danos suportados pelos lesados e estimulando esse campo da economia e de investimento em tecnologia focada na tutela daquele com quem se contrata.

Enfim, (i) quando a comunidade jurídica compreender, com a clareza necessária, o fato de que é o dano, e não, seu causador que está no foco das atenções do Direito, acredita-se que, sem dúvida, haverá uma miríade de estudos repensando a temática, salientando não só a necessidade da sua reparação, mas, especialmente, da sua prevenção.

---

82. Utilizando a expressão "culpa objetiva" STJ. REsp 47346/PR. 1. T. Rel. Min. Cesar Asfor Rocha. j. 16.05.94. *DJ* 01.08.94. p. 18595; STJ. EDcl no AgRg no REsp 135368/PR. 1. T. Rel. Min. Francisco Falcão. j. 20.03.03. *DJ* 26.05.03. p. 258; TJPR. Ap. Cív. 0571633-4. 8. CCív. Rel. Des. João Domingos Kuster Puppi. j. 09.07.09. TJPR. Ap. Cív. 0460525-8. 10. CCív. Rel. Des. Marcos de Luca Fanchin. j. 26.06.08.
83. PIZARRO, Ramón Daniel. *Tratado de la responsabilidad objetiva*. Buenos Aires: La Ley, 2015, v. 1. p. 343.
84. TJRS. Ap. Cív. 70027024074. 10. CCív. Rel. Des. Jorge Alberto Schreiner Pestana. j. 27.11.08. *DJRS* 01.01.09. Valendo destacar o trecho do voto que dita que, "de pronto, cabe registrar que em outras demandas onde agentes financeiros formalizaram contratos com terceiros que apresentaram documentos adulterados, de regra perdidos ou furtados, tem esta Câmara reconhecido a responsabilidade dos Bancos sempre que as falsificações eram passíveis de constatação ou não tenha a entidade bancária tomado mínimas precauções ao contratar com os estelionatários. [...] Destarte, em que pese o episódio traduzir prejuízo à demandante, *inexiste o pressuposto da culpa atribuível à instituição* ora demandada, rompido o nexo de causalidade em vista de a ação ser de responsabilidade exclusiva de terceiro, situação prevista no art. 14, § 3º, inc. II, da Lei 8.078/90, não incorrendo o réu em falha nas providências que lhe eram exigíveis".

CRÍTICAS À DOGMÁTICA CODIFICADA EM MATÉRIA DE RESPONSABILIDADE CONTRATUAL

O Direito é fato social e está presente nos momentos de fundo cultural, histórico e sociológico[1] que permeiam as relações humanas. Aceita a premissa, facilmente se percebe que a positividade possui caráter acessório[2]. Também por isso é essencial "olhar além do direito formal" de modo a "buscar aquelas raízes que, sempre, quer se queira quer não, atingem" estratos ocultos[3] com composição principiológica.

Compreender o Direito "como instrumento de transformação social" e de promoção do ser humano e não como mero conjunto de regras – formal e expressamente criadas pelo legislador – é leitura que permite afastar os paradigmas individualistas[4] e patrimonialistas sobre os quais a dogmática civilista foi fundada, algo que auxilia a necessária implosão das bases de sustentação de posturas que veneram o culto à lei e que desprezam, por exemplo, aspectos como os que estão ligados à constitucionalização do direito civil, à hermenêutica e às ciências da linguagem[5].

Apesar de o Direito configurar um espaço de libertação[6] do ser humano – também dos moldes criados pela dogmática liberal decimonônica –, em algum momento do tempo, a preocupação com o método – a fiel observância a uma metodologia previamente eleita era um dos paradigmas mais importantes nos séculos XIX e XX – foi, sem dúvida, uma das maiores responsáveis pelo afastamento entre o Direito e a experiência concreta vivida no seio das relações sociais.

Aliás, talvez deva ser dito que a hipervalorização da dogmática[7] criou problemas dentre os quais podem ser listados (a) o culto a oráculos e pitonisas que valoriza

---

1. FACHIN, Luiz Edson. *Teoria crítica do direito civil*. Rio de Janeiro: Renovar, 2000. p. 65.
2. PERILLO, Emanuel Augusto. A positividade como expressão do direito, *Revista da Faculdade de Direito*, Curitiba, v. 4, n. 4, p. 105-109, dez. 1956. p. 106-109.
3. GROSSI, Paolo. A formação do jurista e a exigência de um hodierno "repensamento" epistemológico, *Revista da Faculdade de Direito da UFPR*, Curitiba, v. 40, p. 5-25, 2004. p. 22.
4. STRECK, Lenio Luiz. O estado democrático de direito e a necessária constitucionalização do direito: a crise dos 10 anos da constituição cidadã, *Revista da Faculdade de Direito de Cruz Alta*, Cruz Alta, v. 4, n. 4, p. 23-41, jan./jul. 1999. p. 28-29.
5. COFRÉ, Juan. Racionalidad en el derecho: una aproximación filosófica a la hermenéutica jurídica, *Revista Chilena de Derecho*, Santiago, v. 22, n. 1, p. 41-59, jan./abr. 1995. p. 57.
6. COELHO, Luiz Fernando. *Teoria crítica do direito*. 3 ed. Belo Horizonte: Del Rey, 2003. p. 575.
7. SALDANHA, Nelson. *Da teologia à metodologia*: secularização e crise do pensamento jurídico. Belo Horizonte, Del Rey, 2005. p. 110-111.

mais o argumento da autoridade que a autoridade do argumento, (b) a universalização dos conceitos, (c) a negação da historicidade enquanto aspecto fundamental na compreensão do fenômeno jurídico e, ainda, (d) a escorreita compressão do ser humano no interior da armadura forjada para o sujeito de direito.

Mesmo que se reconheça que o discurso retórico reproduzido pela ordem social dominante foi utilizado para sustentar uma estrutura manifestamente ilegítima[8] – disparando ou incitando, por exemplo, o processo de exclusão social –, contemporaneamente não faltam vozes para aplaudi-lo[9]. Isso ocorre mesmo depois de comprovado que a equação Direito é igual à lei[10] permitiu o aprisionamento de inúmeros momentos da existência humana[11] e condenou milhões de seres humanos a uma vida de miséria e exploração.

Ademais, além dos problemas atados ao excessivo apego à tradição – apego que, se não impede, dificulta a evolução do pensamento científico e a transformação da realidade social –, é importante perceber que codificar implica renegar o particularismo jurídico, pois, na medida em que impõe a utilização das mesmas regras na solução de casos díspares[12], afasta as possibilidades de recurso às intersubjetividades inerentes à cada hipótese concretamente estabelecida.

Ocorre que é impossível a qualquer código pretender monopolizar as regras que balizam a solução das celeumas em sua área de atuação[13], conclusão que se aclara quando se tem em conta o momento vivido pela humanidade, no qual as mudanças sociais propagadas em velocidade avassaladora impedem o reconhecimento prévio e formal de um sem-número de situações fenomênicas.

No mais, como visto outrora, o código revogado, desde sua gênese, esteve afastado da realidade social vigente no seu tempo. Talvez ele sequer possa ser considerado como um conjunto de regras dotado de legitimidade material[14], pois, foi elaborado visando a atender os reclames dos detentores do poder na transição entre os séculos XIX e XX. Não por acaso, "a história das verdades sociais é a história de uma ilusão

---

8. WARAT, Luis Alberto. *Introdução geral ao direito*: a epistemologia jurídica da modernidade. Porto Alegre: SAFE, 2002, v. 2. p. 42.
9. PEÑA, Carlos. El derecho desde el derecho, *Persona y Sociedad*, Santiago, v. 18, n. 2, p. 23-32, ago. 2004. p. 24-25.
10. JUNQUEIRA DE AZEVEDO, Antonio. O direito pós-moderno e a codificação, *Revista da Faculdade de Direito*, São Paulo, v. 94, p. 3-12, jan./dez. 1999. p. 6-7.
11. FACHIN, Luiz Edson. *Teoria crítica do direito civil*. Rio de Janeiro: Renovar, 2000. p. 55.
12. SACCO, Rodolfo. Codificare: modo superato di legiferare?, *Rivista di Diritto Civile*, Padova, anno 29, n. 2, p. 117-135, mar./abr. 1983. p. 119.
13. FARO, Frederico Kastrup de. Boa-fé objetiva e dever de cooperação: uma análise sob as óticas do exercício da autonomia privada e da execução do contrato, *Revista Trimestral de Direito Civil*, Rio de Janeiro, n. 38, p. 3-39, abr./jun. 2009. p. 4.
14. ITAGIBA, Ivair Nogueira. Justiça comutativa e justiça institucional, *Revista da Ordem dos Advogados do Brasil*, Rio de Janeiro, v. 4, n. 11, p. 447-457, set./dez. 1973. p. 449. "Apesar de redigido no mais puro ouro do vernáculo, o Código civil já era velho e revelho para a época em que foi dado à estampa".

coletiva marcada pelo poder"[15]. Vale lembrar, ademais, que o Código Beviláqua foi estruturado com o escopo de satisfazer os fazendeiros que desejavam a manutenção da propriedade privada e dos contratos de trabalho exatamente como ajustados[16] o que permite, hoje, afirmar que não apenas serviu, mas foi servil aos interesses de um pequeno grupo de brasileiros, deixando à margem de suas preocupações boa parte da população[17].

A percepção de tais distorções produziu severa crítica ao conservadorismo e ao apego à tradição[18] e, a partir daí, vozes ecoaram destacando que a solução para os problemas cotidianos não poderia ser encontrada em regras codificadas buscando respostas para os conflitos havidos em um mundo há muito inexistente[19].

Viveu-se a descodificação anunciada por Irti[20] e a agonia dos códigos civis. Viu-se a proliferação de leis esparsas e o conflito com regras, figuras e institutos codificados. Presenciou-se a migração, para os textos constitucionais, dos vetores mais importantes do direito privado. O distanciamento entre as regras codificadas e a função promocional do Direito[21] também foi notado.

Curiosamente, as fragilidades e críticas feitas às codificações do passado passaram ao largo do processo de recodificação do direito civil brasileiro; um novo código somente em sentido formal, pois, materialmente não passa de teia normativa abstrata que debilmente serve como repositório normativo. O código civil, como muitos o sabem, tem pouco de novo[22] e por estar ancorado entre o Estado Liberal e o modelo intervencionista, despreza "o ideal de democracia social e o respeito às minorias, característicos do Estado Democrático de Direito"[23].

Erigido sobre os escombros do modelo anterior, deixou de enfrentar as profundas mudanças disseminadas na realidade contemporânea e, com isso, de criar mecanismos hábeis para solucionar os problemas inerentes ao atual momento vivido

---

15. WARAT, Luis Alberto. *Introdução geral ao direito*: a epistemologia jurídica da modernidade. Porto Alegre: SAFE, 2002, v. 2. p. 68.
16. GOMES, Orlando. *Raízes históricas e sociológicas do código civil brasileiro*. São Paulo: Martins Fontes, 2003. p. 24-31.
17. MAGALHÃES, Joseli Lima. *Da recodificação do direito civil brasileiro*. Rio de Janeiro: Lumen Juris, 2006. p. 72.
18. CUNHA, Abelmar Ribeiro da. Tendência socializadora do direito civil, *Revista Forense*, Rio de Janeiro, v. 48, n. 134, p. 21-39, mar./abr. 1951. p. 28.
19. GOMES, Orlando. *Introdução ao direito civil*. 11 ed. Atual. Humberto Theodoro Junior. Rio de Janeiro: Forense, 1995. p. 70.
20. IRTI, Natalino. L´età della decodificazione, *Revista de Direito Civil, Imobiliário, Agrário e Empresarial*, São Paulo, v. 3, n. 10, p. 15-33, out./dez. 1979. p. 15-33.
21. GOMES, Orlando. A agonia do código civil, *Revista de Direito Comparado Luso-Brasileiro*, Rio de Janeiro, v. 4, n. 7, p. 1-9, jul. 1985. p. 1-9.
22. PEREIRA, Caio Mário da Silva. *Instituições de direito civil*: introdução ao direito civil; teoria geral do direito civil. 20 ed. Atual. Maria Celina Bodin de Moraes. Rio de Janeiro: Forense, 2004, v. 1. p. 93.
23. SOARES, Mário Lúcio Quintão; BARROSO, Lucas Abreu. A dimensão dialética do novo código civil em uma perspectiva principiológica. In: BARROSO, Lucas Abreu (Org.). *Introdução crítica ao código civil*. Rio de Janeiro: Forense, 2006. p. 2.

no Brasil[24]. O legislador ignorou – ou propositalmente desprezou, é difícil dizer – o fato de que "a repetição do passado impede receber os sinais do novo", sendo responsável pela "morte do pensamento, do sentimento e da ação", até porque, "repetir o passado é uma forma de esgotar o presente, de desestimar sua força criativa, de introduzir uma pulsão destrutiva"[25].

Tendo em vista, portanto, que o código vigente está muito mais para uma reforma do que para uma construção, é fácil perceber por que vários problemas detectados no modelo que se propôs a substituir ainda persistem, dentre eles, (a) a influência da classe econômica dominante no processo de codificação[26], (b) os paradigmas envelhecidos[27] sobre os quais se embasa, (c) a manifesta desatualização[28] de seu conteúdo e forma e (d) a repetição acrítica de estruturas dogmáticas incoerentes.

A opção culturalista, embora inove e promova melhorias quando se compara seu resultado ao alcançado pela codificação revogada, se esquece dos menos favorecidos[29], constatação patente. O código peca, ainda, por ignorar a realidade aceita pelo Direito vigente ou por tentar proteger-se sob o manto da neutralidade, ignorando, dentre outros vetores, a experiência constitucional brasileira[30], ignorando, propositalmente, que o direito privado nada tem de neutro ...

E há mesmo quem diga que além de retrógrado, é demagógico[31].

Aliás, mesmo aqueles que aclamam a codificação não ignoram a necessidade de reflexão sobre uma nova perspectiva metodológica no processo de realização do Direito[32] apontando a necessidade de mitigar aquele que talvez seja o principal efeito colateral produzido por mais esse código: a exclusão social[33].

---

24. TARREGA, Maria Cristina Vidotte Blanco; ARAÚJO, Ionnara Vieira de. O código civil de 2002 - uma opção metodológica, *Revista da Faculdade de Direito da UFG*, Goiânia, v. 31, p. 123-137, jan./jun. 2007. p. 130-132.
25. WARAT, Luis Alberto. *Introdução geral ao direito*: o direito não estudado pela teoria jurídica moderna. Porto Alegre: SAFE, 1997, v. 3. p. 138.
26. VERDÚ, Pablo Lucas. *O sentimento constitucional*: aproximação ao estudo do sentir constitucional como modo de integração política. Trad. Agassiz Almeida Filho. Rio de Janeiro: Forense, 2004. p. 120.
27. JUNQUEIRA DE AZEVEDO, Antonio. O direito pós-moderno e a codificação, *Revista da Faculdade de Direito*, São Paulo, v. 94, p. 3-12, jan./dez. 1999. p. 10.
28. PEREIRA, Caio Mário da Silva. *Instituições de direito civil*: introdução ao direito civil; teoria geral do direito civil. 20 ed. Atual. Maria Celina Bodin de Moraes. Rio de Janeiro: Forense, 2004, v. 1. p. 86.
29. COELHO, Luiz Fernando. *Teoria crítica do direito*. 3 ed. Belo Horizonte: Del Rey, 2003. p. 6. "Aos teóricos do movimento culturalista escapou que a ciência do direito não descreve uma ordem imanente, objetivamente pressuposta, mas a constrói ideologicamente".
30. TEPEDINO, Gustavo. O código civil, os chamados microssistemas e a constituição: premissas para uma reforma legislativa. In: TEPEDINO, Gustavo (Coord.). *Problemas de direito civil-constitucional*. Rio de Janeiro: Renovar, 2000. p. 5-9.
31. TEPEDINO, Gustavo. A constitucionalização do direito civil: perspectivas interpretativas diante do novo código. In: FIUZA, César; SÁ, Maria de Fátima Freire de; NAVES, Bruno Torquato de Oliveira (Coord.). *Direito civil*: atualidades. Belo Horizonte: Del Rey, 2003. p. 128. Um código "retrógrado e demagógico".
32. MARTINS-COSTA, Judith. Os direitos fundamentais e a opção culturalista do novo código civil. In: SARLET, Ingo Wolfgang (Org.). *Constituição, direitos fundamentais e direito privado*. 2 ed. Porto Alegre: LAEL, 2006. p. 84.
33. FACHIN, Luiz Edson; RUZYK, Carlos Eduardo Pianovski. Direitos fundamentais, dignidade da pessoa humana e o novo código civil: uma análise crítica. In: SARLET, Ingo Wolfgang (Org.). *Constituição, direitos fundamentais e direito privado*. 2 ed. Porto Alegre: LAEL, 2006. p. 97.

A inserção no texto codificado de alguns princípios e a relativa tendência em reconhecer o viés social do direito civil, são alguns dos seus poucos pontos positivos, não se olvida. A questão é que as possibilidades normativas contidas nos princípios, por si só, não impedem a ocorrência de fenômenos como o solipsismo e a perversão do direito.

Ademais, as construções teóricas codificadas, salvo rara exceção, são oriundas de um Direito pensado para uma sociedade agrária e liberal. As estruturas erigidas pela codificação vigente desconhecem não só a substituição da realidade que a envolve pela que vigorou no modelo industrial, como também o declínio desse arquétipo e a ascensão de outro, cujos contornos ainda estão sendo delineados[34].

Como frisado, o código segue sendo pensado como um repositório normativo, um conjunto de regras formal e estaticamente estruturadas à espera da subsunção, à espera da cópula por parte do intérprete. Regras que esperam ser copuladas por fatos idealmente nelas descritos. Que sentido há, por exemplo, na tipificação dos contratos em espécie em sociedades cada vez mais abertas à atipicidade e às incertezas contidas no porvir?

Por tudo isso, para que algo possa ser realmente aproveitado, é imperioso entender que (a) um código não se restringe às letras outrora promulgadas, incorporando as construções e reconstruções erigidas no seu entorno[35], (b) que as soluções buscadas no direito codificado sempre deverão ser informadas pelos princípios espelhados na Constituição ou na tradição e, (c) que como um signo pode ter diversos significados, só a boa hermenêutica poderá identificar o melhor dentre eles ...

Muito embora o direito civil atual e, na mesma trilha, a codificação em vigor estejam mais próximos da realidade socioeconômica vigente[36] que o Código Beviláqua, não é possível ignorar que o Direito deve ser colhido nos anseios sociais, não nos quintais da classe econômica que o edificou.

Aos que pensam que o Direito está em crise – expressão utilizada para demonstrar "perda de fundamentos"[37] –, é oportuno resgatar que, exatamente nas crises, é que estão as oportunidades[38]. Em vez de lamentar, construir. Naquilo que interessa mais de perto a esse livro, o momento atual é deveras propício ao banimento definitivo da culpa da arquitetura jurídica da responsabilidade contratual o que exige

---

34. BECK, Ulrich. *La sociedad del riesgo*: hacia una nueva modernidad. Trad. Jorge Navarro. Barcelona: Paidós, 1998. p. 25-289.
35. DIEZ-PICAZO, Luis. Codificación, descodificación y recodificación, *Anuario de Derecho Civil*, Madrid, v. 45, n. 2, p. 473-484, abr./jun. 1992. p. 479.
36. GIORGIANNI, Michele. O direito privado e suas atuais fronteiras, *Revista dos Tribunais*, São Paulo, v. 87, n. 747, p. 35-55, jan. 1998. p. 46-55.
37. LÔBO, Paulo Luiz Netto. *O contrato*: exigências e concepções atuais. São Paulo: Saraiva, 1986. p. 6.
38. FAGÚNDEZ, Paulo Roney Ávila. O significado da modernidade. In: LEITE, José Rubens Morato; BELLO FILHO, Ney de Barros (Coord.). *Direito ambiental contemporâneo*. Barueri: Manole, 2004. p. 217.

desmistificar, no mínimo, três graves problemas assentados na codificação revogada e transplantados acriticamente para o código civil vigente.

O primeiro contido no equívoco no tratamento dado por muitos autores à culpa[39] – essa palavra que, às vezes, parece surgir de "um vínculo mágico" que ata lei e ciência e que cativa mais do que "a voz digna da majestade"[40] –, erro comprovado na confusão promovida entre a sua noção e a de inadimplemento[41]. Em larga medida a questão denunciada é fruto de um ranço moral que atravessou as portas do século XXI e que vê na culpa uma forma de "reparar o mal de forma efetiva para que não pareça ter sido apenas um pesadelo"[42] e que parece não conseguir separar-se do binômio crime e castigo.

O segundo deles só será aqui referido. A lógica que informa a dogmática codificada não exige a culpa para a configuração do dever de reparar os danos contratuais. São diversas as situações que, por toda a História – o que inclui as transformações do Direito pátrio –, jamais a exigiram para a configuração do aludido dever. A culpa, portanto, nunca foi pressuposto da responsabilidade contratual[43].

Mais grave é o fato de a doutrina brasileira – repetindo o pensamento clássico europeu – tratar o fortuito como limite da culpa[44], quando, em verdade, essas duas figuras hão de ser vistas como retas paralelas cruzando a imensidão do tempo e do espaço. Em verdade, a comprovação da existência de causa estranha e não imputável redunda em uma situação juridicamente qualificada como impossibilidade liberatória que impede a atribuição de responsabilidade ao devedor[45] quando não exista previsão contratual neste sentido.

Ocorre que a repetição acrítica da afirmação "onde cessa a culpa, começa o fortuito"[46], entoada através dos séculos, criou uma aura de pureza científica ao redor do

---

39. COLIN, Ambrosio; CAPITANT, Henry. *Curso elemental de derecho civil*: teoria general de las obligaciones. 2 ed. Trad. Demofilo de Buen. Madrid: Instituto Editorial Reus, 1943, t. 3. p. 827-828.
40. WARAT, Luis Alberto. *Introdução geral ao direito*: a epistemologia jurídica da modernidade. Porto Alegre: SAFE, 2002, v. 2. p. 77.
41. MESSA, Gian Carlo. *L'obbligazione degli interessi e le sue fonti*. Milano: Società Editrice Libraria, 1911. p. 163-166. VON THUR, Andreas. *Tratado de las obrigaciones*. Trad. W. Roces. Madrid: Reus, 1934, t. 1. p. 57. VIVES, Álvaro Pérez. *Teoría general de las obligaciones*: de las fuentes de las obligaciones. 2 ed. Bogotá: Temis, 1954, v. 2, t. 1. p. 16.
42. RODRIGUES, Luiza Azambuja. Além da culpa: análise da responsabilidade subjetiva em perspectiva comparada com os modelos francês e inglês. In: MONTEIRO FILHO, Carlos Edison do Rêgo; ROSENVALD, Nelson. (Coord.). *Estudos de responsabilidade civil em perspectiva comparada*. Brasília: Instituto Brasileiro Ensino, Desenvolvimento e Pesquisa / Universidade do Estado do Rio de Janeiro, 2023. p. 225.
43. MENGONI, Luigi. Obbligazioni "di risultato" e obbligazioni "di mezzi" (studio critico), *Rivista del Diritto Commerciale*, Milano, anno 52, n. 5-10, parte 1, p. 3-90, 1954. p. 39-49.
44. TADEU, Silney Alves. Responsabilidade civil: nexo causal, causas de exoneração, culpa da vítima, força maior e concorrência de culpas, *Revista de Direito do Consumidor*, São Paulo, v. 16, n. 64, p. 134-165, out./dez. 2007. p. 154.
45. MARIÑO LÓPEZ, Andrés. *Tratado jurisprudencial y doctrinario*: derecho de daños. Montevideo: La Ley Uruguay, 2018, v. 1. p. 621.
46. ESPINOLA, Eduardo. *Systema do direito civil brasileiro*: theoria geral das relações jurídicas de obrigação. Rio de Janeiro: Porto, 1912, v. 2, t. 1. p. 361.

tema, escondendo um grave equívoco dogmático no tratamento da responsabilidade contratual. No Brasil, seguindo o exemplo de Pothier[47], são muitos os autores[48] afirmando que "*o fortuito começa onde cessa a culpa*"[49]. O mesmo ocorre no exterior[50].

---

47. POTHIER, Robert Joseph. *Tratado das obrigações*. Trad. Adrian Sotero De Witt Batista; Douglas Dias Ferreira. Campinas: Servanda, 2002. p. 128-132.
48. LIMA, Alvino. Da responsabilidade do depositário no caso fortuito ou de força maior, *Revista dos Tribunais*, São Paulo, v. 34, n. 154, p. 3-6, mar. 1945. p. 5. "O caso fortuito significa exclusão da culpa". WALD, Arnoldo. Da responsabilidade civil contratual e delitual, *Revista Forense*, Rio de Janeiro, v. 72, n. 256, p. 107-123, out./dez. 1976. p. 116. MELLO, Baptista de. Do caso fortuito e da força maior nos contractos civis, *Revista dos Tribunais*, São Paulo, v. 25, n. 101, p. 15-28, maio 1936. p. 17-21. PEREIRA, Caio Mário da Silva. *Instituições de direito civil*: teoria geral das obrigações. 20 ed. Atual. Luis Roldão de Freitas Gomes. Rio de Janeiro: Forense, 2004, v. 2. p. 308-346. "Enuncia-se em tese a irresponsabilidade do devedor pelos prejuízos, quando resultam de *caso fortuito* ou de *força maior*". MIRANDA, Darcy Arruda. *Anotações ao código civil brasileiro*. São Paulo: Saraiva, 1987, v. 3. p. 129-131. CAMBLER, Everaldo. *Curso avançado de direito civil*: direito das obrigações. São Paulo: RT, 2001. p. 211-218. CARVALHO NETO, Inácio de. *Curso de direito civil brasileiro*: teoria geral das obrigações. Curitiba: Juruá, 2009, v. 2. p. 372. LIMA, João Franzen de. *Curso de direito civil brasileiro*: direito das obrigações. 3 ed. Rio de Janeiro: Forense, 1979, v. 2. p. 282. Frisando que embora a culpa seja a base da responsabilidade decorrente da inexecução da prestação, essa pode ser afastada mediante prova do *casus*. VALLE, Numa P. do. Do caso fortuito e de força maior: da distinção nítida entre um e outro – importância prática e jurídica da distinção, *Revista dos Tribunais*, São Paulo, v. 30, n. 129, p. 439-449, jan. 1941. p. 439. A "culpa contratual é, sempre, presumida contra o inadimplente do contrato, cumprindo a este, portanto, o ônus da prova de que a sua omissão ou inexecução das obrigações que assumiu, foi motivada por um caso fortuito, ou devida a um caso de força maior".
49. GOMES, Orlando. *Obrigações*. 9 ed. Atual. Humberto Theodoro Junior. Rio de Janeiro: Forense, 1994. p. 143-149.
50. AMÉZAGA, Juan José. *Culpa aquiliana*: leciones del curso de derecho civil. Montevideo: s/e, 1914. p. 145-149. Do devedor se exige comportamento culposo, o qual, para se ver liberado da sanção ressarcitória, deverá demonstrar a presença de causa estranha e não imputável. ANTUNES VARELA, João de Matos. *Das obrigações em geral*. 7 ed. Coimbra: Almedina, 1997, v. 2. p. 94-101. BRUGI, Biagio. *Instituciones de derecho civil*. Trad. Jaime Simo Bofarull. Cidade do México: UTEHA, 1946. p. 378-383. O incumprimento da obrigação deverá ser culposo para produzir o dever de reparar perdas e danos, mas o devedor somente se libera se demonstrar caso fortuito. BUSTAMANTE, Lino Rodriguez-Arias. *Derecho de obligaciones*. Madrid: Editorial Revista de Derecho Privado, 1965. p. 194-195. CHIRONI, Giampietro. *La colpa nel diritto civile odierno*: colpa contrattuale. 2 ed. Torino: Fratelli Bocca Editori, 1897. p. 653-654. COLIN, Ambrosio; CAPITANT, Henry. *Curso elemental de derecho civil*: teoria general de las obligaciones. 2 ed. Trad. Demofilo de Buen. Madrid: Instituto Editorial Reus, 1943, t. 3. p. 24-25. "O devedor incorre em culpa e, por conseguinte, é responsável pelo prejuízo causado ao credor, desde o momento em que a obrigação não seja cumprida por obra sua [e o] devedor não incorre em culpa e está liberado de toda responsabilidade, quando o incumprimento da obrigação é imputável a uma causa que lhe seja estranha". CORRAL, Alfonso de Cossio y. *Instituciones de derecho civil*: parte general, obligaciones y contratos. 2 ed. Madrid: Civitas, 1991, t. 1. p. 401-402. ENNECCERUS, Ludwig. *Derecho de obligaciones*: doctrina general. Trad. Blas Pérez Gonzales; José Alguer. Barcelona: Bosch, 1944, v. 1. p. 253-256. A prova de ausência de culpa se faz com a demonstração, pelo devedor, de força maior. JOSSERAND, Louis. Evolução da responsabilidade civil, *Revista Forense*, Rio de Janeiro, n. 86, p. 52-63, jun. 1941. p. 61. "A só inexecução do contrato constitui uma falta pela qual o devedor deve reparação, salvo se provar o caso de força maior". LEITÃO, Luís Manuel Teles de Menezes. *Direito das obrigações*: transmissão e extinção das obrigações, não cumprimento e garantias do crédito. 3 ed. Coimbra: Almedina, 2005, v. 2. p. 243-250. MAZEAUD, Henri; MAZEAUD, Léon; TUNC, André. *Tratado teórico y práctico de la responsabilidad civil delictual y contractual*. Trad. Luis Alcalá Zamora y Castillo. Buenos Aires: Ediciones Jurídicas Europa-América, 1962, v. 2, t. 1. p. 450-451. Prova-se ausência de culpa, destaca o autor, com a demonstração do caso fortuito. MOREIRA, Guilherme Alves. *Instituições do direito civil português*: das obrigações. Coimbra: Coimbra, 1925, v. 2. p. 115. RIPERT, Georges; BOULANGER, Jean. *Tratado de derecho civil*: las obligaciones. Trad. Delia García Daireaux. Buenos Aires: La Ley, 1964, v. 1, t. 4. p. 476-486. Apesar de ser necessária a culpa, que está presente no não cumprimento da obrigação, para isentar-se de responsabilidade, o devedor deverá provar que não adimpliu

Saliente-se existir, ainda, quem defenda que o caso fortuito exclui a culpa e que a força maior rompe o dever de reparar nas hipóteses em que o fator de atribuição de responsabilidade é o risco[51], tese que perde sentido quando se percebe a sinonímia entre as expressões.

E, assim, relevantíssima parte daqueles que se propuseram a enfrentar o tema, mesmo sem percebê-lo, conclui que a caracterização da responsabilidade contratual prescinde da culpa, na esteira da lição de Serpa Lopes.

> O simples fato de o devedor não realizar a obrigação contratual no tempo e forma devidas cria para ele um estado de culpa, em razão do que, demandado sob tal fundamento, cabe-lhe o ônus da prova de uma daquelas situações em que a lei considera afastada a responsabilidade [e desta forma] o credor, para estabelecer seu direito, deve provar o contrato: porém uma vez demonstrada a dívida, o devedor que afirme tê-la cumprido ou ter estado impedido de o fazer, por força maior, deve provar essa alegação"[52].

Ao se exigir do devedor a demonstração de que a impossibilidade decorreu de causa estranha à sua esfera de atuação[53], recorre-se às premissas que informam a responsabilidade objetiva, segundo as quais, salvo rara exceção, o dever de reparar será afastado mediante a prova da inexistência de nexo causal. No mais, o que impede a gênese do dever de reparar na proposta dogmática incorporada à codificação vigente – embora, isso não seja, expressamente aceito por ela – é a ocorrência de evento alheio à conduta do causador do dano, e não, a simples ausência de culpa.

De modo paradoxal, entretanto, ao mesmo tempo a dogmática exige a culpa para a configuração da responsabilidade contratual mas aponta que a prova de que a conduta do devedor foi pautada pela mais extrema diligência não é suficiente a eximir o devedor – ou o credor – do dever de reparar, cabendo-lhe provar o fortuito. Noutras palavras, *"il creditore si deve limitare ad allegare ora l'inadempimento, ora l'inesattezza dell'adempimento, spettando in entrambi i casi al debitore provare l'adem-*

---

em razão de caso fortuito ou força maior. SILVA, João Calvão da. Não cumprimento das obrigações. In: *Comemorações dos 35 anos do código civil e dos 25 anos da reforma de 1977.* Coimbra: Coimbra, 2007. p. 485-494. TALAMANCA, Mario. Colpa. In: *Enciclopedia del diritto.* Milano: Giuffrè, 1960, v. 7. p. 518. O caso fortuito "constitui-se sempre o limite da culpa". TELLES, Inocêncio Galvão. *Direito das obrigações.* 6 ed. Coimbra: Coimbra, 1989. p. 294-295. Confundindo a imputação com a culpa, o autor afirma que, se o evento não é imputável ao devedor, isto é, não provém de culpa sua, derivando de fato do credor, de caso fortuito ou força maior, não incidirá aquele em responsabilidade. TRUJILLO, Rafael Durán. *Nociones de responsabilidad civil:* contractual y delictuosa. Bogotá: Temis, 1957. p. 67-68. A culpa é afastada pelo advento de causa externa não imputável ao devedor. VIVES, Álvaro Pérez. *Teoría general de las obligaciones:* de las fuentes de las obligaciones. 2 ed. Bogotá: Temis, 1954, v. 2, t. 1. p. 22-23. VON THUR, Andreas. *Tratado de las obligaciones.* Trad. W. Roces. Madrid: Reus, 1934, t. 2. p. 100. A impossibilidade não culposa de desempenho da prestação convencionalmente se denomina caso fortuito.

51. CAMBLER, Everaldo; GONÇALVES, Carlos Roberto; MAIA, Mairan. *Comentários ao código civil brasileiro:* do direito das obrigações. Rio de Janeiro: Forense, 2003, v. 3. p. 34-35.
52. SERPA LOPES, Miguel Maria de. *Curso de direito civil:* obrigações em geral. Atual. José Serpa Santa Maria. Rio de Janeiro: Freitas Bastos, 1989, v. 2. p. 338-339.
53. MALUF, Carlos Alberto Dabus. Do caso fortuito e da força maior: excludentes de culpabilidade, *Revista do Advogado,* São Paulo, n. 44, p. 28-37, out. 1994. p. 35-36.

pimento o l'esattezza dell'adempimento, ovvero che le contrapposte vicende sono state dovute a impossibilità derivante da cause a lui non imputabili"⁵⁴.

O conflito apontado é manifesto. O paradoxo é aparente e a sua superação impõe aceitar que o fator de atribuição do dever de reparar só pode ser identificado objetivamente⁵⁵ quando do desrespeito ao programa obrigacional concretamente estabelecido.

A culpa está morta, mesmo que sigam dizendo que sobrevive "à força da tradição"⁵⁶. A configuração dogmática da responsabilidade contratual transformou a culpa em um adorno, um adereço, um "conceito puramente formal" no exato instante em que deixou de alocar as soluções que propõe nos fundamentos do dever de reparar, transferindo-as para os critérios de exclusão desse mesmo dever jurídico.

Embora se reconheça – não sem refutação digna de nota⁵⁷ – que a ausência de culpa e o fortuito – expressão aqui utilizada para representar a categoria jurídica na qual se inclui – sejam situações distintas⁵⁸, é preciso informar que não é essa a racionalidade que molda a codificação que hodiernamente vige no Brasil. A discussão está presente também noutros países, como a Itália, donde se pergunta se basta ao devedor demonstrar ter agido de modo diligente ou se precisa provar o fato que pontualmente impossibilitou o cumprimento⁵⁹.

---

54. FEOLA, Maria. *Le obbligazioni di sécurité*. Torino: Giappichelli, 2012. p. 399.
55. MOSSET ITURRASPE, Jorge; PIEDECASAS, Miguel. *Responsabilidad contractual*. Santa Fé: Rubinzal-Culzoni, 2007. p. 21.
56. VITA NETO, José Virgílio. *A atribuição da responsabilidade contratual*. Tese (Doutorado) – Faculdade de Direito da USP, São Paulo, 2007. p. 49-50.
57. MASSIMO BIANCA, Cesare. La colpa come elemento costitutivo della fatispecie dell'illecito, Roma e America: Diritto Romano Comune, Roma, n. 3, p. 201-204, 1997. p. 204. "La scoperta della zona grigia tra colpa e caso fortuito è un altro articioso tentativo di debellare il principio della colpa, un altro episodio di una contestazione dottrinaria, la quale dimentica che il principio della colpa non è un mero criterio di responsabilità, ma è un principio di civiltà giuridica, che consente di tutelare un'essenziale esigenza dell'uomo: quella di realizzare liberadamente la sua personalità e le sue scelte di vita nella realtà sociale. A fronte di questa esigenza vi è l'altra esigenza, quella di tenere indenni coloro che dalla nostra attività possono risentirne un danno".
58. COLMO, Alfredo. *De las obligaciones en general*. Buenos Aires: Jesus Menendez, 1920. p. 95-99. Demonstrando conhecer a distinção apontada, está entre os autores que defendem que a prova da ausência de culpa é suficiente para liberar o devedor das consequências do incumprimento da obrigação, salientando ser desnecessária, assim, a prova de ter ocorrido caso fortuito ou força maior. CORTÉS, Édgar. Breve nota sobre la culpa contractual y la extracontractual en el derecho colombiano, *Revista Anales Derecho UC*, Santiago, v. 3, p. 93-104, mar. 2008. p. 104. DINIZ, Maria Helena. *Curso de direito civil brasileiro*: teoria geral das obrigações. 23 ed. São Paulo: Saraiva, 2008, v. 2. p. 381. Na seara contratual, "o devedor terá o ônus de provar que não agiu culposamente ou que houve ocorrência de força maior ou caso fortuito". JORGE, Fernando Pessoa. *Ensaio sobre os pressupostos da responsabilidade civil*. Coimbra: Almedina, 1999. p. 131. Não se pode dizer que o caso fortuito começa onde termina a culpa. LARROUMET, Christian. La defensa de la responsabilidad contractual en derecho frances, *Revista Trimestral de Direito Civil*, Rio de Janeiro, n. 8, p. 151-163, out./dez. 2001. p. 154. LORENZETTI, Ricardo Luis. *Tratado de los contratos*: parte general. Buenos Aires: Rubinzal Culzoni, 2004. p. 612-615. MALUF, Carlos Alberto Dabus. Do caso fortuito e da força maior: excludentes de culpabilidade, *Revista do Advogado*, São Paulo, n. 44, p. 28-37, out. 1994. p. 30-35.
59. LUMINOSO, Angelo. Sulla responsabilità contrattuale ed extracontrattuale dell'impresa. *Contratto e impresa*, Milano, v. 23, n. 4-5, p. 917-932, 2007. p. 927.

A leitura dos preceitos normativos contidos na codificação civil brasileira sugerindo haver culpa na ausência de pagamento[60] foi moldada considerando que a culpa, por ser presumida no incumprimento – na mora, no inadimplemento etc. –, somente será afastada quando provada a causa estranha, consagrando, portanto, a gênese do dever de reparar a partir de perspectiva objetiva, atada à conduta, sim, mas não necessariamente à culpa. Aliás, como compreender, de outra forma, assertivas como as que apontam que a mora "faz presumir a responsabilidade até que se prove o contrário"[61]?

Se a parte a quem se pretende imputar o dever de reparar deve demonstrar que o evento que impossibilitou a observância de um específico dever contratual[62] ultrapassou os contornos delineadores da conduta devida, ainda que comumente se aluda à exclusão de culpa, em verdade, o processo se desenvolve em outro plano, nesse caso, o da formação da circunstância danosa.

É evidente que à culpa não se reserva mais espaço algum na sociedade contemporânea – pelo menos, não na solução das celeumas que atingem o processo obrigacional. Em termos dogmáticos, é anacrônica[63] e inútil. Perdeu seu valor sociológico quando deixou de impedir o advento dos danos. No plano filosófico, esvaiu-se com o racionalismo e caso se pretenda aproveitar algo da codificação – no que tange ao tema investigado –, é imprescindível compreender que, quando aquela utiliza a expressão "sem culpa", quer *dizer* "sem responsabilidade"[64] e, na mesma esteira, ao utilizar a expressão "por culpa", alude à consequência imputável à conduta do devedor.

Uma análise panorâmica dos dispositivos inseridos na codificação permite ratificar as assertivas formuladas. Em um primeiro momento em todas as obrigações de dar, o dever de reparar será objetivamente aferido, pois, consoante a lógica que informa a codificação, a ausência de culpa depende da prova da causa estranha e não imputável, compreensão que se apresenta, com clareza incomum, na conjugação dos artigos 389 e 393 do CC. Em síntese, deles se extrai que o não desempenho da prestação importa em perdas e danos, salvo quando decorrente de caso fortuito ou de força maior. Podem ser lembradas as hipóteses: (a) de perecimento e deterioração das obrigações de dar e de restituir, bem como, de intelecção (b) das regras sobre o tema nos contratos aleatórios, na locação, na empreitada e no contrato de depósito, (c) da impossibilidade de desempenho de uma ou mais prestações nas obrigações

---

60. BARBERO, Domenico. *Sistema del derecho privado*: obligaciones. Trad. Santiago Sentis Melendo. Buenos Aires: EJEA, 1967, v. 3. p. 75-120. Apesar de fazer alusão à necessidade de culpa, destaca que ao devedor se atribui o ônus de salientar a existência de caso fortuito ou situações similares. É exatamente essa a lógica que informa os artigos 389, 393, 394 e 395 do CC.
61. CALVO COSTA, Carlos. La mora del deudor ante el incumplimiento temporal e imputable de la obligación. In: TOBIAS, José (Dir.). *Estudios sobre obligaciones y responsabilidad civil en homenaje al académico Félix Trigo Represas*. Buenos Aires: La Ley, 2022. p. 245.
62. TRABUCCHI, Alberto. *Istituzioni di diritto civile*. 37 ed. Padova: Cedam, 1997. p. 545-550.
63. NORONHA, Fernando. Desenvolvimentos contemporâneos da responsabilidade civil, *Revista dos Tribunais*, São Paulo, n. 761, p. 31-44, mar. 1999. p. 33.
64. BUERES, Alberto Jesus. *Derecho de daños*. Buenos Aires: Hammurabi, 2001. p. 63-66.

alternativas, (d) e mesmo o tratamento dado genericamente ao incumprimento no processo obrigacional, pois, se, de um lado, a codificação destaca que, "nos contratos benéficos, responde por simples culpa o contratante, a quem o contrato aproveite"[65], ao mesmo tempo, salienta, que, "não havendo fato ou omissão imputável ao devedor, não incorre este em mora"[66].

Noutro mote, estão as hipóteses (e) de desrespeito à obrigação de fazer, mesmo porque a codificação versa apenas acerca da impossibilidade de desempenho da prestação – como visto outrora, consoante o estado da arte, a culpa não ocupa lugar algum na configuração das situações de mora e inadimplemento de prestações dessa natureza – e (f) de desrespeito às obrigações de não fazer, pois, nesse último caso, apenas a prova – a ser promovida pelo devedor – da existência de um motivo legítimo que justifique o desrespeito ao dever de abstenção impedirá a configuração do dever de reparar. A seu turno, (g) nas situações em que há pluralidade de partes – como no caso do tratamento dado às obrigações indivisíveis e à solidariedade passiva –, percebe-se claramente que não é a culpa que importa na atribuição do dever de reparar a esse ou àquele devedor, mas o fato de o perecimento ou de a impossibilidade de desempenho da prestação estarem conectados à conduta de um ou vários devedores. Enfim, nas situações em que a culpa é pensada buscando solucionar problemas causados em razão (h) de cessão de posição contratual – como previsto no regramento de contratos como os de depósito, mandato e comissão – e nos (i) contratos ajustados tendo por foco a gestão de interesse do parceiro negocial – com ou sem poder de representação –, ela pode ser facilmente afastada quando se percebe que é aquele que transmite sua posição no contrato – ou age em nome de outrem – o responsável pelo risco a ser suportado pelo outro contratante e que, por isso, deve, em princípio, assumi-lo.

Enfim, é impossível não concluir que a responsabilidade contratual está fundada, como apregoado por Antonio Junqueira de Azevedo na "palavra dada"[67], afinal "*la libertad hace que el hombre sea responsable de sus actos [y] de sus conductas*"[68]. Impossível não ver que no processo de apuração do dever de reparar os danos contratuais, a culpa não passa de um estereótipo[69], apesar de ainda ser pensada, cultuada, como um mito[70], quando, do mito, tem apenas, a forma espectral e o aspecto fantasmagórico...

---

65. Art. 392 do CC.
66. Art. 396 do CC.
67. JUNQUEIRA DE AZEVEDO, Antonio. A boa-fé na formação dos contratos, *Revista da Faculdade de Direito*, São Paulo, v. 87, p. 79-90, jan./dez. 1992. p. 89-90. Para o professor das Arcadas o dever de reparar os danos surgidos na fase de formação dos contratos estaria fundado na solidariedade social.
68. AGURTO GONZÁLES, Carlos; QUEQUEJANA MAMANI, Sonia Lidia. *Derecho privado, persona y responsabilidad civil*. Buenos Aires: Olejnik, 2019. p. 72.
69. WARAT, Luis Alberto. *O direito e sua linguagem*. 2 versão. 2 ed. Porto Alegre: SAFE, 1995. p. 70-72.
70. WARAT, Luis Alberto. *Introdução geral ao direito*: interpretação da lei: temas para uma reformulação. Porto Alegre: SAFE, 1994, v. 1. p. 104-105.

A CONFIANÇA COMO FATOR DE IMPUTAÇÃO DO DEVER DE REPARAR OS DANOS CONTRATUAIS

O adimplemento atrai, polariza o processo obrigacional, é seu fim e sua finalidade[1], seu clímax, instante maior de êxtase, de arroubo ou arrebatamento. A frase mil vezes entoada revela, com incomum nitidez, que a satisfação do legítimo interesse do credor, projetada no pagamento, imanta, toda e qualquer relação jurídica obrigacional[2]. A novidade a ser aqui dividida é sua ligação com a confiança, signo aqui pensado como princípio jurídico[3], logo, como algo dotado de força normativa[4].

De coadjuvante à protagonista na seara contratual, após orientar, originalmente, a edificação de teorias como as do erro e da aparência[5], a confiança experimentou notável expansão dogmática passando a fundamentar a necessidade de respeito à expectativa legítima despertada em alguém por conta do exercício de liberdades positivas titularizadas por outrem. Essencial ao tráfego negocial, a confiança estimula o abandono da inércia[6], induz o distanciamento viés do status quo[7] e, com isso, ganha importância em um cotidiano marcado tanto pela expansão de relações contratuais mais complexas que as existentes no mundo decimonônico como pelo distanciamento entre as pessoas[8], havido também por conta da mediação feita pelas máquinas. Confiar, portanto, é condição básica para a convivência pacífica em

---

1. COUTO E SILVA, Clóvis Veríssimo do. A obrigação como processo. São Paulo: Bushatsky, 1976. p. 5.
2. GOMES, Orlando. Obrigações. 9 ed. Atual. Humbero Theodoro Junior. Rio de Janeiro: Forense, 1994. p. 10.
3. AMATO, Cristina. Confianza y responsabilidad. Trad. César Moreno More. Buenos Aires: Astrea, 2017. p. 217-244.
4. MARQUES, Claudia Lima. Novos temas na teoria dos contratos: confiança e o conjunto contratual, Revista da Ajuris, Porto Alegre, v. 32, n. 100, p. 73-97, dez. 2005. p. 86.
5. LARENZ, Karl. Derecho justo: fundamentos de etica juridica. Trad. Luis Díez-Picazo. Madrid: Civitas, 1993.
6. MARQUES, Claudia Lima. Novos temas na teoria dos contratos: confiança e o conjunto contratual, Revista da Ajuris, Porto Alegre, v. 32, n. 100, p. 73-97, dez. 2005. p. 77. A confiança é fonte autônoma de responsabilidade.
7. THALER, Richard; SUNSTEIN, Cass. Un pequeño empujón: el impulse necesario para tomar mejores decisiones sobre salud, dinero y felicidad. Buenos Aires: Taurus, 2018. p. 20-23.
8. MARTINS-COSTA, Judith. A proteção da legítima confiança nas relações obrigacionais entre a administração e os particulares, Revista da Faculdade de Direito da UFRGS, Porto Alegre, v. 22, p. 228-255, set. 2002. p. 232-233.

sociedade[9], é necessidade social[10] e os argumentos são suficientes para legitimar, perante o Direito, a sua normatividade.

> Esta especial configuración conceptual y funcionalidad permiten elevarla a la categoría de principio contractual, dado que se trata de una idea ético-jurídica general y abstracta, que [...] informa el derecho contractual y, por lo mismo, sirve como criterio de orientación, guía e interpretación para la solución de conflictos de intereses entre el emisor de la declaración y su receptor[11].

Mas não é só, afinal, "para que um princípio tenha uma função para além daquilo que representava no positivismo, é necessário ultrapassar a discussão meramente semântica". Nesse condão, tendo em vista que "um princípio não é um princípio" porque foi assim "enunciado ou em decorrência de uma relação lógico-aplicativa, mas, sim, em face daquilo que ele enuncia", parece escorreito afirmar, com Lenio Streck, que "uma concepção de princípio coerente com o constitucionalismo contemporâneo, superador do positivismo nas suas três características (fatos sociais, separação Direito e moral e discricionaridade) não pode se contentar com análises topográfico-analíticas"[12].

Inconteste baliza normativa, um princípio precisa então ser entendido como estrutura que tem por escopo servir como espaço argumentativo que permita "controlar os sentidos articulados" pelos intérpretes no desvelar mister hermenêutico[13]. Atribuir-lhes a escorreita densidade normativa, entretanto, é sem dúvida tarefa digna dos esforços de Sísifo, mormente, quando se nota que um princípio não basta em si mesmo e, por conta disto, não pode retroalimentar-se na seara hermenêutico-argumentativa.

Por isso é preciso esclarecer que a confiança que se busca mapear não está fundada em subjetivismos ou quaisquer formas de sentimentalismos[14], afastando-se por isso de qualquer juízo moral. E mesmo que, cotidianamente, ela seja alvo de críticas apontando para a necessidade de valorização da vontade[15] na seara negocial e, no limite, afirmando que ela, sozinha, não teria valor algum, não passando de "um cego a guiar outro cego"[16], parece que tais avaliações desconhecem ou desprezam (a) o

---

9. NORONHA, Fernando. O direito dos contratos e seus princípios fundamentais: autonomia privada, boa-fé e justiça contratual. São Paulo: Saraiva, 1994. p. 82. MACHADO, João Baptista. Obra dispersa. Braga: Scientia Iurídica, 1991, v. 1. p. 352. MALINOWSKI, Bronislaw. Crimen y costumbre en la sociedad salvaje. Trad. J. y M. T. Alier. Barcelona: Planeta-Agostini, 1985. p. 70-74.
10. MARTINS, Raphael Manhães. Inadimplemento antecipado: perspectiva para sua aplicação no direito brasileiro, Revista de Direito Privado, São Paulo, v. 8, n. 30, p. 199-238, abr./jun. 2007. p. 219.
11. LÓPEZ DÍAZ, Patricia Verónica. La confianza razonable y su relevancia como criterio fundante de la tutela de ciertas anomalías o disconformidades acaecidas durante el iter contractual: una aproximación desde la doctrina y la jurisprudencia chilenas, Revista de Derecho Privado, Bogotá, n. 36, p. 127-168, 2019. p. 132.
12. STRECK, Lenio. Dicionário de hermenêutica. São Paulo: Casa do Direito, 2017. p. 243.
13. STRECK, Lenio. Dicionário de hermenêutica. São Paulo: Casa do Direito, 2017. p. 242.
14. BARRETO, Ricardo Menna; ROCHA, Leonel Severo. Confiança nos contratos eletrônicos: uma observação sistêmica, Revista Jurídica Cesumar, v. 7, n. 2, p. 409-425, jul./dez. 2007. p. 414.
15. ASCENSÃO, José de Oliveira. Alteração das circunstâncias e justiça contratual no novo código civil, Revista Trimestral de Direito Civil, Rio de Janeiro, n. 25, p. 93-118, jan./mar. 2006. p. 96.
16. ASCENSÃO, José de Oliveira. Cláusulas contratuais gerais, cláusulas abusivas e boa-fé, Revista de Direito Privado, São Paulo, v. 1, n. 4, p. 9-25, out./dez. 2000. p. 21-22.

declínio do voluntarismo e da autonomia da vontade como corolário da ascensão da autonomia privada, (b) os influxos que emanam da força normativa dos princípios, (c) a necessidade de tutelar uma infinidade de vulnerabilidades e assimetrias de distintas ordens, (d) a existência de vieses cognitivo comportamentais[17] que não podem ser obnubilados por uma dogmática estéril, abstrata e simplista que, comumente, nega a complexidade[18] do Direito, (e) a fundamentalidade dos direitos civis – o que inclui, no Brasil, a proteção contratual do consumidor – ou, ainda, (f) o irreal, incoerente e insustentável idealismo impregnado à figura do homo economicus.

A confiança aqui pensada, por tudo isso, não é aquela que surge na identificação do estado anímico de cada ser[19]. Pensar desse modo implica substituir um critério subjetivo por outro, solução inadmissível diante (a) das múltiplas faces do contrato na contemporaneidade, (b) das premissas que informam o Estado Democrático de Direito, (c) da tendência de objetivação dos raciocínios jurídicos e, evidentemente, (d) da identificação de que a moral é um predador do Direito. Longe disso, ela ultrapassa o nível pessoal e seu principal lastro está no fato de que os outros também confiam[20]. Assim, ao transcender os interesses das partes e as percepções individuais, ela atua como um instrumento vital à equalização dos negócios pactuados em sociedade[21].

> A natureza problemática da confiança nas condições sociais modernas é especialmente significativa quando consideramos os próprios sistemas abstratos, em vez de apenas seus representantes. Em uma multiplicidade de sistemas abstratos, a confiança é uma parte necessária da vida cotidiana da atualidade, quer isto seja ou não conscientemente reconhecido pelos indivíduos em questão. Os sistemas de confiança tradicionais eram quase sempre baseados no "trabalho visível"; por ter acesso especial às qualidades esotéricas da tradição, o guardião era a tradição em forma de pessoa. As características desincorporadas dos sistemas abstratos significam uma constante interação com os "outros ausentes" – pessoas que nunca vimos ou encontramos, mas cujas ações afetam diretamente características da nossa própria vida. Dado o caráter dividido e contestado da especialização, a criação de sistemas abstratos estáveis é uma tentativa que vale a pena. Alguns tipos de sistema abstrato tornaram-se tão pertinentes às vidas das pessoas que, em um determinado momento do tempo, parecem ter uma solidez de pedra, semelhante à tradição estabelecida; mas são vulneráveis ao colapso da confiança generalizada[22].

Assim, a confiança haverá de ser identificada a partir de um procedimento que permita ultrapassar a perquirição das subjetividades inerentes às titularidades con-

---

17. BURNETT, Dean. O cérebro que não sabia de nada: o que a neurociência explica sobre o misterioso, inquieto e totalmente falível cérebro humano. Trad. Eliana Rocha. São Paulo: Planeta do Brasil, 2018. FIGUERAS, Albert. La próxima frontera: ¿Que nos hace humanos? Barcelona: Plataforma, 2017.
18. MORIN, Edgar. A cabeça bem-feita: repensar a reforma, reformar o pensamento. Trad. Eloá Jacobina. 8. ed. Rio de Janeiro: Bertrand Brasil, 2003.
19. MARTINS, Raphael Manhães. Inadimplemento antecipado: perspectiva para sua aplicação no direito brasileiro, Revista de Direito Privado, São Paulo, v. 8, n. 30, p. 199-238, abr./jun. 2007. p. 221.
20. LUHMANN, Niklas. Confianza. Trad. Amada Flores. Barcelona: Anthropos, 2005. p. 118-121.
21. MIRANDA, José Gustavo Souza. A proteção da confiança nas relações obrigacionais, Revista de Informação Legislativa, Brasília, v. 38, n. 153, p. 131-149, jan./mar. 2002. p. 132.
22. GIDDENS, Anthony; BECK, Ulrich; LASH, Scott. Modernização reflexiva: política, tradição e estética na ordem social moderna. Trad. Magda Lopes. São Paulo: Unesp, 1997. p. 111.

cretamente identificáveis[23] para ser ancorada em nível sistêmico, até porque, ela "se estrutura além dos motivos individuais da pessoa que confia e só é possível em um consenso social estruturado sobre pautas culturais transmissíveis de uma geração a outra em um âmbito de normalidade ou de indução"[24].

Ademais, ao focar os argumentos que mostram que (a) se contrata visando à satisfação de necessidades das mais distintas ordens e, não apenas, buscando dar vazão à mítica razão incorporada a ideia de homo economicus, que (b) a vontade fundante, nas manifestações de vontade, é facilmente influenciável e, também por isso, dinamicamente inconsistente[25], ou ainda, que (c) muitas são as promessas que seduzem, atraem, cativam, encantam os seres humanos e ao fazê-lo, obnubilam, mormente nos cenários concebidos na Sociedade de Consumo, os processos de tomada de decisão. No limite, viciam preferências que o ser humano acredita serem individuais, escolhas que cada pessoa pensa ser totalmente sua.

Aliás, atualmente, parece bem mais fácil sustentar que o contrato é fonte de deveres porque alguém confiou nas promessas feitas pelo parceiro negocial do que, como outrora costumava-se afirmar, por conta da mítica fusão de vontades nascida do desejo dos atores sociais em se vincularem mutuamente[26], o que aliás, pode ser recortado no Código de Defesa do Consumidor.

> Art. 30. Toda informação ou publicidade, suficientemente precisa, veiculada por qualquer forma ou meio de comunicação com relação a produtos e serviços oferecidos ou apresentados, obriga o fornecedor que a fizer veicular ou dela se utilizar e integra o contrato que vier a ser celebrado.

A palavra vincula, ata, atrela aquele que dela se serviu ao experimentar a sua liberdade em um cenário marcado pela coexistência humana. O faz, portanto, por ter sido dirigida a alguém que nela acreditou. Ao confiar no outro, ao acreditar na palavra do outro, passa-se legitimamente a esperar que o comportamento mentalmente esboçado sob os influxos da promessa recebida, quando alcançado o tempo devido, se materialize de forma a colorir aquele esboço com as cores da satisfação. A palavra transforma aquele que poderia ser, até então, apenas outro desconhecido, em uma pessoa na qual se pode confiar e de quem se poderá exigir, se necessário, uma conduta[27] ou a reparação de danos.

---

23. CARNEIRO DA FRADA, Manuel António de Castro Portugal. Teoria da confiança e responsabilidade civil. Coimbra: Almedina, 2007. p. 372.
24. WEINGARTEN, Celia. El valor economico de la confianza para empresas y consumidores, Revista de Direito do Consumidor, São Paulo, v. 9, n. 33, p. 33-50, jan./mar. 2000. p. 36.
25. THALER, Richard; SUNSTEIN, Cass. Un pequeño empujón: el impulse necesario para tomar mejores decisiones sobre salud, dinero y felicidad. Buenos Aires: Taurus, 2018. p. 57-60.
26. DE LORENZO, Miguel Federico. El péndulo de la autonomía de la voluntad. In: GESUALDI, Dora Mariana (Coord.). Derecho privado. Buenos Aires: Hammurabi, 2001. p. 456.
27. OST, François. Tiempo y contrato: crítica del pacto fáustico, Doxa, Alicante, n. 25, p. 597-626, 2002. p. 600.

O resgate da origem canônica da pacta sunt servanda[28] reforça a argumentação. Apesar da censura ecoar reverberando tons que resgatam a voz da autoridade[29], é insustentável defender que o contrato siga vinculando as partes por conta de princípio forjado no Medievo na ligação do incumprimento de uma obrigação à mentira, da mentira ao pecado[30] e, do pecado às leis de Deus e às sanções a serem executadas por um dos sete príncipes do inferno[31], com matizes que permitem antever, portanto, que aquele que não honra, aqui, o que outrora prometera, mente, aquele que mente, peca e por isso, sem dúvida, merece queimar no fogo do inferno alimentado por Mefisto, Lucífer ou Belzebu.

A relação obrigacional vincula, portanto, não por ter sido semeada sobre os campos férteis da autonomia privada – ela não nasce da soberania de vontades que muitas vezes nada tem de soberanas –, mas por estar ancorada na "aura de confiança" que deriva da comunicação social[32]; cabendo ao Direito garantir que não seja frustrada[33].

> La tutela de la confianza razonable encontraría su fundamento, entonces, más que en la obligación del emisor de la declaración de la voluntad de actuar leal y correctamente, en el hecho de que su actuación ha generado expectativas razonables en su destinatario que deben ser tuteladas, porque existió una apariencia que determinó el surgimiento de una confianza digna de protección[34].

Também parece importante explorar a origem da confiança, especialmente, quando se identifica ser deveras recorrente a afirmação de que ela teria gênese na boa-fé[35], mesmo depois de comprovar-se que a bona fides foi gestada nos úteros da fides[36].

---

28. AMARAL, Francisco. Historicidade e racionalidade na construção do direito brasileiro, Revista Brasileira de Direito Comparado, Rio de Janeiro, n. 20, p. 29-87, jan./jun. 2001. p. 44.
29. DÍEZ-PICAZO, Luiz. Fundamentos del derecho civil patrimonial: introduccion, teoria del contrato. 5 ed. Madrid: Civitas, 1996, v. 1. p. 125.
30. DUPICHOT, Jacques. Derecho de las obligaciones. Trad. Rosangela Calle. Bogotá: Temis, 1984. p. 16.
31. Outros fundamentos utilizados pela doutrina para justificar a obrigatoriedade do cumprimento dos contratos podem ser encontrados em: ANDRADE, Darcy Bessone de Oliveira. Aspectos da evolução da teoria dos contratos. São Paulo: Saraiva, 1949. p. 93-100.
32. DUTRA, Jeferson Luiz Dellavalle. Princípios contratuais e reflexividade sistêmica: boa-fé, equilíbrio econômico e função social do contrato. In: SILVA FILHO, José Carlos Moreira da; PEZZELLA, Maria Cristina Cereser (Coord.). Mitos e rupturas no direito civil contemporâneo. Rio de Janeiro: Lumen Juris, 2008. p. 153-157.
33. HESPANHA, António Manuel. O caleidoscópio do direito: o direito e a justiça nos dias e no mundo de hoje. Coimbra: Almedina, 2007. p. 186.
34. LÓPEZ DÍAZ, Patricia Verónica. La confianza razonable y su relevancia como criterio fundante de la tutela de ciertas anomalías o disconformidades acaecidas durante el iter contractual: una aproximación desde la doctrina y la jurisprudencia chilenas, Revista de Derecho Privado, Bogotá, n. 36, p. 127-168, 2019. p. 137.
35. MARTINS-COSTA, Judith. A boa-fé como modelo (notas para a compreensão da boa-fé obrigacional como modelo doutrinário e jurisprudencial no direito brasileiro), Roma e America: Diritto Romano Comune, Roma, n. 13, p. 71-97, 2002. p. 93. A boa-fé é a "norma reitora da proteção da confiança". SILVA, Jorge Cesa Ferreira da. A boa-fé e a violação positiva do contrato. Rio de Janeiro: Renovar, 2007. p. 35-55.
36. MENEZES CORDEIRO, Antônio Manuel da Rocha e. Da boa fé no direito civil. Coimbra: Almedina, 1984, v. 1, p. 53-70.

Ora a fides é uma deusa (cuja mão direita era um símbolo de entrega e de lealdade) cultuada pelos romanos; ora emprega-se a fides como uma ligação, uma garantia de cumprimento dos pactos, associando alguns autores esta ideia a uma planta que era utilizada para atar; numa linha aproximada, outros autores enxergam na fides a representação em palavras do aperto de mão que selava os tratos. Há ainda juristas que identificam como fides a qualidade que provocava a confiança entre os cidadãos romanos, calcada na honradez, moralidade, integridade, virilidade que seriam inerentes a estas pessoas. Sem embargo destas e de outras especulações, aponta-se ainda a fides, internamente, como expressão do poder jurídico dos patrões sobre os escravos, e, externamente, como expressão da dominação que Roma exercia sobre outros povos[37].

Quer se aclarar aqui que embora possam se complementar, confiança e boa-fé não se confundem[38]. Assim, a boa-fé alude ao "modo" pelo qual a cooperação deve instrumentalizar-se no processo obrigacional, dentre outras funções a ela consagradas[39]. A confiança, por sua vez, diz respeito à proteção da legítima expectativa criada no alter em razão da interação negocial[40], por conta do exercício de liberdades positivas que ao tocarem o outro tem força suficiente para despertar a sua atenção e, às vezes, a sua confiança e, assim,

> como el otorgamiento de un contrato representa la organización de ciertos intereses, la sincronización de deseos y un encuentro de voluntades, la confianza deviene en un requisito de materialización de la función asignada al contrato y incide, por consiguiente, en la seguridad del tráfico jurídico[41].

Reafirme-se que as leituras que vinculam, aos influxos da boa-fé objetiva à proteção da confiança surgida no outro[42], dão primazia à primeira, criando uma aparente relação de subserviência da confiança àquela. É de fundamental importância desatrelar essa pseudoligação, pois, em verdade, dependência entre as figuras não há.

Outra forma de percebê-lo é notando que a boa-fé projeta os comportamentos daquele a quem se impõe o exercício de determinadas posições jurídicas ao selecionar o que deve ser feito (ou não); a confiança alimenta as expectativas legitimamente despertadas no outro, independentemente de quem seja ele ou da subjetividade

---

37. LEWICKI, Bruno. Panorama da boa-fé objetiva. In: TEPEDINO, Gustavo (Coord.). Problemas de direito civil-constitucional. Rio de Janeiro: Renovar, 2000. p. 58.
38. MARTINS, Raphael Manhães. O princípio da confiança legítima no direito brasileiro: uma discussão em torno do enunciado n. 362, da IV jornada de direito civil, Revista da Ajuris, Porto Alegre, v. 35, n. 112, p. 257-271, dez. 2008. p. 267-271.
39. MARTINS-COSTA, Judith. A boa-fé no direito privado. São Paulo: RT, 2000. p. 381-472.
40. MARTINS-COSTA, Judith. Princípio da confiança legítima e princípio da boa-fé objetiva. termo de compromisso de cessação (TCC) ajustado com o Cade. Critérios de interpretação contratual: os "sistemas de referência extracontratuais" ("circunstâncias do caso") e sua função no quadro semântico da conduta devida. princípio da unidade ou coerência hermenêutica e "usos do tráfego". adimplemento contratual, Revista dos Tribunais, São Paulo, v. 95, n. 852, p. 87-126, out. 2006. p. 94-99.
41. LÓPEZ DÍAZ, Patricia Verónica. La confianza razonable y su relevancia como criterio fundante de la tutela de ciertas anomalías o disconformidades acaecidas durante el iter contractual: una aproximación desde la doctrina y la jurisprudencia chilenas, Revista de Derecho Privado, Bogotá, n. 36, p. 127-168, 2019. p. 132.
42. LARENZ, Karl. Derecho justo: fundamentos de etica juridica. Trad. Luis Díez-Picazo. Madrid: Civitas, 1993. p. 95-96.

fundida aos comportamentos exteriorizados por aquele em quem se acredita. O conteúdo fático que impregna a liberdade positivamente vivida servirá, apenas, para qualificar como legítima (ou não) a confiança despertada no outro e, obviamente, as fronteiras aptas a dividirem o que devido e poderá ser exigido, à força se necessário, daquilo que não pode sê-lo.

Auxiliando a lidar com as contingências que perpassam o porvir[43] e, portanto, a conter parte dos efeitos que pululam na incerteza fundida ao tempo presente[44], essa confiança sem rosto[45] também fomenta a construção de pontes que ligam o presente a um horizonte que, paradoxalmente, nunca será alcançado[46] e, com isso, ajuda a compreender a troca de um modelo prenhe de certezas, por outro no qual há apenas ilhotas de segurança social[47] alocadas entremeio ao fluxo descontínuo e arrebatador do tempo.

Se é inegável que a existência de uma estrutura de autoridade formal e a explicitação dos deveres impostos aos contratantes são dois mecanismos deveras importantes na redução das contingências contidas em um programa contratual, é imprescindível que a elas seja acrescentada a confiança, fonte normativa que intensifica a cooperação exigida dos contratantes e impõe a aceitação da ampliação dos riscos que acompanham a hodierna conformação da relação obrigacional[48].

> La confianza va más allá de la información que recibe del pasado y se arriesga definiendo el futuro. La complejidad del mundo futuro se reduce por medio del acto de la confianza. Al confiar, uno se compromete con la acción como si hubiera sólo ciertas posibilidades en el futuro. El actor une su futuro en el presente con su presente en el futuro. De esta manera ofrece a otras personas un futuro determinado, un futuro común, que no emerge directamente del pasado que ellas tienen en común, sino que contiene algo relativamente nuevo[49].

Aquele que a desrespeita, contraria, sem dúvida, as exigências impostas pelo Direito[50] e é por isso que uma vez violada, produzirá efeitos e responsabilidades[51],

---

43. LUHMANN, Niklas. Confianza. Trad. Amada Flores. Barcelona: Anthropos, 2005. p. 26.
44. MARQUES, Claudia Lima. A chamada nova crise do contrato e o modelo de direito privado brasileiro: crise de confiança ou de crescimento do contrato?. In: MARQUES, Claudia Lima (Coord.). A nova crise do contrato: estudos sobre a nova teoria contratual. São Paulo: RT, 2007. p. 32.
45. GIDDENS, Anthony. As conseqüências da modernidade. Trad. Raul Fiker. São Paulo: Unesp, 1991. p. 87-91.
46. PRICE, Jorge E. Douglas. El puente de macedonio, Revista da Faculdade Mineira de Direito, Belo Horizonte, v. 10, n. 19, p. 51-69, jan./jun. 2007. p. 56-57.
47. BRANCO, Gerson Luiz Carlos. A proteção das expectativas legítimas derivadas das situações de confiança: elementos formadores do princípio da confiança e seus efeitos, Revista de Direito Privado, São Paulo, v. 3, n. 12, p. 167-225, out./dez. 2002. p. 175-176.
48. BELLEY, Jean-Guy. Uma filosofia da aspiração jurídica: a arte de bem se obrigar, Revista Trimestral de Direito Civil, Rio de Janeiro, n. 23, p. 17-37, jul./set. 2005. p. 27.
49. LUHMANN, Niklas. Confianza. Trad. Amada Flores. Barcelona: Anthropos, 2005. p. 5-25 e 33.
50. CASTILHA, Gustavo Ordoqui. Buena fe contractual. Montevideo: Del Foro, 2005. p. 21.
51. MARQUES, Claudia Lima. A chamada nova crise do contrato e o modelo de direito privado brasileiro: crise de confiança ou de crescimento do contrato?. In: MARQUES, Claudia Lima (Coord.). A nova crise do contrato: estudos sobre a nova teoria contratual. São Paulo: RT, 2007. p. 45.

sem a necessidade de atravessar o caminho nebuloso do subjetivismo ou utilizar a kafkiana figura da culpa normativa que sugere que "la colpa, insomma, non è mai questione di uno stato soggettivo, verso il quale esprimere una riprovazione di tipo morale, bensì è l'oggettiva deviazione da una serie di cautele che si sarebbero dovute adottare"[52].

Instrumento de salvaguarda das expectativas surgidas naqueles que contratam[53], a confiança emerge então como o fator de imputação do dever de reparar os danos contratuais, embora se defenda, sem razão[54], que um sistema fundado na confiança não se sustenta sob o argumento de que os contornos delineadores da violação de dever não podem ser coloridos com tons que remetam ao investimento de confiança[55].

O dever de reparar não se submete, portanto,

> ao princípio da autonomia privada, mas sim a uma das diversas concretizações do princípio da confiança. Constituem conteúdo que se adiciona à relação contratual, uma vez que haja um comportamento em desacordo com as expectativas existentes. A defraudação da confiança depositada deve ser repelida pelo ordenamento jurídico; e suas consequências, desfeitas. Os instrumentos dogmáticos para tanto dispostos pelo ordenamento jurídico se concretizam nos deveres de indenização e nas pretensões e ações a ele correspondentes. Esses se funcionalizam a reparar os danos pela não realização das expectativas existentes, bem como a reafirmar a confiança defraudada[56].

Valorizar a confiança é antepor a vida em sociedade às ficções jurídicas, o que colabora para que ela deixe de servir apenas à teoria dos vícios do consentimento e a outras questões pontuais de modo a projetar seus efeitos para ampliar a tutela das legítimas expectativas daquele que confia na conduta prometida pelo outro. E sendo inegável que a confiança atua na fase que antecede a formação do contrato parece impossível refutar a constatação de que ela permeia toda relação obrigacional pensada como processo, pois, se com lastro na confiança, é possível extrair efeitos de negócios ou de cláusulas que sequer existem[57] e fundar a reparação de danos pré-contratuais, seria contraditório não admitir que ela deva assumir o papel de protagonista na fundamentação do dever de reparar os danos contratuais.

O argumento se reforça quando se infere (a) ser inegável que, nas relações de consumo, aquele que induz o surgimento de confiança alheia responde objetiva-

---

52. D´AMICO, Giovanni. La responsabilità contrattuale: attualità del pensiero di Giuseppe Osti. Rivista di Diritto Civile, Milano, v. LXV, n. 1, p. 1-24, gen./feb. 2019. p. 9.
53. NALIN, Paulo. Do contrato: conceito pós-moderno em busca de sua formulação na perspectiva civil-constitucional. Curitiba: Juruá, 2001. p. 154.
54. A reflexão que informa a crítica à proposta aqui formulada, por estar dogmaticamente aprisionada, nega a fenomenologia social e todo o mais que se disse ao longo deste capítulo.
55. CARNEIRO DA FRADA, Manuel António de Castro Portugal. Teoria da confiança e responsabilidade civil. Coimbra: Almedina, 2007. p. 584-602.
56. VITA NETO, José Virgílio. A atribuição da responsabilidade contratual. Tese (Doutorado) – Faculdade de Direito da USP, São Paulo, 2007. p. 81-82.
57. MARQUES, Claudia Lima. Contratos no código de defesa do consumidor: o novo regime das relações contratuais. 5 ed. São Paulo: RT, 2006. p. 187-210 e 280-288.

mente por sua frustração[58] e, ainda, (b) a aproximação principiológica havida entre contratos civis e de consumo.

Respeite à palavra dada, honre o nome que lhe foi legado são expressões que denotam a necessidade de consideração ao próximo, mormente, quando um evento pretérito e cada expectativa por ele produzida é o responsável por ter semeado a confiança alheia. Também por isso a percepção de que (a) a hodierna concepção do contrato impõe respeitar e "responder pela confiança que o outro nele depositou ao contratar"[59] e, de que (b) as expectativas gestadas pela confiança devem ser tratadas como fonte indutora da responsabilização do lesante[60], não permitem negar seu papel central na gênese do dever de reparar os danos contratuais.

Há muito o genial Orlando Gomes escreveu que

> conceitos se substituem antes mesmo de se modificarem as leis. A estrutura dogmática do Direito desagrega-se sob o peso de intrusões, que não respeitam o isolacionismo a que a submeteram os conceitualistas, dominados por preocupações puristas. Brechas, cada vez mais largas, fendem o sistema lógico, de circuito fechado, a que se reduziram a ciência e a prática do Direito Privado[61].

A lição abraça, com inegável afeto, a ideia alinhavada nos parágrafos precedentes.

É claro que as expectativas tuteladas, em algumas hipóteses, precisarão ser justificadas. Cada questão deverá ser contextualizada, afastando-se os reducionismos inerentes às análises atomísticas e, a partir daí, o despertar ou não de confiança haverá de ser aferido a partir da valoração do comportamento do alter[62] visto como um todo, o que inclui o meio em que atua e, também por isso, palavras e ações devem ser levadas a sério apenas quando possam despertar a confiança daqueles a quem se dirigem[63].

Por tudo isso é que a confiança assume o papel de fator de imputação do dever de reparar os danos havidos no curso de qualquer processo obrigacional tratado nos cenários da responsabilidade contratual. Ela é protagonista nesse processo, e sua violação impõe, salvo escusa legítima, o dever de reparar. À culpa – antagonista

---

58. ALTERINI, Atilio Aníbal. Responsabilidad objetiva derivada de la generación de confianza, Revista de Direito Civil, Imobiliário, Agrário e Empresarial, São Paulo, v. 19, n. 73, p. 5-16, jul./set. 1995. p. 7-11.
59. MARQUES, Claudia Lima. Contratos no código de defesa do consumidor: o novo regime das relações contratuais. 5 ed. São Paulo: RT, 2006. p. 212-213.
60. WEINGARTEN, Celia. El valor economico de la confianza para empresas y consumidores, Revista de Direito do Consumidor, São Paulo, v. 9, n. 33, p. 33-50, jan./mar. 2000. p. 47.
61. GOMES, Orlando. A função renovadora do direito, Revista da Faculdade de Direito da Universidade Federal do Paraná, Curitiba, n. 12, p. 39-47, 1969. p. 42.
62. MARTINS-COSTA, Judith. A ilicitude derivada do exercício contraditório de um direito: o renascer do venire contra factum proprium, Revista da Ajuris, Porto Alegre, v. 32, n. 97, p. 143-169, mar. 2005. p. 167-168.
63. MARTINS-COSTA, Judith. A proteção da legítima confiança nas relações obrigacionais entre a administração e os particulares, Revista da Faculdade de Direito da UFRGS, Porto Alegre, v. 22, p. 228-255, set. 2002. p. 231

nessa realidade –, por mais esse motivo, não se reserva espaço na responsabilidade contratual[64].

Nada mais pode ser feito por ela.

Assim talvez reste mais tempo para entender que "il problema della responsabilità contrattuale rimane pertanto incentrato sul significato da attribuire all'impossibilità prevista dalla legge come esimente di responsabilità"[65].

---

64. Enunciado 363. IV Jornada de Estudos de Direito Civil do Conselho da Justiça Federal. "Os princípios da probidade e da confiança são de ordem pública, estando a parte lesada somente obrigada a demonstrar a existência da violação".
65. MASSIMO BIANCA, Cesare. Alla ricerca del fondamento della responsabilità contrattuale. Rivista di Diritto Civile, Padova, v. 65, n. 6, p. 1277-1294, 2019. p. 1285.

O DEVER DE REPARAR E A EFETIVAÇÃO DA JUSTIÇA CONTRATUAL

Até o momento foi possível identificar que os critérios utilizados pela literatura jurídica não só não explicam dogmaticamente, de forma satisfatória, a responsabilidade contratual, como são insuficientes para dirimir uma parte substancial dos problemas atados ao desenvolvimento tecnológico e à proliferação dos danos na sociedade contemporânea[1].

Dentre outras leituras, parece inconteste que a reparação dos danos na atual quadra da História está fundada na necessidade de reparar a lesão suportada por uma pessoa que, por confiar no(s) outro(s), não esperava se encontrar nesse estado deletério, afinal, *"el centro de la preocupación del jurista es, y debe ser, la protección unitaria, preventiva e integral de la persona, en sus diversas manifestaciones del devenir social"*[2].

A necessidade de afastar o subjetivismo do processo de realização do Direito que visa à imputação, ao causador do dano, do dever de repará-lo, ao menos, em regra, baliza-se, ademais, na constatação de que os riscos do contrato pesam sobre o credor quando se vislumbra a frustração da sua expectativa quando da violação de um dever contratual. Daí que, salvo incomum distribuição distinta dos riscos do negócio[3], a impossibilidade de desempenho da prestação não imputável ao devedor privará o credor da prestação esperada e, por isso, a distribuição hermenêutica dos riscos do contrato, em princípio, fará que as cargas e tensões no processo obrigacional estejam mais bem equilibradas. E, embora nessa seara, mecanismos como a concorrência, o dever de informar e as condições gerais de contratação[4] atuem buscando esse equilíbrio, não se pode ignorar que não dão conta de uma infinidade de situações surgidas na multifacetária realidade das relações negociais.

A leitura proposta redunda, ainda, no melhor aproveitamento da carga eficacial contida no princípio da isonomia. Se a realização da justiça pressupõe tratamento

---

1. GUTIÉRREZ, Graciela Messina de Estrella. Un aspecto de la teoría del riesgo. In: GESUALDI, Dora Mariana (Coord.). *Derecho privado*. Buenos Aires: Hammurabi, 2001. p. 1297.
2. AGURTO GONZÁLES, Carlos; QUEQUEJANA MAMANI, Sonia Lidia. *Derecho privado, persona y responsabilidad civil*. Buenos Aires: Olejnik, 2019. p. 123.
3. DUARTE, Ronnie. Responsabilidade civil e o novo código: contributo para uma revisitação conceitual, *Revista dos Tribunais*, São Paulo, v. 95, n. 850, p. 57-88, ago. 2006. p. 81.
4. CANARIS, Claus-Wilhelm. A liberdade e a justiça contratual na "sociedade de direito privado". In: MONTEIRO, António Pinto (Coord.). *Contratos*: actualidade e evolução. Porto: Universidade Católica Portuguesa, 1997. p. 61-63.

igualitário de pessoas na mesma situação[5], justo será distribuir os riscos do contrato equitativamente entre as partes. Sobre o credor, penderão então aqueles que são inerentes à eventualidade do não (ou do mau) cumprimento da prestação devida; sobre o devedor, os de ressarcir os danos causados pela inobservância do programa obrigacional[6] quando não conseguir demonstrar que uma causa estranha e não imputável provocou a violação do dever contratual, afinal, "*a lo imposible nadie está obligado*"[7]. A mesma ideia abarca o exercício de uma posição jurídica defensiva dentre as quais podem ser lembradas as exceções do contrato não cumprido, de nulidade ou de prescrição.

Também é oportuno resgatar que a principiologia na seara contratual opera com parâmetros objetivos. Probidade, lealdade, boa-fé objetiva e confiança estarão assim vestidas. Tais princípios impõe respeito à crença do credor no desempenho da prestação prometida. Atuam para que o contrato não cause danos a nenhuma das partes, o que se coaduna com as exigências da vida hodierna[8].

Entremeio a inegável complexidade que informa o contemporâneo, a culpa não mais sobrevive como fator de atribuição do dever de reparar danos contratuais. Exigi-la implica, em última análise, a negação do acesso à justiça, por produzir manifesto desequilíbrio no negócio entabulado entre as partes. A conclusão se embasa em múltiplos fatores e dentre os quais estão (a) a fluidez das relações na "sociedade líquido--moderna"[9], (b) a expansão dos danos passíveis de reparação, (c) a invisibilidade dos danos na contemporaneidade, ideia que abarca também o tema dos microdanos, (d) a necessidade de leitura das vicissitudes surgidas no curso do processo obrigacional usando lentes normativas dentre as quais estão a isonomia, a solidariedade social, a dignidade da pessoa humana e os princípios contratuais sociais, (e) as incoerências sistêmicas promovidas pela mitificação da culpa e, enfim, (f) a força normativa atribuída à confiança enquanto fator de imputação do dever de reparar os danos contratuais.

É passada a hora de a culpa ser removida dos alfarrábios jurídicos que pretendem fazer mais que relatar seu papel ao longo da História. Além das incontáveis vantagens suscitadas ao longo desta investigação científica, a objetivação do dever de reparar parece capaz de ampliar o nível de preocupação com o próximo antes da tomada de decisões, amplificando a assunção de responsabilidades e cautelas durante todo o processo obrigacional[10].

---

5. LOPES, José Reinaldo de Lima. Voltar à teoria da justiça?, *Revista de Direito Alternativo*, São Paulo, n. 1, p. 71-76, 1992. p. 71-72.
6. MOSSET ITURRASPE, Jorge; PIEDECASAS, Miguel. *Responsabilidad contractual*. Santa Fé: Rubinzal-Culzoni, 2007. p. 237.
7. BARANDIARÁN, José León. *Comentarios al Código Civil Peruano*. Buenos Aires: EDIAR, 1956, t. II. p. 587.
8. GAMARRA, Jorge. Incidencia del problema de la carga de la prueba en la fundamentación de la responsabilidad civil, *Revista de la Facultad de Derecho y Ciencias Sociales*, Montevideo, v. 2, n. 3, p. 639-665, 1951. p. 657-658.
9. BAUMAN, Zygmunt. *Vida líquida*. Trad. Carlos Alberto Medeiros. Rio de Janeiro: Zahar, 2007. p. 7.
10. BAÍA, Jacinto Américo Guimarães. A evolução da responsabilidade civil e a reparação do dano nuclear, *Revista de Direito Civil, Imobiliário, Agrário e Empresarial*, São Paulo, v. 2, n. 4, p. 49-68, abr./jun. 1978. p. 57.

É evidente, por outro lado, que, quando se busca a imposição do dever de reparar, não se pode ignorar uma premissa importante: a justiça contratual, aferida aqui não a partir da afirmação *qui dit contractuel, dit juste*[11], mas na aferição da presença do equilíbrio do contrato nos níveis genético e funcional e, ainda, no mapeamento em concreto do respeito à cooperação exigida dos parceiros contratuais no desvelar da relação obrigacional[12]. São legítimas, portanto, as preocupações externadas por autores do calado de Cesare Massimo Bianca apontando que

> *per quanto elevato, il costo della prestazione determinato dall'aumento dei prezzi dei beni e dei servizi è il costo che, al momento dell'adempimento, comporta per il debitore un sacrificio economico proporzionato alla prestazione, senza che sia quindi dato di parlare di impossibilità. Diverso è il discorso se sopravvengono impedimenti che per essere superati richiedono un sacrificio economico del tutto sproporzionato rispetto al sacrificio economico che il mercato richiede per l'esecuzione della prestazione. In tal caso può parlarsi di impossibilità della prestazione in quanto l'adempimento richiederebbe l'impiego di mezzi che esulano dallo sforzo diligente che il debitore deve impiegare per adempiere l'obbligazione*[13].

Ao compreender que "equilíbrio é o ponto de meio, ponto de encontro, aquele que permite a realização das expectativas legítimas de ambos os parceiros"[14], percebe-se que referida exigência não busca tutelar uma ou outra parte na relação obrigacional, mas sim, a vida em sociedade. Por isso, o equilíbrio deve permear cada momento do processo obrigacional[15]. Seus efeitos devem se projetar não só sob o vértice econômico, mas também visando à equalização do viés jurídico, ou seja, da carga de direitos e deveres distribuídos entre as partes. Tanto é verdade que, mesmo de modo incipiente, o direito brasileiro consagra diversos dispositivos destinados à manutenção dos pactos.

A efetivação da justiça contratual exige, assim, que o respeito à força obrigatória se sujeite a um pressuposto prévio: a presença ou a manutenção da equivalência entre

---

11. FOUILLÉE, Alfred. *La science sociale contemporaine*. Paris: Hachette, 1880. p. 410.
12. CUNHA, Wladimir Alcibíades Marinho Falcão. A equivalência material dos contratos e a revisão contratual fundada na lesão no código civil de 2002. In: BARROSO, Lucas Abreu (Org.). *Introdução crítica ao código civil*. Rio de Janeiro: Forense, 2006. p. 32.
13. MASSIMO BIANCA, Cesare. Alla ricerca del fondamento della responsabilità contrattuale. *Rivista di Diritto Civile*, Padova, v. 65, n. 6, p. 1277-1294, 2019. p. 1283.
14. MARQUES, Claudia Lima. Direitos básicos do consumidor na sociedade pós-moderna de serviços: o aparecimento de um sujeito novo e a realização de seus direitos, *Revista de Direito do Consumidor*, São Paulo, v. 9, n. 35, p. 61-96, jul./set. 2000. p. 62.
15. DONNINI, Rogério. Revisão contratual sem imprevisão, *Revista Brasileira de Direito Civil Constitucional e Relações de Consumo*, Santo Amaro, n. 1, p. 245-259, jan./mar. 2009. p. 251. "Mesmo relações iníquas, desiguais, injustas, foram convalidadas, sob o argumento de que os pactos deveriam ser cumpridos (*pacta sunt servanda*) [pois a] ideia de contrato, antes da Constituição Federal de 1988 e, em especial, do Código de Defesa do Consumidor, tinha como pontos principais, enaltecidos pela doutrina e jurisprudência dominantes [a] autonomia da vontade e a força obrigatória dos pactos [...] de forma até mesmo desmedida, olvidando-se da própria noção de contrato, fundamentada na ideia de *comutatividade*, que é ínsita a qualquer contrato e consiste no equilíbrio nas prestações assumidas pelas partes".

as prestações reciprocamente consideradas[16] em perspectiva genética e funcional. Tal cálculo não será promovido em perspectiva milimétrica[17], até porque, antes de buscar soluções pautadas na perfeição aritmética, é essencial "impedir a eficácia de estipulações clamorosa e intoleravelmente injustas"[18].

É curioso que ainda hoje propostas que destoam da intangibilidade contratual nem sempre são aceitas com tranquilidade. E são muitas as vozes que se opõem, às vezes com veemência, à revisão dos contratos[19] ao sustentar que (a) a reorganização do ajuste negocial desrespeita a segurança jurídica por desprezar a certeza quanto ao cumprimento da palavra dada e que o intervencionismo "contribui para a perda da força do Direito como instrumento de pacificação social [e que] enquanto a segurança conduz à paz, a justiça induz à guerra"[20], censura que não se sustenta em razão do viés apaixonado ou puramente economicista que a informa. E, ainda que timidamente admitam a possibilidade de intervenção, propõem que, em vez de conceder ao juiz o poder de interpretar um contrato cujo conteúdo interno e influxos externos, normalmente, desconhece, melhor seria subordinar sua decisão a rígidos limites[21]. Teses desse talante não mais se sustentam.

A ideia de segurança jurídica, no Estado Democrático de Direito, deve ser repensada[22], sendo inaceitável que continue escorada nos pilares do Estado Liberal, período no qual a manutenção das regras do jogo visava à perpetuação dos interesses da classe dominante[23], interpretação bem elaborada de uma das premissas mais importantes no pensamento do Príncipe: "esforce-se então, o príncipe, para vencer e manter o poder; os meios serão sempre considerados honrosos e louvados por todos"[24]. Tal forma de pensar foi substituída por uma preocupação maior com a realização dos conteúdos substanciais do direito material, pois, apenas desse modo, o pensamento conduzirá a decisões pautadas na justiça social e na equidade[25].

---

16. ALTERINI, Atílio Aníbal. Teoría de la imprevisión y cláusula de hardship. In: GESUALDI, Dora Mariana (Coord.). *Derecho privado*. Buenos Aires: Hammurabi, 2001. p. 990-992.
17. PERLINGIERI, Pietro. *O direito civil na legalidade constitucional*. Trad. Maria Cristina De Cicco. Rio de Janeiro: Renovar, 2008. p. 376-377.
18. RIBEIRO, Joaquim de Souza. *Direito dos contratos*: estudos. Coimbra: Coimbra, 2007. p. 55.
19. CARVALHO, Afrânio de. O futuro código civil, *Revista de Direito Civil, Imobiliário, Agrário e Empresarial*, São Paulo, v. 9, n. 34, p. 7-28, out./dez. 1985. p. 20-22.
20. THEODORO JUNIOR, Humberto. A onda reformista do direito positivo e suas implicações com o princípio da segurança jurídica, *Revista da Escola Nacional da Magistratura*, Brasília, v. 1, n. 1, p. 92-120, abr. 2006. p. 113-116.
21. DUPICHOT, Jacques. *Derecho de las obligaciones*. Trad. Rosangela Calle. Bogotá: Temis, 1984. p. 41.
22. NALIN, Paulo. A função social do contrato no futuro código civil brasileiro, *Revista de Direito Privado*, São Paulo, v. 3, n. 12, p. 50-60, out./dez. 2002. p. 60.
23. IRTI, Natalino. L´età della decodificazione, *Revista de Direito Civil, Imobiliário, Agrário e Empresarial*, São Paulo, v. 3, n. 10, p. 15-33, out./dez. 1979. p. 15-17.
24. MAQUIAVEL, Nicolau. *O príncipe*: com notas de Napoleão Bonaparte. 2 ed. Trad. José Cretella Junior; Agnes Cretella. RT: São Paulo, 1997. p. 114. "Esforce-se então, o príncipe, para vencer e manter o poder; os meios serão sempre considerados honrosos e louvados por todos".
25. MEDINA, Diego Eduardo López. *Teoría impura del derecho*: la transformación de la cultura jurídica latinoamericana. Bogotá: Legis, 2005. p. 432.

Segurança, sem dúvida, justiça e bem comum são importantes. Hoje, entretanto, aquela deve ser compreendida como segurança no Direito, e não, enquanto segurança do direito[26]. E não se trata de simples jogo de palavras. A mudança é visível, por exemplo, na força obrigatória do contrato, que deixa de estar ancorada na liberdade negocial e só opera enquanto houver equilíbrio no processo obrigacional[27].

As censuras também são afastadas quando se compreende que a recepção de uma postura conservadora ignora que o código vigente – e antes dele, a Constituição – confere ao juiz o poder de resolver, a partir de parâmetros éticos e, o dever de solucionar os problemas que lhe são apresentados[28]. Ao se destruir "o fetiche da segurança, [abandona-se a identificação do] justo com o legal", permitindo que o Direito resplandeça como um mecanismo de transformação social[29], transmutação, evidentemente, que deverá observar as regras da Democracia.

E não há por que temer a intervenção nos contratos, mesmo porque a fundamentação do ato decisório não se restringe a remeter a solução do problema a um ou outro dispositivo legal com maior ou menor porosidade semântica. É essencial identificar a melhor resposta que permite concluir que uma conduta obedece o Direito[30].

É inaceitável, portanto, obrigar o devedor a cumprir a prestação prometida se a equação custo-benefício nunca existiu ou sofreu acentuada mudança. De outra banda, quando se alude à promoção de justiça contratual, não se pretende, em momento algum, afastar o clausulado. Se esse estipular prestações equilibradas, deverá ser respeitado. Mas apenas quando e se assim estiver configurado. Caso contrário, impõe-se, previamente, a equalização do negócio[31], afinal, o contrato que obriga é o contrato justo[32], constatação que, apesar de divergências[33], é encontrada não só em textos filosóficos,

---

26. BARROSO, Lucas Abreu. Novas fronteiras da obrigação de indenizar e da determinação da responsabilidade civil. In: DELGADO, Mário Luiz; ALVES, Jones Figueiredo (Coord.). *Questões controvertidas*: responsabilidade civil. São Paulo: Método, 2006, v. 5. p. 363-366.
27. CAFFERA, Gerardo. Autonomía privada: los cambios y las tensiones del presente. In: FERNÁNDEZ, Carlos López; CAUMONT, Arturo; CAFFERA, Gerardo (Coord.). *Estudios de derecho civil en homenaje al profesor Jorge Gamarra*. Montevideo: FCU, 2001. p. 91.
28. REALE, Miguel. *O projeto do novo código civil*. 2 ed. São Paulo: Saraiva, 1999. p. 8.
29. WARAT, Luis Alberto. *Introdução geral ao direito*: interpretação da lei: temas para uma reformulação. Porto Alegre: SAFE, 1994, v. 1. p. 59.
30. NALIN, Paulo. Cláusula geral e segurança jurídica no código civil, *Revista da Faculdade de Direito da Universidade Federal do Paraná*, Curitiba, n. 41, p. 85-98, 2004. p. 95.
31. MEJÍA, Juan Pablo Cárdenas. Justicia y abuso contractual. In: ESPINOSA, Fabricio Mantilla; BARRIOS, Francisco Ternera (Dir.). *Los contratos en el derecho privado*. Bogotá: Legis, 2007. p. 714-715.
32. BORGES, Roxana Cardoso Brasileiro. Contrato: do clássico ao contemporâneo – a reconstrução do conceito, *Revista do Programa de Pós-Graduação em Direito da Universidade Federal da Bahia*, Salvador, v. 13, p. 29-50, 2006. p. 36-38.
33. CRISTOFARO, Pedro Paulo. A força obrigatória do contrato e o novo código civil. In: TEPEDINO, Gustavo; FACHIN, Luiz Edson (Coord.). *O direito e o tempo*: embates jurídicos e utopias contemporâneas. Rio de Janeiro: Renovar, 2008. p. 477-494.

mas também nas reflexões dogmáticas[34], em leis e códigos[35], sendo que, por justo deve ser compreendido, em um primeiro momento, o contrato equilibrado[36].

Ocorre que a justiça contratual, longe de estar centrada na intocável conjunção de declarações livremente externadas, deve ser aferida a partir de parâmetros impostos por uma ordem constitucional que valoriza o ser humano[37] em sua imanência, em razão de suas necessidades pessoais e a partir do contexto em que o negócio jurídico se estabelece.

Como visto, a força obrigatória do contrato não pode imperar quando houver desequilíbrio manifesto entre os muitos direitos e deveres que se contrapõem e se justificam concretamente[38], exigindo, antes, a equalização entre direitos que pululam nas distintas posições jurídicas havidas na travessia de um processo obrigacional que busca a satisfação dos interesses legítimos de ambos os parceiros contratuais.

Identifique-se, ainda, que a ascensão da ideologia neoliberal pretende fazer com que a culpa retome seu poder persuasivo, transferindo, como demonstrado, os riscos do negócio para a sociedade

> A culpa esteve sempre no centro da construção doutrinária liberal da responsabilidade civil, como projeção do princípio da autonomia da pessoa. Hoje, com a ideologia do neoliberalismo, a culpa retoma sua força persuasiva como instrumento poderoso dos interesses empresariais de facilitação ao lucro, ainda que ao preço da transferência dos riscos para a sociedade. O argumento falacioso, tantas vezes manejado no passado, de que a irresponsabilidade do fornecedor pelos produtos que produzia ou distribuía era necessária para redução dos preços ao consumidor, e para não inibir o desenvolvimento tecnológico, não mais convence como a experiência demonstrou: os produtos mais seguros, com mais qualidade e avanço tecnológico, ao lado da legislação de proteção do consumidor, estão ficando cada vez mais baratos[39].

---

34. COSTA, Francisco Ricardo Sales. A segurança das relações jurídicas instrumentalizadas através do contrato. In: ROSSI, Alexandre Luiz Bernardi; MESQUITA, Gil Ferreira (Org.). *Maioridade constitucional*: estudo em comemoração aos 18 anos da Constituição Federal. São Paulo: Lemos & Cruz, 2008. p. 152-155. LÔBO, Paulo Luiz Netto. Constitucionalização do direito civil, *Revista de Informação Legislativa*, Brasília, v. 36, n. 141, p. 99-109, jan./mar. 1999. p. 108. MENDES JUNIOR, Onofre. A proteção do fraco no direito moderno, *Revista da Faculdade de Direito*, Belo Horizonte, n. 7, p. 79-90, 1955. p. 86. NERY, Rosa Maria Barreto Borriello de Andrade. *Vínculo obrigacional*: relação jurídica de razão (técnica e ciência de proporção). Tese (Livre-Docência) – Faculdade de Direito da PUC/SP, São Paulo, 2004. p. 233.
35. Uniform Comercial Code § 2-302. "Unconscionable contract or Term. (1) If the court as a matter of law finds the contract or any term of the contract to have been unconscionable at the time it was made the court may refuse to enforce the contract, or it may enforce the remainder of the contract without the unconscionable term, or it may so limit the application of any unconscionable term as to avoid any unconscionable result. (2) If it is claimed or appears to the court that the contract or any term thereof may be unconscionable the parties shall be afforded a reasonable opportunity to present evidence as to its commercial setting, purpose, and effect to aid the court in making the determination".
36. NEGREIROS, Teresa. *Teoria do contrato*: novos paradigmas. Rio de Janeiro: Renovar, 2002. p. 166.
37. CUNHA, Daniel Sica da. A nova força obrigatória dos contratos. In: MARQUES, Claudia Lima (Coord.). *A nova crise do contrato*: estudos sobre a nova teoria contratual. São Paulo: RT, 2007. p. 258-266.
38. ALVIM, Decio Ferraz. Da cláusula "rebus sic stantibus", *Revista dos Tribunais*, São Paulo, v. 23, n. 90, p. 13-20, maio 1934. p. 20.
39. LÔBO, Paulo Luiz Netto. Responsabilidade civil dos profissionais liberais e o ônus da prova, *Revista de Direito do Consumidor*, São Paulo, n. 26, p. 159-165, abr./jun. 1998. p. 161.

Na tentativa de ressuscitar a culpa, atravessarão o *Styx*. E se essa tarefa pressupõe pagar Creonte pela travessia do rio que leva a *Hades*, que problemas haverá, afinal, quase todas as moedas pertencem ao Mercado ...

Cuidado: a análise econômica do Direito foi erigida sobre frágeis premissas, é reducionista[40] e provoca exclusão social[41]. Não existe uma "economia da salvação"[42]. Ademais, é imperioso ter em conta que a promoção da pessoa humana – a proteção do patrimônio é derivação daquela, jamais a mosca no alvo – é a finalidade precípua do Direito[43], premissa que parece ser ignorada pela Economia que busca a máxima eficiência diante de cenários de manifesta escassez de recursos e, ao fazê-lo, acaba desprezando, no mais das vezes, a carga deontológica do Direito; com ela, a imposição de promoção da justiça social[44].

É evidente que não se pretende afastar os elementos econômicos da análise de cada situação concreta. Ao contrário, a necessidade de equacionar o direito obrigacional com as diretrizes da Economia[45] é um elemento inafastável no pensamento complexo. Mas tal acoplamento pressupõe que outros aspectos possam sobrepor-se à frieza dos números[46], mesmo porque, o direito contratual hodierno "não se limita a revestir passivamente a operação econômica de um véu legal *de per si* não significativo", atuando, ao revés, de modo a orientá-la consoante um objetivo político[47].

Também não se ignora que "é essencial à responsabilidade civil que haja um sistema econômico que a sustente"[48]. Mais uma vez, entretanto, saliente-se que o

---

40. PERLINGIERI, Pietro. *O direito civil na legalidade constitucional*. Trad. Maria Cristina De Cicco. Rio de Janeiro: Renovar, 2008. p. 105-109. A essência e principais críticas a essa escola do pensamento podem ser encontradas em: LORENZETTI, Ricardo Luis. *Teoria da decisão judicial*: fundamentos do direito. Trad. Bruno Miragem. São Paulo: RT, 2009. p. 186-208.
41. ROSA, Alexandre Morais da. O giro econômico do direito ou o novo e sofisticado caminho da servidão: para uma nova gramática do direito democrático no século XXI. In: AVELÃS NUNES, António José; COUTINHO, Jacinto Nelson Miranda (Coord.). *O direito e o futuro*: o futuro do direito. Almedina: Coimbra, 2008. p. 223-234.
42. D'ORS, Alvaro. Premissas morales para un nuevo planteamiento de la economía, *Revista Chilena de Derecho*, Santiago, v. 17, n. 3, p. 439-448, set./dez. 1990. p. 440.
43. RUZYK, Carlos Eduardo Pianovski. A responsabilidade civil por danos produzidos no curso de atividade econômica e a tutela da dignidade da pessoa humana: o critério do dano ineficiente. In: RAMOS, Carmem Lucia Silveira *et all* (Org.). *Diálogos sobre direito civil*: construindo a racionalidade contemporânea. Rio de Janeiro: Renovar, 2002. p. 136-140.
44. ALTERINI, Atílio Aníbal. *Estudios de derecho civil*: conceptos, contratos, consumidor, derecho de daños. Buenos Aires: La Ley, 2007. p. 10.
45. BAPTISTA, Sílvio Neves. A crise do contrato, *Revista de Direito Civil, Imobiliário, Agrário e Empresarial*, São Paulo, v. 9, n. 32, p. 22-35, abr./jun. 1985. p. 22-24.
46. PIMENTA, Eduardo Goulart. Direito, economia e relações patrimoniais privadas, *Revista de Informação Legislativa*, Brasília, v. 43, n. 170, p. 159-173, abr./jun. 2006. p. 159-172.
47. ROPPO, Enzo. *O contrato*. Trad. Ana Coimbra; M. Januário C. Gomes. Coimbra: Almedina, 2009. p. 23.
48. LORENZETTI, Ricardo Luis. El sistema de la responsabilidad civil ¿una deuda de responsabilidad, un crédito de indemnización o una relación jurídica?, *Revista da Ajuris*, Porto Alegre, n. 63, p. 166-198, mar. 95. p. 180.

vértice da análise deve ser a pessoa humana, afinal, o cerne das preocupações do Direito está centrado no ser humano, não no processo de acumulação de riqueza[49].

E há outro problema na análise econômica do Direito. Ele consiste na possibilidade teórica de permitir-se ao devedor optar pelo não adimplemento da prestação, com o pagamento das perdas e danos caso escolha não cumprir o contrato[50], ideia inaceitável no Direito pátrio por violar o dever de cooperação e frustrar a justa expectativa depositada no pacto.

No mais e almejando apaziguar, aqui, eventuais preocupações dirigidas a questionar o aparente rigor da imposição do dever de reparar com base em pautas objetivas, é importante resgatar o fato de que a moldura que delimita o que seja impossibilidade liberatória, hodiernamente, não se restringe a enquadrar as situações em que houve a impossibilidade objetiva.

A impossibilidade econômica, o excessivo sobrecusto ou cláusulas iníquas[51] poderão – ou, como parece mais apropriado, deverão – ser considerados no processo que visa à apuração – e à depuração – do dever de reparar. Também é necessário meditar acerca da constatação de que nem sempre a imposição do dever de reparar poderá se adequar, com perfeição, aos contornos doutrinariamente elaborados pela dogmática. Isso se dá em razão de diversas causas, que vão desde a concorrência de condutas, até a incidência dos vetores constitucionais que incidem sobre o fato jurídico. Nesse quadro, a preocupação com a tutela do patrimônio mínimo[52] ou com a proteção do mínimo social[53] – tese aparentemente desconhecida entre os autores clássicos[54] – se apresenta como um interessante mecanismo de equalização do valor devido, além de denotar, efetivamente, "o caráter instrumental da esfera patrimonial em relação à pessoa"[55].

---

49. GHERSI, Carlos Alberto. De Velez a Borda un cambio ideológico trascendente, que no se complementó en el rápido acceso a la justicia. In: GHERSI, Carlos Alberto (Dir.). *Responsabilidad*: problemática moderna. Mendoza: Ediciones Jurídicas Cuyo, 1996. p. 27. "A *simbiosis* que enunciamos do sistema jurídico com o econômico só pode ter como vértice a pessoa humana. A partir dela, será possível a convivência pacífica. Somente assim, a produção de riqueza terá sentido, pois, ao contrário, o sistema será colocado antes do homem e a riqueza só servirá para consolidar o poder, a desigualdade, a discriminação, a fome. Neste quadro, o conflito, cedo ou tarde, aparecerá e, a cada momento, será necessária mais violência para silenciá-lo".
50. VISINTINI, Giovanna. *Tratado de la responsabilidad civil*: la culpa como criterio de imputación de la responsabilidad. Trad. Aída Kemelmajer de Carlucci. Buenos Aires: Astrea, 1999, v. 1. p. 221.
51. Vide: STJ. AgRg no REsp 749736/RS. 4. T. Rel. Aldir Passarinho Junior. j. 18.08.05. *DJU* 26.09.05. p. 403. "Tendo sido extinta a ação de reintegração de posse em razão da transformação do contrato de arrendamento mercantil em compra e venda, ante o pagamento do valor residual garantido, e ainda *por ausência da* mora debendi *em face da excessiva onerosidade*, abusividade e ilegalidades contratuais, restando este último fundamento intacado no recurso especial interposto, incide na espécie a Súmula n. 283 da Corte Suprema. II. [...]" (grifos nossos).
52. FACHIN, Luiz Edson. *Estatuto jurídico do patrimônio mínimo*. Rio de Janeiro: Renovar, 2001. p. 303-311.
53. LORENZETTI, Ricardo Luis. *Teoria da decisão judicial*: fundamentos do direito. Trad. Bruno Miragem. São Paulo: RT, 2009. p. 133.
54. ESPINOLA, Eduardo. *Sistema do direito civil brasileiro*: teoria geral das relações jurídicas de obrigação. Rio de Janeiro: Porto, 1912, v. 2, t. 1. p. 271.
55. FACHIN, Luiz Edson. *Estatuto jurídico do patrimônio mínimo*. Rio de Janeiro: Renovar, 2001. p. 176-184.

Enfim e em apertada síntese, qualquer leitura que se proponha a analisar o dever de reparar os danos oriundos da violação de um dever contratual não pode descuidar do efeito cascata produzido socialmente pelos contratos. Da mesma forma como um negócio equilibrado irradia efeitos benéficos, um ajuste que penda excessivamente em favor de uma das partes poderá produzir malefícios de múltiplas ordens[56].

> Na face social da justiça são os problemas organizatórios de fundo – econômicos, políticos, humanos – que surgem pondo em causa não apenas as soluções legais, mas a própria estrutura da sociedade ou aspectos dessa estrutura. Aí então a justiça não se limita a resolver conflitos de conduta ou de interesses no plano da lei positiva. Aí a justiça é instrumento de mudança e de transformação. Aí a justiça é captadora de anseios e reivindicações. Aí a justiça o que propugna são causas, e não apenas sentenças. A justiça aí pensa na humanidade e não no caso particular. A justiça social atua como o sal da terra e move o espírito de liderança que conduz os acontecimentos[57].

Antes que as cortinas se fechem parece oportuno apontar, ainda, que, quando se aceita que interpretar, muito além de entender, é intuir[58], se vislumbra porque é impossível antever qual deva ser a resposta a ser dada pelo Direito para um dado problema, sem que antes se identifique, com clareza, qual o traço peculiar na realidade a ser enfrentada[59]. Assim e embora, como antecipado, a realização do Direito não se possa pautar pela subjetividade do intérprete – por conta de problemas como os ligados ao solipsismo e ao *déficit* democrático –, a proposta revela-se viável, pois, por mais que seja evidente que uma "*decisão jurídica não se apresenta como um processo de escolha do julgador* [entre as] *diversas possibilidades de solução da demanda*"[60], nem por isso, uma conformação hermenêutica construtiva deve ser afastada.

O pensamento (a) problemático, (b) comprometido com as questões práticas a serem solucionadas pelo Direito[61], (c) permeado por vetores deontológicos absorvidos e incorporados pelo Direito e, enfim, (d) construído com o auxílio da argumentação[62], certamente, colorirá de forma harmônica as questões que emergem nos entrechoques do Direito com a Sociedade. Aliás, não são poucos

---

56. SANTOS, Eduardo Sens dos. O novo código civil e as cláusulas gerais: exame da função social do contrato, *Revista de Direito Privado*, São Paulo, v. 3, n. 10, p. 9-37, abr./jun. 2002. p. 24-25.
57. LIMA, Hermes. *Introdução à ciência do direito*. 33 ed. Rio de Janeiro: Freitas Bastos, 2002. p. 183.
58. JUNQUEIRA DE AZEVEDO, Antônio. O direito pós-moderno e a codificação, *Revista de Direito do Consumidor*, São Paulo, v. 9, n. 33, p. 123-129, jan./mar. 2000. p. 129.
59. STRECK, Lenio Luiz. *O que é isto* – decido conforme minha consciência?. Porto Alegre: LAEL, 2010. p. 64. "Antes da manifestação do caso a ser decidido".
60. STRECK, Lenio Luiz. *O que é isto* – decido conforme minha consciência?. Porto Alegre: LAEL, 2010. p. 96-98. Informe-se que o itálico é do original.
61. PERELMAN, Chaïm. *Lógica jurídica*. Trad. Verginia Pupi. São Paulo: Martins Fontes, 2000. p. 238. CAMARGO, Margarida Maria Lacombe. *Hermenêutica e argumentação*: uma contribuição ao estudo do direito. 3 ed. Rio de Janeiro: Renovar, 2003. p. 178.
62. MARÇAL, Antonio Cota. O inferencialismo de Brandom e a argumentação jurídica. In: GALUPPO, Marcelo Campos (Org.). *O Brasil que queremos*: reflexões sobre o estado democrático de direito. Belo Horizonte: PUC Minas, 2006. p. 114.

os autores afirmando que o paradigma judicativo-decisório[63] ocupou o lugar da subsunção.

Em tal processo, a análise das intersubjetividades na relação concretamente estabelecida ganha em importância quando se compreende que o contrato deve ser lido a partir da pontual historicidade[64] que lhe é imanente, bem como, das funções que deve observar. Adquire realce, também, quando se identifica o processo de fragmentação que o atingiu[65]. Atualmente, "o contrato *são os contratos*", pois, sob um mesmo signo, são designadas situações bastante distintas, dentre as quais, encontram-se (a) negócios individuais e paritários, cujos termos são detalhadamente discutidos pelas partes, (b) contratos pactuados por adesão às condições gerais de contratação, permitindo certo grau de interação do aderente, com a alteração, ainda que mínima, do clausulado predisposto, (c) contratos formulados em razão de ações metaindividuais, sem qualquer consideração acerca da situação subjetiva dos destinatários, (d) negócios que somente são justificáveis em nível comunitário ou global[66] etc.

Por tudo isso resta claro porque a análise externa e meramente descritiva da relação obrigacional tem pouca utilidade na contemporaneidade. E embora a intelecção de cada situação de violação de dever contratual exija a compreensão de diversos aspectos, a identificação da conduta culposa do devedor é absolutamente dispensável, o que não afasta, é evidente, a necessidade de perquirição das intersubjetividades na relação negocial concretamente estabelecida. Ademais, se, de um lado, a atribuição dos efeitos da violação de dever contratual deve ser promovida objetivamente e a partir da apreciação de cada relação negocial estabelecida[67], por outro e antes disso, será imperioso aferir se ela existe ou se a equivalência entre as prestações mantém-se intacta.

Ulula também a percepção de que o diálogo que deve se estabelecer na construção da norma jurídica há de considerar diversas variáveis. Em um mundo em que os inventos e a pressa atuam como êmbolos a exigir a modificação do direito constituído, a objetivação do dever de reparar reflete o aperfeiçoamento do espírito democrático, ao permitir, ao mesmo tempo, que a sociedade se afaste do individualismo nefasto e propicie a cada pessoa uma vida mais serena e segura[68]. Por fim,

---

63. AMARAL, Francisco. O código civil brasileiro e o problema metodológico de sua realização. In: TARTUCE, Flávio; CASTILHO, Ricardo (Coord.). *Direito civil*: direito patrimonial, direito existencial. São Paulo: Método, 2006. p. 14.
64. ROPPO, Enzo. *O contrato*. Trad. Ana Coimbra; M. Januário C. Gomes. Coimbra: Almedina, 2009. p. 24-26.
65. ZANETTI; Cristiano de Souza. *Direito contratual contemporâneo*: a liberdade contratual e sua fragmentação. São Paulo: Método, 2008. p. 191-278.
66. MARTINS-COSTA, Judith. O método da concreção e a interpretação dos contratos: primeiras notas de uma leitura suscitada pelo código civil. In: DELGADO, Mário Luiz; ALVES, Jones Figueiredo (Coord.). *Questões controvertidas*: no direito das obrigações e dos contratos. São Paulo: Método, 2005, v. 4. p. 133.
67. BARCELLONA, Pietro. *Formazione e sviluppo del diritto privato moderno*. Napoli: Jovene, s/a. p. 387-391.
68. RIOS, Arthur Edmundo Souza. Responsabilidade civil pelo risco profissional, *Revista da Faculdade de Direito da UFG*, Goiânia, v. 4, n. 1, p. 37-50, jan./jun. 1980. p. 40-49.

como dito, a aparente severidade contida em um sistema objetivo pode ser atenuada com a adequada leitura do conteúdo de uma (a) causa estranha e não imputável, (b) do princípio da boa-fé, (c) da teoria da inexigibilidade da prestação[69] e, ainda, do princípio da reparação integral[70].

---

69. GAMARRA, Jorge. Responsabilidad contractual objetiva. In: BUERES, Alberto Jesús; DE CARLUCCI, Aída Kemelmajer (Dir.). *Responsabilidad por daños en el tercer milenio*. Buenos Aires: Abeledo-Perrot, 1997. p. 119.
70. ZANCHIM, Kleber Luiz. Redução da indenização na responsabilidade objetiva, *Revista de Direito Privado*, São Paulo, v. 9, n. 33, p. 201-214, jan./mar. 2008. p. 213.

REFERÊNCIAS

ACHILLE, Davide. La complessità del rapporto obbligatorio: alla fonte degli obblighi di protezione. *Annuario del contratto*, Torino, p. 129-159, 2017.

AFONSO, Elza Maria Miranda. Prefácio. MATA-MACHADO, Edgar de Godoi. *Contribuição ao personalismo jurídico*. Belo Horizonte: Del Rey, 2000.

AGOGLIA, María Martha. ¿Es la antijuridicidad un presupuesto de la responsabilidad civil? In: GESUALDI, Dora Mariana (Coord.). *Derecho privado*. Buenos Aires: Hammurabi, 2001.

AGOGLIA, María Martha; BORAGINA, Juan Carlos; MEZA, Jorge Alfredo. *Responsabilidad por incumplimiento contractual*. Buenos Aires: Hammurabi, 2003.

AGOGLIA, María Martha; BORAGINA, Juan Carlos; MEZA, Jorge Alfredo. La buena fe y la obligación de seguridad. In: CÓRDOBA, Marcos (Dir.). *Tratado de la buena fe en el derecho*: doctrina nacional. Buenos Aires: La Ley, 2004, v. 1.

AGUIAR DIAS, José de. Da responsabilidade civil, *Revista do Advogado*, São Paulo, n. 19, p. 33-39, out. 1985.

AGUIAR DIAS, José de. *Da responsabilidade civil*. 10 ed. Rio de Janeiro: Forense, 1995, v. 1.

AGUIAR JUNIOR, Ruy Rosado de. *Extinção dos contratos por incumprimento do devedor*. Rio de Janeiro: AIDE, 2004.

AGUIAR JUNIOR, Ruy Rosado de. O poder judiciário e a concretização das cláusulas gerais: limites e responsabilidade, *Revista de Direito Renovar*, Rio de Janeiro, n. 18, p. 11-19, set./dez. 2000.

AGUIAR JUNIOR, Ruy Rosado de. Os contratos nos códigos civis francês e brasileiro, *Revista CEJ*, Brasília, v. 9, n. 28, p. 5-14, jan./mar. 2005.

AGUIAR JUNIOR, Ruy Rosado de. Projeto do código civil: as obrigações e os contratos, *Revista de Direito Renovar*, Rio de Janeiro, n. 15, p. 19-35, set./dez. 1999.

AGUIAR JUNIOR, Ruy Rosado de. Responsabilidade civil do médico, *Revista dos Tribunais*, São Paulo, v. 84, n. 718, p. 33-53, ago. 1995.

AGUIAR JUNIOR, Ruy Rosado. O princípio da igualdade e o direito das obrigações. In: TEPEDINO, Gustavo; FACHIN, Luiz Edson (Coord.). *O direito e o tempo*: embates jurídicos e utopias contemporâneas. Rio de Janeiro: Renovar, 2008.

AGUIAR, Roberto. O imaginário dos juristas, *Revista de Direito Alternativo*, São Paulo, n. 2, p. 18-27, 1993.

ÁGUILA, Ramón Domínguez. La culpa en el derecho civil chileno - aspectos generales, *Revista Anales Derecho UC*, Santiago, v. 3, p. 107-138, mar. 2008.

ALBESA, Joaquín Rams. La moral en la disciplina general de los contratos. In: GESUALDI, Dora Mariana (Coord.). *Derecho privado*. Buenos Aires: Hammurabi, 2001.

ALBUQUERQUE, Fabíola Santos. O princípio da informação à luz do código civil e do código de defesa do consumidor. In: BARROSO, Lucas Abreu (Org.). *Introdução crítica ao código civil*. Rio de Janeiro: Forense, 2006.

ALBUQUERQUE JÚNIOR, Roberto Paulino de. Notas sobre a teoria da responsabilidade civil sem dano, *Revista de Direito Civil Contemporâneo*, São Paulo, v. 6. a 3. p. 89-103, jan./mar. 2016.

ALONSO PEREZ, Mariano. Ideal codificador mentalidade bucólica y orden burgues en el codigo civil de 1889. In: *Centenário del Código*. Madrid: Centro de Estudios Ramon Areces, 1990, t. I. p. 22.

ALPA, Guido. Las tareas actuales del derecho privado. *Revista de Derecho Privado*, Madrid, n. 1, p. 03-12, ene./feb. 2008. p. 06.

ALPA, Guido. *Responsabilità civile e danno*: lineamenti e questioni. Imola: Il Mulino, 1991.

ALPA, Guido. *La responsabilidad civil*: parte general. Trad. César Moreno More. Lima: Legales, 2016.

ALTERINI, Atílio Aníbal. *Estudios de derecho civil*: conceptos, contratos, consumidor, derecho de daños. Buenos Aires: La Ley, 2007.

ALTERINI, Atilio Aníbal. Responsabilidad objetiva derivada de la generación de confianza, *Revista de Direito Civil, Imobiliário, Agrário e Empresarial*, São Paulo, v. 19, n. 73, p. 5-16, jul./set. 1995.

ALTERINI, Atílio Aníbal. Teoría de la imprevisión y cláusula de hardship. In: GESUALDI, Dora Mariana (Coord.). *Derecho privado*. Buenos Aires: Hammurabi, 2001.

ALTHEIM, Roberto. *Direito de danos*: pressupostos contemporâneos do dever de indenizar. Curitiba: Juruá, 2008.

ALVES, Alaôr Caffé. A função ideológica do direito, *Revista da Faculdade de Direito de São Bernardo do Campo*, São Bernardo do Campo, v. 6, n. 8, p. 1-11, 2002.

ALVES, Alaôr Caffé. Estado e direito: estrutura, formas e ilusões da sociedade real, *Revista da Ordem dos Advogados do Brasil*, São Paulo, v. 18, n. 43/48, p. 57-74, 1988.

ALVIM, Agostinho. Da eqüidade, *Revista dos Tribunais*, São Paulo, v. 30, n. 132, p. 3-8, jul. 1941.

ALVIM, Agostinho. *Da inexecução das obrigações e suas conseqüências*. 4 ed. São Paulo: Saraiva, 1972.

ALVIM, Agostinho. Do enriquecimento sem causa, *Revista dos Tribunais*, São Paulo, n. 259, p. 3-36, 1957.

ALVIM, Arruda. A função social dos contratos no novo código civil, *Revista dos Tribunais*, São Paulo, v. 92, n. 815, p. 11-31, set. 2003.

ALVIM, Decio Ferraz. Da cláusula "rebus sic stantibus", *Revista dos Tribunais*, São Paulo, v. 23, n. 90, p. 13-20, maio 1934.

AMARAL, Francisco. A eqüidade no código civil brasileiro, *Revista CEJ*, Brasília, n. 25, p. 16-23, abr./jun. 2004.

AMARAL, Francisco. A evolução do direito civil brasileiro, *Revista da PGE*, Porto Alegre, v. 13, n. 38, p. 65-83, 1983.

AMARAL, Francisco. A interpretação jurídica segundo o código civil, *Revista Brasileira de Direito Comparado*, Rio de Janeiro, n. 29, p. 19-41, jul./dez. 2005.

AMARAL, Francisco. *Direito civil*: introdução. 7 ed. Rio de Janeiro: Renovar, 2008.

AMARAL, Francisco. Historicidade e racionalidade na construção do direito brasileiro, *Revista Brasileira de Direito Comparado*, Rio de Janeiro, n. 20, p. 29-87, jan./jun. 2001.

AMARAL, Francisco. Individualismo e universalismo no direito civil brasileiro: permanência ou superação de paradigmas romanos?, *Revista Brasileira de Direito Comparado*, Rio de Janeiro, n. 13, p. 64-95, jul./dez. 1992.

REFERÊNCIAS

AMARAL, Francisco. O código civil brasileiro e o problema metodológico de sua realização. In: TARTUCE, Flávio; CASTILHO, Ricardo (Coord.). *Direito civil*: direito patrimonial, direito existencial. São Paulo: Método, 2006.

AMARAL, Francisco. O direito civil na pós-modernidade. In: FIUZA, César; SÁ, Maria de Fátima Freire de; NAVES, Bruno Torquato de Oliveira (Coord.). *Direito civil*: atualidades. Belo Horizonte: Del Rey, 2003.

AMARAL, Francisco. O projeto de código civil, *Revista Brasileira de Direito Comparado*, Rio de Janeiro, n. 16, p. 23-47, jan./jun. 1999.

AMARAL, Francisco. Os princípios jurídicos na relação obrigatória, *Revista da Ajuris*, Porto Alegre, v. 32, n. 99, p. 133-143, set. 2005.

AMARAL, Francisco. Uma carta de princípios para um direito como ordem prática. In: TEPEDINO, Gustavo; FACHIN, Luiz Edson (Coord.). *O direito e o tempo*: embates jurídicos e utopias contemporâneas. Rio de Janeiro: Renovar, 2008.

AMATO, Cristina. *Confianza y responsabilidad*. Trad. César Moreno More. Buenos Aires: Astrea, 2017.

AMÉZAGA, Juan José. *Culpa aquiliana*: leciones del curso de derecho civil. Montevideo: s/e, 1914.

AMÉZAGA, Juan José. Responsabilidade por culpa: unidade genérica e diferenças específicas, *Revista Forense*, Rio de Janeiro, v. 35, n. 75, p. 67-73, jul./set. 1938.

AMORÍN, Marcelo; ALFARO, Katherin; MATTEO, Sofía. Responsabilidad contractual en los subsistemas de derecho comercial y derecho cooperativo en Uruguay. *Revista Crítica de Derecho Privado*, Montevideo, v. 20, p. 487-512, 2023.

ANDRADE, Daniel de Pádua; PEREIRA, Fabio Queiroz. Revisitando o papel da violação positiva do contrato na teoria do inadimplemento, *Scientia Iuris*, Londrina, v. 22, n. 1, p. 258-282, mar. 2018.

ANDRADE, Darcy Bessone de Oliveira. *Aspectos da evolução da teoria dos contratos*. São Paulo: Saraiva, 1949.

ANTUNES VARELA, João de Matos. *Das obrigações em geral*. 7 ed. Coimbra: Almedina, 1997, v. 2.

ANTUNES VARELA, João de Matos. *Direito das obrigações*. Rio de Janeiro: Forense, 1978, v. 2.

ANTUNES VARELA, João de Matos. *Direito das obrigações*: conceito, estrutura e função da relação obrigacional, fontes das obrigações, modalidades das obrigações. Rio de Janeiro: Forense, 1977, v. 1.

ARONNE, Ricardo. *Propriedade e domínio*: a teoria da autonomia. 2. ed. Porto Alegre: LAEL, 2014.

ASCENSÃO, José de Oliveira. Alteração das circunstâncias e justiça contratual no novo código civil, *Revista Trimestral de Direito Civil*, Rio de Janeiro, n. 25, p. 93-118, jan./mar. 2006.

ASCENSÃO, José de Oliveira. Cláusulas contratuais gerais, cláusulas abusivas e o novo código civil, *Revista da Faculdade de Direito da Universidade Federal do Paraná*, Porto Alegre, n. 39, p. 5-22, 2003.

ASCENSÃO, José de Oliveira. Cláusulas contratuais gerais, cláusulas abusivas e boa-fé, *Revista de Direito Privado*, São Paulo, v. 1, n. 4, p. 9-25, out./dez. 2000.

ASCENSÃO, José de Oliveira. *O direito*: introdução e teoria geral - uma perspectiva luso-brasileira. 2 ed. Rio de Janeiro: Renovar, 2001.

ASSIS, Araken de. *Resolução do contrato por inadimplemento*. 3 ed. São Paulo: RT, 1999.

ÁVILA, Humberto. *Teoria dos princípios*: da definição à aplicação dos princípios jurídicos. 4 ed. São Paulo: Malheiros, 2004.

AZEVEDO JUNIOR, José Osório de. Breves anotações sobre o pagamento e o ato jurídico não negocial. In: NANNI, Giovanni Ettore (Coord.). *Temas relevantes do direito civil contemporâneo*: reflexões sobre os cinco anos do código civil. São Paulo: Atlas, 2008.

AZEVEDO, Álvaro Villaça. Inexecução culposa e cláusula penal compensatória, *Revista dos Tribunais*, São Paulo, n. 791, p. 121-132, set. 2001.

AZEVEDO, Álvaro Villaça. *Teoria geral das obrigações*. 10 ed. São Paulo: Atlas, 2004.

AZEVEDO, Vicente de Paulo Vicente de. O fundamento da responsabilidade civil extracontratual, *Revista de Direito Privado*, São Paulo, v. 1, n. 1, p. 151-165, jan./mar. 2000.

BAÍA, Jacinto Américo Guimarães. A evolução da responsabilidade civil e a reparação do dano nuclear, *Revista de Direito Civil, Imobiliário, Agrário e Empresarial*, São Paulo, v. 2, n. 4, p. 49-68, abr./jun. 1978.

BALLESTEROS, Jorge Santos. La responsabilidad civil contractual aplicada a la actividad del empresario. In: ESPINOSA, Fabricio Mantilla; BARRIOS, Francisco Ternera (Dir.). *Los contratos en el derecho privado*. Bogotá: Legis, 2007.

BAPTISTA, Sílvio Neves. A crise do contrato, *Revista de Direito Civil, Imobiliário, Agrário e Empresarial*, São Paulo, v. 9, n. 32, p. 22-35, abr./jun. 1985.

BARANDIARÁN, José León. *Comentarios al Código Civil Peruano*. Buenos Aires: EDIAR, 1956, t. II.

BARASI, Lodovico. *La teoria generale delle obbligazioni*: l'attuazione. Milano: Giuffrè, 1946, v. 3.

BARBER, Benjamin. *Consumido*: como o mercado corrompe crianças, infantiliza adultos e engole cidadãos. Rio de Janeiro: Record, 2009.

BARBERO, Domenico. *Sistema del derecho privado*: obligaciones. Trad. Santiago Sentis Melendo. Buenos Aires: EJEA, 1967, v. 3.

BARBOSA, Mafalda Miranda. *Liberdade vs. responsabilidade*: a precaução como fundamento da imputação delitual?. Coimbra: Almedina, 2006.

BARCELLONA, Pietro. *Formazione e sviluppo del diritto privato moderno*. Napoli: Jovene, s/a.

BARRETO, Cunha. O dirigismo na vida dos contratos, *Revista dos Tribunais*, São Paulo, v. 28, n. 117, p. 455-462, jan. 1939.

BARRETO, Ricardo Menna; ROCHA, Leonel Severo. Confiança nos contratos eletrônicos: uma observação sistêmica, *Revista Jurídica Cesumar*, v. 7, n. 2, p. 409-425, jul./dez. 2007.

BARRETTO, Vicente de Paulo. Responsabilidade e teoria da justiça contemporânea. In: SILVA FILHO, José Carlos Moreira da; PEZZELLA, Maria Cristina Cereser (Coord.). *Mitos e rupturas no direito civil contemporâneo*. Rio de Janeiro: Lumen Juris, 2008.

BARRIOS, Francisco Ternera. Introducción. In: ESPINOSA, Fabricio Mantilla; BARRIOS, Francisco Ternera (Dir.). *Los contratos en el derecho privado*. Bogotá: Legis, 2007.

BARRIOS, Luis. El conflicto de la celulosa. *Estado de derecho*. Montevideo, dez. 2007.

BARROS, Flávio Augusto Monteiro. *Manual de direito civil*: direito das obrigações e contratos. São Paulo: Método, 2005, v. 2.

BARROS, Maria Accacia Silva. *A lesão nos contratos e a restrição da capacidade contratual*. Campinas: LZN, 2003.

BARROS, Raimundo Gomes de. Relação de causalidade e o dever de indenizar, *Revista de Direito do Consumidor*, São Paulo, n. 27, p. 32-41, jul./set. 1998.

BARROSO, Lucas Abreu *et all*. *Direito dos contratos*. São Paulo: RT, 2008.

BARROSO, Lucas Abreu. A função ambiental do contrato. In: DELGADO, Mário Luiz; ALVES, Jones Figueirêdo (Coord.). *Questões controvertidas*: no direito das obrigações e dos contratos. São Paulo: Método, 2005, v. 4.

BARROSO, Lucas Abreu. *A obrigação de indenizar e a determinação da responsabilidade civil por dano ambiental*. Rio de Janeiro: Forense, 2006.

BARROSO, Lucas Abreu. *A realização do direito civil*. Curitiba: Juruá, 2011. (No prelo).

BARROSO, Lucas Abreu. Desmistificando as relações de família no novo direito civil. In: ALBUQUERQUE, Fabíola Santos; EHRHARDT JUNIOR, Marcos; OLIVEIRA, Catarina Almeida de (Coord.). *Famílias no direito contemporâneo*: estudos em homenagem a Paulo Luiz Netto Lôbo. Salvador: JusPodivm, 2009.

BARROSO, Lucas Abreu. Novas fronteiras da obrigação de indenizar e da determinação da responsabilidade civil. In: DELGADO, Mário Luiz; ALVES, Jones Figueiredo (Coord.). *Questões controvertidas*: responsabilidade civil. São Paulo: Método, 2006, v. 5.

BARROSO, Lucas Abreu. Situação atual do art. 4º da lei de introdução ao código civil, *Revista Brasileira de Direito Constitucional*, São Paulo, n. 5, p. 236-242, 2005.

BARROSO, Lucas Abreu; MALHEIROS, Pablo. A obrigação de reparar por danos resultantes da liberação do fornecimento e da comercialização de medicamentos. Inédito.

BARZOTTO, Luis Fernando. Os direitos humanos como direitos subjetivos: da dogmática jurídica à ética, *Revista da PGE*, Porto Alegre, v. 28, n. 59, p. 137-175, jun. 2004.

BAUMAN, Zygmunt. *Medo líquido*. Trad. Carlos Alberto Medeiros. Rio de Janeiro: Zahar, 2008.

BAUMAN, Zygmunt. *Modernidade e ambivalência*. Trad. Marcus Penchel. Rio de Janeiro: Zahar, 1999.

BAUMAN, Zygmunt. *Modernidade líquida*. Trad. Plínio Dentzien. Rio de Janeiro: Zahar, 2001.

BAUMAN, Zygmunt. *Vida líquida*. Trad. Carlos Alberto Medeiros. Rio de Janeiro: Zahar, 2007.

BAUMAN, Zygmunt. *Vida para o consumo*: a transformação das pessoas em mercadorias. Trad. Carlos Alberto Medeiros. Rio de Janeiro: Zahar, 2008.

BECK, Ulrich. *La sociedad del riesgo*: hacia una nueva modernidad. Trad. Jorge Navarro. Barcelona: Paidós, 1998.

BECK, Ulrich. *Viviendo en la sociedad del riesgo mundial*. Trad. María Ángeles Sabiote González; Yago Mellado López. Barcelona: CIDOB, 2007.

BECKER, Anelise. Elementos para uma teoria unitária da responsabilidade civil, *Revista de Direito do Consumidor*, São Paulo, n. 13, p. 42-55, jan./mar. 1995.

BELLEY, Jean-Guy. Uma filosofia da aspiração jurídica: a arte de bem se obrigar, *Revista Trimestral de Direito Civil*, Rio de Janeiro, n. 23, p. 17-37, jul./set. 2005.

BENÍTEZ, Elsa. La revolución industrial y el derecho de daños: sus consecuencias. In: GHERSI, Carlos Alberto (Dir.). *Responsabilidad objetiva*: el artículo 1113 y la ley 24.999. Mendoza: Ediciones Jurídicas Cuyo, 1999.

BENJAMIN, Antonio Herman de Vasconcellos e; MARQUES, Claudia Lima; BESSA, Leonardo Roscoe. *Manual de direito do consumidor*. São Paulo: RT, 2007.

BENJAMIN, Walter. *Obras escolhidas*. Trad. Sérgio Paulo Rouanet. São Paulo: Brasiliense, 1987.

BERDAGUER, Jaime. Las obligaciones de resultado: situación actual y perspectivas futuras. In: FERNÁNDEZ, Carlos López; CAUMONT, Arturo; CAFFERA, Gerardo (Coord.). *Estudios de derecho civil en homenaje al profesor Jorge Gamarra*. Montevideo: FCU, 2001.

BERGEL, Salvador Darío. Introducción del principio precautorio en la responsabilidad civil. In: GESUALDI, Dora Mariana (Coord.). *Derecho privado*. Buenos Aires: Hammurabi, 2001.

BERMAN, Harold. *Direito e revolução*: a formação da tradição jurídica ocidental. Trad. Eduardo Takemi Kataoka. São Leopoldo: Unisinos, 2006.

BERTI, Silma Mendes. Considerações sobre a responsabilidade civil do médico, *Revista de Direito Comparado*, Belo Horizonte, v. 2, n. 2, p. 121-129, mar. 1998.

BETTI, Emílio. *Teoria generale delle obbligazioni*: prolegomeni: funzione economico-sociale dei rapporti d´obbligazione. Milano: Giuffrè, 1953, v. 1.

BEVILAQUA, Clóvis. *Direito das obrigações*. 5 ed. Rio de Janeiro: Freitas Bastos, 1940.

BIONDI, Biondo. *Istituzioni di diritto romano*. 2 ed. Milano: Giuffrè, 1952.

BIRENBAUM, Gustavo. Classificação: obrigações de dar, fazer e não fazer. In: TEPEDINO, Gustavo (Coord.). *Obrigações*: estudos na perspectiva civil-constitucional. Rio de Janeiro: Renovar, 2005.

BITTAR, Carlos Alberto. *Direito das obrigações*. 2 ed. Rio de Janeiro: Forense Universitária, 2004.

BITTAR, Carlos Alberto; BITTAR FILHO, Carlos Alberto. *Direito civil constitucional*. 3 ed. São Paulo: RT, 2003.

BOBBIO, Norberto. *Da estrutura à função*: novos estudos de teoria do direito. Trad. Daniela Beccaccia Versiani. Barueri: Manole, 2007.

BOBBIO, Norberto. *O positivismo jurídico*: lições de filosofia do direito. Trad. Márcio Pugliesi; Edson Bini; Carlos Rodrigues. São Paulo: Ícone, 1995.

BOCCANERA, Ney da Fontoura. Culpa aquiliana, *Revista de Direito Civil, Imobiliário, Agrário e Empresarial*, São Paulo, v. 7, n. 24, p. 106-108, abr./jun. 1983.

BOLOGNA, Pablo Salvat. ¿Debe el derecho ser justo?, *Persona y Sociedad*, Santiago, v. 18, n. 2, p. 33-62, ago. 2004.

BONAVIDES, Paulo. *Curso de direito constitucional*. 9 ed. São Paulo: Malheiros, 2000.

BONFIM, Vinícius Silva. A responsabilidade de ter "olhos": o direito na perspectiva do imaginário literário, *Revista CEJ*, Brasília, v. 14, n. 48, p. 101-109, jan./mar. 2010.

BORAGINA, Juan Carlos. El daño. In: GESUALDI, Dora Mariana (Coord.). *Derecho privado*. Buenos Aires: Hammurabi, 2001.

BORGES, Nelson. *A teoria da imprevisão no direito civil e no processo civil*. São Paulo: Malheiros, 2002.

BORGES, Roxana Cardoso Brasileiro. Contrato: do clássico ao contemporâneo – a reconstrução do conceito, *Revista do Programa de Pós-Graduação em Direito da Universidade Federal da Bahia*, Salvador, v. 13, p. 29-50, 2006.

BORGES, Roxana Cardoso Brasileiro. Direitos da personalidade e dignidade: da responsabilidade civil para a responsabilidade constitucional. In: DELGADO, Mário Luiz; ALVES, Jones Figueiredo (Coord.). *Questões controvertidas*: responsabilidade civil. São Paulo: Método, 2006, v. 5.

BORGES, Roxana Cardoso Brasileiro. Reconstrução do conceito de contrato: do clássico ao atual. In: HIRONAKA, Giselda Maria Fernandes Novaes; TARTUCE, Flávio (Coord.). *Direito contratual*: temas atuais. São Paulo: Método, 2008.

BORGHI, Hélio. Responsabilidade civil: breves reflexões doutrinárias sobre o estado no direito brasileiro. In: NERY, Rosa Maria Barreto Borriello de Andrade; DONNINI, Rogério (Coord.). *Responsabilidade civil*: estudos em homenagem ao professor Rui Geraldo Camargo Viana. São Paulo: RT, 2009.

BOTH, Laura Garbini; PINHEIRO, Rosalice Fidalgo. As "fórmulas mágicas" da boa-fé na jurisprudência brasileira: um cenário de transferência de culturas. In: CORTIANO JUNIOR, Eroulths *et all* (Coord.). *Apontamentos críticos para o direito civil brasileiro contemporâneo*. Curitiba: Juruá, 2009.

BRAGA NETTO, Felipe Peixoto. *Teoria dos ilícitos civis*. Belo Horizonte: Del Rey, 2003.

BRANCO, Gerson Luiz Carlos. A proteção das expectativas legítimas derivadas das situações de confiança: elementos formadores do princípio da confiança e seus efeitos, *Revista de Direito Privado*, São Paulo, v. 3, n. 12, p. 167-225, out./dez. 2002.

BRASIL JUNIOR, Samuel Meira; CUNHA, Gabriel Sardenberg. Violação positiva do contrato, obrigação como processo e o paradigma do inadimplemento, *Civilistica.com*, Rio de Janeiro, a. 7, n. 2, p. 01-23, 2018.

BRAVO, Adolfo. O conceito de responsabilidade no código civil portuguez, *Revista dos Tribunais*, São Paulo, v. 25, n. 104, p. 361-376, nov. 1936.

BREBBIA, Roberto H. La equidad en el derecho de daños. In: BUERES, Alberto Jesús; DE CARLUCCI, Aída Kemelmajer (Dir.). *Responsabilidad por daños en el tercer milenio*. Buenos Aires: Abeledo-Perrot, 1997.

BRITO, Alejandro Guzmán. La penetración del derecho romano en américa, *Revista Chilena de Derecho*, Santiago, v. 18, n. 2, p. 203-211, maio/ago. 1991.

BRITO, Andréia Carvalho de. Contrato de seguro de crédito à exportação. In: PAMPLONA FILHO, Rodolfo; PEDROSA, Lauricio Alves Carvalho. *Novas figuras contratuais*: homenagem ao professor Washington Luiz da Trindade. São Paulo: LTr, 2010.

BRUGI, Biagio. *Instituciones de derecho civil*. Trad. Jaime Simo Bofarull. Cidade do México: UTEHA, 1946.

BUERES, Alberto Jesus. *Derecho de daños*. Buenos Aires: Hammurabi, 2001.

BUERES, Alberto Jesus. La buena fe y la imposibilidad de pago en la responsabilidad contractual. In: CÓRDOBA, Marcos (Dir.). *Tratado de la buena fe en el derecho*: doctrina nacional. Buenos Aires: La Ley, 2004, v. 1.

BUERES, Alberto Jesus. La localización del daño resarcible. In: FERNÁNDEZ, Carlos López; CAUMONT, Arturo; CAFFERA, Gerardo (Coord.). *Estudios de derecho civil en homenaje al profesor Jorge Gamarra*. Montevideo: FCU, 2001.

BURNETT, Dean. *O cérebro que não sabia de nada*: o que a neurociência explica sobre o misterioso, inquieto e totalmente falível cérebro humano. Trad. Eliana Rocha. São Paulo: Planeta do Brasil, 2018.

BUSNELLI, Francesco Donato. L´illecito civile nella stagione europea delle riforme del diritto delle obbligazioni, *Rivista di Diritto Civile*, Padova, anno 52, n. 6, p. 439-457, nov./dez. 2006.

BUSSANI, Mauro. *As peculiaridades da noção de culpa*: um estudo de direito comparado. Trad. Helena Saldanha. Porto Alegre: LAEL, 2000.

BUSSATTA, Eduardo Luiz. Princípio da conservação dos contratos. In: HIRONAKA, Giselda Maria Fernandes Novaes; TARTUCE, Flávio (Coord.). *Direito contratual*: temas atuais. São Paulo: Método, 2008.

BUSSATTA, Eduardo Luiz. *Resolução dos contratos e teoria do adimplemento substancial*. São Paulo: Saraiva, 2007.

BUSTAMANTE ALSINA, Jorge. El perfil de la responsabilidad civil al finalizar el siglo XX. In: BUERES, Alberto Jesús; DE CARLUCCI, Aída Kemelmajer (Dir.). *Responsabilidad por daños en el tercer milenio*. Buenos Aires: Abeledo-Perrot, 1997.

BUSTAMANTE ALSINA, Jorge. *Teoria general de la responsabilidad civil*. 3 ed. Buenos Aires: Abeledo-Perrot, 1980.

BUSTAMANTE, Lino Rodriguez-Arias. *Derecho de obligaciones*. Madrid: Editorial Revista de Derecho Privado, 1965.

CAENEGEM, Raoul C. van. *Uma introdução histórica ao direito privado*. Trad. Carlos Eduardo Lima Machado. São Paulo: Martins Fontes, 2000.

CAFFERA, Gerardo. Autonomía privada: los cambios y las tensiones del presente. In: FERNÁNDEZ, Carlos López; CAUMONT, Arturo; CAFFERA, Gerardo (Coord.). *Estudios de derecho civil en homenaje al profesor Jorge Gamarra*. Montevideo: FCU, 2001.

CALDANI, Miguel Angel Ciuro. Aspectos filosóficos de la buena fe. In: CÓRDOBA, Marcos (Dir.). *Tratado de la buena fe en el derecho*: doctrina nacional. Buenos Aires: La Ley, 2004, v. 1.

CALIXTO, Marcelo Junqueira. *A culpa na responsabilidade civil*: estrutura e função. Rio de Janeiro: Renovar, 2008.

CALIXTO, Marcelo Junqueira. Reflexões em torno do conceito de obrigação, seus elementos e fontes. In: TEPEDINO, Gustavo (Coord.). *Obrigações*: estudos na perspectiva civil-constitucional. Rio de Janeiro: Renovar, 2005.

CALVO, Roberto. La decontrattualizzazione dela responsabilità sanitaria, *Le nuove leggi civili commentate*, Milano, n. 3, v. 15, p. 453-479, mag./giu. 2017.

CALVO COSTA, Carlos. La mora del deudor ante el incumplimiento temporal e imputable de la obligación. In: TOBIAS, José (Dir.). *Estudios sobre obligaciones y responsabilidad civil en homenaje al académico Félix Trigo Represas*. Buenos Aires: La Ley, 2022.

CAMARGO, Margarida Maria Lacombe. *Hermenêutica e argumentação*: uma contribuição ao estudo do direito. 3 ed. Rio de Janeiro: Renovar, 2003.

CAMBLER, Everaldo. *Curso avançado de direito civil*: direito das obrigações. São Paulo: RT, 2001.

CAMBLER, Everaldo; GONÇALVES, Carlos Roberto; MAIA, Mairan. *Comentários ao código civil brasileiro*: do direito das obrigações. Rio de Janeiro: Forense, 2003, v. 3.

CAMPISTA FILHO, David. Responsabilidade civil e a ação liberatória do seguro, *Revista dos Tribunais*, São Paulo, v. 31, n. 137, p. 16-25, maio 1942.

CANARIS, Claus-Wilhelm. A liberdade e a justiça contratual na "sociedade de direito privado". In: MONTEIRO, António Pinto (Coord.). *Contratos*: actualidade e evolução. Porto: Universidade Católica Portuguesa, 1997.

CANARIS, Claus-Wilhelm. *Direitos fundamentais e direito privado*. Trad. Ingo Wolfgang Sarlet; Paulo Moto Pinto. Coimbra: Almedina, 2003.

CANARIS, Claus-Wilhelm. Il contatto sociale nell´ordinamento giuridico tedesco. *Rivista di Diritto Civile*, Padova, v. 63, n. 1, p. 1-9, 2017.

CANARIS, Claus-Wilhelm. *La riforma del diritto tedesco delle obbligazioni*: contenuti fondamentali e profili sistematici del Gesetz zur Modernisierung des Schuldrechts. Trad. Marcello Farneti; Sonja Haberl. Padova: CEDAM, 2003.

CANARIS, Claus-Wilhelm. O novo direito das obrigações na alemanha, *Revista Brasileira de Direito Comparado*, Rio de Janeiro, n. 25, p. 3-26, jul./dez. 2003.

CANARIS, Claus-Wilhelm. *Pensamento sistemático e conceito de sistema na ciência do direito*. 3 ed. Trad. Antônio Manuel da Rocha e Menezes Cordeiro. Lisboa: Fundação Calouste Gulbenkian, 2002.

CANCINO, Emilssen González de. La protección del deudor en la tradición romanística: una búsqueda de soluciones, *Revista Brasileira de Direito Comparado*, Rio de Janeiro, n. 10, p. 120-141, jan./jun. 1991.

CANOTILHO, José Joaquim Gomes. A "principialização" da jurisprudência através da constituição, *Revista de Processo*, São Paulo, v. 25, n. 98, p. 83-89, abr./jun. 2000.

CANOTILHO, José Joaquim Gomes. *Direito constitucional e teoria da constituição*. 7 ed. Coimbra: Almedina, 2003.

CANOTILHO, José Joaquim Gomes. *Estudos sobre direitos fundamentais*. Coimbra: Coimbra, 2004.

CAORSI, Juan Benítez. Reflexiones en torno a la noción de ilicitud, *Revista de Direito Privado*, São Paulo, n. 21, p. 287-294, jan./mar. 2005.

CAPRA, Fritjof. *O ponto de mutação*: a ciência, a sociedade e a cultura emergente. São Paulo: Cultrix, 1997.

CÁRCOVA, Carlos María. ¿Que hacen los jueces cuando juzgan? In: GESUALDI, Dora Mariana (Coord.). *Derecho privado*. Buenos Aires: Hammurabi, 2001.

CÁRCOVA, Carlos María. *Las teorias jurídicas post positivistas*. 2. ed. Buenos Aires: Abeledo Perrot, 2009.

CÁRDENAS, Betty Mercedes Martínez. La adaptación de la teoría de las obligaciones de medios y las obligaciones de resultados en el derecho colombiano. In: ESPINOSA, Fabricio Mantilla; BARRIOS, Francisco Ternera (Dir.). *Los contratos en el derecho privado*. Bogotá: Legis, 2007.

CARLUCCI, Aída Kemelmajer de. Los dilemas de la responsabilidad civil, *Revista Chilena de Derecho*, Santiago, v. 28, n. 4, p. 671-679, out./dez. 2001.

CARNEIRO DA FRADA, Manuel António de Castro Portugal. *Teoria da confiança e responsabilidade civil*. Coimbra: Almedina, 2007.

CARNEIRO, Maria Francisca. Sobre la presencia de elementos estéticos en la teoría civilista. In: GESUALDI, Dora Mariana (Coord.). *Derecho privado*. Buenos Aires: Hammurabi, 2001.

CARPENA, Heloisa. A disciplina das obrigações de fazer no código civil de 2002: uma interpretação sistemática de sua execução à luz da efetividade consagrada no código do consumidor. In: PFEIFFER, Roberto Augusto Castellanos; PASQUALOTTO, Adalberto (Coord.). *Código de defesa do consumidor e o código civil de 2002*: convergências e assimetrias. São Paulo: RT, 2005.

CARRÁ, Bruno Leonardo Câmara. A doutrina da tripartição da culpa: uma visão contemporânea, *Revista de Direito Civil Contemporâneo*. São Paulo, v. 13. a. 4. p. 199-229, out./dez. 2017.

CARRÁ, Bruno Leonardo Câmara. *Responsabilidade civil sem dano*: uma análise crítica. São Paulo: Atlas, 2005.

CARRILHO, Cristiano. *Manual de história dos sistemas jurídicos*. Rio de Janeiro: Elsevier, 2009.

CARRION, Eduardo Kroeff Machado. O poder judiciário, o juiz e a lei, *Revista de Direito Alternativo*, São Paulo, n. 1, p. 65-70, 1992.

CARVALHO NETO, Inácio de. *Curso de direito civil brasileiro*: teoria geral das obrigações. Curitiba: Juruá, 2009, v. 2.

CARVALHO, Afrânio de. O futuro código civil, *Revista de Direito Civil, Imobiliário, Agrário e Empresarial*, São Paulo, v. 9, n. 34, p. 7-28, out./dez. 1985.

CARVALHO, Délton Winter de. *Dano ambiental futuro*: a responsabilização pelo risco ambiental. Rio de Janeiro: Forense Universitária, 2008.

CASIELLO, Juan José. El pago: concepto y esencia jurídica. In: GESUALDI, Dora Mariana (Coord.). *Derecho privado*. Buenos Aires: Hammurabi, 2001.

CASSETTARI, Christiano. *Multa contratual*: teoria e prática. São Paulo: RT, 2009.

CASTANHEIRA NEVES, Antonio. Entre o legislador, a sociedade e o juiz ou entre sistema, função e problema – os modelos actualmente alternativos da realização jurisdicional do direito, *Boletim da Faculdade de Direito*, Coimbra, v. 74, p. 1-44, 1998.

CASTANHEIRA NEVES, Antonio. *O actual problema metodológico da interpretação jurídica*. Coimbra: Coimbra, 2003, v. 1.

CASTANHEIRA NEVES. Antonio. *Digesta*: escritos acerca do direito, do pensamento jurídico, da sua metodologia e outros. Coimbra: Coimbra, 1995, v. 2.

CASTANHEIRA NEVES. Antonio. *Digesta*: escritos acerca do direito, do pensamento jurídico, da sua metodologia e outros. Coimbra: Coimbra, 1995, v. 1.

CASTILHA, Gustavo Ordoqui. *Buena fe contractual*. Montevideo: Del Foro, 2005.

CASTILLA, Gustavo Ordoqui. Diez reglas para la avaluación del daño contractual, *Revista de Derecho de la Universidad Católica del Uruguay*, Montevideo, v. 2, p. 75-125, 2001.

CASTRO, Torquato. Causalidade jurídica no direito romano: o título na linguagem jurídica dos romanos, *Revista de Direito Civil, Imobiliário, Agrário e Empresarial*, São Paulo, v. 8, n. 27, p. 7-47, jan./mar. 1984.

CASTRONOVO, Carlo. La relación como categoría esencial de la obligación y de la responsabilidad contractual. In: MORE, Cesar Moreno (Coord.). *Estudios sobre la responsabilidad civil*. Lima: Legales, 2015.

CASTRONOVO, Carlo. La relazione come categoria essenziale dell'obbligazione e della responsabilità contrattuale. *Europa e Diritto Privato*, Milano, n. 1, p. 55-76, 2011.

CASTRONOVO, Carlo. Sentieri di responsabilità civile europea. *Europa e Diritto Privato*, Milano, n. 4, p. 787-830, 2008.

CATALAN, Marcos. Defendam Jerusalém! O rolezinho e a fragmentação do direito nos tribunais brasileiros, *Revista Eletrônica da Academia Brasileira de Direito Constitucional*, Curitiba, v. 9, p. 71-84, 2017.

CATALAN, Marcos. *Descumprimento contratual*: modalidades, conseqüências e hipóteses de exclusão do dever de indenizar. Curitiba: Juruá, 2005.

CATALAN, Marcos. Notas acerca da imputação do dever de reparar o dano ambiental no Brasil, *Revista Internacional de Direito Ambiental*, Caxias do Sul, v. 5, p. 197-204, 2016.

CAUBET, Christian Guy. O escopo do risco no mundo real e no mundo jurídico. In: VARELLA, Marcelo Dias (Org.). *Governo dos riscos*: rede latino-americana-européia sobre governo dos riscos. Brasília: Pallotti, 2005.

CAUMONT, Arturo. *Doctrina general del contrato*: proposiciones teóricas de innovación. Montevideo: La Ley, 2014.

CHALMERS, Alan. *O que é ciência afinal?* Trad. Raul Filker, São Paulo: Brasiliense, 1993.

CHINELATO, Silmara Juny. Tendências da responsabilidade civil no direito contemporâneo: reflexos no código de 2002. In: DELGADO, Mário Luiz; ALVES, Jones Figueiredo (Coord.). *Questões controvertidas*: responsabilidade civil. São Paulo: Método, 2006, v. 5.

CHIRONI, Giampietro. *La colpa nel diritto civile odierno*: colpa contrattuale. 2 ed. Torino: Fratelli Bocca Editori, 1897.

CIMBALI, Enrico. *La nuova fase del diritto civile*: nei rapporti economici e sociali. 4 ed. Torino: UTET, 1907.

COELHO, Fábio Ulhoa. *Curso de direito civil*. São Paulo: Saraiva, 2004, v. 2.

COELHO, José Gabriel Pinto. *A responsabilidade civil baseada no conceito da culpa*. Coimbra: Imprensa da Universidade, 1906.

COELHO, Luiz Fernando. *Saudade do futuro*. 2 ed. Curitiba: Juruá, 2007.

COELHO, Luiz Fernando. *Teoria crítica do direito*. 3 ed. Belo Horizonte: Del Rey, 2003.

COFRÉ, Juan. Racionalidad en el derecho: una aproximación filosófica a la hermenéutica jurídica, *Revista Chilena de Derecho*, Santiago, v. 22, n. 1, p. 41-59, jan./abr. 1995.

COING, Helmut. Historia de derecho y dogmática jurídica, *Revista Chilena de Derecho*, Santiago, v. 9, n. 2, p. 245-257, maio/ago. 1982.

COLIN, Ambrosio; CAPITANT, Henry. *Curso elemental de derecho civil*: teoria general de las obligaciones. 2 ed. Trad. Demofilo de Buen. Madrid: Instituto Editorial Reus, 1943, t. 3.

COLLURA, Giorgio. *Importanza dell´inadempimento e teoria del contratto*. Milano: Giuffrè, 1992.

COLMO, Alfredo. *De las obligaciones en general*. Buenos Aires: Jesus Menendez, 1920.

COMPARATO, Fábio Konder. *Ensaios e pareceres de direito empresarial*. Rio de Janeiro: Forense, 1978.

COMPARATO, Fábio Konder. Os problemas fundamentais da sociedade brasileira e os direitos humanos, *Revista da Ordem dos Advogados do Brasil*, São Paulo, v. 19, n. 51, p. 7-18, 1989.

CONSELHO NACIONAL DE JUSTIÇA. *Justiça em números 2018*: ano-base 2017, Brasília: CNJ, 2018.

CORDEIRO, Eros Belin de Moura. A constituição da república de 1988 e as transformações na teoria contratual. In: CONRADO, Marcelo; PINHEIRO, Rosalice Fidalgo (Coord.). *Direito privado e constituição*: ensaios para uma recomposição valorativa da pessoa e do patrimônio. Curitiba: Juruá, 2009.

CORRAL, Alfonso de Cossio y. *Instituciones de derecho civil*: parte general, obligaciones y contratos. 2 ed. Madrid: Civitas, 1991, t. 1.

CORRAL, Alfonso de Cossio y. *Instituciones de derecho civil*: parte general, obligaciones y contratos. 2 ed. Madrid: Civitas, 1991, t. 1.

CORSARO, Luigi. Colpa e responsabilità civile, *Rassegna di Diritto Civile*, Napoli, n. 2, p. 270-310, 2000.

CORTÉS, Édgar. Breve nota sobre el concepto de culpa como elemento de la responsabilidad civil. In: DÍAZ, Rodrigo Barría; FERRANTE, Alfredo; NEIRA, Lilian San Martín. (Ed.). *Presente y futuro de la responsabilidad civil*. Santiago: Thomson Reuters, 2017.

CORTÉS, Édgar. Breve nota sobre la culpa contractual y la extracontractual en el derecho colombiano, *Revista Anales Derecho UC*, Santiago, v. 3, p. 93-104, mar. 2008.

CORTIANO JUNIOR, Eroulths. As quatro fundações do direito civil: ensaio preliminar, *Revista da Faculdade de Direito*, Curitiba, v. 45, p. 99-102, 2006.

CORTIANO JUNIOR, Eroulths. *O discurso jurídico da propriedade e suas rupturas*: uma análise do ensino do direito de propriedade. Rio de Janeiro: Renovar, 2002.

CORTIANO JUNIOR, Eroulths. Para além das coisas (breve ensaio sobre o direito, a pessoa e o patrimônio mínimo). In: RAMOS, Carmem Lucia Silveira *et all* (Org.). *Diálogos sobre direito civil*: construindo a racionalidade contemporânea. Rio de Janeiro: Renovar, 2002.

CORTIANO JUNIOR, Eroulths; MEIRELLES, Jussara Maria Leal de; PAULINI, Umberto. Um estudo sobre o ofuscamento jurídico da realidade: a impossibilidade de proteção de novos valores e fatos a partir de velhos institutos. In: CORTIANO JUNIOR, Eroulths; MEIRELLES, Jussara Maria Leal de; FACHIN, Luiz Edson; NALIN, Paulo (Coord.). *Apontamentos críticos para o direito civil brasileiro contemporâneo*. Curitiba: Juruá, 2007.

COSTA JUNIOR, Olímpio. *A relação jurídica obrigacional*: situação, relação e obrigação em direito. São Paulo: Saraiva, 1994.

COSTA, Achyles Barcelos da. O desenvolvimento econômico na visão de Joseph Schumpeter, *Cadernos IHU Ideias*, São Leopoldo, v. 4, n. 47, p. 3-16, 2006.

COSTA, Álvaro Ferreira da. Responsabilidade sem culpa, *Revista da Faculdade de Direito*, Curitiba, v. 4, n. 4, p. 234-250, dez. 1956.

COSTA, Francisco Ricardo Sales. A segurança das relações jurídicas instrumentalizadas através do contrato. In: ROSSI, Alexandre Luiz Bernardi; MESQUITA, Gil Ferreira (Org.). *Maioridade constitucional*: estudo em comemoração aos 18 anos da Constituição Federal. São Paulo: Lemos & Cruz, 2008.

COSTA, Mário Júlio de Almeida. *Direito das obrigações*. 6 ed. Coimbra: Almedina, 1994.

COSTA, Mário Júlio de Almeida. *Estudos de direito civil brasileiro e português*: I jornada luso-brasileira de direito civil. São Paulo: RT, 1980.

COSTA, Mário Júlio de Almeida. La buena fe en los contratos según el derecho portugués. In: GESUALDI, Dora Mariana (Coord.). *Derecho privado*. Buenos Aires: Hammurabi, 2001.

COSTA, Pedro Oliveira da. Apontamentos para uma visão abrangente da função social dos contratos. In: TEPEDINO, Gustavo (Coord.). *Obrigações*: estudos na perspectiva civil-constitucional. Rio de Janeiro: Renovar, 2005.

COUTO E SILVA, Clóvis Veríssimo do. *A obrigação como processo*. São Paulo: Bushatsky, 1976.

CRISTOFARO, Pedro Paulo. A força obrigatória do contrato e o novo código civil. In: TEPEDINO, Gustavo; FACHIN, Luiz Edson (Coord.). *O direito e o tempo*: embates jurídicos e utopias contemporâneas. Rio de Janeiro: Renovar, 2008.

CRUZ, Gaston Fernandez. Los supuestos dogmaticos de la responsabilidad contractual: la division de sistemas y la previsibilidad, *Revista de Direito Privado*, São Paulo, v. 5, n. 19, p. 289-318, jul./set. 2004.

CRUZ, Gisela Sampaio da. *O problema do nexo causal na responsabilidade civil*. Rio de Janeiro: Renovar, 2005.

CUNHA DE SÁ, Fernando Augusto. *Direito ao cumprimento e direito a cumprir*. Coimbra: Almedina, 1997.

CUNHA, Abelmar Ribeiro da. Tendência socializadora do direito civil, *Revista Forense*, Rio de Janeiro, v. 48, n. 134, p. 21-39, mar./abr. 1951.

CUNHA, Alexandre dos Santos. A teoria das pessoas de Teixeira de Freitas: entre individualismo e humanismo, *Revista da Faculdade de Direito da UFRGS*, Porto Alegre, v. 18, p. 15-23, 2000.

CUNHA, Daniel Sica da. A nova força obrigatória dos contratos. In: MARQUES, Claudia Lima (Coord.). *A nova crise do contrato*: estudos sobre a nova teoria contratual. São Paulo: RT, 2007.

CUNHA, Wladimir Alcibíades Marinho Falcão. A equivalência material dos contratos e a revisão contratual fundada na lesão no código civil de 2002. In: BARROSO, Lucas Abreu (Org.). *Introdução crítica ao código civil*. Rio de Janeiro: Forense, 2006.

CUNHA, Wladimir Alcibíades Marinho Falcão. *Revisão judicial dos contratos*: do código de defesa do consumidor ao código civil de 2002. São Paulo: Método, 2007.

D´AMICO, Giovanni. La responsabilità contrattuale: attualità del pensiero di Giuseppe Osti. *Rivista di Diritto Civile*, Milano, v. LXV, n. 1, p. 1-24, gen./feb. 2019.

D´AZEVEDO, Ana Rispoli. Os novos deveres dos contratantes na perspectiva do código civil de 2002 e do código de defesa do consumidor. In: MARQUES, Claudia Lima (Coord.). *A nova crise do contrato*: estudos sobre a nova teoria contratual. São Paulo: RT, 2007.

D'ALMEIDA, Luiz Duarte. A culpa em Roma e o direito penal: notas de reflexão para uma oral de melhoria de direito romano, *Revista da Faculdade de Direito da Universidade de Lisboa*, Coimbra, v. 40, n. 1/2, p. 317-321, 1999.

D'ORS, Alvaro. Premissas morales para un nuevo planteamiento de la economía, *Revista Chilena de Derecho*, Santiago, v. 17, n. 3, p. 439-448, set./dez. 1990.

DE CARLUCCI, Aída Kemelmajer. El sistema dualista de responsabilidad contractual y extracontractual en Argentina. Reflexiones sobre la inconveniencia de su supervivencia, *Revista Anales Derecho UC*, Santiago, v. 3, p. 29-69, mar. 2008.

DE CORES, Carlos. Acerca de las funciones de la responsabilidad civil. In: FERNÁNDEZ, Carlos López; CAUMONT, Arturo; CAFFERA, Gerardo (Coord.). *Estudios de derecho civil en homenaje al profesor Jorge Gamarra*. Montevideo: FCU, 2001.

DE CUPIS, Adriano. *El daño*: teoria general de la responsabilidad civil. Trad. Ángel Martínez Sarrión. Barcelona: Bosch, 1975.

DE LORENZO, Miguel Federico. El péndulo de la autonomía de la voluntad. In: GESUALDI, Dora Mariana (Coord.). *Derecho privado*. Buenos Aires: Hammurabi, 2001.

DELGADO, Mário Luiz. Da intransmissibilidade, *causa mortis*, das obrigações de prestação de fato. In: DELGADO, Mário Luiz; ALVES, Jones Figueirêdo (Coord.). *Questões controvertidas*: no direito das obrigações e dos contratos. São Paulo: Método, 2005, v. 4.

DEVOTO, Luigi. *L´imputabilità e le sue forme nel diritto civile*. Milano: Giuffrè, 1964.

DI MAJO, Adolfo. *La tutela civil de los derechos*. Trad. Cesar Moreno More. Puno: Zela, 2023.

DI PINTO, Stefano. *Conseguenze civili del reato e nuovi tipi di danni*. Milano: Giuffrè, 2007.

DIEZ-PICAZO, Luis. Codificación, descodificación y recodificación, *Anuario de Derecho Civil*, Madrid, v. 45, n. 2, p. 473-484, abr./jun. 1992.

DIEZ-PICAZO, Luis. *Fundamentos del derecho civil patrimonial*: las relaciones obligatorias. 5 ed. Madrid: Civitas, 1996, v. 2.

DÍEZ-PICAZO, Luiz. *Fundamentos del derecho civil patrimonial*: introduccion, teoria del contrato. 5 ed. Madrid: Civitas, 1996, v. 1.

DIFINI, Luiz Felipe Silveira. Princípio do estado constitucional democrático de direito, *Revista da Ajuris*, Porto Alegre, v. 31, n. 95, p. 161-184, set. 2004.

DINIZ, Arthur José Almeida. Humanismo de tecnologia, *Revista da Faculdade de Direito*, Belo Horizonte, n. 31, p. 121-136, 1987/1988.

DINIZ, Maria Helena. *Curso de direito civil brasileiro*: responsabilidade civil. 22 ed. São Paulo: Saraiva, 2008, v. 7.

DINIZ, Maria Helena. *Curso de direito civil brasileiro*: teoria geral do direito civil. 25 ed. São Paulo: Saraiva, 2008, v. 1.

DINIZ, Maria Helena. *Curso de direito civil brasileiro*: teoria geral das obrigações. 23 ed. São Paulo: Saraiva, 2008, v. 2.

DINIZ, Maria Helena. Interpretação literal: uma leitura dos leigos, *Revista do Advogado*, São Paulo, n. 67, p. 94-98, ago. 2002.

DOHRMANN, Klaus Jochen Albiez. Um nuevo derecho de obligaciones. la reforma 2002 del bgb, *Anuario de Derecho Civil*, Madrid, v. 55, n. 3, p. 1133-1227, jul./set. 2002.

DONNINI, Rogério. Revisão contratual sem imprevisão, *Revista Brasileira de Direito Civil Constitucional e Relações de Consumo*, Santo Amaro, n. 1, p. 245-259, jan./mar. 2009.

DUARTE, Ronnie. Responsabilidade civil e o novo código: contributo para uma revisitação conceitual, *Revista dos Tribunais*, São Paulo, v. 95, n. 850, p. 57-88, ago. 2006.

DUPICHOT, Jacques. *Derecho de las obligaciones*. Trad. Rosangela Calle. Bogotá: Temis, 1984.

DUTRA, Jeferson Luiz Dellavalle. Princípios contratuais e reflexividade sistêmica: boa-fé, equilíbrio econômico e função social do contrato. In: SILVA FILHO, José Carlos Moreira da; PEZZELLA, Maria Cristina Cereser (Coord.). *Mitos e rupturas no direito civil contemporâneo*. Rio de Janeiro: Lumen Juris, 2008.

EHRHARDT JÚNIOR, Marcos. Apontamentos para uma teoria geral da responsabilidade civil no Brasil. In: MILAGRES, Marcelo; ROSENVALD, Nelson (Coord.). *Responsabilidade civil*: novas tendências. 2. ed. Indaiatuba: Foco, 2018.

EHRHARDT, Marcos. Relação obrigacional como processo na construção do paradigma dos deveres gerais de conduta e suas consequências. *Revista da Faculdade de Direito da UFPR*, Curitiba, n. 47, p. 29-64, 2008.

EHRHARDT JUNIOR, Marcos. *Responsabilidade civil pelo inadimplemento da boa-fé*. 2. ed. Belo Horizonte: Fórum, 2017.

ENGELMANN, Wilson. Os direitos humanos e as nanotecnologias: em busca de marcos regulatórios, *Cadernos IHU Idéias*, São Leopoldo, v. 7, n. 123, p. 3-24, 2009.

ENNECCERUS, Ludwig. *Derecho de obligaciones*: doctrina general. Trad. Blas Pérez Gonzales; José Alguer. Barcelona: Bosch, 1944, v. 1.

ESMEIN, Paul. La faute et sa place dans responsabilité civile, *Revue Trimestrielle de Droit Civil*, Paris, n. 47, p. 481-490, 1949.

ESPINOLA, Eduardo. *Systema do direito civil brasileiro*: theoria geral das relações jurídicas de obrigação. Rio de Janeiro: Porto, 1912, v. 2, t. 1.

ESPINOSA, Fabricio Mantilla; BARRIOS, Francisco Ternera. La resolución. In: ESPINOSA, Fabricio Mantilla; BARRIOS, Francisco Ternera (Dir.). *Los contratos en el derecho privado*. Bogotá: Legis, 2007.

FACCHINI NETO, Eugênio. Aspectos da responsabilidade civil e o novo código, *Revista da PGE*, Porto Alegre, v. 27, n. 57, p. 157-184, 2004.

FACCHINI NETO, Eugênio. O bicentenário da morte de Napoleão Bonaparte e seu principal legado jurídico: o código civil francês e a proteção dos direitos da burguesia. *RJLB*, Lisboa, a. 7, n. 5, p. 757-816, 2021.

FACCHINI NETO, Eugênio. Prefácio. In: VAZ, Caroline. *Funções da responsabilidade civil*: da reparação à punição ou dissuasão: os punitive damages no direito comparado e brasileiro. Porto Alegre: LAEL, 2009.

FACCHINI NETO, Eugênio. Reflexões histórico-evolutivas sobre a constitucionalização do direito privado. In: SARLET, Ingo Wolfgang (Org.). *Constituição, direitos fundamentais e direito privado*. 2 ed. Porto Alegre: LAEL, 2006.

FACHIN, Luiz Edson. A "reconstitucionalização" do direito civil brasileiro: lei nova e velhos problemas à luz de dez desafios. In: SILVA FILHO, José Carlos Moreira da; PEZZELLA, Maria Cristina Cereser (Coord.). *Mitos e rupturas no direito civil contemporâneo*. Rio de Janeiro: Lumen Juris, 2008.

FACHIN, Luiz Edson. A construção do direito privado contemporâneo na experiência crítico-doutrinária brasileira a partir do catálogo mínimo para o direito civil-constitucional no Brasil. In: TEPEDINO, Gustavo (Org.). *Direito civil contemporâneo*: novos paradigmas à luz da legalidade constitucional. São Paulo: Atlas, 2008.

FACHIN, Luiz Edson. A reforma no direito brasileiro: novas notas sobre um velho debate no direito civil, *Revista Brasileira de Direito Comparado*, Rio de Janeiro, n. 16, p. 147-156, jan./jun. 1999.

FACHIN, Luiz Edson. Aspectos da racionalidade histórico-cultural do arquétipo inserido no código civil brasileiro de 2002, *Revista do Advogado*, São Paulo, n. 98, p. 143-150, jul. 2008.

FACHIN, Luiz Edson. Contratos na ordem pública do direito contemporâneo. In: TEPEDINO, Gustavo; FACHIN, Luiz Edson (Coord.). *O direito e o tempo*: embates jurídicos e utopias contemporâneas. Rio de Janeiro: Renovar, 2008.

FACHIN, Luiz Edson. *Direito civil*: sentidos, transformações e fim. Rio de Janeiro: Renovar, 2015.

FACHIN, Luiz Edson. Direito e futuro: um passivo a descoberto. *Estado de direito*. Porto Alegre, fev./mar. 2008.

FACHIN, Luiz Edson. *Estatuto jurídico do patrimônio mínimo*. Rio de Janeiro: Renovar, 2001.

FACHIN, Luiz Edson. Limites e possibilidades da nova teoria geral do direito civil, *Revista da Faculdade de Direito*, Curitiba, v. 27, n. 27, p. 49-60, 1992-1993.

FACHIN, Luiz Edson. Los derechos fundamentales en la construcción del derecho privado contemporâneo brasileño a partir del derecho civil-constitucional, *Revista de Derecho Comparado*, Santa Fe, n. 15, p. 243-272, 2009.

FACHIN, Luiz Edson. Parecer sobre o projeto de código civil, *Revista da Faculdade de Direito de Campos*, Campos dos Goitacases, v. 2/3, n. 2/3, p. 161-191, 2001/2002.

FACHIN, Luiz Edson. *Questões do direito civil brasileiro contemporâneo*. Rio de Janeiro: Renovar, 2008.

FACHIN, Luiz Edson. Responsabilidade por dano de cumprimento diante do desaproveitamento da função social do contrato. In: NERY, Rosa Maria Barreto Borriello de Andrade; DONNINI, Rogério (Coord.). *Responsabilidade civil*: estudos em homenagem ao professor Rui Geraldo Camargo Viana. São Paulo: RT, 2009.

FACHIN, Luiz Edson. *Teoria crítica do direito civil*. Rio de Janeiro: Renovar, 2000.

FACHIN, Luiz Edson; RUZYK, Carlos Eduardo Pianovski. Direitos fundamentais, dignidade da pessoa humana e o novo código civil: uma análise crítica. In: SARLET, Ingo Wolfgang (Org.). *Constituição, direitos fundamentais e direito privado*. 2 ed. Porto Alegre: LAEL, 2006.

FACHIN, Melina Girardi; PAULINI, Umberto. Problematizando a eficácia dos direitos fundamentais nas relações entre particulares: ainda e sempre sobre a constitucionalização do direito civil. In: TEPEDINO, Gustavo; FACHIN, Luiz Edson (Org.). *Diálogos sobre direito civil*. Rio de Janeiro: Renovar, 2008, v. 2.

FAGÚNDEZ, Paulo Roney Ávila. O significado da modernidade. In: LEITE, José Rubens Morato; BELLO FILHO, Ney de Barros (Coord.). *Direito ambiental contemporâneo*. Barueri: Manole, 2004.

FARIA, Jorge Leite Areias Ribeiro de. *Direito das obrigações*. Coimbra: Almedina, 1990, v. 2.

FARIA, José Eduardo. A justiça e a formação da magistratura, *Nomos*, Fortaleza, v. 7/8, n. 2, p. 65-75, jan./dez. 1988/1989.

FARIA, José Eduardo. As transformações do judiciário em face de suas responsabilidades sociais, *Revista de Direito Alternativo*, São Paulo, n. 2, p. 33-46, 1993.

FARIA, José Eduardo. Globalização econômica e reforma constitucional, *Revista dos Tribunais*, São Paulo, v. 86, n. 736, p. 11-19, fev. 1997.

FARIAS, Cristiano Chaves de; BRAGA NETTO, Felipe; ROSENVALD, Nelson. *Novo tratado de responsabilidade civil*. 2. ed. São Paulo: Saraiva, 2017.

FARO, Frederico Kastrup de. Boa-fé objetiva e dever de cooperação: uma análise sob as óticas do exercício da autonomia privada e da execução do contrato, *Revista Trimestral de Direito Civil*, Rio de Janeiro, n. 38, p. 3-39, abr./jun. 2009.

FEOLA, Maria. *Le obbligazioni di sécurité*. Torino: Giappichelli, 2012.

FERNANDES, Adaucto. *Das obrigações no direito brasileiro*. Rio de Janeiro: A. Coelho Branco Fº Editor, 1951, v. 2.

FERNANDÉZ, Carlos López. Obligaciones de medios y de resultado, *Revista de la Facultad de Derecho*, Montevideo, n. 18, p. 97-132, jul./dez. 2000.

FERREYRA, Roberto Antonio Vázquez. El acto ilícito: significado, estrutura y evolución. In: GESUALDI, Dora Mariana (Coord.). *Derecho privado*. Buenos Aires: Hammurabi, 2001.

FERRI, Luigi. *La autonomía privada*. Trad. Luis Sancho Mendizábal. Granada: Comares, 2001.

FIGUEIRA, J. G. de Andrade. A ação direta da vítima contra a companhia seguradora de responsabilidade civil, *Revista dos Tribunais*, São Paulo, v. 30 [sic 31], n. 139, p. 440-445, set. 1942.

FIGUEIRA, J. G. de Andrade. A garantia das vítimas e a responsabilidade civil, *Revista dos Tribunais*, São Paulo, v. 39, n. 184, p. 17-22, mar. 1950.

FIGUEIRA, J. G. de Andrade. A responsabilidade civil e o contrato de seguro no anteprojeto do código das obrigações, *Revista Forense*, Rio de Janeiro, v. 41, n. 97, p. 38-42, jan./mar. 1944.

FIGUERAS, Albert. *La próxima frontera*: ¿Que nos hace humanos? Barcelona: Plataforma, 2017.

FIUZA, César. *Direito civil*: curso completo. 11 ed. Belo Horizonte: Del Rey, 2008.

FIUZA, César. Para uma releitura da teoria geral da responsabilidade civil, *Revista da Faculdade Mineira de Direito*, Belo Horizonte, v. 7, n. 13/14, p. 9-15, 2004.

FIUZA, César. Por uma nova teoria do ilícito civil, *Revista da Faculdade Mineira de Direito*, Belo Horizonte, v. 6, n. 11/12, p. 29-48, 2003.

FIUZA, César. Por uma redefinição da contratualidade, *Revista da Faculdade Mineira de Direito*, Belo Horizonte, v. 9, n. 18, p. 33-41, jul./dez. 2006.

FLACH, Norberto. O formalismo jurídico oitocentista: doença infantil do positivismo, *Revista da Faculdade de Direito Ritter dos Reis*, Porto Alegre, v. 3, p. 131-180, mar./jul. 2000.

FLAH, Lily; SMAYEVSKY, Miriam. El llamado valor de la vida humana. In: GESUALDI, Dora Mariana (Coord.). *Derecho privado*. Buenos Aires: Hammurabi, 2001.

FONSECA, Arnoldo Medeiros da. *Caso fortuito e teoria da imprevisão*. 3 ed. Rio de Janeiro: Revista Forense, 1958.

FONTES, André. Os fatores de atribuição na responsabilidade por danos, *Revista Brasileira de Direito Comparado*, Rio de Janeiro, n. 16, p. 177-189, jan./jun. 1999.

FOUILLÉE, Alfred. *La science sociale contemporaine*. Paris: Hachette, 1880.

FRANÇA, Rubens Limongi. *Raízes e dogmática da cláusula penal*. Tese (Concurso Professor Titular) – Faculdade de Direito da USP, São Paulo, 1987.

FRANÇA, Rubens Limongi. Recepção do direito romano no direito brasileiro, *Revista de Direito Civil, Imobiliário, Agrário e Empresarial*, São Paulo, v. 3, n. 7, p. 181-196, jan./mar. 1979.

FRANÇA, Rubens Limongi. Responsabilidade civil e abuso de direito, *Revista do Advogado*, São Paulo, n. 19, p. 40-45, out. 1985.

FRANCO, Rosario. *La persistente attualità del pensiero di Giuseppe Osti (ad oltre cent'anni)*. Napoli: Edizioni Scientifiche Italiane, 2022.

FRANCO, Vera Helena de Mello. A responsabilidade do fabricante no direito brasileiro futuro (confronto com o direito comparado), *Revista de Direito Mercantil, industrial, econômico e financeiro*, São Paulo, v. 28, n. 73, p. 80-99, jan./mar. 1989.

FRANZONI, Massimo. El contacto social no solo és válido para el médico. In: MORE, Cesar Moreno (Coord.). *Estudios sobre la responsabilidad civil*. Lima: Legales, 2015.

FRANZONI, Massimo. *Trattato della responsabilità civile*: il danno risarcibile. Milano: Giuffrè, 2004.

FREIRE, Ricardo Maurício. *Tendências do pensamento jurídico contemporâneo*. Salvador: Podivm, 2007.

FRIED, Charles. *Contrato como promessa*: uma teoria da obrigação contratual. Trad. Sérgio Duarte. Rio de Janeiro: Elsevier, 2008.

FRITZ, Karina Nunes. A responsabilidade pré-contratual por ruptura injustificada das negociações, *Civilistica.com*, Rio de Janeiro, a. 1, n. 2, p. 01-40, jul. / dez. 2012.

FRITZ, Karina Nunes. A culpa in contrahendo como terceira via de responsabilidade civil. In: GUERRA, Alexandre et al. (Coord.). *Da estrutura à função da responsabilidade civil*. Indaiatuba: Foco, 2021.

FRITZ, Karina Nunes. Comentário ao EREsp. 1.280.825/RJ: prazo prescricional de dez anos para responsabilidade contratual? *Revista IBERC*, Belo Horizonte, v. 2, n. 1, p. 1-24, jan./abr. 2019.

FUENZALIDA, Carlos Vattier. Notas sobre el incumplimiento y la responsabilidad contractual, *Revista Electrónica del Departamento de Derecho de la Universidad de La Rioja*, Logroño, n. 3, p. 57-68, dez. 2005.

GAGLIANO, Pablo Stolze; PAMPLONA FILHO, Rodolfo. *Novo curso de direito civil*: obrigações. 8 ed. São Paulo: Saraiva, 2007, v. 2.

GAGLIANO, Pablo Stolze; PAMPLONA FILHO, Rodolfo. *Novo curso de direito civil*: responsabilidade civil. 5 ed. São Paulo: Saraiva, 2007, v. 3.

GALDÓS, Jorge Mario. El principio favor debilis en materia contractual, *Derecho del consumidor*, Rosario, n. 8, p. 37-47, 1997.

GALDÓS, Jorge Mario. ¿Hay daño sexual? In: LÓPEZ, Andrés Mariño (Dir.). *El daño moral o extrapatrimonial y su cuantificación*. 2. ed. Montevideo: La Ley, 2016, t. 1.

GALUPPO, Marcelo Campos; BASILE, Rafael Faria. O princípio jurídico da igualdade e a ação afirmativa étnico-racial no estado democrático de direito: o problema das cotas, *Revista de Informação Legislativa*, Brasília, v. 43, n. 171, p. 99-108, out./dez. 2006.

GAMA, Ricardo Rodrigues. Algumas considerações sobre o novo código civil brasileiro, *Revista de Direito Privado*, São Paulo, v. 3, n. 9, p. 18-35, jan./mar. 2002.

GAMARRA, Jorge. Incidencia del problema de la carga de la prueba en la fundamentación de la responsabilidad civil, *Revista de la Facultad de Derecho y Ciencias Sociales*, Montevideo, v. 2, n. 3, p. 639-665, 1951.

GAMARRA, Jorge. Responsabilidad contractual objetiva. In: BUERES, Alberto Jesús; DE CARLUCCI, Aída Kemelmajer (Dir.). *Responsabilidad por daños en el tercer milenio*. Buenos Aires: Abeledo-Perrot, 1997.

GAMARRA, Jorge. *Responsabilidad contractual*: el incumplimiento. Montevideo: FCU, 2004.

GAMARRA, Jorge. *Tratado de derecho civil uruguayo*. 2 ed. Montevideo: FCU, 2003, v. 2, t. 20.

GARRIDO CORDOBERA, Lidia. La importancia de la buena fe en la adaptación de los contratos en épocas de crisis. In: HERNÁNDEZ, Carlos; FRUSTAGLI, Sandra; SANTARELLI, Fulvio (Dir.). *El derecho privado en el siglo XXI*: agenda presente y futura. Buenos Aires: La Ley, 2022, v. 2.

GAUDEMET, Eugene. *Teoría general de las obligaciones*. Trad. Pablo Macedo. México: Editorial Porúa, 1974.

GAZALLE, Gustavo Kratz. *O conceito de mora no código civil de 2002*. Porto Alegre: SAFE, 2008.

GERCHMANN, Suzana; CATALAN, Marcos. Duzentos anos de historicidade na ressignificação da ideia de contrato. In: EHRHARDT JR, Marcos (Org.). *Os 10 anos do código civil*: evolução e perspectivas. Belo Horizonte: Fórum, 2012.

GESUALDI, Dora Mariana. De la antijuridicidad a las causas de justificación. In: BUERES, Alberto Jesús; DE CARLUCCI, Aída Kemelmajer (Dir.). *Responsabilidad por daños en el tercer milenio*. Buenos Aires: Abeledo-Perrot, 1997.

GHERSI, Carlos Alberto. De Velez a Borda un cambio ideológico transcendente, que no se complementó en el rápido acceso a la justicia. In: GHERSI, Carlos Alberto (Dir.). *Responsabilidad*: problemática moderna. Mendoza: Ediciones Jurídicas Cuyo, 1996.

GHERSI, Carlos Alberto. El ser humano y la dañosidad como inevitable contingencia social. In: GHERSI, Carlos Alberto (Dir.). *Responsabilidad*: problemática moderna. Mendoza: Ediciones Jurídicas Cuyo, 1996.

GHERSI, Carlos Alberto. La independencia de poderes y el acceso a la reparación de daños. In: GHERSI, Carlos Alberto (Dir.). *Responsabilidad*: problemática moderna. Mendoza: Ediciones Jurídicas Cuyo, 1996.

GHERSI, Carlos Alberto. La pobreza jurídica y el ejercicio de los derechos fundamentales: el valor de las libertades negativas, *Revista de Direito do Consumidor*, São Paulo, v. 11, n. 43, p. 11-20, jul./set. 2002.

GHERSI, Carlos Alberto. *Teoría general de la reparación de daños*. Buenos Aires: Astrea, 1997.

GHERSI, Carlos; WEINGARTEN, Celia. *Consumidores y usuários*: cómo defender sus derechos. Rosário: Nova Tesis Jurídica, v. 1. 2015.

GIDDENS, Anthony. *As conseqüências da modernidade*. Trad. Raul Fiker. São Paulo: Unesp, 1991.

GIDDENS, Anthony; BECK, Ulrich; LASH, Scott. *Modernização reflexiva*: política, tradição e estética na ordem social moderna. Trad. Magda Lopes. São Paulo: Unesp, 1997.

GIMÉNEZ-CANDELA, Teresa. Una perspectiva historica de la responsabilidad objetiva, *Roma e America: Diritto Romano Comune*, Roma, n. 8, p. 117-129, 1999.

GIORGI, Jorge. *Teoria de las obligaciones en el derecho moderno*. Madrid: Reus, 1977, v. 2.

GIORGIANNI, Michele. *L`inadempimento*. Milano: Giuffrè, 1975.

GIORGIANNI, Michele. L´obbligazione: la parte generale delle obbligazioni. Milano: Giuffrè, 1968, v. 1.

GIORGIANNI, Michele. O direito privado e suas atuais fronteiras, *Revista dos Tribunais*, São Paulo, v. 87, n. 747, p. 35-55, jan. 1998.

GIOSTRI, Hildegard Taggesel. Algumas reflexões sobre as obrigações de meio e de resultado na avaliação da responsabilidade médica, *Revista Trimestral de Direito Civil*, Rio de Janeiro, n. 5, p. 101-116, jan./mar. 2001.

GLITZ, Frederico Eduardo Zenedin. *Favor contractus*: alguns apontamentos sobre o princípio da conservação do contrato no direito positivo brasileiro e no direito comparado. In: CONRADO, Marcelo; PINHEIRO, Rosalice Fidalgo (Coord.). *Direito privado e constituição*: ensaios para uma recomposição valorativa da pessoa e do patrimônio. Curitiba: Juruá, 2009.

GOMES, José Jairo. Responsabilidade civil na pós-modernidade: influência da solidariedade e da cooperação, *Revista de Direito Privado*, São Paulo, v. 6, n. 23, p. 227-233, jul./set. 2005.

GOMES, Orlando. A agonia do código civil, *Revista de Direito Comparado Luso-Brasileiro*, Rio de Janeiro, v. 4, n. 7, p. 1-9, jul. 1985.

GOMES, Orlando. A função renovadora do direito, *Revista da Faculdade de Direito da Universidade Federal do Paraná*, Curitiba, n. 12, p. 39-47, 1969.

GOMES, Orlando. Culpa x risco, *Revista Forense*, Rio de Janeiro, v. 37, n. 83, p. 378-384, set. 1940.

GOMES, Orlando. *Introdução ao direito civil*. 11 ed. Atual. Humberto Theodoro Junior. Rio de Janeiro: Forense, 1995.

GOMES, Orlando. *Obrigações*. 9 ed. Atual. Humberto Theodoro Junior. Rio de Janeiro: Forense, 1994.

GOMES, Orlando. *Questões de direito civil*. São Paulo: Saraiva, 1976.

GOMES, Orlando. *Raízes históricas e sociológicas do código civil brasileiro*. São Paulo: Martins Fontes, 2003.

GOMES, Orlando. Responsabilidade civil do fabricante, *Revista de Direito Civil, Imobiliário, Agrário e Empresarial*, São Paulo, v. 9, n. 32, p. 12-21, abr./jun. 1985.

GOMES, Orlando. Tendências modernas na teoria da responsabilidade civil. In: DI FRANCESCO, José Roberto. *Estudos em homenagem ao professor Silvio Rodrigues*. São Paulo: Saraiva, 1989.

GOMES, Orlando. *Transformações gerais do direito das obrigações*. São Paulo: RT, 1967.

GONÇALVES, Carlos Roberto. *Comentários ao código civil*: parte especial do direito das obrigações – responsabilidade subjetiva, responsabilidade objetiva, responsabilidade por fato de outrem, responsabilidade profissional, etc.; preferências e privilégios creditórios. São Paulo: Saraiva, 2003, v. 11.

GONÇALVES, Carlos Roberto. *Direito civil brasileiro*: responsabilidade civil. 3 ed. São Paulo: Saraiva, 2008, v. 4.

GONZÁLES, Carlos Antonio Agurto. MAMANI, Sonia Lidia Quequejana. O dano existencial como contribuição da cultura jurídica italiana, *Revista Eletrônica Direito e Sociedade*, Canoas, v. 6, n. 1, p. 47-58, maio 2018.

GONZÁLEZ, Jorge Baraona. *El retraso en el cumplimiento de las obligaciones*. Madrid: Dykinson S. L., 1998.

GONZÁLEZ, Jorge Baraona. Responsabilidad contractual y fatores de imputación de daños: apuntes para una relectura en clave objetiva, *Revista Chilena de Derecho*, Santiago, v. 24, n. 1, p. 151-177, jan./abr. 1997.

GONZÁLEZ, Sérgio Pérez. El derecho en la sociedad global del riesgo, *Revista Electrónica del Departamento de Derecho de la Universidad de La Rioja*, Logroño, n. 6, p. 95-107, dez. 2008.

GORDILHO, Heron José de Santana. Por uma dogmática pós-moderna, *Revista do Programa de Pós-Graduação em Direito da Universidade Federal da Bahia*, Salvador, v. 16, p. 47-61, 2008.

GOUVÊA, Eduardo de Oliveira. Boa-fé objetiva e responsabilidade civil contratual: principais inovações, *Revista Forense*, Rio de Janeiro, n. 369, p. 73-88, set./out. 2003.

GRAEFF-MARTINS, Joana. Cirurgia plástica estética: natureza da obrigação do cirurgião, *Revista de Direito Privado*, São Paulo, v. 10, n. 37, p. 105-129, jan./mar. 2009.

GRAMSTRUP, Erik Frederico. Responsabilidade objetiva na cláusula geral codificada e nos microssistemas. In: DELGADO, Mário Luiz; ALVES, Jones Figueirêdo (Coord.). *Questões controvertidas*: responsabilidade civil. São Paulo: Método, 2006, v. 5.

GRAU, Eros Roberto. O futuro do direito. In: AVELÃS NUNES, António José; COUTINHO, Jacinto Nelson Miranda (Coord.). *O direito e o futuro*: o futuro do direito. Almedina: Coimbra, 2008.

GRAU, Eros Roberto. Pareceres, juristas e apedeutas, *Revista da Faculdade de Direito da UFRGS*, Porto Alegre, v. 18, p. 93-96, 2000.

GRAU, Eros Roberto. Técnica legislativa e hermenêutica contemporânea. In: TEPEDINO, Gustavo (Org.). *Direito civil contemporâneo*: novos paradigmas à luz da legalidade constitucional. São Paulo: Atlas, 2008.

GROENINGA, Giselle Câmara. Sem mais desculpas – é tempo de responsabilidade. In: DIAS, Maria Berenice (Org.). *Direito das famílias*: contributo do ibdfam em homenagem a Rodrigo da Cunha Pereira. São Paulo: RT, 2009.

GROENINGA, Giselle Câmara. *Uma análise interdisciplinar da (in)operabilidade do conceito de culpa no direito de família*. Dissertação (Mestrado) – Faculdade de Direito da USP, São Paulo, 2007.

GROSSI, Paolo. A formação do jurista e a exigência de um hodierno "repensamento" epistemológico, *Revista da Faculdade de Direito da UFPR*, Curitiba, v. 40, p. 5-25, 2004.

GROSSI, Paolo. Diritto Canonico e cultura giuridica. *Quaderni Fiorentini*: per la storia de pensiero giuridico moderno. Milano, v. 32, p. 373-389, 2003.

GROSSI, Paolo. *El novecientos jurídico:* un siglo posmoderno. Trad. Clara Àlvarez. Madrid: Marcial Ponz, 2011.

GROSSI, Paolo. *Il diritto tra norma e applicazione*: il ruolo del giurista nell'attuale società italiana. Prolusione del Prof. Paolo Grossi, ordinario di Storia del Diritto Italiano nella Facoltà di Giurisprudenza dell'Università di Firenze, tenuta nella cerimonia inaugurale della Scuola di Specializzazione per le professioni legali. Capturado em 17/07/09 em http://www.estig.ipbeja.pt/~ac_direito/prolusione.pdf

GROSSI, Paolo. *Mitología jurídica de la modernidad*. Trad. Manuel Martínez Neira. Madrid: Trotta, 2003.

GUASTALLA, Emanuele Lucchini. Quale ruolo per la solidarietà nel diritto privato?, *Rassegna di Diritto Civile*, Napoli, v. 35, n. 2, p. 540-554, 2017.

GUEDES, Jefferson Carús. Dimensões linguísticas da desigualdade no Brasil: os diversos nomes legais de um mesmo fenômeno, *Revista Brasileira de Políticas Públicas*, Brasília, v. 5, n. 1, p. 58-75, 2015.

GUEDES, Paulo Sergio Rosa; WALZ, Julio Cesar. *O sentimento de culpa*. 2 ed. Porto Alegre: ed. do autor, 2009.

GUERRA FILHO, Willis Santiago. Pós-modernismo, pós-positivismo e a filosofia do direito, *Nomos*, Fortaleza, v. 15, n. 1/2, p. 13-17, jan./dez. 1996.

GUIMARÃES, Paulo Jorge Scartezzini. *Vícios do produto e do serviço por qualidade, quantidade e insegurança*: cumprimento imperfeito do contrato. São Paulo: RT, 2004.

GUTIÉRREZ, Graciela Messina de Estrella. Un aspecto de la teoría del riesgo. In: GESUALDI, Dora Mariana (Coord.). *Derecho privado*. Buenos Aires: Hammurabi, 2001.

HAMMERSCHMIDT, Denise. O risco na sociedade contemporânea e o princípio da precaução no direito ambiental, *Revista Seqüência*, Florianópolis, n. 45, p. 97-122, dez. de 2002.

HAN, Byung-Chul. *A sociedade do cansaço*. 2. ed. Trad. Enio Paulo Giachini. Petrópolis: Vozes, 2017.

HARARI, Yuval Noah. *Homo Deus*: uma breve história do amanhã. Trad. Paul Geiger. São Paulo: Companhia das Letras, 2016.

HARARI, Yuval Noah. *Sapiens*: uma breve história da humanidade. 25. ed. Trad. Janaína Marcoantonio. Porto Alegre: LP&M, 2017.

HEBECHE, Luiz Alberto. *Ontologia I*. 2. ed. Florianópolis: UFSC, 2012.

HELLERN, Victor; NOTAKER, Henry; GAARDER, Jostein. *O livro das religiões*. Trad. Isa Mara Lando. São Paulo: Companhia das Letras, 2000.

HERKENHOFF, Henrique Geaquinto. Responsabilidade pressuposta. In: TARTUCE, Flávio; CASTILHO, Ricardo (Coord.). *Direito civil*: direito patrimonial, direito existencial. São Paulo: Método, 2006.

HESPANHA, António Manuel. *O caleidoscópio do direito*: o direito e a justiça nos dias e no mundo de hoje. Coimbra: Almedina, 2007.

HIDALGO, Carmen Domínguez. La concepción dualista de la responsabilidad civil en Chile: panorama general, *Revista Anales Derecho* UC, Santiago, v. 3, p. 73-89, mar. 2008.

HINESTROSA, Fernando. Devenir del derecho de daños, *Roma e America: Diritto Romano Comune*, Roma, n. 10, p. 17-36, 2000.

HINESTROSA, Fernando. Notas sobre la responsabilidad por incumplimiento de las obligaciones. In: GESUALDI, Dora Mariana (Coord.). *Derecho privado*. Buenos Aires: Hammurabi, 2001.

HIRONAKA, Giselda Maria Fernandes Novaes *Direito civil*: estudos. Belo Horizonte: Del Rey, 2000.

HIRONAKA, Giselda Maria Fernandes Novaes. A função social do contrato, *Revista de Direito Civil, Imobiliário, Agrário e Empresarial*, São Paulo, v. 12, n. 45, p. 141-152, jul./set. 1988.

HIRONAKA, Giselda Maria Fernandes Novaes. Contrato: estrutura milenar de fundação do direito privado - superando a crise e renovando princípios, no início do vigésimo primeiro século, ao tempo da transição legislativa brasileira. In: BARROSO, Lucas Abreu (Org.). *Introdução crítica ao código civil*. Rio de Janeiro: Forense, 2006.

HIRONAKA, Giselda Maria Fernandes Novaes. Direito das obrigações: o caráter de permanência de seus institutos, as alterações produzidas pela lei civil brasileira de 2002 e a tutela das gerações futuras. In: HIRONAKA, Giselda Maria Fernandes Novaes (Coord.). *Novo código civil*: interfaces no ordenamento jurídico brasileiro. Belo Horizonte: Del Rey, 2004.

HIRONAKA, Giselda Maria Fernandes Novaes. *Responsabilidade pressuposta*. Belo Horizonte: Del Rey, 2005.

HIRONAKA, Giselda Maria Fernandes Novaes. Responsabilidade pressuposta: evolução de fundamentos e de paradigmas na responsabilidade civil na contemporaneidade, *Revista da Faculdade de Direito da UFG*, Goiânia, v. 31, p. 33-59, jan./jun. 2007.

HIRONAKA, Giselda Maria Fernandes Novaes. Tendências do direito civil no século XXI. In: FIUZA, César; SÁ, Maria de Fátima Freire de; NAVES, Bruno Torquato de Oliveira (Coord.). *Direito civil*: atualidades. Belo Horizonte: Del Rey, 2003.

HIRONAKA. Giselda Maria Fernandes Novaes. Tendências atuais da responsabilidade civil: marcos teóricos para o direito do século XXI, *Revista Brasileira de Direito Comparado*, Rio de Janeiro, n. 19, p. 189-206, jul./dez. 2000.

HOBSBAWM, Eric. *A era do capital*: 1848-1875. 15. ed. Trad. Luciano Costa Neto. São Paulo: Paz e Terra, 2011.

HOLMES, Oliver Wendell. O caminho do direito, *Revista da PGE*, Porto Alegre, v. 13, n. 36, p. 13-31, 1983.

HORBACH, Carlos Bastide. A nova roupa do direito constitucional: neo-constitucionalismo, pós-positivismo e outros modismos, *Revista dos Tribunais*, São Paulo, n. 859, p. 81-91, maio 2007.

HUGO, Vitor. *O último dia de um condenado à morte*. Trad. Annie Paulette Marie Cambe. Curitiba: Polo Editorial do Paraná, 1997.

HUXLEY, Aldous. *Admirável mundo novo*. Trad. Lino Vallandro; Vidal Serrano. Rio de Janeiro: Globo, 2009.

IPPÓLITO, Rita Maria. Culpa e risco: fundamentos ou critérios de responsabilização?, *Revista da Escola de Direito*, Pelotas, v. 3, n. 1, p. 77-103, jan./dez. 2002.

IRTI, Natalino. L´età della decodificazione, *Revista de Direito Civil, Imobiliário, Agrário e Empresarial*, São Paulo, v. 3, n. 10, p. 15-33, out./dez. 1979.

ITAGIBA, Ivair Nogueira. Justiça comutativa e justiça institucional, *Revista da Ordem dos Advogados do Brasil*, Rio de Janeiro, v. 4, n. 11, p. 447-457, set./dez. 1973.

JAPPE, Anselm. *Crédito à morte*: a decomposição do capitalismo e de suas críticas. Trad. Robson de Oliveira. São Paulo: Hedra, 2013.

JORGE, Fernando Pessoa. *Ensaio sobre os pressupostos da responsabilidade civil*. Coimbra: Almedina, 1999.

JOSSERAND, Louis. *Derecho civil*: teoría general de las obligaciones. Trad. Santiago Cunchillos y Manterola. Buenos Aires: Bosch Editores, 1950, v. 1, t. 2.

JOSSERAND, Louis. Evolução da responsabilidade civil, *Revista Forense*, Rio de Janeiro, n. 86, p. 52-63, jun. 1941.

JUNQUEIRA DE AZEVEDO, Antonio. A boa-fé na formação dos contratos, *Revista de Direito do Consumidor*, São Paulo, n. 3, p. 78-87, set./dez. 1992.

JUNQUEIRA DE AZEVEDO, Antonio. A boa-fé na formação dos contratos, *Revista da Faculdade de Direito*, São Paulo, v. 87, p. 79-90, jan./dez. 1992.

JUNQUEIRA DE AZEVEDO, Antonio. Caracterização jurídica da dignidade da pessoa humana, *Revista dos Tribunais*, São Paulo, v. 91, n. 797, p. 11-26, mar. 2002.

JUNQUEIRA DE AZEVEDO, Antonio. *Estudos e pareceres de direito privado*. São Paulo: Saraiva, 2004.

JUNQUEIRA DE AZEVEDO, Antonio. Insuficiências, deficiências e desatualização do projeto de código civil na questão da boa-fé objetiva nos contratos, *Revista dos Tribunais*, São Paulo, v. 89, n. 775, p. 11-17, maio 2000.

JUNQUEIRA DE AZEVEDO, Antonio. *Novos estudos e pareceres de direito privado*. São Paulo: Saraiva, 2009.

JUNQUEIRA DE AZEVEDO, Antonio. O direito pós-moderno e a codificação, *Revista da Faculdade de Direito*, São Paulo, v. 94, p. 3-12, jan./dez. 1999.

JUNQUEIRA DE AZEVEDO, Antônio. O direito pós-moderno e a codificação, *Revista de Direito do Consumidor*, São Paulo, v. 9, n. 33, p. 123-129, jan./mar. 2000.

JUNQUEIRA DE AZEVEDO, Antonio. O princípio da boa-fé nos contratos, *Revista CEJ*, Brasília, v. 3, n. 9, p. 40-45, dez. 1999.

JUNQUEIRA DE AZEVEDO, Antonio. Por uma nova categoria de dano na responsabilidade civil: o dano social. In: FILOMENO, José Geraldo Brito; WAGNER JUNIOR, Luiz Guilherme da Costa; GONÇALVES, Renato Afonso (Coord.). *O código civil e sua interdisciplinaridade*: os reflexos do código civil nos demais ramos do direito. Belo Horizonte: Del Rey, 2004.

JUSTO, Antônio Santos. *Direito privado romano*: direito das obrigações. 2 ed. Coimbra: Coimbra, 2006, v. 2.

KASER, Max. *Direito privado romano*. Trad. Samuel Rodrigues; Ferdinand Hämmerle. Lisboa: Fundação Calouste Gulbenkian, 1999.

KATAOKA, Eduardo Takemi. Segurança jurídica como direito fundamental e as cláusulas gerais do novo código civil brasileiro. In: SARMENTO, Daniel; GALDINO, Flávio (Org.). *Direitos fundamentais*: estudos em homenagem ao professor Ricardo Lobo Torres. Rio de Janeiro: Renovar, 2006.

KFOURI NETO, Miguel. Graus de culpa e redução equitativa da indenização, *Revista dos Tribunais*, São Paulo, v. 94, n. 839, p. 47-68, set. 2005.

KONDER, Carlos Nelson; RENTERÍA, Pablo. A funcionalização das relações obrigacionais: interesse do credor e patrimonialidade da prestação. In: TEPEDINO, Gustavo; FACHIN, Luiz Edson. *Diálogos sobre direito civil*. Rio de Janeiro: Renovar, 2008, v. 2.

KUMMEROW, Gert. *Esquema del daño contractual resarcible segun el sistema normativo venezolano*. Caracas: Universidad Central de Venezuela, 1964.

KUPERMAN, Bernard Korman; ROSENVALD, Nelson. Restituição de ganhos ilícitos: há espaço no Brasil para o disgorgement? *Revista Fórum de Direito Civil*, Belo Horizonte, a. 6, n. 14, p. 11-31, jan./abr. 2017.

LA TORRE, Antonio. Genesi e metamorfosi della responsabilità civile, *Roma e America: Diritto Romano Comune*, Roma, n. 8, p. 61-115, 1999.

LA TORRE, Antonio. I criterio d´imputazione della responsabilità civile, *Roma e America: Diritto Romano Comune*, Roma, n. 10, p. 96-114, 2000.

LAMBOIS, Susuna Elena. La obligación de seguridad. In: GESUALDI, Dora Mariana (Coord.). *Derecho privado*. Buenos Aires: Hammurabi, 2001.

LANFREDI, Geraldo Ferreira. *Política ambiental*: busca de efetividade de seus instrumentos. São Paulo: RT, 2002.

LANNI, Sabrina. La reelaboración de la responsabilidad civil: nuevos códigos civiles y diálogo euro-latinoamericano, *Revista de Derecho Privado*, Bogotá, n. 25, p. 219-234, jul./dic. 2013.

LARENZ, Karl. *Derecho de obligaciones*. Trad. Jaime Santos Briz. Madrid: Editorial Revista de Derecho Privado, 1958, t. 1.

LARENZ, Karl. *Derecho justo*: fundamentos de etica juridica. Trad. Luis Díez-Picazo. Madrid: Civitas, 1993.

LARROUMET, Christian. La causa estraña. In: ESPINOSA, Fabricio Mantilla; BARRIOS, Francisco Ternera (Dir.). *Los contratos en el derecho privado*. Bogotá: Legis, 2007.

LARROUMET, Christian. La defensa de la responsabilidad contractual en derecho frances, *Revista Trimestral de Direito Civil*, Rio de Janeiro, n. 8, p. 151-163, out./dez. 2001.

LATOUCHE, Serge. *Salir de la sociedad de consumo*: voces y vias del decrescimento. Trad. Magalí Sirera Manchado. Barcelona: Octaedro, 2012.

LEGAZ Y LACAMBRA, Luís. Direito e política, *Revista Forense*, Rio de Janeiro, v. 48, n. 136, p. 5-17, jul./ago. 1951.

LEITÃO, Luís Manuel Teles de Menezes. *Direito das obrigações*: transmissão e extinção das obrigações, não cumprimento e garantias do crédito. 3 ed. Coimbra: Almedina, 2005, v. 2.

LEIVA FERNÁNDEZ, Luis. La etapa postcontractual, en revisión. In: TOBIAS, José (Dir.). *Estudios sobre obligaciones y responsabilidad civil en homenaje al académico Félix Trigo Represas*. Buenos Aires: La Ley, 2022.

LEONARDO, Rodrigo Xavier. A teoria das redes contratuais e a função social dos contratos: reflexões a partir de uma recente decisão do superior tribunal de justiça, *Revista dos Tribunais*, São Paulo, v. 94, n. 832, p. 100-111, fev. 2005.

LEONARDO, Rodrigo Xavier. Direito das obrigações: em busca de elementos caracterizadores para compreensão do livro I da parte especial do código civil. In: CANEZIN, Claudete Carvalho. *Arte jurídica*: biblioteca científica do programa de pós-graduação em direito civil e processo civil da universidade estadual de londrina. Curitiba: Juruá, 2005, v. 1.

LEONARDO, Rodrigo Xavier. Responsabilidade civil contratual e extracontratual: primeiras anotações em face do novo código civil brasileiro, *Revista de Direito Privado*, São Paulo, v. 5, n. 19, p. 260-269, jul./set. 2004.

LEVI, Giulio. *Responsabilità civile e responsabilità oggetiva*: diversi modi di introduzione della responsabilità oggetiva e loro influenza sulla legislazione italiana. Milano: Giuffrè, 1986.

LEWICKI, Bruno. Panorama da boa-fé objetiva. In: TEPEDINO, Gustavo (Coord.). *Problemas de direito civil-constitucional*. Rio de Janeiro: Renovar, 2000.

LIMA NETO, Francisco Vieira. Ato antijurídico e responsabilidade civil aquiliana – crítica à luz do novo código civil. In: BARROSO, Lucas Abreu (Org.). *Introdução crítica ao código civil*. Rio de Janeiro: Forense, 2006.

LIMA, Alvino, *Culpa e risco*. 2 ed. São Paulo: RT, 1999.

LIMA, Alvino. A reparação civil do dano no anteprojeto do código das obrigações, *Revista Forense*, Rio de Janeiro, v. 41, n. 97, p. 13-21, jan./mar. 1944.

LIMA, Alvino. Da influência, no direito civil, do movimento socializador do direito, *Revista Forense*, Rio de Janeiro, v. 36, n. 80, p. 19-27, out./dez. 1939.

LIMA, Alvino. Da responsabilidade do depositário no caso fortuito ou de força maior, *Revista dos Tribunais*, São Paulo, v. 34, n. 154, p. 3-6, mar. 1945.

LIMA, Alvino. Situação atual, no direito civil moderno, das teorias da culpa e do risco, *Revista Forense*, Rio de Janeiro, v. 37, n. 83, p. 385-389, set. 1940.

LIMA, Bruno de Mendonça. Justiça: um critério para o legislador, *Revista da Faculdade de Direito de Porto Alegre*, v. 3, n. 1, p. 930-957, 1951.

LIMA, Hermes. *Introdução à ciência do direito*. 33 ed. Rio de Janeiro: Freitas Bastos, 2002.

LIMA, João Franzen de. *Curso de direito civil brasileiro*: direito das obrigações. 3 ed. Rio de Janeiro: Forense, 1979, v. 2.

LIMA, Ruy Cirne. O sujeito de direitos no código civil, *Revista da Faculdade de Direito de Porto Alegre*, v. 5, n. 1, p. 13-17, 1971.

LIRA, Ricardo Pereira. Obrigação de meios e obrigação de resultado a pretexto da responsabilidade médica: análise dogmática, *Revista de Direito Renovar*, Rio de Janeiro, n. 6, p. 75-82, set./dez. 1996.

LISBOA, Wladimir Barreto. O direito, a moral e os limites da justiça: algumas dificuldades legadas pelos modernos. In: COPETTI, André; STRECK, Lenio Luiz; ROCHA, Leonel Severo (Org.). *Constituição, sistemas sociais e hermenêutica*: programa de pós-graduação em direito da unisinos. Porto Alegre: LAEL, 2006, v. 2.

LLAMBÍAS, Jorge Joaquín. *Estudio sobre la mora en las obligaciones*. Buenos Aires: Perrot, 1965.

LÔBO, Paulo Luiz Neto. *O contrato*: exigências e concepções atuais. São Paulo: Saraiva, 1986.

LÔBO, Paulo Luiz Netto. A constitucionalização do direito civil brasileiro, *Revista Brasileira de Direito Civil Constitucional e Relações de Consumo*, Santo Amaro, n. 1, p. 197-210, jan./mar. 2009.

LÔBO, Paulo Luiz Netto. Constitucionalização do direito civil, *Revista de Informação Legislativa*, Brasília, v. 36, n. 141, p. 99-109, jan./mar. 1999.

LÔBO, Paulo Luiz Netto. Deveres gerais de conduta nas obrigações civis. In: DELGADO, Mário Luiz; ALVES, Jones Figueirêdo (Coord.). *Questões controvertidas*: no direito das obrigações e dos contratos. São Paulo: Método, 2005, v. 4.

LÔBO, Paulo Luiz Netto. *Direito civil*: parte geral. São Paulo: Saraiva, 2009.

LÔBO, Paulo Luiz Netto. *Direito civil*: obrigações. 9. ed. São Paulo: Saraiva, 2021.

LÔBO, Paulo Luiz Netto. Prefácio. In: CUNHA, Wladimir Alcibíades Marinho Falcão. *Revisão judicial dos contratos*: do código de defesa do consumidor ao código civil de 2002. São Paulo: Método, 2007.

LÔBO, Paulo Luiz Netto. Responsabilidade civil do advogado, *Revista de Direito Privado*, São Paulo, v. 3, n. 10, p. 211-220, abr./jun. 2002.

LÔBO, Paulo Luiz Netto. Responsabilidade civil dos profissionais liberais e o ônus da prova, *Revista de Direito do Consumidor*, São Paulo, n. 26, p. 159-165, abr./jun. 1998.

LÔBO, Paulo Luiz Netto. *Teoria geral das obrigações*. São Paulo: Saraiva, 2005.

LÔBO, Paulo Luiz Netto. *Teoria geral das obrigações*. 6. ed. São Paulo: Saraiva, 2018.

LÔBO, Paulo Luiz Netto. Transformações gerais do contrato, *Revista Trimestral de Direito Civil*, Rio de Janeiro, n. 16, p. 103-113, out./dez. 2003.

LOPES, José Reinaldo de Lima. *Responsabilidade civil do fabricante e a defesa do consumidor*. São Paulo: RT, 1992.

LOPES, José Reinaldo de Lima. Voltar à teoria da justiça?, *Revista de Direito Alternativo*, São Paulo, n. 1, p. 71-76, 1992.

LOPES, Mônica Sette. Os sujeitos jurídicos: concepções tangenciadoras do novo código civil, *Revista da Faculdade de Direito*, Belo Horizonte, v. 42, p. 191-217, 2002/2003.

LOPEZ, Teresa Ancona. *O dano estético*: responsabilidade civil. 3 ed. São Paulo: RT, 2004.

LÓPEZ DÍAZ, Patricia Verónica. La confianza razonable y su relevancia como criterio fundante de la tutela de ciertas anomalías o disconformidades acaecidas durante el iter contractual: una aproximación desde la doctrina y la jurisprudencia chilenas, *Revista de Derecho Privado*, Bogotá, n. 36, p. 127-168, 2019.

LORENZETTI, Ricardo Luis. A era da desordem e o fenômeno da descodificação, *Revista de Direito do Consumidor*, São Paulo, v. 17, n. 68, p. 212-241, out./dez. 2008.

LORENZETTI, Ricardo Luis. El sistema de la responsabilidad civil ¿una deuda de responsabilidad, un crédito de indemnización o una relación jurídica?, *Revista da Ajuris*, Porto Alegre, n. 63, p. 166-198, mar. 95.

LORENZETTI, Ricardo Luis. Esquema de una teoría sistémica del contrato, *Revista de Direito do Consumidor*, São Paulo, v. 9, n. 33, p. 51-77, jan./mar. 2000.

LORENZETTI, Ricardo Luis. Esquema de una teoría sistémica del contrato. In: FERNÁNDEZ, Carlos López; CAUMONT, Arturo; CAFFERA, Gerardo (Coord.). *Estudios de derecho civil en homenaje al profesor Jorge Gamarra*. Montevideo: FCU, 2001.

LORENZETTI, Ricardo Luis. La oferta como apariencia y la aceptación basada en la confianza, *Revista de Direito do Consumidor*, São Paulo, v. 9, n. 35, p. 9-38, jul./set. 2000.

LORENZETTI, Ricardo Luis. *Teoria da decisão judicial*: fundamentos do direito. Trad. Bruno Miragem. São Paulo: RT, 2009.

LORENZETTI, Ricardo Luis. *Tratado de los contratos*: parte general. Buenos Aires: Rubinzal Culzoni, 2004.

LOTUFO, Renan. Da oportunidade da codificação civil, *Revista do Advogado*, São Paulo, n. 68, p. 19-30, dez. 2002.

LOUREIRO, Francisco Eduardo; BDINE, Hamid. Responsabilidade pela ruptura das negociações. In: GUERRA, Alexandre et al. (Coord.). *Da estrutura à função da responsabilidade civil*. Indaiatuba: Foco, 2021.

LOVECE, Graciela. El riesgo de la víctima y la eximición de responsabilidad, *Revista de Responsabilidad Civil y Seguros*, Buenos Aires, n. 6 extra, p. 1-6, jun. 2007.

LUHMANN, Niklas. *Confianza*. Trad. Amada Flores. Barcelona: Anthropos, 2005.

LUHMANN, Niklas. *Observaciones de la modernidad*: racionalidad y contingencia en la sociedad moderna. Trad. Carlos Fortea Gil. Barcelona: Paidós, 1997.

LUMINOSO, Angelo. Sulla responsabilità contrattuale ed extracontrattuale dell'impresa, *Contratto e impresa*, Milano, v. 23, n. 4-5, p. 917-932, 2007.

MACHADO, João Baptista. *Obra dispersa*. Braga: Scientia Iurídica, 1991, v. 1.

MACHADO DE MELO, Diogo Leonardo. 18 anos de Código Civil e a maioridade do papel da culpa na consolidação do sistema de imputação da responsabilidade fundada no risco. In: GUERRA, Alexandre et al. (Coord.). *Da estrutura à função da responsabilidade civil*. Indaiatuba: Foco, 2021.

MADEIRA, Hélcio Maciel França. À história do direito, *Revista da Faculdade de Direito de São Bernardo do Campo*, São Bernardo do Campo, v. 8, n. 10, p. 149-154, 2004.

MAGALHÃES, Joseli Lima. *Da recodificação do direito civil brasileiro*. Rio de Janeiro: Lumen Juris, 2006.

MAIA, Antonio Cavalcanti. O direito constitucional do limiar do século XXI: princípios jurídicos e pós-positivismo. In: MORAES, Guilherme Peña de. *Readequação constitucional do estado moderno*. Rio de Janeiro: Lumen Juris, 2006.

MALINOWSKI, Bronislaw. *Crimen y costumbre en la sociedad salvaje*. Trad. J. y M. T. Alier. Barcelona: Planeta-Agostini, 1985.

MALHEIROS, Pablo. *Danos morais e a pessoa jurídica*. São Paulo: Método, 2008.

MALHEIROS, Pablo. *Os deveres contratuais gerais nas relações civis e de consumo*. Dissertação (Mestrado) – Faculdade Autônoma de Direito de São Paulo, São Paulo, 2008.

MALHEIROS, Pablo. Reflexões sobre a eficácia dos direitos fundamentais nas relações entre particulares e a constitucionalização do direito civil, *Que Direito É Este?*, Brasília, v. 1, n. 1, p. 119-153, ago./dez. 2010.

MALHEIROS, Pablo. *Responsabilidade por danos*: imputação e nexo causal. Curitiba: Juruá, 2014.

MALHEIROS, Pablo; COSTA, José Pedro Brito da. Responsabilidade hospitalar pela atividade médica autônoma: uma questão de coligação contratual, *Revista IBERC*, Minas Gerais, v. 1, n. 1, p. 01-47, nov. 2018.

MALUF, Carlos Alberto Dabus. Do caso fortuito e da força maior excludentes de culpabilidade no código civil de 2002. In: DELGADO, Mário Luiz; ALVES, Jones Figueiredo (Coord.). *Questões controvertidas*: responsabilidade civil. São Paulo: Método, 2006, v. 5.

MALUF, Carlos Alberto Dabus. Do caso fortuito e da força maior: excludentes de culpabilidade, *Revista do Advogado*, São Paulo, n. 44, p. 28-37, out. 1994.

MALUF, Carlos Alberto Dabus. *Limitações ao direito de propriedade*: de acordo com o código civil de 2002 e com o estatuto da cidade. São Paulo: RT, 2005.

MAQUIAVEL, Nicolau. *O príncipe*: com notas de Napoleão Bonaparte. 2 ed. Trad. José Cretella Junior; Agnes Cretella. RT: São Paulo, 1997.

MARÇAL, Antonio Cota. O inferencialismo de Brandom e a argumentação jurídica. In: GALUPPO, Marcelo Campos (Org.). *O Brasil que queremos*: reflexões sobre o estado democrático de direito. Belo Horizonte: PUC Minas, 2006.

MARCHI, Eduardo César Silveira Vita. Dos riscos pela perda fortuita da coisa vendida no direito romano, *Revista da Faculdade de Direito*, São Paulo, v. 96, p. 45-73, jan./dez. 1996.

MARINONI, Luiz Guilherme. *Tutela específica*: arts. 461, cpc e 84, cdc. 2 ed. São Paulo: RT, 2001.

MARIÑO LÓPEZ, Andrés. La función de prevención en el derecho de daños y el impacto del principio precautorio. In: MARIÑO LÓPEZ, Andrés (Coord.). *Tratado jurisprudencial y doctrinario*: derecho de daños. Montevideo: La Ley Uruguay, 2018, t. 2.

MARIÑO LÓPEZ, Andrés. *Los fundamentos de la responsabilidad contractual*. Montevideo: Carlos Alvarez, 2005.

MARIÑO LÓPEZ, Andrés. *Tratado jurisprudencial y doctrinario*: derecho de daños. Montevideo: La Ley Uruguay, 2018, v. 1.

MARQUES, Claudia Lima. A boa-fé nos serviços bancários, financeiros, de crédito e securitários e o código de defesa do consumidor: informação, cooperação e renegociação?, *Revista de Direito do Consumidor*, São Paulo, v. 11, n. 43, p. 215-257, jul./set. 2002.

MARQUES, Claudia Lima. A chamada nova crise do contrato e o modelo de direito privado brasileiro: crise de confiança ou de crescimento do contrato?. In: MARQUES, Claudia Lima (Coord.). *A nova crise do contrato*: estudos sobre a nova teoria contratual. São Paulo: RT, 2007.

MARQUES, Claudia Lima. *Contratos no código de defesa do consumidor*: o novo regime das relações contratuais. 5 ed. São Paulo: RT, 2006.

MARQUES, Claudia Lima. Direito na pós-modernidade e a teoria de Erik Jayme. In: OLIVEIRA JUNIOR, José Alcebíades (Org.). *Faces do multiculturalismo*: teoria, política, direito. Santo Ângelo: Ediuri, 2007.

MARQUES, Claudia Lima. Direitos básicos do consumidor na sociedade pós-moderna de serviços: o aparecimento de um sujeito novo e a realização de seus direitos, *Revista de Direito do Consumidor*, São Paulo, v. 9, n. 35, p. 61-96, jul./set. 2000.

MARQUES, Claudia Lima. Novos temas na teoria dos contratos: confiança e o conjunto contratual, *Revista da Ajuris*, Porto Alegre, v. 32, n. 100, p. 73-97, dez. 2005.

MARQUES, Claudia Lima. Três tipos de diálogos entre o código de defesa do consumidor e o código civil de 2002: superação das antinomias pelo "diálogo das fontes". In: PFEIFFER, Roberto Augusto

Castellanos; PASQUALOTTO, Adalberto (Coord.). *Código de defesa do consumidor e o código civil de 2002*: convergências e assimetrias. São Paulo: RT, 2005.

MARQUES, Henrique Paulo Azevedo. Da responsabilidade civil em face dos acidentes de trânsito, *Revista dos Tribunais*, São Paulo, v. 38, n. 181, p. 510-517, set. 1949.

MARQUES, Mário Reis. Grandes linhas de evolução do pensamento e da filosofia jurídicas. In: CUNHA, Paulo Ferreira da (Org.). *Instituições de direito*: filosofia e metodologia do direito. Coimbra: Almedina, 1998, v. 1.

MÁRQUEZ, José Fernando; MOISSET DE ESPANÉS, Luis. *Curso de derecho civil*: obligaciones. Buenos Aires: Zavalia, 2018, v. 2.

MARTINEZ, Pedro Romano. *Cumprimento defeituoso*: em especial na compra e venda e na empreitada. Almedina: Coimbra, 2001.

MARTÍNEZ, Pedro Soares. O homem e a economia, *Revista da Faculdade de Direito da Universidade de Lisboa*, Coimbra, v. 38, n. 1, p. 101-111, 1997.

MARTINS, Raphael Manhães. Análise paradigmática do direito das obrigações: boa-fé, deveres laterais e violações positivas do contrato, *Revista Jurídica Empresarial*, Porto Alegre, v. 8, p. 137-160, maio/jun. 2009.

MARTINS, Raphael Manhães. Inadimplemento antecipado: perspectiva para sua aplicação no direito brasileiro, *Revista de Direito Privado*, São Paulo, v. 8, n. 30, p. 199-238, abr./jun. 2007.

MARTINS, Raphael Manhães. O princípio da confiança legítima no direito brasileiro: uma discussão em torno do enunciado n. 362, da IV jornada de direito civil, *Revista da Ajuris*, Porto Alegre, v. 35, n. 112, p. 257-271, dez. 2008.

MARTINS-COSTA, Judith. A boa-fé como modelo (notas para a compreensão da boa-fé obrigacional como modelo doutrinário e jurisprudencial no direito brasileiro), *Roma e America: Diritto Romano Comune*, Roma, n. 13, p. 71-97, 2002.

MARTINS-COSTA, Judith. *A boa-fé no direito privado*. São Paulo: RT, 2000.

MARTINS-COSTA, Judith. *A boa-fé no direito privado*: critérios para a sua aplicação. São Paulo: Marcial Pons, 2015.

MARTINS-COSTA, Judith. A boa-fé objetiva e o adimplemento das obrigações, *Revista Brasileira de Direito Comparado*, Rio de Janeiro, n. 25, p. 229-282, jul./dez. 2003.

MARTINS-COSTA, Judith. A ilicitude derivada do exercício contraditório de um direito: o renascer do *venire contra factum proprium*, *Revista da Ajuris*, Porto Alegre, v. 32, n. 97, p. 143-169, mar. 2005.

MARTINS-COSTA, Judith. A proteção da legítima confiança nas relações obrigacionais entre a administração e os particulares, *Revista da Faculdade de Direito da UFRGS*, Porto Alegre, v. 22, p. 228-255, set. 2002.

MARTINS-COSTA, Judith. Adimplemento e inadimplemento. In: EMERJ DEBATE O NOVO CÓDIGO CIVIL. Rio de Janeiro: EMERJ, 2002, parte 01.

MARTINS-COSTA, Judith. *Comentários ao novo código civil*: do direito das obrigações - do adimplemento e da extinção das obrigações. Rio de Janeiro: Forense, 2005, v. 5, t. 1.

MARTINS-COSTA, Judith. *Comentários ao novo código civil*: do inadimplemento das obrigações. Rio de Janeiro: Forense, 2003, v. 5, t. 2.

MARTINS-COSTA, Judith. O direito privado como um "sistema em construção": as cláusulas gerais no projeto do código civil brasileiro, *Revista de Informação Legislativa*, Brasília, v. 35, n. 139, p. 5-22, jul./set. 1998.

MARTINS-COSTA, Judith. O método da concreção e a interpretação dos contratos: primeiras notas de uma leitura suscitada pelo código civil. In: DELGADO, Mário Luiz; ALVES, Jones Figueiredo (Coord.). *Questões controvertidas*: no direito das obrigações e dos contratos. São Paulo: Método, 2005, v. 4.

MARTINS-COSTA, Judith. Os avatares do abuso de direito e o rumo indicado pela boa-fé. In: TEPEDINO, Gustavo (Org.). *Direito civil contemporâneo*: novos paradigmas à luz da legalidade constitucional. São Paulo: Atlas, 2008.

MARTINS-COSTA, Judith. Os danos à pessoa no direito brasileiro e a natureza de sua reparação. In: MARTINS-COSTA, Judith (Org.). *A reconstrução do direito privado*. São Paulo: RT, 2002.

MARTINS-COSTA, Judith. Os danos à pessoa no direito brasileiro e a natureza da sua reparação, *Revista dos Tribunais*, São Paulo, v. 90, n. 789, p. 21-47, jul. 2001.

MARTINS-COSTA, Judith. Os direitos fundamentais e a opção culturalista do novo código civil. In: SARLET, Ingo Wolfgang (Org.). *Constituição, direitos fundamentais e direito privado*. 2 ed. Porto Alegre: LAEL, 2006.

MARTINS-COSTA, Judith. Princípio da confiança legítima e princípio da boa-fé objetiva. termo de compromisso de cessação (TCC) ajustado com o CADE. critérios de interpretação contratual: os "sistemas de referência extracontratuais" ("circunstâncias do caso") e sua função no quadro semântico da conduta devida. princípio da unidade ou coerência hermenêutica e "usos do tráfego". adimplemento contratual, *Revista dos Tribunais*, São Paulo, v. 95, n. 852, p. 87-126, out. 2006.

MARTINS-COSTA, Judith. Reflexões sobre o princípio da função social dos contratos, *Revista Brasileira de Direito Comparado*, Rio de Janeiro, n. 29, p. 65-102, jul./dez. 2005.

MARTINS-COSTA, Judith. Um aspecto na obrigação de indenizar: notas para uma sistematização dos deveres pré-negociais de proteção no direito civil brasileiro, *Revista dos Tribunais*, São Paulo, v. 97, n. 867, p. 11-51, jan. 2008.

MARTINS-COSTA, Judith; BRANCO, Gerson Luis Carlos. *Diretrizes teóricas do novo código civil brasileiro*. São Paulo: Saraiva, 2002.

MARTINS-COSTA, Judith; GIANNOTTI, Luca. A culpa no direito das obrigações: notas para uma história de conceitos jurídicos fundamentais. In: GUERRA, Alexandre et al. (Coord.). *Da estrutura à função da responsabilidade civil*. Indaiatuba: Foco, 2021.

MASI, Domenico de. A sociedade pós-industrial. In: MASI, Domenico de. *A sociedade pós-industrial*. 4 ed. Trad. Anna Maria Capovilla *et all*. São Paulo: Senac, 2003.

MASSIMO BIANCA, Cesare. Alla ricerca del fondamento della responsabilità contrattuale. *Rivista di Diritto Civile*, Padova, v. 65, n. 6, p. 1277-1294, 2019.

MASSIMO BIANCA, Cesare. *Diritto civile*: l'obbligazione. Milano: Giuffrè, 2006, v. 4.

MASSIMO BIANCA, Cesare. La colpa come elemento costitutivo della fatispecie dell'illecito, *Roma e America: Diritto Romano Comune*, Roma, n. 3, p. 201-204, 1997.

MASSIMO BIANCA, Cesare. La nozione di buona fede quale regola di comportamento contrattuale, *Rivista di Diritto Civile*, Padova, anno 29, n. 3, p. 205-216, maio/jun. 1983.

MASSIMO BIANCA, Cesare. Supervivencia de la teoría de la culpa. In: BUERES, Alberto Jesús; DE CARLUCCI, Aída Kemelmajer (Dir.). *Responsabilidad por daños en el tercer milenio*. Buenos Aires: Abeledo-Perrot, 1997.

MATA-MACHADO, Edgar de Godoi. *Contribuição ao personalismo jurídico*. Belo Horizonte: Del Rey, 2000.

MAURER, Béatrice. Notas sobre o respeito da dignidade da pessoa humana ... ou uma pequena fuga incompleta em torno de um tema central. In: SARLET, Ingo Wolfgang (Org.). *Dimensões da dignidade*: ensaios de filosofia do direito e do direito constitucional. 2 ed. Porto Alegre: LAEL, 2009.

MAYO, Jorge. El ámbito de la culpa en el derecho de las obligaciones. In: GESUALDI, Dora Mariana (Coord.). *Derecho privado*. Buenos Aires: Hammurabi, 2001.

MAZEAUD, Denis. Responsabilidad contractual y responsabilidad extracontractual: el futuro de la distinción en el derecho francés, *Revista Anales Derecho UC*, Santiago, v. 3, p. 13-25, mar. 2008.

MAZEAUD, Henri; MAZEAUD, Léon; TUNC, André. *Tratado teórico y práctico de la responsabilidad civil delictual y contractual*. Trad. Luis Alcalá Zamora y Castillo. Buenos Aires: Ediciones Jurídicas Europa-América, 1962, v. 2, t. 1.

MAZEAUD, Léon. H. Capitant e a elaboração da teoria francesa da responsabilidade civil, *Revista Forense*, Rio de Janeiro, v. 37, n. 83, p. 394-400, set. 1940.

MAZZAMUTO, Salvatore. La responsabilità contrattuale in senso debole. *Europa e Diritto Privato*, Milano, n. 1, p. 121-156, 2011.

MAZZEI, Rodrigo. Código civil de 2002 e o judiciário: apontamentos na aplicação das cláusulas gerais. In: DIDIER JUNIOR, Fredie; MAZZEI, Rodrigo (Coord.). *Reflexos do novo código civil no direito processual*. Salvador: Juspodivm, 2006.

MEDINA, Diego Eduardo López. *Teoría impura del derecho*: la transformación de la cultura jurídica latinoamericana. Bogotá: Legis, 2005.

MEIRELLES, Jussara Maria Leal de. Repersonalização, transindividualidade, relativização: a subjetividade revista em prol de um desenvolvimento juridicamente sustentável. In: CONRADO, Marcelo; PINHEIRO, Rosalice Fidalgo (Coord.). *Direito privado e constituição*: ensaios para uma recomposição valorativa da pessoa e do patrimônio. Curitiba: Juruá, 2009.

MEJÍA, Juan Pablo Cárdenas. Justicia y abuso contractual. In: ESPINOSA, Fabricio Mantilla; BARRIOS, Francisco Ternera (Dir.). *Los contratos en el derecho privado*. Bogotá: Legis, 2007.

MELLO, Baptista de. Do caso fortuito e da força maior nos contractos civis, *Revista dos Tribunais*, São Paulo, v. 25, n. 101, p. 15-28, maio 1936.

MELLO, Baptista de. Interpretação e humanização da lei, *Revista dos Tribunais*, São Paulo, v. 24, n. 95, p. 308-313, maio 1935.

MELO, Albertino Daniel de. Novo código civil: linhas ideológicas e confrontação tópica, *Revista da Faculdade de Direito*, Belo Horizonte, v. 42, p. 59-79, 2002/2003.

MENAUT, António Carlos Pereira. Judicialismo. In: CUNHA, Paulo Ferreira da (Org.). *Instituições de direito*: filosofia e metodologia do direito. Coimbra: Almedina, 1998, v. 1.

MENDES JUNIOR, Onofre. A proteção do fraco no direito moderno, *Revista da Faculdade de Direito*, Belo Horizonte, n. 7, p. 79-90, 1955.

MENDES, Felismina. Risco: um conceito do passado que colonizou o presente, *Revista Portuguesa de Saúde Pública*, Lisboa, v. 20, n. 2, p. 53-62, jul./dez. 2002.

MENEZES CORDEIRO, Antônio Manuel da Rocha e. *Da boa fé no direito civil*. Coimbra: Almedina, 1984, v. 1.

MENEZES CORDEIRO, António Manuel da Rocha e. *Da modernização do direito civil*: aspectos gerais. Coimbra: Almedina, 2004, v. 1.

MENEZES CORDEIRO, António Manuel da Rocha e. *Direito das obrigações*. Lisboa: Associação Acadêmica da Faculdade de Direito de Lisboa, 1986, v. 2.

MENEZES CORDEIRO, António Manuel da Rocha e. *Direito das obrigações*. Lisboa: Associação Acadêmica da Faculdade de Direito de Lisboa, 1986, v. 1.

MENGONI, Luigi. Obbligazioni "di risultato" e obbligazioni "di mezzi" (studio critico), *Rivista del Diritto Commerciale*, Milano, anno 52, n. 5-10, parte 1, p. 3-90, 1954.

MENGONI, Luigi. *Scritti II*: obbligazioni e negozio. Milano: Giuffré, 2011.

MESSA, Gian Carlo. *L'obbligazione degli interessi e le sue fonti*. Milano: Società Editrice Libraria, 1911.

MEZA, Jorge Alfredo. El contrato. In: GESUALDI, Dora Mariana (Coord.). *Derecho privado*. Buenos Aires: Hammurabi, 2001.

MIRAGEM, Bruno. Abuso de direito: ilicitude objetiva no direito privado brasileiro, *Revista dos Tribunais*, São Paulo, v. 94, n. 842, p. 11-44, dez. 2005.

MIRAGEM, Bruno. Responsabilidade civil médica no direito brasileiro, *Revista de Direito do Consumidor*, São Paulo, v. 16, n. 63, p. 52-91, jul./set. 2007.

MIRANDA, Custódio da Piedade Ubaldino. A responsabilidade civil no âmbito do código de defesa do consumidor, *Revista do Advogado*, São Paulo, n. 33, p. 49-56, dez. 1990.

MIRANDA, Darcy Arruda. *Anotações ao código civil brasileiro*. São Paulo: Saraiva, 1987, v. 3.

MIRANDA, José Gustavo Souza. A proteção da confiança nas relações obrigacionais, *Revista de Informação Legislativa*, Brasília, v. 38, n. 153, p. 131-149, jan./mar. 2002.

MOISÁ, Benjamin. La culpa como unico fundamento de la responsabilidad civil, *Revista de Responsabilidad Civil y Seguros*, Buenos Aires, n. 12, p. 349-358, dez. 2006.

MONDADA, Federico Arregui. El daño moral In: LÓPEZ, Andrés Mariño (Dir.). *El daño moral o extrapatrimonial y su cuantificación*. 2. ed. Montevideo: La Ley, 2016, t. 1.

MONREAL, Eduardo Novoa. *O direito como obstáculo à transformação social*. Trad. Gérson Pereira dos Santos. Porto Alegre: SAFE, 1988.

MONTEIRO, Washington de Barros; MALUF, Carlos Alberto Dabus. *Curso de direito civil*: direito das obrigações. 35 ed. São Paulo: Saraiva, 2010, v. 4.

MONTEIRO, Washington de Barros; MALUF, Carlos Alberto Dabus; SILVA, Regina Beatriz Tavares da. *Curso de direito civil*: direito das obrigações. 37 ed. São Paulo: Saraiva, 2010, v. 5.

MONTEIRO FILHO, Carlos Edison do Rêgo. Unificação da responsabilidade civil e seus perfis contemporâneos. In: GUERRA, Alexandre et al. (Coord.). *Da estrutura à função da responsabilidade civil*. Indaiatuba: Foco, 2021.

MONTIJANO, Martín García-Ripoll. *Imputación objetiva, causa próxima y alcance de los daños indenizables*. Granada: Comares, 2008.

MORAES, Maria Celina Bodin de. A caminho de um direito civil constitucional, *Revista de Direito Civil Imobiliário, Agrário e Empresarial*, São Paulo, v. 17, n. 65, p. 21-32, jul./set. 1993.

MORAES, Maria Celina Bodin de. A constitucionalização do direito civil e seus efeitos sobre a responsabilidade civil, *Direito, Estado e Sociedade*, Rio de Janeiro, v. 9, n. 29, p 233-258, jul/dez 2006.

MORAES, Maria Celina Bodin de. Constituição e direito civil: tendências, *Revista dos Tribunais*, São Paulo, v. 89, n. 779, p. 47-63, set. 2000.

MORAES, Maria Celina Bodin de. *Danos à pessoa humana*: uma leitura civil-constitucional dos danos morais. Rio de Janeiro: Renovar, 2003.

MORAES, Maria Celina Bodin de. O conceito de dignidade humana: substrato axiológico e conteúdo normativo. In: SARLET, Ingo Wolfgang (Org.). *Constituição, direitos fundamentais e direito privado*. 2 ed. Porto Alegre: LAEL, 2006.

MORAES, Maria Celina Bodin de. Perspectivas a partir do direito civil-constitucional. In: TEPEDINO, Gustavo (Org.). *Direito civil contemporâneo*: novos paradigmas à luz da legalidade constitucional. São Paulo: Atlas, 2008.

MORAES, Maria Celina Bodin de. Prefácio. In: SCHREIBER, Anderson. *Novos paradigmas da responsabilidade civil*: da erosão dos filtros da reparação à diluição dos danos. São Paulo: Atlas, 2007.

MORAES, Maria Celina Bodin de. Risco, solidariedade e responsabilidade objetiva, *Revista dos Tribunais*, São Paulo, v. 95, n. 854, p. 11-37, dez. 2006.

MORE, César Moreno. Condiciones sistémicas de la responsabilidad de derecho civil y la estructura compleja de la obligación, *Revista Fórum de Direito Civil*, a. 3, n. 7, p. 165-192, set. / dez. 2014.

MOREIRA ALVES, José Carlos. *Direito romano*: instituições de direito romano. 6 ed. Rio de Janeiro: Forense, 2000, v. 2.

MOREIRA NETO, Diogo de Figueiredo. Direitos humanos, legitimidade e constitucionalismo. In: SARMENTO, Daniel; GALDINO, Flávio (Org.). *Direitos fundamentais*: estudos em homenagem ao professor Ricardo Lobo Torres. Rio de Janeiro: Renovar, 2006.

MOREIRA, Guilherme Alves. *Instituições do direito civil português*: das obrigações. Coimbra: Coimbra, 1925, v. 2.

MOREIRA, Lenice Silveira. Ciência jurídica e complexidade: reflexões sobre as mudanças epistemiológicas [sic] necessárias à compreensão do direito no século XXI, *Revista da FARN*, Natal, v. 5, n. 1/2, p. 27-50, 2006.

MORELLO, Augusto Mario. El principio de la buena fe en la sociedad del riesgo. In: CÓRDOBA, Marcos (Dir.). *Tratado de la buena fe en el derecho*: doctrina nacional. Buenos Aires: La Ley, 2004, v. 1.

MORIN, Edgar. *A cabeça bem-feita*: repensar a reforma, reformar o pensamento. Trad. Eloá Jacobina. 8. ed. Rio de Janeiro: Bertrand Brasil, 2003.

MOSCATI, Enrico. Responsabilità sanitaria e teoria generale delle obbligazioni. *Rivista di Diritto Civile*, Padova, v. 64, n. 3, p. 829-850, 2018.

MOSSET ITURRASPE, Jorge. *Contratos*. Buenos Aires: Rubinzal-Culzioni, 2007.

MOSSET ITURRASPE, Jorge Mosset. La vigencia del distingo entre obligaciones de medio y de resultados en los servicios, desde la perspectiva del consumidor, *Revista da Ajuris*, Porto Alegre, v. 1, p. 250-252, mar. 1988.

MOSSET ITURRASPE, Jorge. *Responsabilidad por daños*. t. 1. Buenos Aires: Ediar, 1971.

MOSSET ITURRASPE, Jorge Mosset; PIEDECASAS, Miguel. *Responsabilidad contractual*. Santa Fé: Rubinzal-Culzoni, 2007.

MOZOS, Jose Luis de los. *Metodologia y ciencia en el derecho privado moderno*. Madrid: Editoriales de Derecho Reunidas, 1977.

MULHOLLAND, Caitlin Sampaio. *A responsabilidade civil por presunção de causalidade*. Rio de Janeiro: GZ, 2009.

NALIN, Paulo. A função social do contrato no futuro código civil brasileiro, *Revista de Direito Privado*, São Paulo, v. 3, n. 12, p. 50-60, out./dez. 2002.

NALIN, Paulo. Cláusula geral e segurança jurídica no código civil, *Revista da Faculdade de Direito da Universidade Federal do Paraná*, Curitiba, n. 41, p. 85-98, 2004.

NALIN, Paulo. *Do contrato*: conceito pós-moderno em busca de sua formulação na perspectiva civil--constitucional. Curitiba: Juruá, 2001.

NALIN, Paulo. *Responsabilidade civil*: descumprimento do contrato e dano extrapatrimonial. Curitiba: Juruá, 1996.

NALIN, Paulo; XAVIER, Luciana Pedroso; XAVIER, Marília Pedroso. A obrigação como processo: breve releitura trinta anos após. In: TEPEDINO, Gustavo; FACHIN, Luiz Edson. *Diálogos sobre direito civil*. Rio de Janeiro: Renovar, 2008, v. 2.

NANNI, Giovanni Ettore. O dever de cooperação nas relações obrigacionais à luz do princípio constitucional da solidariedade. In: NANNI, Giovanni Ettore (Coord.). *Temas relevantes do direito civil contemporâneo*: reflexões sobre os cinco anos do código civil. São Paulo: Atlas, 2008.

NEGREIROS, Teresa. O princípio da boa-fé contratual. In: MORAES, Maria Celina Bodin de (Coord.). *Princípios do direito civil contemporâneo*. Rio de Janeiro: Renovar, 2006.

NEGREIROS, Teresa. *Teoria do contrato*: novos paradigmas. Rio de Janeiro: Renovar, 2002.

NEIRA, Lilian San Martín. La relación actual entre culpa y causalidad: el ejemplo de la causa basal del accidente de tránsito. In: DÍAZ, Rodrigo Barría; FERRANTE, Alfredo; NEIRA, Lilian San Martín. (Ed.). *Presente y futuro de la responsabilidad civil*. Santiago: Thomson Reuters, 2017.

NERILO, Lucíola F. L. A responsabilidade civil pelo descumprimento da cláusula geral da boa-fé nos contratos, *Revista dos Tribunais*, São Paulo, v. 96, n. 866, p. 67-98, dez. 2007.

NERY JUNIOR, Nelson. Aspectos da responsabilidade civil do fornecedor no código de defesa do consumidor, *Revista do Advogado*, São Paulo, n. 33, p. 76-79, dez. 1990.

NERY, Rosa Maria Barreto Borriello de Andrade. *Introdução ao pensamento jurídico e à teoria geral do direito privado*. São Paulo: RT, 2008.

NERY, Rosa Maria Barreto Borriello de Andrade. *Vínculo obrigacional*: relação jurídica de razão (técnica e ciência de proporção). Tese (Livre-Docência) – Faculdade de Direito da PUC/SP, São Paulo, 2004.

NEVARES, Ana Luiza Maia; SCHREIBER, Anderson. Do sujeito à pessoa: uma análise da incapacidade civil. In: TEPEDINO, Gustavo; TEIXEIRA, Ana Carolina Brochado; ALMEIDA, Vitor. *O direito civil*: entre o sujeito e a pessoa. Belo Horizonte: Forum, 2016.

NEVOLA, Riccardo. La responsabilità contrattuale, extracontrattuale e precontrattuale: elementi comuni e differenziali. In: FAVA, Pasquale (Coord.). *La responsabilità civile*. Milano: Giuffrè, 2009.

NIETZSCHE, Friedrich. *Genealogia da moral*. São Paulo: Companhia das Letras, 2009.

NOBILI, Chiara. *Le obbligazioni*. Milano: Giuffrè, 2001.

NOGUEIRA, J. A. As novas directrizes do direito, *Revista dos Tribunais*, São Paulo, v. 20, n. 78, p. 3-21, maio 1931.

NOGUEIRA, Lavyne Lima. Responsabilidade civil do profissional liberal perante o código de defesa do consumidor, *Revista de Direito do Consumidor*, São Paulo, v. 10, n. 40, p. 199-226, out./dez. 2001.

NONATO, Orosimbo. Aspectos do modernismo jurídico e o elemento moral na culpa objectiva, *Revista Forense*, Rio de Janeiro, n. 56, p. 5-26, jan./jun. 1931.

NORDMEIER, Carl Friedrich. O novo direito das obrigações no código civil alemão – a reforma de 2002. In: MARQUES, Claudia Lima (Coord.). *A nova crise do contrato*: estudos sobre a nova teoria contratual. São Paulo: RT, 2007.

NORONHA, Fernando. Desenvolvimentos contemporâneos da responsabilidade civil, *Revista dos Tribunais*, São Paulo, n. 761, p. 31-44, mar. 1999.

NORONHA, Fernando. *Direito das obrigações*. São Paulo: Saraiva, 2004, v. 1.

NORONHA, Fernando. O ato ilícito nos contratos e fora deles, *Revista de Direito Civil, Imobiliário, Agrário e Empresarial*, São Paulo, v. 9, n. 34, p. 34-35, out./dez. 1985.

NORONHA, Fernando. *O direito dos contratos e seus princípios fundamentais*: autonomia privada, boa-fé e justiça contratual. São Paulo: Saraiva, 1994.

NUNES, Dierle José Coelho. Alguns fundamentos de revisionismo contratual ... acerca do direito obrigacional e contratual numa perspectiva democrática, *Revista da Faculdade Mineira de Direito*, Belo Horizonte, v. 8, n. 15, p. 60-81, jan./jun. 2005.

OLEA, Adrián Schof. Las diferencias funcionales entre la responsabilidad civil contractual y extracontractual. In: DÍAZ, Rodrigo Barría; FERRANTE, Alfredo; NEIRA, Lilian San Martín. (Ed.). *Presente y futuro de la responsabilidad civil*. Santiago: Thomson Reuters, 2017.

OLIVARES, Álvaro Vidal. Cumplimiento e incumplimiento contractual en el codigo civil: una perspectiva más realista, *Revista Chilena de Derecho*, Santiago, v. 34, n. 1, p. 41-59, jan./abr. 2007.

OLIVEIRA, A. Gonçalves de. Ato ilícito e responsabilidade civil, *Revista dos Tribunais*, São Paulo, v. 27, n. 115, p. 23-31, set. 1938.

OLIVEIRA, Ubirajara Mach de. A harmonização formal do direito da venda internacional de mercadorias no âmbito da Convenção de Viena de 1980 e o *standard* da boa-fé, *Revista da Faculdade de Direito Ritter dos Reis*, Porto Alegre, v. 4, p. 97-124, mar./jul. 2001.

OLIVEIRA, Ubirajara Mach de. Quebra positiva do contrato, *Revista de Direito do Consumidor*, São Paulo, n. 25, p. 39-56, jan./mar. 1998.

OSSOLA, Federico. *Obligaciones*. Buenos Aires: Abeledo-Perrot, 2018.

OST, François. Júpiter, Hércules, Hermes: tres modelos de juez, *Doxa*, Alicante, n. 14, p. 169-194, 1993.

OST, François. *O tempo do direito*. Bauru: EDUSC, 2005.

OST, François. Tempo e contrato: crítica ao pacto fáustico, *Revista Eletrônica Direito e Sociedade*, Canoas, v. 6, n. 1, 93-115, maio 2018.

OST, François. Tiempo y contrato: crítica del pacto fáustico, *Doxa*, Alicante, n. 25, p. 597-626, 2002.

OSTI, Giuseppe. Revisione critica della teoria sulla impossibilità della prestazione (continuazione), *Rivista di Diritto Civile*, Milano, v. 10, n. 4, p. 313-360, jul./ago. 1918.

OSTI, Giuseppe. Revisione critica della teoria sulla impossibilità della prestazione, *Rivista di Diritto Civile*, Milano, v. 10, n. 3, p. 209-249, maio/jun. 1918.

PACCHIONI, Giovanni. *Obbligazioni e contratti*: succinto commento al libro quarto del codice civile. Padova: CEDAM, 1950.

PADILLA, Rodrigo. La responsabilidad civil del abogado y las obligaciones de medio y resultado, *Revista de Responsabilidad Civil y Seguros*, Buenos Aires, n. 4, p. 80-106, abr. 2006.

PAPAYANNIS, Diego Martín. En torno de la teoría del derecho de daños, *Revista de Responsabilidad Civil y Seguros*, Buenos Aires, n. 8, p. 23-34, ago. 2007.

PARDO, José Esteve. El derecho del medio ambiente como derecho de decisión y gestión de riesgos, *Revista Electrónica del Departamento de Derecho de la Universidad de La Rioja*, Logroño, n. 4, p. 7-16, dez. 2006.

PARODI, Felipe Osterling; FREYRE, Mario Castillo. *Tratado de las obligaciones*. Lima: Fondo Editorial de la Pontificia Universidad Católica del Perú, 2005, v. 16, t. 1.

PASQUALOTTO, Adalberto de Souza. A responsabilidade civil do fabricante e os riscos do desenvolvimento. In: MARQUES, Claudia Lima (Coord.). *A proteção do consumidor no Brasil e no Mercosul*. Porto Alegre: LAEL, 1994.

PATTI, Salvatore. La evolución de la responsabilidad civil en Itália. In: DÍAZ, Rodrigo Barría; FERRANTE, Alfredo; NEIRA, Lilian San Martín. (Ed.). *Presente y futuro de la responsabilidad civil*. Santiago: Thomson Reuters, 2017.

PEÑA, Carlos. El derecho desde el derecho, *Persona y Sociedad*, Santiago, v. 18, n. 2, p. 23-32, ago. 2004.

PENTEADO, Luciano de Camargo. Abuso do poder econômico-contratual e boa-fé, *Revista de Direito Privado*, São Paulo, v. 3, n. 11, p. 138-153, jul./set. 2002.

PENTEADO, Luciano de Camargo. *Direito das coisas*. 3. ed. São Paulo: RT, 2014.

PENTEADO, Luciano de Camargo. *Efeitos contratuais perante terceiros*. São Paulo: Quarter Latin, 2006.

PEREIRA, Agostinho Oli Koppe. A culpa e a responsabilidade civil no direito brasileiro, *Revista da Faculdade de Direito*, Caxias do Sul, n. 6, p. 116-132, mar. 1997.

PEREIRA, Alexandre Pimenta Batista. Os confins da responsabilidade objetiva nos horizontes da sociologia do risco: almejando a permanente certeza na contingência das improbabilidades, *Revista de Informação Legislativa*, Brasília, v. 43, n. 170, p. 181-189, abr./jun. 2006.

PEREIRA, Caio Mário da Silva. *Instituições de direito civil*: introdução ao direito civil; teoria geral do direito civil. 20 ed. Atual. Maria Celina Bodin de Moraes. Rio de Janeiro: Forense, 2004, v. 1.

PEREIRA, Caio Mário da Silva. *Instituições de direito civil*: teoria geral das obrigações. 20 ed. Atual. Luis Roldão de Freitas Gomes. Rio de Janeiro: Forense, 2004, v. 2.

PEREIRA, Caio Mário da Silva. *Responsabilidade civil*: de acordo com a constituição federal de 1988. 8 ed. Rio de Janeiro: Forense, 1997.

PERELMAN, Chaïm. *Lógica jurídica*. Trad. Verginia Pupi. São Paulo: Martins Fontes, 2000.

PÉREZ-RUBIO, Lourdes Blanco. El daño moral y su indemnización por falta de consentimiento informado. *Revista de derecho privado*, Madrid, n. 2, p. 03-40, mar./abr. 2014.

PERILLO, Emanuel Augusto. A positividade como expressão do direito, *Revista da Faculdade de Direito*, Curitiba, v. 4, n. 4, p. 105-109, dez. 1956.

PERLINGIERI, Pietro. A doutrina do direito civil na legalidade constitucional. In: TEPEDINO, Gustavo (Org.). *Direito civil contemporâneo*: novos paradigmas à luz da legalidade constitucional. São Paulo: Atlas, 2008.

PERLINGIERI, Pietro. Normas constitucionais nas relações privadas, *Revista da Faculdade de Direito*, Rio de Janeiro, n. 6-7, p. 63-77, 1999.

PERLINGIERI, Pietro. *O direito civil na legalidade constitucional*. Trad. Maria Cristina De Cicco. Rio de Janeiro: Renovar, 2008.

PERLINGIERI, Pietro. *Perfis do direito civil*: introdução ao direito civil constitucional. 2 ed. Trad. Maria Cristina De Cicco. Rio de Janeiro: Renovar, 2002.

PERLINGIERI, Pietro. Scuole civilistiche e dibattito ideologico: introduzione allo studio del diritto privato in italia, *Rivista di Diritto Civile*, Padova, anno 24, n. 4, p. 405-441, jul./ago. 1978.

PEZZELLA, Maria Cristina Cereser. Código civil em perspectiva histórica. In: SARLET, Ingo Wolfgang (Org.). *O novo código civil e a constituição*. 2 ed. Porto Alegre: LAEL, 2006.

PICASSO, Sebastián. El incumplimiento en las obligaciones contractuales: el problema de la ausencia de culpa y de la imposibilidad sobrevenida de la prestación – obligaciones de medios y de resultado. In: GESUALDI, Dora Mariana (Coord.). *Derecho privado*. Buenos Aires: Hammurabi, 2001.

PICASSO, Sebastián. La culpa y el incumplimiento en las obligaciones de medios. In: FERNÁNDEZ, Carlos López; CAUMONT, Arturo; CAFFERA, Gerardo (Coord.). *Estudios de derecho civil en homenaje al profesor Jorge Gamarra*. Montevideo: FCU, 2001.

PICASSO, Sebastián. *La singularidad de la responsabilidad contractual*: una teoría sobre na persistencia de la responsabilidad contractual frente a la unidad del fenómeno resarcitório. Buenos Aires: Abeledo Perrot, 2012.

PIKETTY, Thomas. *O capital no século XXI*. São Paulo: Intrínseca, 2014.

PIMENTA, Eduardo Goulart. Direito, economia e relações patrimoniais privadas, *Revista de Informação Legislativa*, Brasília, v. 43, n. 170, p. 159-173, abr./jun. 2006.

PINHEIRO PEDRO. Antônio Fernando. Aspectos ideológicos do meio ambiente. In: SILVA, Bruno Campos (Org.). *Direito ambiental*: enfoques variados. São Paulo: Lemos & Cruz, 2004.

PINHEIRO, Rosalice Fidalgo. *Contrato e direitos fundamentais*. Curitiba: Juruá, 2009.

PIRAINO, Fabrizio. La natura contrattuale della responsabilità precontrattuale. *I contratti*, Milano, n. 1, v. 25, p. 35-61, 2017.

PIRENNE, Henri. *Las ciudades de la edad media*. Trad. Francisco Calvo Serraller. 3. ed. Madrid: Alianza, 2015.

PIZARRO, Ramón. Objeto de la obligación: su importancia con respecto a la esencia del instituto. In: GESUALDI, Dora Mariana (Coord.). *Derecho privado*. Buenos Aires: Hammurabi, 2001.

PIZARRO, Ramón Daniel. *Tratado de la responsabilidad objetiva*. Buenos Aires: La Ley, 2015, v. 1.

PIZARRO, Ramón Daniel. *Tratado de la responsabilidad objetiva*. Buenos Aires: La Ley, 2015, v. 2.

POMAR, Fernando Gómez. Carga de la prueba y responsabilidad objetiva, *InDret*, Barcelona, n. 1, p. 1-17, 2001.

PONDÉ, Lafayette. Responsabilidade civil dos médicos, *Revista Forense*, Rio de Janeiro, v. 57, n. 191, p. 30-36, set./out. 1960.

PONTES DE MIRANDA, Francisco Cavalcanti. *Tratado de direito privado*: parte especial. Atual. Wilson Rodrigues Alves. Campinas: Bookseller, 2003, t. 22.

PONTES DE MIRANDA, Francisco Cavalcanti. *Tratado de direito privado*: parte especial. 2 ed. Rio de Janeiro: Borsoi, 1958, t. 23.

PONTES DE MIRANDA, Francisco Cavalcanti. *Tratado de direito privado*: parte especial. Rio de Janeiro: Borsoi, 1959, t. 26.

PONZANELLI, Giulio. *La responsabilità civile*: profili di diritto comparato. Bologna: Il Mulino, 1992.

POPP, Carlyle. Liberdade negocial e dignidade da pessoa humana: aspectos relevantes. In: NALIN, Paulo; VIANNA, Guilherme Borba (Coord.). *Direito em movimento*. Curitiba: Juruá, 2007.

PORTO, Mário Moacyr. O ocaso da culpa como fundamento da responsabilidade civil, *Revista Forense*, Rio de Janeiro, n. 302, p. 45-48, abr./jun. 1988.

POTHIER, Robert Joseph. *Tratado das obrigações*. Trad. Adrian Sotero De Witt Batista; Douglas Dias Ferreira. Campinas: Servanda, 2002.

PRADA, Maria González de; WAYAR, Ernesto. La mora, la demora y la crisis de la culpa. In: BUERES, Alberto Jesús (Dir.). *Responsabilidad por daños*. Buenos Aires: Abeledo-Perrot, 1997.

PRATA, Ana. *A tutela constitucional da autonomia privada*. Coimbra: Almedina, 1982.

PRICE, Jorge E. Douglas. El puente de macedonio, *Revista da Faculdade Mineira de Direito*, Belo Horizonte, v. 10, n. 19, p. 51-69, jan./jun. 2007.

PROUDHON, Pierre Joseph. *A propriedade é um roubo e outros escritos anarquistas*. Trad. Suely Bastos. Porto Alegre: L&PM, 1998.

PRUX, Oscar Ivan. Um novo enfoque quanto à responsabilidade civil do profissional liberal, *Revista de Direito do Consumidor*, São Paulo, n. 19, p. 202-231, jul./set. 1996.

PÜSCHEL, Flavia Portella. A função punitiva da responsabilidade civil no direito brasileiro, *Direito GV*, v. 3, n. 2, p. 17-36, jul. / dez. 2007.

QUEIROGA, Antônio Elias de. *Responsabilidade civil e o novo código civil*. 2 ed. Rio de Janeiro: Renovar, 2003.

QUEIROZ PEREIRA, Fabio. *Interesse negativo e interesse positivo*: subsídios para o ressarcimento do dano pré-contratual no direito brasileiro. Tese (Doutorado) – Faculdade de Direito da Universidade Federal de Minas Gerais, Belo Horizonte, 2015.

QUINTANILHA DE OLIVEIRA, Leonardo David. A responsabilidade civil pré-contratual e a intervenção do poder público na autonomia privada. *Revista de Direito da Procuradoria Geral*, Rio de Janeiro, v. 69, p. 181-205, 2015.

RAIZER, Ludwig. O futuro do direito privado, *Revista da PGE*, Porto Alegre, v. 9, n. 25, p. 11-30, 1979.

RAMOS, Carmem Lucia Silveira. Os princípios gerais do direito civil, *Revista da Faculdade de Direito*, Curitiba, v. 22, n. 22, p. 272-284, 1985.

REALE, Miguel. Diretrizes da reforma do código civil, *Revista do Advogado*, São Paulo, n. 19, p. 5-12, out. 1985.

REALE, Miguel. *O projeto do novo código civil*. 2 ed. São Paulo: Saraiva, 1999.

REALE, Miguel. Visão geral do novo código civil, *Revista de Direito Privado*, São Paulo, v. 3, n. 9, p. 9-17, jan./mar. 2002.

REIS, Clayton. El daño a la persona en el derecho brasileño. In: GESUALDI, Dora Mariana (Coord.). *Derecho privado*. Buenos Aires: Hammurabi, 2001.

RENN, Ortwin; STIRLING Andrew; MÜLLER-HEROLD, Ulrich. The precautionary principle: a new paradigm for risk management and participation, *Idées pour le Débat*, Paris, n. 3, p. 1-19, 2004.

REPRESAS, Félix Alberto Trigo. La buena fe y su relación con la responsabilidad civil. In: CÓRDOBA, Marcos (Dir.). *Tratado de la buena fe en el derecho*: doctrina nacional. Buenos Aires: La Ley, 2004, v. 1.

RESCIGNO, Pietro. Danno ingiusto e ruolo della colpa: un profilo storico, *Rivista de Diritto Civile*, Padova, anno 36, n. 2, p. 133-155, mar./abr. 1990.

RIBEIRO, Darci Guimarães. *Da tutela jurisdicional às formas de tutela*. Porto Alegre: LAEL, 2010.

RIBEIRO, Joaquim de Souza. *Direito dos contratos*: estudos. Coimbra: Coimbra, 2007.

RIBEIRO, Renato. Sujeito de direito, *Revista de Direito Civil, Imobiliário, Agrário e Empresarial*, São Paulo, v. 8, n. 29, p. 113-126, jul./set. 1984.

RIGHI, Eduardo; RIGHI, Graziela Boabaid. A complexidade obrigacional e a violação positiva do contrato no ordenamento jurídico brasileiro, *Revista Brasileira de Direito Civil Constitucional e Relações de Consumo*, Santo Amaro, n. 1, p. 33-107, jan./mar. 2009.

RINESSI, Antônio. La extensión del resarcimiento y la infracción al deber de seguridad, *Revista de Responsabilidad Civil y Seguros*, Buenos Aires, n. 2, p. 1-8, fev. 2007.

RIOS, Arthur Edmundo Souza. Responsabilidade civil pelo risco profissional, *Revista da Faculdade de Direito da UFG*, Goiânia, v. 4, n. 1, p. 37-50, jan./jun. 1980.

RIOS, Arthur Edmundo Souza. Responsabilidade civil: os novos conceitos indenizáveis no projeto Reale, *Revista da Faculdade de Direito da UFG*, Goiânia, v. 10, n. 1/2, p. 67-85, jan./dez. 1986.

RÍOS, Juan Antonio Xiol. Posición actual del Tribunal Supremo ante los pleitos de daños. In GUARDIA, Mariano José Herrador (Coord.). *Derecho de daños*. Madrid: Sepin, 2011.

RIPERT, Georges. *A regra moral nas obrigações civis*. Trad. Osório de Oliveira. Campinas: Bookseller, 2002.

RIPERT, Georges; BOULANGER, Jean. *Tratado de derecho civil*: las obligaciones. Trad. Delia García Daireaux. Buenos Aires: La Ley, 1964, v. 1, t. 4.

RIVADENEIRA, Lorenzo de la Maza. Responsabilidad contractual, *Revista Chilena de Derecho*, Santiago, v. 16, n. 3, p. 619-634, set./dez. 1989.

RIVERA, Julio César. La responsabilidad precontractual: comparación entre los derechos argentino y francés. In: TOBIAS, José (Dir.). *Estudios sobre obligaciones y responsabilidad civil en homenaje al académico Félix Trigo Represas*. Buenos Aires: La Ley, 2022.

RIZZARDO, Arnaldo. *Direito das obrigações*. Forense: Rio de Janeiro, 2000.

RIZZARDO, Arnaldo. *Parte geral do código civil*. 2 ed. Rio de Janeiro: Forense, 2003.

ROBERTO, Giordano Bruno Soares. *Introdução à história do direito privado e da codificação*: uma análise do novo código civil. Belo Horizonte: Del Rey, 2008. p. 37-43.

ROCHA, Hernando Tapias. La acción de responsabildad contractual. In: ESPINOSA, Fabricio Mantilla; BARRIOS, Francisco Ternera (Dir.). *Los contratos en el derecho privado*. Bogotá: Legis, 2007.

ROCHA, Leonel Severo. Interpretação jurídica e racionalidade, *Revista da Faculdade de Direito de Cruz Alta*, Cruz Alta, v. 4, n. 4, p. 43-54, jan./jul. 1999.

ROCHA, Leonel Severo. Novas perspectivas da teoria do direito, *Revista da Ajuris*, Porto Alegre, v. 26, n. 77, p. 248-255, mar. 2000.

ROCHA, Maria Vital da; MENDES, Davi Guimarães. Da indenização punitiva: análise de sua aplicabilidade na ordem jurídica brasileira, São Paulo, *Revista de Direito Civil Contemporâneo*, v. 12. a. 4. p. 211-252, jul./set. 2017.

RODRIGUES, Luiza Azambuja. Além da culpa: análise da responsabilidade subjetiva em perspectiva comparada com os modelos francês e inglês. In: MONTEIRO FILHO, Carlos Edison do Rêgo; ROSENVALD, Nelson. (Coord.). *Estudos de responsabilidade civil em perspectiva comparada*. Brasília: Instituto Brasileiro Ensino, Desenvolvimento e Pesquisa / Universidade do Estado do Rio de Janeiro, 2023

RODRIGUES, Rafael Garcia. A pessoa e o ser humano no novo código civil. In: TEPEDINO, Gustavo (Coord.). *A parte geral do novo código civil*: estudos na perspectiva civil-constitucional. Rio de Janeiro: Renovar, 2002.

RODRIGUES, Silvio. *Direito civil*: parte geral. 32 ed. São Paulo: Saraiva, 2002, v. 1.

RODRIGUES, Silvio. *Direito civil*: parte geral das obrigações. 30 ed. São Paulo: Saraiva, 2002, v. 2.

RODRIGUES, Silvio. *Direito civil*: responsabilidade civil. 19 ed. São Paulo: Saraiva, 2002, v. 4.

RODRIGUES, Silvio. *Direito civil*: direito das coisas. São Paulo: Saraiva, 2002, v. 5.

RODRIGUEZ, José Rodrigo. As figuras da perversão do direito: para um modelo crítico de pesquisa jurídica empírica. *Revista Prolegómenos Derechos y Valores*, Bogotá, v. 19, n. 37, p. 99-124, ene./jun. 2016.

ROPPO, Enzo. *O contrato*. Trad. Ana Coimbra; M. Januário C. Gomes. Coimbra: Almedina, 2009.

ROPPO, Vincenzo. Giudizialità e stragiudizialità della risoluzione per inadempimento: la forza del fatto. *I contratti*, Milano, n. 4, v. 25, p. 441-449, 2017.

ROSA, Alexandre Morais da. O giro econômico do direito ou o novo e sofisticado caminho da servidão: para uma nova gramática do direito democrático no século XXI. In: AVELÃS NUNES, António José; COUTINHO, Jacinto Nelson Miranda (Coord.). *O direito e o futuro*: o futuro do direito. Almedina: Coimbra, 2008.

ROSA, Alexandre Morais da. Prefácio. In: WARAT, Luis Alberto. *A rua grita dionísio*: direitos humanos da alteridade, surrealismo e cartografia. Trad. e Org. Vivian Alves de Assis; Júlio Cesar Marcellino Junior; Alexandre Morais da Rosa. Rio de Janeiro: Lumen Juris. 2010.

ROSAS, Cristian Patricio. Daños derivados de actividades riesgosas. In: GHERSI, Carlos Alberto (Dir.). *Responsabilidad*: problemática moderna. Mendoza: Ediciones Jurídicas Cuyo, 1996.

ROSENVALD, Nelson. *Dignidade humana e boa-fé no código civil*. São Paulo: Saraiva, 2005.

RUGGIERO, Roberto de. *Instituições de direito civil*: direito das obrigações, direito hereditário. Trad. Paolo Capitanio. Campinas: Bookseller, 1999, v. 3.

RUIZ, Roberto Martinez. Obligaciones de medio y de resultado. *La Ley*, Buenos Aires, t. 90, p. 756-760, abr./jun. 1958.

RUSCELLO, Francesco. *Istituzioni di diritto privato*: le obbligazioni. 2 ed. Milano: Giuffrè, 2006, v. 2.

RUZYK, Carlos Eduardo Pianovski. A responsabilidade civil por danos produzidos no curso de atividade econômica e a tutela da dignidade da pessoa humana: o critério do dano ineficiente. In: RAMOS, Carmem Lucia Silveira *et all* (Org.). *Diálogos sobre direito civil*: construindo a racionalidade contemporânea. Rio de Janeiro: Renovar, 2002.

RUZYK, Carlos Eduardo Pianovski. *Institutos fundamentais do direito civil e liberdade(s)*: repensando a dimensão funcional do contrato, da propriedade e da família. Rio de Janeiro: GZ, 2011.

RUZYK, Carlos Eduardo Pianovski; BÜRGER, Marcelo L. F. de Macedo. A tutela externa da obrigação e sua (des)vinculação à função social do contrato. *Civilistica.com*, Rio de Janeiro, a. 6, n. 2, p. 1-27, 2017.

SACCO, Rodolfo. Codificare: modo superato di legiferare?, *Rivista di Diritto Civile*, Padova, anno 29, n. 2, p. 117-135, mar./abr. 1983.

SAGARNA, Fernando Alfredo. *La función preventiva de la responsabilidad civil*. 2. ed. Buenos Aires: La Ley, 2022.

SAGARNA, Fernando Alfredo. La relación de causalidad: ¿es prescindible como presupuesto de la responsabilidad civil? In: GESUALDI, Dora Mariana (Coord.). *Derecho privado*. Buenos Aires: Hammurabi, 2001.

SALDANHA, Nelson. *Da teologia à metodologia*: secularização e crise do pensamento jurídico. Belo Horizonte, Del Rey, 2005.

SALDANHA, Nelson. Sobre o "direito civil constitucional" (notas sobre a crise do classicismo jurídico), *Revista da Faculdade de Direito*, Curitiba, v. 36, p. 87-92, 2001.

SALLES, Raquel Bellini de Oliveira. A justiça social e a solidariedade como fundamentos ético-jurídicos da responsabilidade civil objetiva, *Revista Trimestral de Direito Civil*, Rio de Janeiro, n. 18, p. 109-133, abr./jun. 2004.

SALVI, Cesare. Danno. In: *DIGESTO*. 4. ed. v. 5. Torino: UTET, 1989.

SALVI, Cesare. Il risarcimento integrale del danno non patrimoniale, una missione impossibile: osservazione sui criteri per la liquidazione del danno non patrimoniale, *Europa e diritto privato*, Milano, v. 2, p. 517-531, 2014.

SALVI, Cesare. *La responsabilità civile*. 2 ed. Milano: Giuffrè, 2005.

SANTOS, Eduardo Sens dos. O novo código civil e as cláusulas gerais: exame da função social do contrato, *Revista de Direito Privado*, São Paulo, v. 3, n. 10, p. 9-37, abr./jun. 2002.

SANTOS, Rogério Dultra dos. A institucionalização da dogmática jurídico-canônica medieval. In: WOLKMER, Antonio Carlos (Org.). *Fundamentos da história do direito*. 4 ed. Belo Horizonte: Del Rey, 2007.

SARLET, Ingo Wolfgang. As dimensões da dignidade da pessoa humana: construindo a compreensão jurídico-constitucional necessária e possível. In: SARLET, Ingo Wolfgang (Org.). *Dimensões da dignidade*: ensaios de filosofia do direito e do direito constitucional. 2 ed. Porto Alegre: LAEL, 2009.

SARLET, Ingo Wolfgang. Direitos fundamentais sociais e proibição do retrocesso: algumas notas sobre o desafio da sobrevivência dos direitos sociais num contexto de crise, *Revista da Ajuris*, Porto Alegre, v. 31, n. 95, p. 103-135, set. 2004.

SARMENTO, Daniel. *Direitos fundamentais e relações privadas*. 2 ed. Rio de Janeiro: Lumen Juris, 2006.

SASSATELLI, Roberta. *Consumo, cultura e societá*. Il Mulino: Bologna, 2004.

SAVAUX, Eric. O fim da responsabilidade contratual?, *Revista Justitia*, São Paulo, n. 194, p. 130-152, abr./jun. 2001.

SAVI, Sérgio. Inadimplemento das obrigações, mora e perdas e danos. In: TEPEDINO, Gustavo (Coord.). *Obrigações*: estudos na perspectiva civil-constitucional. Rio de Janeiro: Renovar, 2005.

SCAVONE JUNIOR, Luiz Antonio. Causas e cláusulas de exclusão de responsabilidade civil, *Revista de Direito Privado*, São Paulo, v. 2, n. 8, p. 53-119, out./dez. 2001.

SCAVONE JUNIOR, Luiz Antonio. *Do descumprimento das obrigações*: conseqüências à luz do princípio da restituição integral: interpretação sistemática e teleológica. São Paulo: Juarez de Oliveira, 2007.

SCHAEFER, Fernanda. Princípio da confiança e procedimentos médicos realizados à distância. In: NALIN, Paulo (Org.). *Contrato & sociedade*. Curitiba: Juruá, 2004, v. 1.

SCHIPANI, Sándro. Análisis de la culpa en Justiniano 4,3. In: BUERES, Alberto Jesús; DE CARLUCCI, Aída Kemelmajer (Dir.). *Responsabilidad por daños en el tercer milenio*. Buenos Aires: Abeledo-Perrot, 1997.

SCHMITT, Cristiano Heineck. *Cláusulas abusivas nas relações de consumo*. 2 ed. São Paulo: RT, 2008.

SCHREIBER, Anderson. A tríplice transformação do adimplemento: adimplemento substancial, inadimplemento antecipado e outras figuras, *Revista Trimestral de Direito Civil*, Rio de Janeiro, n. 32, p. 3-27, out./dez. 2007.

SCHREIBER, Anderson. Novas tendências da responsabilidade civil brasileira, *Revista Trimestral de Direito Civil*, Rio de Janeiro, n. 22, p. 45-70, abr./jun. 2005.

SCHREIBER, Anderson. *Novos paradigmas da responsabilidade civil*: da erosão dos filtros da reparação à diluição dos danos. São Paulo: Atlas, 2007.

SEGALLA, Conrado Rodrigues. O novo código civil já nasceu velho? (ser ou não inovador, eis a questão?). In: HIRONAKA, Giselda Maria Fernandes Novaes (Coord.). *Novo código civil*: interfaces no ordenamento jurídico brasileiro. Belo Horizonte: Del Rey, 2004.

SEGUÍ, Adela Maria. Aspectos relevantes de la responsabilidad civil moderna, *Revista de Direito do Consumidor*, São Paulo, v. 13, n. 52, p. 267-318, out./dez. 2004.

SERPA LOPES, Miguel Maria de. *Curso de direito civil*: obrigações em geral. Atual. José Serpa Santa Maria. Rio de Janeiro: Freitas Bastos, 1989, v. 2.

SESSAREGO, Carlos Fernández. É possível proteger, juridicamente, o projeto de vida? *Revista Eletrônica Direito e Sociedade*, Canoas, v. 5, n. 2, p. 41-57, nov. 2017.

SESSAREGO, Carlos Fernández. El daño moral In: LÓPEZ, Andrés Mariño (Dir.). *El daño moral o extrapatrimonial y su cuantificación*. 2. ed. Montevideo: La Ley, 2016, t. 1.

SESSAREGO, Carlos Fernández. ¿Qué es ser "persona" para el derecho? In: GESUALDI, Dora Mariana (Coord.). *Derecho privado*. Buenos Aires: Hammurabi, 2001.

SESSAREGO, Carlos Fernández. Protección a la persona humana, *Ajuris*, Porto Alegre, v. 56, n. 19, p. 87-142, nov. 1992.

SILVA, Carlos Augusto. A obrigação como totalidade e processo, *Revista da Ajuris*, Porto Alegre, v. 31, n. 95, p. 55-69, set. 2004.

SILVA, João Calvão da. Não cumprimento das obrigações. In: *Comemorações dos 35 anos do código civil e dos 25 anos da reforma de 1977*. Coimbra: Coimbra, 2007.

SILVA, Jorge Cesa Ferreira da. *A boa-fé e a violação positiva do contrato*. Rio de Janeiro: Renovar, 2007.

SILVA, Jorge Cesa Ferreira da. *Inadimplemento das obrigações*: mora, perdas e danos, juros legais, cláusula penal, arras ou sinal. São Paulo: RT, 2007.

SILVA, Jorge Cesa Ferreira da. O direito das obrigações no novo código civil: apontamentos para a defesa do estado, *Revista da PGE*, Porto Alegre, v. 27, n. 57, p. 135-156, 2004.

SILVA, José Afonso da. A dignidade da pessoa humana como valor supremo da democracia, *Revista de Direito Administrativo*, Rio de Janeiro, v. 212, p. 89-94, abr./jun. 1998.

SILVA, José Afonso da. *Curso de direito constitucional positivo*. 19 ed. São Paulo: Malheiros, 2001.

SILVA, José Afonso da. O estado democrático de direito, *Revista dos Tribunais*, São Paulo, v. 77, n. 635, p. 7-13, set. 1988.

SILVA, Luis Renato Ferreira da. O inadimplemento contratual na visão de Ruy Rosado: juiz e doutrinador. In: MEGARÉ, Plínio (Org.). *O direito das obrigações na contemporaneidade*. Porto Alegre, LAEL, 2014.

SILVA, Rafael Peteffi da. Teoria do adimplemento e modalidade de inadimplemento, atualizado pelo novo código civil, *Revista do Advogado*, São Paulo, n. 68, p. 135-153, dez. 2002.

SILVA, Rodrigo da Guia. A força centrípeta do conceito de inadimplemento contratual. *Civilistica*, Rio de Janeiro, a. 11, n. 3, p. 1-30, 2022.

SILVA, Rodrigo da Guia. *Remédios ao inadimplemento dos contratos*. São Paulo: Thomson Reuters, 2023.

SILVA, Virgílio Afonso da. *A constitucionalização do direito*: os direitos fundamentais nas relações entre particulares. São Paulo: Malheiros, 2008.

SILVA, Wilson Melo da. *Responsabilidade sem culpa e socialização do risco*. Belo Horizonte: Bernardo Álvares, 1962.

SILVA FILHO, José Carlos Moreira da. Pessoa humana e boa-fé objetiva nas relações contratuais: a alteridade que emerge da ipseidade. In: SILVA FILHO, José Carlos Moreira da; PEZZELLA, Maria Cristina Cereser (Coord.). *Mitos e rupturas no direito civil contemporâneo*. Rio de Janeiro: Lumen Juris, 2008.

SIMÃO, José Fernando. Responsabilidade civil pelo fato do animal: estudo comparativo dos códigos civis de 1916 e de 2002. In: DELGADO, Mário Luiz; ALVES, Jones Figueirêdo (Coord.). *Questões controvertidas*: responsabilidade civil. São Paulo: Método, 2006, v. 5.

SOARES, Mário Lúcio Quintão. *Teoria do estado*: introdução. 2 ed. Belo Horizonte: Del Rey, 2004.

SOARES, Mário Lúcio Quintão; BARROSO, Lucas Abreu. A concretização do devido processo legal pelo Supremo Tribunal Federal. In: ROSSI, Alexandre Luiz Bernardi; MESQUITA, Gil Ferreira (Org.). *Maioridade constitucional*: estudo em comemoração aos 18 anos da Constituição Federal. São Paulo: Lemos & Cruz, 2008.

SOARES, Mário Lúcio Quintão; BARROSO, Lucas Abreu. A dimensão dialética do novo código civil em uma perspectiva principiológica. In: BARROSO, Lucas Abreu (Org.). *Introdução crítica ao código civil*. Rio de Janeiro: Forense, 2006.

SOUSA, Sergio Almeida de. Um modelo evolucionário de busca tecnológica em condições de hipercumulatividade, *Revista Brasileira de Economia*, Rio de Janeiro, v. 59, n. 3, p. 335-380, jul./set. 2005.

SOUZA, Eduardo Nunes de. Nexo causal e culpa na responsabilidade civil: subsídios para uma necessária distinção conceitual, *Civilistica.com*, Rio de Janeiro, a. 7, n. 3, p. 01-58, 2018.

SOUZA SANTOS, Boaventura de. A filosofia à venda, a douta ignorância e a aposta de Pascal, *Revista Crítica de Ciências Sociais*, Coimbra, v. 80, p. 11-43, mar. 2008.

SOUZA SANTOS, Boaventura de. O estado e o direito na transição pós-moderna: para um novo senso comum sobre o poder e o direito, *Revista Crítica de Ciências Sociais*, Coimbra, v. 30, p. 13-43, jun. 1990.

SOUZA SANTOS, Boaventura de. Para além do pensamento abissal: das linhas globais a uma ecologia de saberes, *Revista Crítica de Ciências Sociais*, Coimbra, v. 78, p. 3-46, out. 2007.

STALLYBRASS, Peter. *O casaco de Marx*: roupas, memória, dor. 3. ed. Trad. Tomaz Tadeu. Belo Horizonte: Autentica, 2008.

STAUB, Hermann. *Le violazioni positive del contratto*. Trad. Giovanni Varanese. Nápoles: Edizioni Scientifiche Italiane, 2001.

STEINER, Renata. *Descumprimento contratual*: boa-fé e violação positiva do contrato. São Paulo: Quartier Latin, 2014.

STEINER, Renata. *Interesse positivo e interesse negativo*: a reparação de danos no direito privado brasileiro. Tese (Doutorado) – Faculdade de Direito da USP, São Paulo, 2016.

STEINMETZ, Wilson. Direitos fundamentais e função social do (e no) direito, *Revista da Ajuris*, Porto Alegre, v. 34, n. 107, p. 285-291, set. 2007.

STIGLITZ, Rubén. El principio de buena fe. In: GESUALDI, Dora Mariana (Coord.). *Derecho privado*. Buenos Aires: Hammurabi, 2001.

STOCO, Rui. A teoria do resultado à luz do código de defesa do consumidor, *Revista de Direito do Consumidor*, São Paulo, n. 26, p. 200-220, abr./jun. 1998.

STRECK, Lenio Luiz. Da interpretação de textos à concretização de direitos: a incindibilidade, entre interpretar e aplicar – contributo a partir da hermenêutica filosófica, *Revista da Faculdade de Direito da Universidade de Lisboa*, Coimbra, v. 46, n. 2, p. 911-954, 2005.

STRECK, Lenio Luiz. Decisionismo e discricionariedade judicial em tempos pós-positivistas: o solipsismo hermenêutico e os obstáculos à concretização da constituição no Brasil. In: AVELÃS NUNES, António José; COUTINHO, Jacinto Nelson Miranda (Coord.). *O direito e o futuro*: o futuro do direito. Almedina: Coimbra, 2008.

STRECK, Lenio. *Dicionário de hermenêutica*. São Paulo: Casa do Direito, 2017.

STRECK, Lenio Luiz. O estado democrático de direito e a necessária constitucionalização do direito: a crise dos 10 anos da constituição cidadã, *Revista da Faculdade de Direito de Cruz Alta*, Cruz Alta, v. 4, n. 4, p. 23-41, jan./jul. 1999.

STRECK, Lenio Luiz. *O que é isto* – decido conforme minha consciência?. Porto Alegre: LAEL, 2010.

STRECK, Lenio Luiz. Quinze anos de constituição – análise crítica da jurisdição constitucional e das possibilidades hermenêuticas de concretização dos direitos fundamentais-sociais, *Revista da Ajuris*, Porto Alegre, v. 30, n. 92, p. 205-234, dez. 2003.

SURGIK, Aloísio. O cristianismo e a formação do direito medieval, *Revista de Direito Civil, Imobiliário, Agrário e Empresarial*, São Paulo, v. 7, n. 26, p. 156-167, out./dez. 1983.

SZAFIR, Dora; VENTURINI, Beatriz. Nuevamente sobre el nexo causal en la responsabilidad contractual. In: FERNÁNDEZ, Carlos López; CAUMONT, Arturo; CAFFERA, Gerardo (Coord.). *Estudios de derecho civil en homenaje al profesor Jorge Gamarra*. Montevideo: FCU, 2001.

TADEU, Silney Alves. Responsabilidade civil: nexo causal, causas de exoneração, culpa da vítima, força maior e concorrência de culpas, *Revista de Direito do Consumidor*, São Paulo, v. 16, n. 64, p. 134-165, out./dez. 2007.

TALAMANCA, Mario. Colpa. In: *Enciclopedia del diritto*. Milano: Giuffrè, 1960, v. 7.

TARREGA, Maria Cristina Vidotte Blanco; ARAÚJO, Ionnara Vieira de. O código civil de 2002 - uma opção metodológica, *Revista da Faculdade de Direito da UFG*, Goiânia, v. 31, p. 123-137, jan./jun. 2007.

TARTUCE, Flávio. *Direito civil*: direito das obrigações e responsabilidade civil. 2 ed. São Paulo: Método, 2006, v. 2.

TARTUCE, Flávio. *Direito civil*: direito das obrigações e responsabilidade civil. 13 ed. São Paulo: Método, 2018, v. 2.

TARTUCE, Flávio. *Direito civil*: lei de introdução e parte geral. 2 ed. São Paulo: Método, 2006, v. 1.

TARTUCE, Flávio. *Função social dos contratos*: do código de defesa do consumidor ao código civil de 2002. 2.ed. São Paulo: Método, 2007.

TARTUCE, Flávio. *Manual de responsabilidade civil*. São Paulo: Método, 2018.

TARTUCE, Flávio. Reflexões sobre o dano social, *Revista Trimestral de Direito Civil*, Rio de Janeiro, v. 34, p. 179-201, abr./jun. 2008.

TELLES JUNIOR, Goffredo. O chamado direito alternativo, *Revista da Faculdade de Direito*, São Paulo, v. 94, p. 73-80, jan./dez. 1999.

TELLES, Inocêncio Galvão. *Direito das obrigações*. 6 ed. Coimbra: Coimbra, 1989.

TENENBAUM, Michael. Efficient breach of contract: perspectives from american courts at the dawn of the 21st century. In: ESPINOSA, Fabricio Mantilla; BARRIOS, Francisco Ternera (Dir.). *Los contratos en el derecho privado*. Bogotá: Legis, 2007.

TEPEDINO, Gustavo. A constitucionalização do direito civil: perspectivas interpretativas diante do novo código. In: FIUZA, César; SÁ, Maria de Fátima Freire de; NAVES, Bruno Torquato de Oliveira (Coord.). *Direito civil*: atualidades. Belo Horizonte: Del Rey, 2003.

TEPEDINO, Gustavo. Normas constitucionais e direito civil na construção unitária do ordenamento. In: CONRADO, Marcelo; PINHEIRO, Rosalice Fidalgo (Coord.). *Direito privado e constituição*: ensaios para uma recomposição valorativa da pessoa e do patrimônio. Curitiba: Juruá, 2009.

TEPEDINO, Gustavo. Normas constitucionais e direito civil, *Revista da Faculdade de Direito de Campos*, Campos dos Goitacases, v. 4/5, n. 4/5, p. 167-175, 2003/2004.

TEPEDINO, Gustavo. O código civil, os chamados microssistemas e a constituição: premissas para uma reforma legislativa. In: TEPEDINO, Gustavo (Coord.). *Problemas de direito civil-constitucional*. Rio de Janeiro: Renovar, 2000.

TEPEDINO, Gustavo. *Temas de direito civil*. 3 ed. Rio de Janeiro: Renovar, 2004.

TEPEDINO, Gustavo. *Temas de direito civil*. Rio de Janeiro: Renovar, 2006, t. 2.

TEPEDINO, Gustavo; BARBOZA, Heloísa Helena; MORAES, Maria Celina Bodin. *Código civil interpretado*: conforme a constituição da república. Rio de Janeiro: Renovar, 2004, v. 1.

TEPEDINO, Gustavo; SCHREIBER, Anderson. A boa-fé objetiva no código de defesa do consumidor e no novo código civil. In: TEPEDINO, Gustavo (Coord.). *Obrigações*: estudos na perspectiva civil-constitucional. Rio de Janeiro: Renovar, 2005.

TERRA, Aline de Miranda Valverde. Privação do uso: dano ou enriquecimento por intervenção, *Revista Eletrônica Direito e Política*, Itajaí, v. 9, n. 3, p. 1620-1644, 2014.

THALER, Richard; SUNSTEIN, Cass. *Un pequeño empujón*: el impulse necesario para tomar mejores decisiones sobre salud, dinero y felicidad. Buenos Aires: Taurus, 2018.

THEODORO JUNIOR, Humberto. A onda reformista do direito positivo e suas implicações com o princípio da segurança jurídica, *Revista da Escola Nacional da Magistratura*, Brasília, v. 1, n. 1, p. 92-120, abr. 2006.

TIMM, Luciano Benetti. "Descodificação", constitucionalização e descentralização do direito privado: o código civil ainda é útil?, *Revista de Direito Privado*, São Paulo, v. 7, n. 27, p. 223-251, jul./set. 2006.

TIMM, Luciano Benetti. A função social do direito contratual no código civil brasileiro: justiça distributiva vs eficiência econômica, *Revista dos Tribunais*, São Paulo, v. 97, n. 876, p. 11-43, out. 2008.

TOLOMEI, Carlos Young. A noção de ato ilícito e a teoria do risco na perspectiva do novo código civil. In: TEPEDINO, Gustavo (Coord.). *A parte geral do novo código civil*: estudos na perspectiva civil-constitucional. Rio de Janeiro: Renovar, 2002.

TOMÁS DE AQUINO. *A prudência*: a virtude da decisão certa. Trad. Jean Lauand. São Paulo: Martins Fontes, 2005.

TOMASETTI JUNIOR, Alcides. As relações de consumo em sentido amplo na dogmática das obrigações e dos contratos, *Revista de Direito do Consumidor*, São Paulo, n. 13, p. 12-17, jan./mar. 1995.

TOMASETTI JUNIOR, Alcides. Defesa do consumidor, concentração industrial, reserva de mercado: perplexidades de um civilista atento ao noticiário, *Revista de Direito do Consumidor*, São Paulo, n. 1, p. 16-26, jan./abr. 1992.

TOURAINE, Alain. *Um novo paradigma*: para compreender o mundo de hoje. 3 ed. Trad. Gentil Avelino Titton. Petrópolis: Vozes, 2007.

TOURNEAU, Philippe le. *La responsabilidad civil*. Trad. Javier Tamayo Jaramillo. Bogotá: Legis, 2004.

TRABUCCHI, Alberto. *Istituzioni di diritto civile*. 37 ed. Padova: Cedam, 1997.

TRIMARCHI, Pietro. *Istituzioni di diritto privato*. 11 ed. Milano: Giuffré, 1996.

TRIMARCHI, Pietro. Sul significato economico dei criteri di responsabilità contrattuale, *Rivista Trimestrale di Diritto e Procedura Civile*, Milano, t. 26, p. 512-531, 1970.

TRUJILLO, Rafael Durán. *Nociones de responsabilidad civil*: contractual y delictuosa. Bogotá: Temis, 1957.

TUCCI, Cibele Pinheiro Marçal. Responsabilidade civil no código de defesa do consumidor, *Revista da Faculdade de Direito de São Bernardo do Campo*, São Bernardo do Campo, v. 9, n. 11, p. 67-83, 2005.

USTÁRROZ, Daniel. *Temas atuais de direito contratual*: a boa-fé objetiva, a responsabilidade pré-contratual e o inadimplemento antecipado. Sapucaia do Sul: Notadez, 2010.

VALLE, Numa P. do. Do caso fortuito e de força maior: da distinção nítida entre um e outro – importância prática e jurídica da distinção, *Revista dos Tribunais*, São Paulo, v. 30, n. 129, p. 439-449, jan. 1941.

VARANESE, Giovanni. Sonderverbindung e responsabilità precontrattuale da contatto sociale. *Rivista di Diritto Civile*, Padova, v. 64, n. 1, p. 116-143, 2018.

VASCONCELOS, Ábner de. Responsabilidade civil objetiva, *Revista Forense*, Rio de Janeiro, v. 53, n. 163, p. 22-33, jan./fev. 1953.

VASCONCELOS, Fernando Antônio de. A responsabilidade do advogado à luz do código de defesa do consumidor, *Revista de Direito do Consumidor*, São Paulo, n. 30, p. 89-96, abr./jun. 1999.

VAZ, Caroline. *Funções da responsabilidade civil*: da reparação à punição ou dissuasão: os punitive damages no direito comparado e brasileiro. Porto Alegre: LAEL, 2009.

VELASCO, Ignácio M. Poveda. Da lei injusta, *Revista de Direito Civil, Imobiliário, Agrário e Empresarial*, São Paulo, v. 12, n. 44, p. 125-143, abr./jun. 1988.

VELASCO, Ignácio Maria Poveda. História externa e interna do direito romano, *Revista de Direito Civil, Imobiliário, Agrário e Empresarial*, São Paulo, v. 13, n. 49, p. 74-89, jul./set. 1989.

VELLOSO, Andrei Pitten. Mutações paradigmáticas da codificação: do código civil de 1916 ao código civil de 2002, *Revista da PGE*, Porto Alegre, v. 27, n. 57, p. 9-52, 2004.

VELTEN PEREIRA, Paulo Sérgio. Modelos jurídicos de responsabilidade civil contratual. In: GUERRA, Alexandre et al. (Coord.). *Da estrutura à função da responsabilidade civil*. Indaiatuba: Foco, 2021.

VENOSA, Sílvio de Salvo. A cláusula de "melhores esforços" nos contratos. In: HIRONAKA, Giselda Maria Fernandes Novaes (Coord.). *Novo código civil*: interfaces no ordenamento jurídico brasileiro. Belo Horizonte: Del Rey, 2004.

VENOSA, Sílvio de Salvo. *Direito civil*: parte geral. 4 ed. São Paulo: Atlas, 2004, v. 1.

VENOSA, Sílvio de Salvo. *Direito civil*: responsabilidade civil. 3 ed. São Paulo: Atlas, 2003, v. 4.

VENOSA, Sílvio de Salvo. *Direito civil*: teoria geral das obrigações e teoria geral dos contratos. 2. ed. São Paulo: Atlas, 2002, v. 2.

VERDÚ, Pablo Lucas. *O sentimento constitucional*: aproximação ao estudo do sentir constitucional como modo de integração política. Trad. Agassiz Almeida Filho. Rio de Janeiro: Forense, 2004.

VETTORI, Giuseppe. Autonomía privada y contrato justo. In: GESUALDI, Dora Mariana (Coord.). *Derecho privado*. Buenos Aires: Hammurabi, 2001.

VEYNE, Paul. O Império Romano. In: ARIÈS, Philippe; DUBY, Georges (Dir.). *História da vida privada*: do império romano ao ano mil. São Paulo: Companhia das Letras, 2009.

VILLEGAS, Juan Jacobo Calderón. La constitucionalización de las controversias contractuales. In: ESPINOSA, Fabricio Mantilla; BARRIOS, Francisco Ternera (Dir.). *Los contratos en el derecho privado*. Bogotá: Legis, 2007.

VILLELA, João Baptista. Por uma nova teoria dos contratos, *Revista Forense*, Rio de Janeiro, v. 74, n. 261, p. 27-35, jan./mar. 1978.

VILLEY, Michel. *A formação do pensamento jurídico moderno*. Trad. Claudia Berliner. São Paulo: Martins Fontes, 2005.

VINEY, Geneviève. As tendências atuais do direito da responsabilidade civil. In: TEPEDINO, Gustavo (Org.). *Direito civil contemporâneo*: novos paradigmas à luz da legalidade constitucional. São Paulo: Atlas, 2008.

VISINTINI, Giovanna. *Il codice civile*: commentario. inadempimento e mora del debitore. 2. ed. Milano: Giuffrè, 2006.

VISINTINI, Giovanna. *Tratado de la responsabilidad civil*: el daño, otros criterios de imputación. Trad. Aída Kemelmajer de Carlucci. Buenos Aires: Astrea, 1999, v. 2.

VISINTINI, Giovanna. *Tratado de la responsabilidad civil*: la culpa como criterio de imputación de la responsabilidad. Trad. Aída Kemelmajer de Carlucci. Buenos Aires: Astrea, 1999, v. 1.

VITA NETO, José Virgílio. *A atribuição da responsabilidade contratual*. Tese (Doutorado) – Faculdade de Direito da USP, São Paulo, 2007.

VIVES, Álvaro Pérez. *Teoría general de las obligaciones*: de las fuentes de las obligaciones. 2. ed. Bogotá: Temis, 1954, v. 2, t. 1.

VON THUR, Andreas. *Tratado de las obligaciones*. Trad. W. Roces. Madrid: Reus, 1934, t. 2.

VON THUR, Andreas. *Tratado de las obrigaciones*. Trad. W. Roces. Madrid: Reus, 1934, t. 1.

WALD, Arnoldo. *Curso de direito civil brasileiro*: obrigações e contratos. 14. ed. São Paulo: RT, 2000, v. 2.

WALD, Arnoldo. Da responsabilidade civil contratual e delitual, *Revista Forense*, Rio de Janeiro, v. 72, n. 256, p. 107-123, out./dez. 1976.

WARAT, Luis Alberto. *A rua grita dionísio*: direitos humanos da alteridade, surrealismo e cartografia. Trad. e Org. Vivian Alves de Assis; Júlio Cesar Marcellino Junior; Alexandre Morais da Rosa. Rio de Janeiro: Lumen Juris, 2010.

WARAT, Luis Alberto. *Introdução geral ao direito*: a epistemologia jurídica da modernidade. Porto Alegre: SAFE, 2002, v. 2.

WARAT, Luis Alberto. *Introdução geral ao direito*: interpretação da lei: temas para uma reformulação. Porto Alegre: SAFE, 1994, v. 1.

WARAT, Luis Alberto. *Introdução geral ao direito*: o direito não estudado pela teoria jurídica moderna. Porto Alegre: SAFE, 1997, v. 3.

WARAT, Luis Alberto. *O direito e sua linguagem*. 2 versão. 2 ed. Porto Alegre: SAFE, 1995.

WEBER, Márcia Regina Lusa Cadore. Responsabilidade civil do médico, *Revista da PGE*, Porto Alegre, v. 27, n. 57, p. 185-204, 2004.

WEINGARTEN, Celia. El valor economico de la confianza para empresas y consumidores, *Revista de Direito do Consumidor*, São Paulo, v. 9, n. 33, p. 33-50, jan./mar. 2000.

WEINGARTEN, Celia. La equidad como principio de seguridad económica para los contratantes, *Revista de Direito do Consumidor*, São Paulo, v. 10, n. 39, p. 32-40, jul./set. 2001.

WESTERMANN, Harm Peter. *Código civil alemão*: direito das obrigações - parte geral. Trad. Armindo Edgar Laux. Porto Alegre: SAFE, 1983.

WIEACKER, Franz. *História do direito privado moderno*. 3 ed. Trad. António Manuel Botelho Hespanha. Lisboa: Fundação Calouste Gulbenkian, 2004.

WILSON, Carlos Pizarro. La culpa como elemento constitutivo del incumplimiento en las obligaciones de medio o de diligencia, *Revista de Derecho de la Pontifícia Universidad Católica de Valparaíso*, Valparaíso, n. 31, p. 255-265, jul./dez. 2008.

WILSON, Carlos Pizarro. La responsabildad contractual en el derecho chileno. In: ESPINOSA, Fabricio Mantilla; BARRIOS, Francisco Ternera (Dir.). *Los contratos en el derecho privado*. Bogotá: Legis, 2007.

YAGÜEZ, Ricardo de Angel. *La responsabilidad civil*. 2 ed. Bilbao: Universidad de Deusto, 1989.

ZAGO, Jorge. El significado de la culpa. In: GESUALDI, Dora Mariana (Coord.). *Derecho privado*. Buenos Aires: Hammurabi, 2001.

ZANCHIM, Kleber Luiz. Redução da indenização na responsabilidade objetiva, *Revista de Direito Privado*, São Paulo, v. 9, n. 33, p. 201-214, jan./mar. 2008.

ZANETTI; Cristiano de Souza. *Direito contratual contemporâneo*: a liberdade contratual e sua fragmentação. São Paulo: Método, 2008.

ZAVALA DE GONZALES, Matilde. *Resarcimiento de daños*: daños a las personas – integridad sicofísica. 2. ed. Buenos Aires: Hammurabi, 1996.

ZIMMERMANN, Reinhard. O código civil alemão e o desenvolvimento do direito privado na Alemanha. *Revista de Direito Civil Contemporâneo*, São Paulo, a. 4, v. 12, p. 317-358, jul.-set. 2017.

ANOTAÇÕES